JN452733

운동심리학의 정석

운동심리학의 정석

EXERCISE PSYCHOLOGY

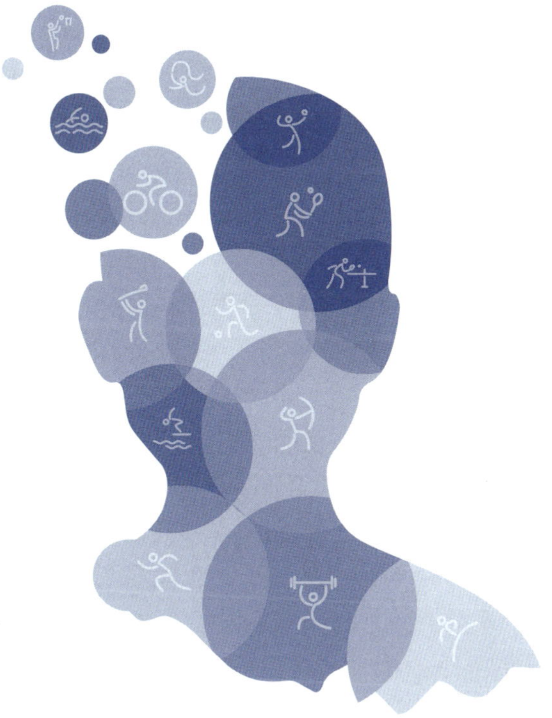

김병준 장창용 배준수 천성민 우영임 지음

Rainbow BOOKS

서 문

전 세계 성인의 약 72%가 WHO(2022)가 권장한 신체활동 수준을 실천하며, 건강을 위한 움직임이 이제 일상 속 깊이 자리 잡고 있습니다. 성인의 운동실천율이 70%를 넘어섰다는 사실은, 불과 수십 년 전 20~30% 수준에 머물렀던 시기와 비교할 때 실로 경이로운 변화라 할 수 있습니다.

오늘날 운동은 단순한 건강 증진을 넘어, 개인의 정체성을 드러내고 사회적 관계를 형성하는 중요한 매개체가 되었습니다. 사람들은 운동을 통해 공동체에 소속되려는 본능적인 욕구를 충족하며, SNS 인증 문화는 이러한 현상을 더욱 가속화하고 있습니다. 한때 명품이나 여행이 사회적 과시의 상징이었다면, 이제 그 자리는 운동이 대체하고 있습니다.

러닝의 대중화와 크루 문화의 확산, 그리고 '패션 러너(fashion runner)'라는 신조어의 등장은 운동이 단순한 생활 습관을 넘어 하나의 문화적 트렌드이자 라이프스타일로 자리 잡았음을 보여줍니다. 하지만 이 열풍의 이면에는 한 가지 의문이 남아 있습니다. '왜 우리는 운동에 그토록 매혹되는가?' 그 해답은 바로 운동이 인간에게 가져다주는 심리적, 사회적 가치에 있습니다.

그럼에도 불구하고, 기존의 스포츠심리학은 경쟁과 승리에 초점을 맞추어 왔기에 건강과 웰빙을 추구하는 현대인의 욕구를 온전히 담아내기 어려웠습니다. 《운동심리학의 정석》은 이 간극을 채우고자 합니다. 이 책은 '왜 운동을 하지 않는가'에 대한 깊은 통찰과 함께, '어떻게 하면 운동을 시작하고 지속할 수 있는가'에 대한 실질적인 해답을 제시합니다.

운동심리학은 운동실천에 대한 인식, 운동의 심리적 효과, 운동실천과 관련된 이론적 설명, 운동실천 촉진을 위한 전략 등을 연구하는 분야입니다. 이 책은 크게 소개, 이론, 중재, 그리고 효과편으로 구분되어, 총 13장으로 구성되어 있습니다. [제1부 소개] 편에서는 운동심리학의 개념과 필요성을 설명하고(1장), 신체활동을 어떻게 측정할 수 있는지를 다룹니다(2장). [제2부 이론] 편은 운동 실천을 이해하고 설명하기 위한 다양한 행동이론을 다룹니다.

이 책에서는 건강신념모형, 자극반응이론, 계획행동이론, 자기효능감 이론, 자기결정성 이론, 변화단계 이론, 그리고 사회생태학 이론을 체계적으로 정리하였습니다 (3-5장). [제3부 중재] 편에서는 개인과 환경 요인이 운동 실천에 미치는 영향을 살펴보고(6장), 이를 기반으로 한 중재전략을 구체적으로 소개합니다(7장). 마지막으로 [제4부 효과] 편에서는 운동이 인간에게 미치는 심리적 효과들을 다룹니다. 이 책에서는 운동과 관련된 성격 및 인지기능, 자기존중감, 스트레스, 불안, 우울, 그리고 정서를 주제별로 정리하였고, 관련 연구들을 바탕으로 운동의 심리적 가치를 조명하였습니다 (8-13장).

《운동심리학의 정석》은 학문적 깊이와 실용성을 모두 담고자 노력하였습니다. 체육학, 심리학 전공자뿐 아니라, 현장에서 활동하는 전문가와 운동을 통해 삶의 질을 높이고 싶은 모든 이들을 위해 쓰였습니다. 아울러 강의 현장에서 이 책을 교재로 활용할 수 있도록 각 장마다 핵심 개념과 복습 문제, 토론 질문 그리고 프로젝트를 포함하였습니다. 무엇보다 독자들이 쉽게 이해할 수 있도록 최신 연구와 실증적 증거를 바탕으로 가독성을 높이는 데 주력했습니다.

운동은 단순히 몸을 움직이는 행위를 넘어, 인간의 내면과 외부 환경이 상호작용한 결과입니다. 이 책이 운동의 심리적 가치를 이해하고, 지속 가능한 운동 습관을 만드는 여정에 든든한 동반자가 되어 주기를 바랍니다.

이 책이 세상에 나오기까지는 많은 분들의 관심과 노력이 있었습니다. 특히 출판을 맡아주시고 끝까지 격려와 신뢰로 함께해 주신 레인보우북스 민선홍 대표님께 깊은 감사를 드립니다. 아울리 연구와 집필 과정에서 힘을 보태 준 인하대학교의 송재경, 이보연, 이지연, 방준혁, 최유정, 이정무 선생님과, 국립경국대학교 백승민, 양원준 선생님, 박강주 학생에게도 깊은 감사의 마음을 전합니다. 이 과정이 앞으로의 연구 여정에 큰 힘이 되리라 믿습니다.

2025년 9월

저자 일동

CONTENTS

차 례

1부 소개편

2부 이론편

차 례

3부 중재편

06장 운동실천 요인

07장 운동실천 중재전략

4부 효과편

08장 운동과 성격, 인지기능

09장 운동과 자기존중감

차 례

운동심리학의 정석

1부

소개편

운 동 심 리 학 의 정 석

1장

운동심리학의 소개

Key terms

운동심리학	운동 동기	정신건강	운동실천율	정신건강	운동 가이드라인	주관적 운동강도(RPE)
최대심박수 (HRmax)	최대산소 섭취량 (VO_2max)	토크 테스트	토마토 효과	운동의 효과	일회성 운동	장기간 운동

운동심리학의 정석

1장 운동심리학의 소개

1 운동심리학의 정의

1) 운동심리학의 개념과 목적

운동심리학(Exercise Psychology)은 운동 참여와 지속을 설명하는 심리적 요인과, 신체활동이 인간의 정서·인지·행동에 미치는 영향을 탐구하는 학문이다. 운동심리학은 개인의 운동 참여 동기, 자기효능감, 사회적 지지 등 심리적 규제 요인을 이해하는 데 초점을 두며, 동시에 운동이 불안, 스트레스, 우울 감소와 같은 정서적 혜택이 어떠한 지에 대해 탐구한다. 아울러 신체활동과 심리적 경험 간의 상호작용을 규명하고, 이를 토대로 건강 증신과 행동 변화를 촉진하는 실천적 근거를 제공한다(Lox, Martin Ginis, & Petruzzello, 2019).

운동심리학 연구의 시초는 정신의학 전문가인 Layman(1960)의 운동과 정신건강에 관한 리뷰논문으로 보는 견해가 있다(Gill, Williams, & Reifsteck, 2017). 1980년대 이후로 급속하게 증가한 연구 성과를 토대로 비교적 새롭게 부상한 운동심리학은 심리학, 체육학(운동과학), 스포츠의학의 경계에 위치한 학문 분야이다. 운동심리학의 기초를 세우는데 공헌한 대표적인 학자로 Morgan, Borg 등을 들 수 있다.

- William, P. Morgan: 오늘날 운동심리학의 기초를 세운 인물로 평가받는다. Morgan은 선수의 경기력 향상 중심의 스포츠심리학에서 벗어나 1969년부터 1979년 사이에 운동과 우울증, 운동과 불안, 최면과 수행, 운동지속 실천, 주관적 운동강도(perceived exertion), 운동중독에 관한 논문을 발표하였다. 이러한 연구를 토대로 운동심리학이 체육학에서 중요한 영역으로 자리를 잡게 되었다. 한편 Morgan은 1986년 미국심리학회(APA)에 '스포츠운동심리학'을 47번째 분과로 등록시키고 초대 회장을 지냈다.

- Gunnar Borg: 스웨덴의 심리물리학자로 주관적 운동강도 연구의 장을 개척했다. Borg가 개발한 주관적 운동강도 척도는 운동 현장에서 운동강도의 처방과 기록에 널리 활용된다.
- A. H. Ismail, Herb DeVries, Robert Sonstroem, Dorothy Harris, Daniel Landers와 같은 학자들도 운동심리학의 기초를 세우는데 공헌한 것으로 평가받는다.

운동심리학이 연구 영역으로 빠르게 자리를 잡아가는 것은 운동이 건강에 주는 좋은 효과에 비해 실천하는 인구가 얼마 되지 않는다는 사실과 밀접한 관계가 있다. 학자들은 대체로 운동심리학은 두 가지 목적을 갖고 있다고 본다(Buckworth & Dishman, 2002; Lox, Martin, & Petruzzello, 2003).

첫째는 운동실천과 심리적, 정서적 변인 사이의 연관성을 탐구하는 것이다. 운동의 신체적 효과는 이미 광범위하게 밝혀졌다. 운동심리학은 불안, 우울, 인지능력, 수면, 기분상태, 통증인식, 자아존중감 등 변인을 운동 실천과 연계시켜 탐구한다.

둘째는 운동실천을 유도하고 촉진하기 위한 목적으로 심리학적 원리를 적용하는 것이다. 운동이 주는 건강상 혜택이 널리 알려져 있음에도 불구하고 운동을 실천하는 인구가 많지 않다는 사실은 운동의 지속실천(adherence)은 주로 심리적인 문제일 수 있을 암시한다. 운동심리학은 운동의 실천과 유지를 위해 심리학 원리를 적용하는데 노력을 기울인다.

스포츠심리학(Sport Psychology)이 경쟁적 스포츠를 대상으로 수행향상과 개인성장에 초점을 맞추지만 운동심리학은 규칙적으로 실천하는 운동에 관심을 둔다는 차이가 있다. 운동심리학 분야에서 자주 사용하는 용어로 신체활동(physical activity), 운동(exercise), 체력(physical fitness), 건강(health) 등이 있다.

- 신체활동은 일상에서 휴식을 취할 때의 에너지 소비량을 초과하는 에너지가 소비되는 신체의 움직임을 말한다. 신체활동은 광범위한 개념으로 운동, 스포츠, 놀이, 노동, 여가활동 등이 포함된다.
- 운동은 특정 목적(예, 체중조절, 체력증진, 스트레스 해소 등)을 위해 계획적으로 여가시간에 행하는 신체활동의 한 유형이다. 운동은 계획성, 구조화, 반복성이란 특징이 있고 체력을 향상 또는 유지시키는 효과가 있다. 경쟁성 측면에서 운동

은 놀이보다는 경쟁적이지만 스포츠와 비교하면 경쟁성이 낮다(그림 1-1). 여가 시간에 한다는 조건이 있기 때문에 직업적으로 하는 신체활동이나 가사 노동은 운동에 포함되지 않는다.

- 체력이란 신체활동의 수행 능력과 연관된 여러 결과 또는 특성으로 정의된다. 건강관련체력에는 근력, 근지구력, 유연성, 심폐지구력, 체성분 등의 요소가 포함된다.
- 건강이란 신체적, 사회적, 심리적 영역의 긍정적 상태에서 부정적 상태에 이르는 연속선상에서 변하는 인간의 조건이라고 정의한다(Bouchard & Shephard, 1994).

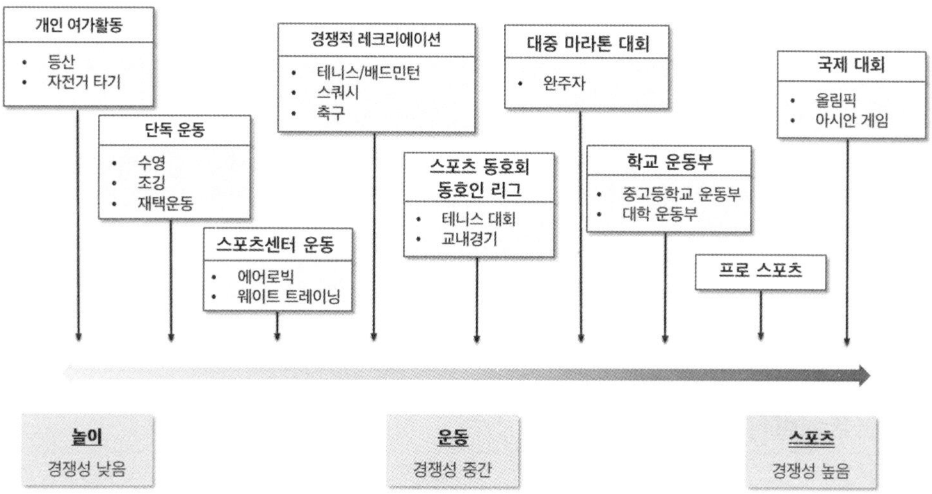

▌그림 1-1 ▌놀이, 운동, 스포츠의 경쟁성에 따른 신체활동 분류

2) 운동심리학자의 역할

현대 운동심리학자들은 다양한 직업을 추구하며, 전문적인 영역에서 연구, 티칭, 컨설팅 등 세 가지 주요 역할을 수행한다.

• 연구 역할

모든 학문 분야에서 전문가들의 주요 기능은 연구를 수행함으로써 그 분야의 지식을 발전시키는 것이다. 대학의 대부분의 스포츠운동심리학자들은 연구를 수행한다.

예를 들어, 어린이들이 스포츠에 참여하도록 동기를 부여하는 것이 무엇인지, 일주일에 4번 20분 동안 달리기를 하는 것이 불안에 어떤 영향을 미치는지, 또는 초등학생의 운동과 자기개념 사이에 어떤 관계가 있는지 등을 연구할 수 있다.

• 티칭 역할

많은 스포츠운동심리학자들은 운동심리학, 응용스포츠심리학, 스포츠심리학과 같은 대학 과정을 가르친다. 이들은 운동학이나 스포츠과학프로그램 분야에서 운동학습과 제어 또는 스포츠사회학과 같은 과정을 가르칠 수도 있다.

• 컨설팅 역할

일부 스포츠운동심리학자들은 현재 피트니스 산업에 종사하며 참여를 이끌어내고 심리적, 육체적 웰빙을 촉진하는 운동프로그램을 설계하고 있다. 일부 컨설턴트들은 부상당한 선수들에게 심리서비스를 제공하면서 스포츠 의학이나 물리치료클리닉을 지원하는 보조 역할을 한다.

2 운동심리학의 발전

현대 스포츠심리학은 1880년대로 거슬러 올라가며(Kornspan, 2012), 심리학에 대한 언급은 고대 올림픽에서 시작되었다(Kremer & Moran, 2008). 스포츠심리학의 역사는 심리학, 체육, 운동학과 같은 다른 분야의 역사를 반영한다. 또한, 이 분야는 올림픽 운동의 성장, 여성 해방 노력, 프로 스포츠의 인기와 같은 더 큰 사회 문화적 발전에 영향을 받았다(Gould & Voelker, 2014).

운동심리학은 심리적 요인이 신체활동에 미치는 영향과 신체활동이 정신건강과 웰빙에 미치는 영향을 탐구하는 학문이다. 운동심리학의 발전 과정을 연대별로 살펴보자.

1) 운동심리학 발전 초기(20세기 이전)

고대 그리스 철학자 히포크라테스와 갈렌은 신체활동과 정신건강의 연관성을 강조했다. 히포크라테스는 건강을 위해 매일 운동할 것을 권장했으며, 갈렌은 운동이 정신적 건강에 미치는 이점을 의학적으로 기록했다.

그 이후 Norman Triplett(1898)이 스포츠심리학에 관한 실험연구를 발표하며 과학적 연구가 시작되었다. 자전거 경기에서 사회적 환경이 수행 능력에 미치는 영향을 조사하였으며, 이후 제2차 세계대전으로 부상을 당한 재활 군인들의 체력 향상을 위한 연구가 진행되며, 신체활동이 재활의 심리적 도구로 자리 잡는 계기가 되었다.

히포크라테스(Hippocrates)

갈렌(Galen)

노먼 트리플렛(Norman Triplett)

2) 학문의 공식화 : 운동심리학으로의 확장(1960년대~1970년대)

케네스 쿠퍼
(Kenneth Hardy Cooper)

스포츠심리학은 주로 엘리트 선수들의 수행 향상과 관련된 정신적 요인을 다루어 왔으나, 이후 일반 대중의 신체활동 습관에 대한 관심이 높아지면서 운동심리학으로 영역이 확장되기 시작했다.

특히 운동이 신체 건강뿐만 아니라 정신건강과 웰빙에도 긍정적인 영향을 미친다는 연구들이 등장하면서, 일반인을 대상으로 한 운동심리학적 접근이 활발해졌다. 대표적으로 Kenneth Cooper는 1968년 『에어로빅스』를 출판하며 심혈관 건강과 정신건강 간의 연관성을 대중화하는 데 기여했다.

이와 함께 조작적 조건화(operant conditioning)와 같은 행동주의 이론이 운동행동을 유지하고 강화하는 데 중요한 이론으로 도입되었으며, 다양한 심리학적 이론이 운동 참여의 동기와 지속성을 이해하는 데 활용되었다.

3) 학문적 위상 증대 : 기관 설립, 학술지 명칭 변경(1980년대)

1980년대에 들어서면서 운동심리학은 스포츠심리학의 하위 분야를 넘어 독립적인 학문 영역으로 그 위상이 높아졌다. 이러한 흐름은 전문 기관의 설립과 학술지 명칭의 변화에서 뚜렷하게 나타난다.

1986년에는 응용스포츠심리학회(AASP)가 설립되어 운동 및 스포츠 심리학의 연구와 실제 적용을 체계적으로 확장하는 기반이 마련되었다. 동시에 주요 학술지들은 기존의 스포츠 중심에서 벗어나 '운동'이라는 용어를 포함시키며 운동심리학의 독립성과 중요성을 명확히 했다. 예를 들어, 『Journal of Sport Psychology』는 『Journal of Sport and Exercise Psychology』로, 『International Journal of Sport Psychology』는 『International Journal of Sport and Exercise Psychology』로 명칭을 변경하였다. 이는 운동이 단순한 스포츠 수행이 아닌 일반 대중의 건강과 웰빙을 위한 중요한 심리학적 연구 주제로 자리 잡았음을 의미한다.

이러한 흐름 속에서 William Morgan은 1985년 정신건강 모델(mental health model)을 통해 운동이 우울증을 완화하고 심리적 웰빙을 향상시킬 수 있음을 제시하였고, Dishman은 1988년 운동 동기와 지속성에 대한 연구를 통해 운동 참여를 방해하는 심리적 요인들을 분석하며 운동심리학의 이론적 기반을 더욱 견고히 하였다.

윌리엄 모건(William P. Morgan)

로드 디시먼(Rod K. Dishman)

4) 통합과 확장(1980년대 후반~1990년대)

1990년대에는 운동심리학이 마음과 신체의 연결 고리를 중심으로 연구가 확장되었다. 운동이 스트레스 감소, 인지 기능 향상, 정신건강 증진에 미치는 심리·생리학적 메커니즘에 대한 관심이 커지면서 관련 연구가 활발히 이루어졌다. 이 시기에 자기결정이론(Deci & Ryan, 1985)에서 내적 동기가 신체활동의 지속에 중요한 역할을 한다는 점을 설명하며 이론적 틀을 발전시켰고, 사회인지이론(Bandura, 1986)은 자기효능감이 운동행동의 유지에 핵심적인 역할을 한다고 강조하였다. 또한 Biddle과 Mutrie의 저서 『심리학과 신체활동』(1991)은 운동심리학 분야의 핵심 교재로 자리 잡아 학문적 통합과 확장에 크게 기여하였다.

5) 현대적 발전(2000년대~현재)

최근에는 세계보건기구(World Health Organization, WHO)가 2018년부터 2030년까지 진행하는 글로벌 신체활동 촉진 계획을 발표하며, 전 세계적으로 신체활동 증진에 심리학적 접근을 적극 활용하고 있다.

또한 신경과학과의 학제 간 연구가 확대되어 운동이 뇌 건강과 신경 발생에 미치는 영향에 대한 연구가 활발히 이루어지고 있으며(Erickson et al., 2011), 피트니스 앱과 가상 운동 프로그램 등 디지털 중재를 통해 운동 동기와 지속성을 높이려는 기술적 시도도 증가하고 있다. 아울러 고령자, 만성질환 환자, 어린이 등 다양한 인구 집단을 대상으로 운동의 효과를 연구하는 범위도 확대되고 있다.

3 운동의 효과

규칙적으로 운동을 하면 인체의 거의 모든 계통(system)에 좋은 혜택이 주어진다. 골밀도의 발달, 근력과 근지구력의 향상, 심박출량의 증가, 폐확산 효율성 증대, 고밀도 콜레스테롤 증가, 지방량 감소 등은 널리 알려진 효과의 일부에 지나지 않는다. 운동이 건강과 체력 증진에 어떤 도움을 주는가는 운동생리학과 스포츠의학 분야에서 이루어진 수많은 연구에 의해 입증되었다.

미국 보건복지부(HHS)는 신체활동이 다양한 질병 예방에 중요한 역할을 한다고 강조한다. HHS의 『Physical Activity Guidelines for Americans』에 따르면, 주당 최소 150분의 중강도의 유산소 신체활동과 주 2회의 근력 강화 활동을 권장한다. 이러한 신체활동은 심혈관 질환, 고혈압, 당뇨병 등의 만성 질환 위험을 감소시키는 데 효과적이다(U.S. Department of Health and Human Services [HHS], 2018). 보고서 『신체활동과 건강(Physical Activity and Health)』에는 규칙적인 운동은 관상동맥질환, 당뇨병 등 만성질환뿐 아니라 정신건강에도 긍정적 효과가 있다고 보고되었다. 보고서 전문에는 다음 사항이 포함되어 있다.

- 사망률: 규칙적인 운동을 많이 할수록 노인이나 젊은 층에 관계없이 사망률이 감소한다. 운동을 전혀 하지 않은 사람에 비해 중간 정도로 운동하는 사람의 사망률은 더 낮아진다.
- 심폐계 질환: 규칙적으로 운동을 하거나 심폐계 체력이 좋으면 심폐계 질환으로 인한 사망률을 낮추는데 특히 관상동맥질환에 의한 사망률이 낮아진다. 규칙적인 운동은 고혈압을 예방하거나 발생을 지연시키며, 고혈압 환자의 혈압을 낮춘다.
- 암: 일상생활에서 꾸준한 신체활동을 유지하는 것은 암 발생 위험을 줄이는 데 도움이 될 수 있다. 연구에 따르면 매일 아침 8시와 저녁 6시에 신체활동을 하는 것이 결장암 위험을 11% 감소시킨다고 보고되었다 하루에 단 4분의 격렬한 신체활동만으로도 암 위험을 20%까지 감소시킬 수 있으며, 10분의 운동은 암 위험을 30%까지 낮출 수 있다고 한다(Stein et al., 2024)
- 당뇨병: 규칙적인 운동은 인슐린 비의존성 당뇨병의 발생 위험을 줄인다.
- 골관절염: 근력, 관절의 구조와 기능을 유지하기 위해 규칙적인 신체활동이 필요하다. 적당한 수준의 운동은 관절염이 있는 사람에게 도움이 된다.
- 골다공증: 아동기와 사춘기에 정상적인 골격계가 형성되기 위해서는 체중이 가해지는 운동이 필요하다. 청소년기에 골밀도를 최고로 높이기 위해서도 체중이 가해지는 운동을 해야 한다.
- 낙상: 노년층을 대상으로 하는 근력 운동 또는 다른 형태의 운동은 남의 도움을 받지 않고 생활을 영위할 수 있는 능력을 길러주며 낙상(falling)의 위험을 낮춘다.
- 비만: 운동 부족은 비만의 원인이다. 신체활동은 인체의 체지방 분포를 바람직한 방향으로 바꿔준다.

- 정신건강: 신체활동은 우울증과 불안 증상을 낮추며 기분상태를 개선하기 때문에, 우울증 발생 위험을 낮출 수 있다.
- 건강관련 삶의 질: 신체활동은 심리적 웰빙과 신체의 기능을 향상시켜 궁극적으로 건강관련 삶의 질을 높여준다.
- 부작용: 운동강도를 점차적으로 높이고, 과도한 운동을 피하면 신체활동과 관련된 근골격계 부상을 예방할 수 있다. 신체활동으로 인하여 심폐계에 심각한 문제가 발생할 수도 있지만 심폐계 질환으로 인한 사망률을 낮추는 효과가 더 크다.

이 보고서는 신체활동이 개인 차원의 문제가 아니라 국가 수준에서 그 중요하게 다뤄야 함을 강조하고 있다. 특히 운동이 질병예방에 도움이 되고 질병에 따른 사망률을 낮추며, 삶의 질을 높이는데 도움이 되기 때문에 사회적으로 매우 중요하게 고려해야 할 사항이라고 밝히고 있다. 운동의 건강상 혜택이 탁월함에도 불구하고 실천율이 기대에 미치지 못하기 때문에 국가와 지역사회, 학교 등에서 운동실천을 촉진시키는 정책적 대안도 제시되어 있다.

한편 유산소 운동과 근력 운동의 효과를 비교할 필요도 있다(표 1-1). 대체로 유산소 운동은 근력 운동에 비해 체성분, 심혈관계에 상대적으로 좋은 효과가 있다. 근력 운동은 신체의 전반적 기능과 기초대사 측면에서 유산소 운동보다 우월하다. 하지만 당뇨병과 관계가 있는 글루코스 대사의 여러 지표에서는 두 운동방법의 효과가 비슷한 것으로 알려져 있다(McArdle et al., 2014).

토마토 효과(tomato effect)

토마토 효과란 어떤 요법이 효과가 있음에도 불구하고 사람들이 외면하는 현상을 말한다. 토마토는 유럽에서 이미 1500년대 식품으로 이용되었지만 북미에서는 많이 먹으면 죽는다는 믿음 때문에 1800년대까지 금기 식품이었다. 토마토의 뛰어난 영양 가치에도 불구하고 특별한 이유 없이 외면당한 현상에서 나온 용어이다. 운동도 그 효과가 뛰어남에도 불구하고 실천하는 사람이 많지 않은 것이 사실이다. 운동실천율이 낮은 것도 토마토 효과로 설명할 수 있을 것이다.

표 1-1 유산소 운동과 근력 운동의 효과 비교

구분	유산소 운동	근력 운동
골밀도	· 골밀도 증가 효과가 제한적 · 체중 부하 활동이 골밀도 유지에 기여함	· 골밀도 증가에 효과적 · 특히 고강도 체중 부하 운동이 효과적
체성분	· 체지방 감소에 효과적 · 체지방량(LBM) 변화는 제한적	· 제지방량(LBM) 증가 · 체지방 감소는 제한적
근력	· 근력 증가 효과는 미미	· 근력 증가에 매우 효과적 · 근육 크기 및 기능 향상
글루코스 대사	· 인슐린 민감성 및 글루코스 대사 개선	· 인슐린 민감성 및 글루코스 대사 개선
혈중지질	· LDL 콜레스테롤 및 중성지방 감소 · HDL 콜레스테롤 증가	· 중성지방 감소 · HDL 콜레스테롤 증가
휴식 시 심박수	· 휴식 시 심박수 감소	· 큰 변화 없음
심박출량	· 심박출량 증가	· 큰 변화 없음
휴식기 혈압	· 수축기 및 이완기 혈압 감소	· 혈압 감소 효과는 제한적
최대산소섭취량 (VO_2max)	· 최대산소섭취량 증가에 매우 효과적	· 최대산소섭취량 변화는 제한적
지구력	· 지구력 향상에 매우 효과적	· 지구력 향상 효과는 제한적
신체 전반 기능	· 심폐기능 및 전반적인 신체 기능 개선	· 근육 기능 및 신체적 독립성 향상
기초대사량	· 기초대사량 증가 효과는 미미	· 제지방량 증가로 인해 기초대사량 상승

자료:McArdle et al., 2014

4 운동실천율

우리나라 성인의 운동실천율은 2014년 58.3%에서 2021년 전체 47.9%로 감소하였다. 대한민국 성인 4명 중 1명만 일주일에 2일 이상 근력 운동에 참여하고 있으며

2014년 전체 21%였던 실천율은 2021년 25.4%로 다소 상승하였으나, 여전히 낮은 실천율을 보인다. 2014년 전체 16%였던 실천율은 2021년 17.6%로 소폭 증가했으나 여전히 낮다. 이러한 통계는 한국 성인 남성과 여성 모두에서 운동실천율이 감소하고 있음을 보여주며, 특히 여성의 근력 운동 참여가 저조함을 나타낸다(보건복지부, 2023).

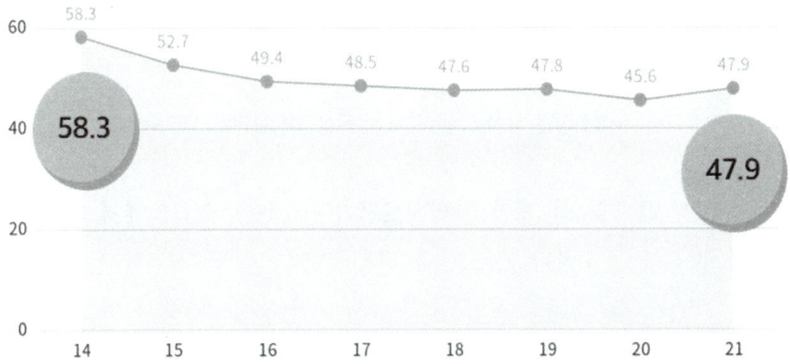

❙그림 1-2❙성인 유산소 신체활동 실천율(보건복지부, 2023)

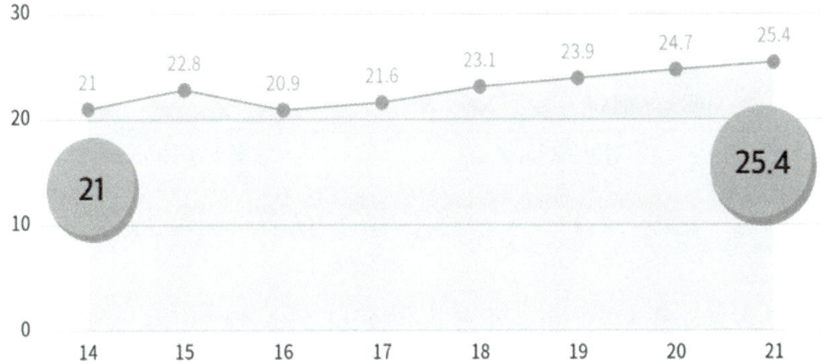

❙그림 1-3❙성인 근력 운동실천율(보건복지부, 2023)

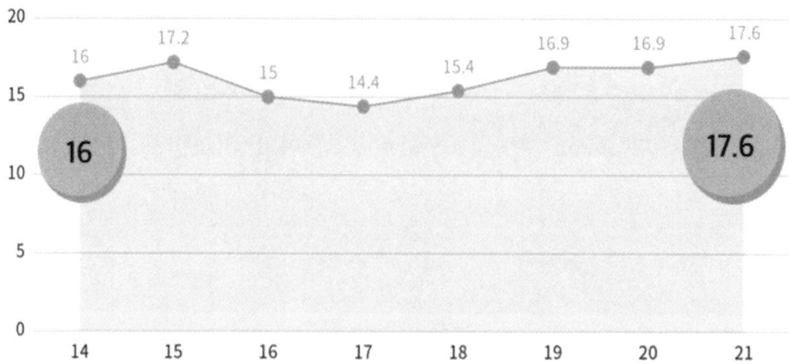

▌그림 1-4▐ 성인 유산소 및 근력 운동실천율(보건복지부, 2023)

전 세계적으로 약 72%의 성인은 세계보건기구(WHO, 2022)에서 제시하는 다음의 신체활동 지침을 준수한다. 청소년의 경우 19%가 해당 지침을 준수하고 있다.

- 성인 : 일주일에 150분 이상의 중・고강도 혹은 75분 이상의 고강도 유산소 신체활동
- 청소년 : 매일 1시간 이상의 중・고강도 신체활동

▌그림 1-5▐ 전세계 신체활동 지침 실천율(보건복지부, 2023)

해외의 성인 운동실천율은 미국의 경우 2020년 기준 약 24.2%의 미국 성인이 유산소 및 근력 강화 활동(주당 150분의 유산소 활동을 권장, 추가적으로 주 2회 이상의 근력 강화 활동을 권장) 지침을 충족했다. 일본의 경우 성인을 대상으로 주 2일 이상, 1회 30분 이상의 신체활동(하루 69분 이상의 중·고강도 신체활동을 권장)을 1년 이상 실천한 비율은 남성 36.1%, 여성 28.2%로 나타났다.

이러한 국가별 자료는 조사 방법, 표집, 운동 측정의 방법과 기준에 따라 일관성이

부족할 수 있다는 한계가 있어 해석에 유의할 필요가 있다. 그럼에도 불구하고 운동을 규칙적으로 실천하는 인구는 많지 않으며 이런 현상은 우리나라뿐만 아니라 선진국에서도 비슷한 상황임을 알 수 있다.

5 학술단체 및 학술지

운동심리학은 운동과학과 심리학뿐만 아니라 간호학, 보건학, 의학, 체육학 등 여러 학문과 접해있다. 그래서 운동심리학 관련 연구물을 찾으려면 이들 분야를 모두 검색해야 하는 어려움이 있다. 하지만 인터넷을 통해 온라인 데이터베이스를 검색하면 여러 분야를 동시에 확인할 수 있다. ERIC, MEDLINE, PsycINFO, PsycLIT, SPORT Discus 또는 SIRC(Sport Information Resource Center), Physical Education Index 등의 데이터베이스가 운동심리학 관련 논문을 담고 있다. 대부분의 대학 도서관은 인터넷을 통해 이들 데이터베이스에 접속하는 서비스를 제공한다. 운동심리학 분야의 논문이 실리는 국내외 학술지 목록은 〈표 1-2〉에 제시되어 있다. 국내 논문은 한국학술정보의 원문제공 서비스를 이용하면 손쉽게 구할 수 있다. 이 서비스도 소속 도서관을 통해 인터넷으로 이용이 가능하다.

1) 학술단체

운동심리학과 관계가 있는 국내외 학술단체는 다음과 같다. 운동 가이드라인의 제정과 개정을 주도한 학술단체도 포함되어 있다.

- 한국스포츠심리학회(KSSP): 국내의 스포츠운동심리학, 운동발달, 운동학습 및 제어 분야의 전문 학회
- 한국체육학회(KAHPERD): 국내에서 가장 규모가 큰 단체이며 체육의 여러 하위분야를 모두 포함
- 응용스포츠심리학회(AASP): 스포츠운동심리학의 이론과 현장적용을 촉진시킬 목적으로 결성된 학회로 수행향상, 건강심리, 사회심리 분야로 구성
- 국제스포츠심리학회(ISSP): 스포츠운동심리학 분야의 유일한 세계규모 학술단체

로 1965년에 창립됨. 4년마다 학회를 개최하며 학술지를 연간 4회 발간, 전 세계적으로 스포츠 및 운동심리학의 연구, 실습 및 개발을 촉진하는 데 전념

- 유럽 스포츠 심리학 연맹(FEPSAC): 1968년에 시작된 이 단체는 스포츠와 운동심리학을 다루는 유럽의 20개 이상의 국가 사회로 구성
- 미국심리학회(APA) DIVISION 47(스포츠, 운동 및 경기심리학회): APA는 미국에서 가장 큰 학회로, 현재 심리학의 다른 측면에 초점을 맞춘 54개의 활동적인 분과 보유함. DIVISION 47의 초점은 운동, 스포츠 및 인간 수행 영역 내에서 심리학의 과학적 발전과 실천에 있으며, 연구와 실습을 모두 강조함.
- 북미스포츠심리학회(NASPSPA): 스포츠 및 신체활동의 심리학적 측면에 초점을 맞춘 가장 오래된 조직 중 하나로, 운동 발달, 운동학습 및 제어, 사회 심리학 및 신체활동 연구에 중점을 두고 있음. 개인이 스포츠와 신체활동에 참여할 때 인간 행동에 대한 과학적 연구를 발전시키는 것을 목표로 함.
- 영국 스포츠 및 운동과학협회(BASE): 해당 학회의 심리학 분과는 스포츠 분야에 대한 열정을 가진 사람들의 학업 및 실용적 관심을 표현하고 지원하기 위해 노력하며, 성과 우수성, 참여 및 개발, 정신건강에 초점을 두고 있음.
- 영국 심리학회(BPS): 영국의 심리학자들과 심리학자들을 대표하는 단체로 그 중 스포츠 & 운동심리학과는 스포츠 및 운동심리학자의 전문적인 관심사를 촉진하고, 이에 관심이 있는 개인 및 그룹의 활발한 공동체를 개발하고 있음.
- 캐나다 정신 운동학습 및 스포츠 심리학 협회(SCAPPS): 스포츠와 운동심리학, 운동제어, 운동학습, 운동 발달에 대한 연구를 촉진하는 것을 목표로 하는 학회임. 또한 정신 운동학습과 스포츠 및 운동심리학과 관련된 분야에서 의견과 과학적 정보의 교환을 장려하는 데 초점을 두고 있음.
- 호주 심리학회(APS): 스포츠, 운동, 신체활동에 참여하는 것이 어떻게 개인의 발달과 행복을 증진시킬 수 있는지에 관심을 두고 있는 학회임.

2) 학술지

- Case Studies in Sport and Exercise Psychology: 2017년에 시작되었으며, 해당 분야 전문가가 채택한 접근 방식과 얻은 경험에 대한 자세한 사례 연구 설명을 제공하고 있음.

- International Journal of Sport & Exercise Psychology: 국제 스포츠 심리학회의 공식 학술지로 신체활동, 운동 및 스포츠 과학에 대한 이론적, 실무적 지식을 향상시키는 것을 목표로 함.
- International Journal of Sport Psychology: 1970년 창간, 스포츠심리학, 운동심리학, 스포츠 교육학에 관한 기사를 포함하여 인간 움직임의 심리학과 관련된 원고를 출판하였음.
- International Review of Sport and Exercise Psychology: 스포츠 및 운동심리학의 연구 문헌에 대한 비판적인 리뷰를 게재하고 있음.
- Journal of Applied Sport Psychology: 1989년 창간되었으며 AASP의 공식 저널로, 응용스포츠심리학 연구 및 전문적인 실무 기사를 출판하고 있음.
- Journal of Clinical Sport Psychology: 2007년 창간되었으며, 임상, 상담 및 스포츠심리학의 통합된 실무에 초점을 맞춘 이론, 기술 및 과학적 발견에 대한 이해를 촉진하기 위해 발간되었음.
- Journal of Sport Psychology in Action: 스포츠, 운동, 건강 심리학의 실천에 과학적 지식을 적용하는 것을 권장하는 저널임.
- Journal of Sport and Exercise Psychology: 1979년 창간되었으며, 이 분야에서 가장 오래되고 가장 존경받는 연구 저널 중 하나이며 기본 및 응용스포츠 및 운동심리학 연구 논문들을 발간하고 있음.
- Sport, Exercise and Performance Psychology: 2012년 창간되었으며, 미국 심리학회 운동 및 스포츠심리학 부문 47의 공식 저널임. 스포츠와 운동 및 수행 심리학에 초점을 맞춘 논문을 발간하고 있음.
- Psychology of Sport and Exercise: 2000년 창간되었으며, 광범위하게 정의된 스포츠운동심리학에 대한 학술 보고서에 대한 포럼을 제공하고 있음.
- The Sport Psychologist: 1987년 창간되었으며, 코치와 운동선수에게 심리서비스 전달을 촉진하는 응용 연구 및 전문 실무 기사를 모두 발간하고 있음.
- Sport and Exercise Psychology Review: 스포츠심리학의 모든 분야의 논문을 게재하고 있음.

| 표 1-2 | 운동심리학 발간 학술지

운동심리학 논문이 게재되는 국내외 학술지

- 한국스포츠심리학회지
- 한국체육학회지
- Adapted Physical Activity Quarterly
- Annals of Behavioral Medicine
- Applied and Preventive Psychology
- Basic and Applied Social Psychology
- British Journal of Sports Medicine
- Case Studies in Sport and Exercise Psychology
- Health Psychology
- International Journal of Behavioral Medicine
- International Journal of Rehab and Health
- International Journal of Sport & Exercise Psychology
- International Journal of Sport Psychology
- Journal of Aging and Physical Activity
- Journal of Applied Social Psychology
- Journal of Applied Sport Psychology
- Journal of Behavioral Medicine
- Journal of Clinical Sport Psychology
- Journal of Health Psychology
- Journal of Psychosocial Oncology
- Journal of Psychosomatic Research
- Journal of Sport & Exercise Psychology
- Journal of Sport Behavior
- Journal of Sport Psychology in Action
- Journal of Sports Sciences
- Measurement in Physical Education and Exercise Science
- Medicine and Science in Sport & Exercise
- Mind/Body Medicine
- Perceptual and Motor Skills
- Psychology and Health
- Psychology, Health, and Medicine
- Psychology of Sport and Exercise
- Psychosomatic Medicine
- Research Quarterly for Exercise and Sport
- Sport and Exercise Psychology Review
- Sport, Exercise and Performance Psychology
- The Sport Psychologist

6 운동 가이드라인

권위 있는 기관에서 발표하는 운동 가이드라인은 운동 프로그램을 설계하고 실천할 때 중요한 기준이 된다. 현재 운동 가이드라인은 두 가지가 제시되어 있다. ACSM(1978, 2000)의 운동 가이드라인과 CDC/ACSM(1995)의 공동 가이드라인이다. 두 가이드라인은 내용과 목표가 다르기 때문에 적용 대상과 목적에 따라 어떤 가이드라인이 적합한지 결정할 필요가 있다.

ACSM 가이드라인과 CDC/ACSM 공동 가이드라인의 주요 차이점은 신체활동의 권장 강도(intensity), 빈도(frequency), 지속시간(duration) 등의 세부사항에서 확인할 수 있다. 아래는 두 가이드라인의 비교이다.

1) ACSM 가이드라인

ACSM(American College of Sports Medicine) 가이드라인은 운동 전문가 및 운동처방을 위한 지침으로 제공되며, 주로 개별 맞춤 운동처방에 중점을 둔다.

(1) 유산소 운동(aerobic exercise)

- 목적: 심혈관계 건강 증진 및 체지방 감소
- 빈도:
  - 중강도: 주 5일 이상
  - 고강도: 주 3일 이상
- 강도(intensity):
  - 중강도: 최대심박수(HRmax)의 64~76% 또는 최대산소섭취량(VO_2max)의 40~59%
  - 고강도: HRmax의 77~95% 또는 VO_2max의 60~89%
- 지속시간:
  - 중강도: 최소 30~60분/회
  - 고강도: 최소 20~30분/회
  - 혼합: 중강도와 고강도를 결합하여 주당 총 150~300분
- 유형(type):
  - 걷기, 달리기, 자전거 타기, 수영 등 대근육군을 포함한 지속적 리듬 활동
- 진행(progression): 운동강도, 시간, 빈도를 점진적으로 증가시켜 적응 유도

(2) 근력 운동(strength training)

- 목적: 근력, 근지구력, 근육량 증가 및 기능적 능력 향상
- 빈도: 주 2~3일(비연속적, 하루 이상 휴식 필요)
- 강도:
  - 초보자: 40~50% 1RM(1회 최대 반복 중량)
  - 중고급자: 60~70% 1RM(근육 크기 증가 목표)
  - 숙련자: 80%이상 1RM(근력 증가 목표)
  - 지구력 향상: 50%미만 1RM, 15~20회 반복

- 반복 횟수(repetitions):
  - 근력과 크기 증가: 8~12회 반복
  - 근지구력: 10~15회 반복(초보자와 고령자에게 권장)
- 세트(sets): 2~4세트 권장(초보자는 1세트로 시작 가능)
- 운동 유형(type):
  - 모든 주요 근육군을 대상으로 복합 운동(예: 스쿼트, 벤치 프레스) 및 단일 관절 운동(예: 바이셉 컬) 포함
- 휴식(rest):
  - 세트 간 2~3분(고강도)
  - 지구력 운동의 경우 30초~1분

2) CDC/ACSM 공동 가이드라인

CDC와 ACSM의 공동 가이드라인은 공중보건 및 대중적인 실천 가능성에 중점을 두며, 일반 대중을 위한 권고사항으로 제공된다.

(1) 유산소 운동

- 빈도: 주 5일 이상
- 강도: 중강도
- 지속시간:
  - 하루 30분 이상, 주당 총 150분 (중강도)
  - 고강도 운동의 경우 주 75분으로 대체 가능
- 활동 유형: 걷기, 자전거 타기, 정원 가꾸기 등 일상적 활동 포함

(2) 근력 운동

- 빈도: 주 2일 이상
- 강도: 중강도(moderate intensity) 약 60-70% 1RM으로 시작할 것을 권장
- 활동 유형: 웨이트 트레이닝, 저항 밴드 운동 등

(3) 유연성 및 균형 운동

- 별도로 명시하지 않으나, 고령자를 위해 균형 운동을 권장

❙표 1-3❙ 가이드라인 차이점

구분	ACSM 가이드라인	CDC/ACSM 공동 가이드라인
대상	운동 전문가 개인 맞춤 운동처방 대상	일반 대중 공중보건 실천
유산소 운동강도	중~고강도 (HRmax 64~95%)	중강도 (일상 활동 포함)
유산소 운동빈도	주 3~5일	주 5일 이상
유산소 운동시간	중강도: 30~60분 / 고강도: 20~25분	중강도: 주 150분 / 고강도: 주 75분
근력 강화 빈도	주 2~3일	주 2일 이상
유연성/균형 운동	명확히 권장 (주 2~3일)	고령자 대상 균형 운동 권장
목적	운동 성과 및 건강 증진	일반 대중의 건강 유지와 예방

ACSM 가이드라인은 운동 전문가가 개인 맞춤형으로 운동을 설계하고 성과를 최적화하는 데 중점을 둔다. CDC/ACSM 공동 가이드라인은 대중의 실천 가능성과 공중보건 관점에서 접근하여, 보다 간단하고 실용적인 권고를 제공한다.

이 두 가이드라인은 서로 보완적인 관계에 있으며, 건강 수준과 목표에 따라 적합한 가이드라인을 선택해 활용할 수 있다. 강한 체력을 기르는 것이 목적이라면 엄격한 ACSM 가이드라인을 따르고, 일반적인 건강 유지가 목적이라면 CDC/ACSM 공동가이드라인을 따르는 것이 바람직하다. ACSM의 가이드라인에는 유산소 운동과 웨이트 트레이닝을 위한 지침이 모두 포함되어 있다.

❙표 1-4❙ 중강도와 고강도 운동의 예

중강도 운동	고강도 운동
• 빠르게 걷기	• 경보
• 골프(수동 카트)	• 조깅, 달리기
• 여가 수영	• 기록 수영
• 테니스 복식	• 테니스 단식
• 시속 8~15킬로 속도 자전거 타기	• 시속 15킬로 이상 속도 자전거 타기
• 바닥 청소, 창 닦기	• 가구 옮기기
• 웨이트 트레이닝	• 서키트 트레이닝

3) 국가암정보센터 신체활동 가이드라인

국가암정보센터(2023)에서는 암 예방을 위해 신체활동의 필요성을 강조하고 있으며 신체활동 관련 가이드라인을 발표하였다. 해당 가이드라인에 따르면, 규칙적인 신체활동은 식도암, 간암, 폐암, 신장암, 위암, 자궁내막암, 골수성 백혈병 등 다양한 암의 예방에 효과적이다. 특히 대장암의 경우, 신체활동을 통해 대장의 배변기능이 향상되어 암 유발 물질의 체내 체류 시간이 줄어들고, 유방암의 경우에는 폐경 후 여성의 유방 조직에 미치는 에스트로겐의 영향을 감소시켜 암 발생 위험을 낮출 수 있다.

이 외에도 운동은 에너지 대사 개선, 인슐린과 인슐린 유사 성장인자의 농도 감소, 체중 유지, 면역 기능 강화, 체내 염증 감소 등 다양한 경로를 통해 암 예방에 도움을 줄 수 있다. 또한 규칙적인 신체활동은 심장 질환, 뇌졸중, 비만, 당뇨 등 만성 질환의 예방뿐만 아니라 우울증 치료와 스트레스 해소 등 정신건강 유지에도 긍정적인 효과를 가지며, 의료비 지출 감소에도 영향을 미친다. 실제로 신체활동을 꾸준히 하는 사람들은 의료비가 10~20% 가량 절감되는 것으로 나타났다. 특히 65세 이상 노인을 대상으로 한 연구에서는 신체활동 수준이 높을수록 의료 이용률, 입원 횟수 및 일수가 감소하는 경향을 보였으며, 당뇨병을 진단받은 과체중 및 비만 성인을 대상으로 한 연구에서도 규칙적인 운동을 한 사람들은 그렇지 않은 사람보다 의료비와 입원율이 각각 22%, 28% 감소한 것으로 나타났다.

(1) 신체활동의 정의와 강도 기준

신체활동은 에너지 소비를 초래하는 골격근에 의한 신체적 움직임을 말한다. 여가, 가사, 직업, 이동 등의 활동을 포함하며, 활동의 강도에 따라 저강도, 중강도, 고강도 활동으로 구분할 수 있다(표 1-5 참고). 규칙적인 신체활동은 중강도 신체활동을 주 5일 이상(일일 총 시간이 최소 30분 이상, 최소 10분 단위로 누적 30분 이상 또는 연속 30분)하거나, 고강도 신체활동을 주 3회 이상(1회 최소 20분 이상)하며, 이를 3개월 가량 지속할 경우로 정의한다. 신체활동의 강도를 구분하는 기준은 다음과 같다.

- 저강도 신체활동: 심박수가 최대심박수의 63% 미만일 경우
- 중강도 신체활동: 심박수가 최대심박수의 64-76%로 증가하거나 호흡이 분당 30-40회로 증가할 경우(안정시 12-16회)
- 고강도 신체활동: 심박수가 최대심박수의 77% 이상으로 증가하거나 호흡이 분당 40-50회로 크게 증가하여 대화가 어렵거나 단절되는 경우

| 표 1-5 | 신체활동 예시(국가암정보센터, 2023)

구분	중강도 신체활동	고강도 신체활동
운동 및 여가	걷기, 댄스, 자전거 타기, 승마, 요가	조깅, 웨이트 트레이닝, 등산, 에어로빅, 춤추기, 줄넘기, 수영
스포츠 활동	배구, 골프, 야구, 스키, 배드민턴 및 테니스(복식), 시합형태가 아닌 구기 종목	축구, 배드민턴 및 테니스(단식), 농구, 그 외 시합형태의 구기 종목
가사 활동	손빨래, 청소기 돌리기, 계단 청소, 세차하기, 가벼운 물건 옮기기, 장보기	무거운 물건 옮기기
직업적 활동	걷기나 나르기 등이 포함된 업무 (경비, 농업, 서비스업)	고강도 노력 및 노동이 포함되어 있는 활동(임업, 건설, 소방)

신체활동의 강도를 측정할 때 최대심박수가 자주 활용되는데, 최대심박수는 220에서 자신의 나이를 뺀 값으로 알 수 있다. 그 외에도 간편하게 확인할 수 있는 방법으로는 토크 테스트(talk test)가 있다.

토크 테스트(talk test)

운동강도에 따라 말하기(talk) 수준이 달라진다는 원리를 이용하여 운동강도를 추정하는 방법이다. 특별한 장비나 도구가 필요 없기 때문에 현장에서 운동강도의 설정 목적으로 사용할 수 있다.

- 운동 중에 노래를 할 수 있으면 저강도에 해당한다.
- 운동 중에 옆 사람과 가벼운 대화를 할 수 있으면 중강도이다.
- 운동 중에 숨이 차서 말을 할 수가 없으면 고강도에 해당한다.

자료: CDC(www.cdc.gov).

(2) 암 예방을 위한 신체활동 권장사항

암 예방을 위해서는 주 5회 이상, 하루 30분 이상, 땀이 날 정도로 걷거나 운동하는 중강도 이상의 신체활동이 권장된다. 또한 주 5회 이상, 하루 45~60분의 신체활동을 할 경우 암 예방에 더 효과적이다. 다음은 암환자에게 권장되는 일주일간 신체활동의 예시이다(그림 1-6 참고).

	월	화	수	목	금	토	일
운동/여가			테니스 (복식60분)				테니스 (복식60분)
이동	출퇴근 (걷기10분)	출퇴근 (걷기10분)	출퇴근 (걷기10분)	출퇴근 (걷기10분)	출퇴근 (걷기10분)		
직업활동		시내출장 (걷기20분)				택배 및 배달업무 (10분)	
가사활동							장보기 (30분)
합계	10분	30분	70분	10분	10분	10분	90분

▎그림 1-6 ▎암 예방을 위한 신체활동의 예시(국가암정보센터, 2023)

자신의 신체활동 수준을 점검하려면, 일주일 동안 10분 이상 지속한 활동을 요일별로 기록해보는 것이 도움이 된다. 예를 들어, 테니스를 복식으로 주 2회, 각 60분씩 했고, 평일에는 출퇴근 시 걷기를 10분 정도, 주말에는 장보기를 30분간 했다면, 중강도 이상의 신체활동을 실시한 날은 3일(화, 수, 일)로 암 예방을 위한 최소 수준의 신체 활동 기준을 충족시키지 못한 것이다. 이처럼 주간 신체활동 유형과 시간을 기록하면, 총 활동 시간을 바탕으로 자신의 신체활동 수준을 평가할 수 있다.

(3) 체력 향상을 위한 운동 설계

운동을 계획할 때, 개인의 체력, 건강 등을 고려하여 운동량 및 강도를 설정해야 한다. 본인의 체력 수준에 비해 운동량 및 강도가 적거나 낮으면 효과가 없고 너무 많거나 높으면 부상의 원인이 되기도 한다.

운동단계에는 첫째, 체력이 낮고, 운동을 처음 시작하거나 오랜만에 다시 시작하는 사람의 경우 적응단계, 둘째, 기본적인 체력이 형성되고 운동에 대한 적응이 끝난 다음 체력을 향상시켜 나가는 향상단계, 마지막으로 체력을 유지하고 건강을 증진시키기 위한 유지단계가 있다.

격렬한 운동은 일시적으로 면역 기능을 저하시키고 반복적이고 격렬한 운동은 이러한 상태를 심화할 수 있다. 따라서 너무 격렬하거나 장시간 지속하는 운동은 피하는 것이 좋다.

	운동형태	빈도	강도	시간
심폐 지구력	조깅, 등산, 수영, 자전거 타기	주당 3~5일 정도	최대심박수의 60~80%	20~60분
근력	웨이트 트레이닝, 아령운동 및 체중부하운동	주당 2~3일 정도	너무 무리가 되지 않는 부하로 설정	한 동작에 8~12회 정도
유연성	요가, 스트레칭	거의 매일	동작 수행 시 통증이 없는 범위 내에서	15~30초 스트레칭 (초보자는 동적 스트레칭보다 정적 스트레칭 위주로 실시)

▎그림 1-7 ▎체력향상 목적의 운동 계획 예시

7 주요 개념

이 책에서 자주 나오는 용어에 대한 개념을 정의해 두었다. 스포츠심리학, 운동생리학, 스포츠의학, 심리학 분야의 용어도 자주 접하게 되므로 전문 서적을 참고할 필요가 있다.

- 주관적 운동강도(Rating of Perceived Exertion; RPE): 운동 중 개인이 느끼는 신체적 노력, 호흡 상태, 심박수, 피로도 등을 종합적으로 평가한 주관적인 척도다. 이는 개인의 운동강도를 측정하고 조절하는 데 유용한 도구로 활용된다.
- 일회성 운동(acute exercise): 5km 달리기처럼 비교적 짧은 시간동안 한 번 하는 운동을 의미한다.
- 장기간 운동(chronic exercise): 몇 주간 또는 몇 개월에 걸쳐 지속하는 규칙적인 운동으로 운동형태, 강도, 지속시간, 주당 빈도로 정의한다.
- 체력(physical fitness): 생활 속에서 현존하거나 잠재하는 신체적인 일을 성공적으로 수행할 수 있는 능력으로 신체활동을 수행하는데 필요한 여러 요인으로 구성된다.
- 건강관련 체력(health-related physical fitness): 심폐지구력, 근력, 근지구력, 유연성, 체성분으로 구성된다. 일상생활과 업무, 그리고 여가활동을 활력 있게

수행하고 예상하지 않은 위험으로부터 안전을 확보하는데 필요한 체력이다.

- 운동관련 체력(skill-related physical fitness): 운동기능을 잘 수행하는데 요구되는 체력으로 민첩성, 평형성, 협응력, 스피드, 순발력, 반응시간 요인이 포함된다.
- 유산소 체력(aerobic fitness): 심폐계 체력을 의미하는 것으로 심폐계에서 산소를 운반해서 사용하는 최대 능력을 말한다.
- 지속실천(adherence): 정해진 계획대로 행동을 충실히 이행하는 것을 말한다. 운동심리학에서 운동지속실천은 출석 또는 일정 기준의 출석률(예, 60%에서 80%)로 정의한다.
- 최대심박수(HRmax): 이론적으로 가장 높게 오를 수 있는 심박수를 220으로 가정하고 자신의 나이를 빼면 자신의 최대심박수가 된다(최대심박수 = 220 - 연령). 예컨대 20세 남자라면 최대심박수는 200이다(220에서 20을 뺀 수치).
- 최대산소섭취량(VO_2max): 심폐지구력 수준을 추정하는 지표로서 운동의 부하가 증가함에도 불구하고 산소소비량이 더 이상 증가하지 않는 시점을 말한다. 따라서 최대산소섭취량의 50% 강도는 자신의 최대 심폐지구력의 50% 사용하는 강도(중강도)를 의미한다.

참고문헌

국가암정보센터(2023). **암예방과 검진.** https://www.cancer.go.kr/lay1/S1T235C236/contents.do

보건복지부(2002). **2001 국민건강영양조사: 보건의식행태편**. 보건복지부.

보건복지가족부(2023). **한국인을 위한 신체활동 지침서**, 한국건강증진개발원

American College of Sports Medicine. (2000). *ACSM's guidelines for exercise testing and prescription (6th ed.)*. Lippincott Williams & Wilkins.

American College of Sports Medicine. (2021). *ACSM's guidelines for exercise testing and prescription (11th ed.)*. Lippincott Williams & Wilkins.

Bandura, A. (1986). Social foundations of thought and action. *Englewood Cliffs, NJ*, 1986(23-28), 2.

Biddle, S. J., Mutrie, N., Gorely, T., & Faulkner, G. (2021). *Psychology of physical activity: Determinants, well-being, and intervention*s (4th ed.). Routledge.

Bouchard, C., & Shephard, R. J. (1994). *Physical activity, fitness, and health: A model and key concepts.* Document prepared for the International Consensus Symposium on Physical activity, Fitness, and Health. Toronto, ON.

Buckworth, J., & Dishman, R. K. (2002). *Exercise psychology.* Champaign, IL: Human Kinetics.

Cooper, K. H. (1969). *Aerobics.* Rev. Bantam.

Deci, E. L., & Ryan, R. M. (1985). *Intrinsic motivation and self-determination in human behavior.* Springer.

Dishman, R. K. (1988). *Exercise adherence: Its impact on public health*. Human Kinetics.

Erickson, K. I., Voss, M. W., Prakash, R. S., Basak, C., Szabo, A., Chaddock, L., Kim, J. S., Heo, S., Alves, H., White, S. M., Wojcicki, T. R., Mailey, E., Vieira, V. J., Martin, S. A., Pence, B. D., Woods, J. A., McAuley, E., & Kramer, A. F. (2011). Exercise training increases size of hippocampus and improves memory. *Proceedings of the National Academy of Sciences, 108*(7), 3017-3022.

Gill, D. L., Williams, L., & Reifsteck, E. J. (2017). *Psychological dynamics of sport and exercise.* Human Kinetics.

Gould, D., & Voelker, D. K. (2014). The history of sport psychology. In R. Eklund & G. Tennenbaum (Eds.), *Encyclopedia of sport psychology* (pp. 346-351). Sage.

Haskell, W. L., Lee, I. M., Pate, R. R., Powell, K. E., Blair, S. N., Franklin, B. A., Macera, C. A., Heath, G. W., Thompson, P. D., & Bauman, A. (2007). Physical activity and public health: Updated recommendation for adults from the American College of Sports Medicine and the American Heart Association. *Circulation, 116*(9), 1081-1093

Kornspan, A. S. (2012). History of sport and performance psychology. In S. M. Murphy (Ed.), *The Oxford handbook of sport and performance psychology* (pp. 3-23). Oxford University Press.

Kremer, J., & Moran, A. (2008). Swifter, higher, stronger-The history of sport psychology. *Psychologist, 21*(8), 740-742.

Layman, E. M. (1960). Contributions of exercise and sports to mental health and social adjustment.

In W. R. Johnson (Ed.), *Science and medicine of exercise and sports.* Harper & Brothers.

Lox, C. L., Martin, K. A., & Petruzzello, S. J. (2003). *The psychology of exercise: Integrating theory and practice.* Holcomb Hathaway.

McArdle, W. D., Katch, F. I., & Katch, V. L. (2014). *Exercise physiology: Energy, nutrition, and human performance.* Lippincott Williams & Wilkins.

Morgan, W. P. (1985). A mental health model for prescribing exercise. *The Physician and Sportsmedicine, 13*(10), 34-39.

Office of Disease Prevention and Health Promotion. (2018). *Physical activity guidelines for Americans* (2nd ed.). U.S. Department of Health and Human Services. https://health.gov/paguidelines/

Pollina, R. (2024, September 4). The 'disgustingly small' amount of exercise each day that slashes th e risk of cancer: Fitness expert. New York Post. https://nypost.com/2024/09/04/lifestyle/doctor-reveals-the-disgustingly-small-amount-of-exercise-someone-needs-each-day-to-help-slashes-the-risk-of-cancer/

Pate, R. R., Pratt, M., Blair, S. N., Haskell, W. L., Macera, C. A., Bouchard, C., Buchner, D., Ettinger, W., Heath, G. W., King, A. C., Kriska, A., Leon, A. S., Marcus, B. H., Morris, J., Paffenbarger, R. S., Patrick, K., Pollock, M. L., Rippe, J. M., Sallis, J. F., & Willmore, J. H. (1995). Physical activity and public health: A recommendation from the Centers for Disease Control and Prevention and the American College of Sports Medicine. *JAMA, 273*(5), 402-407.

Stein, M. J., Baurecht, H., Bohmann, P., Fervers, B., Fontvieille, E., Freisling, H., ... & Weber, A. (2024). Diurnal timing of physical activity and risk of colorectal cancer in the UK Biobank. BMC medicine, 22(1), 399.

Triplett, N. (1898). The dynamogenic factors in pacemaking and competition. *The American Journal of Psychology, 9*(4), 507-553.

U.S. Department of Health and Human Services. (2018). *Physical activity guidelines for Americans* (2nd ed.). https://health.gov/paguidelines/

World Health Organization. (2010). *Global recommendations on physical activity for health.* https://www.who.int/publications/i/item/9789241599979

Review Questions

01 운동심리학의 정의를 내리고 구체적인 탐구 내용을 요약해보자.

02 스포츠심리학과 운동심리학이 어떤 부분이 다른지 비교해보자.

03 운동심리학의 발전에서 5개 시기의 주요 업적을 설명해보자.

04 미국 보건복지부는 신체활동이 다양한 질병 예방에 중요한 역할을 한다고 강조하였는데 신체활동이 질병예방에 어떠한 효과가 있는지 서술해보자.

05 유산소 운동과 근력 운동의 효과를 비교해 보고 운동 목적별(예, 체중 조절, 스포츠 수행력 증대, 당뇨병 개선 등)로 어떤 운동을 권장할 것인지 설명해보자.

06 운동심리학 관련 연구 논문이 게재되는 국내 학술지와 국외 학술지의 명칭을 나열해보자.

07 ACSM 가이드라인과 CDC/ACSM 공동 가이드라인의 주요 차이점에 대해 서술해보자.

08 국가암정보센터에서 암 예방을 위해 발표한 신체활동 관련 가이드라인 중 신체활동의 필요성에 대해 설명해보자.

09 토마토 효과란 무엇이며 운동에 적용하여 설명해보자.

Projects

운동심리학 포스터 만들기

1. 목적

2인이 한 팀이 되어 수행하는 프로젝트이다. 운동심리학 분야 내용 중에서 관심 주제를 찾아 왜 중요하며 어떤 의미가 있는가를 알려주는 학술 포스터(poster)를 제작한다.

2. 절차

- 2인 1조로 주제를 선정, 작업을 분담한다.
- 텍스트뿐만 아니라 사진, 도표(그래픽 포함)를 사용한다.
- 적당한 크기(예: 60cm x 90cm)의 용지를 사용한다.

3. 포스터 주제의 예

- 새로운 운동 가이드라인
- 운동과 스트레스
- 운동의 심리적 효과
- 운동이 수면에 미치는 효과
- 운동과 신체 자신감
- 운동실천 촉진전략
- 운동중독
- 운동 자신감 이론 등

4. 발표회

강의실, 복도, 체육관을 이용하여 포스터 발표회를 개최한다. 평가 항목은 내용 적합성과 포스터 구성내용으로 한다. 카메라를 준비해서 기록으로 남긴다. 평가는 주제 적합성 50%, 디자인 구성 50%로 한다.

Projects

CDC의 신체활동 관련 정보 탐색

1. 목적

CDC는 새로운 운동 가이드라인을 만드는 작업을 주도적으로 수행한 건강과 질병 예방 분야에서 세계적 권위를 인정받는 기관이다. CDC에서는 운동과 신체활동에 관한 다양한 보고서를 발표해 왔다. 내용의 신뢰도가 매우 높아 여러 국가의 전문가가 참고한다. CDC 웹사이트에 수록된 신체활동 관련 정보를 탐색하고 정리한다.

2. 절차

1) CDC의 웹사이트(www.cdc.gov)에 접속한다.
2) "모든 사람을 위한 신체활동(Physical Activity for Everyone)"이란 제목의 문서를 찾는다.
3) 이 문서에는 여러 관련문서에 접근하도록 링크가 되어 있다.
4) 다음 주제에 관한 자료를 찾아 주요 내용을 정리한다.

- 신체활동의 중요성
- 신체활동 권고문
- 신체활동 강도 측정
- 운동 시작하기
- 운동 습관 만들기
- 체력의 구성요소
- 신체활동 용어
- 기타 자료
- 노인 근력 운동
- 전문가용 자료

3. 정리

1) 주제별로 주요 내용을 알기 쉽게 정리한다.
2) 이 책에서 배우는 내용과 어떤 관계가 있는지를 표로 정리한다.
3) 국내의 권위 있는 기관에서 제공하는 정보와 비교한다.
4) 탐색한 내용을 어떻게 활용할 수 있을지 논의한다.

Study Questions

01 운동심리학의 주요 목적 중 하나가 아닌 것은?

① 운동실천과 심리적 변인 간의 관계 탐구
② 운동을 통한 경쟁적 스포츠 수행 향상
③ 운동실천과 지속성을 촉진하기 위한 심리학적 원리 적용
④ 운동이 주는 건강상의 혜택을 연구

02 정신건강모델을 제시하며 운동이 불안·우울 감소와 기분 개선에 미치는 효과를 과학적으로 규명하여 운동심리학의 기초를 세운 학자는 누구인가?

03 운동과 관련된 주요 용어에 대한 설명으로 옳지 않은 것은?

① 신체활동은 에너지 소비량이 증가하는 모든 움직임을 포함한다.
② 운동은 구조화되어 있고 체력을 유지 또는 향상시킬 목적으로 행한다.
③ 건강관련 체력은 근력, 근지구력, 유연성 등을 포함한다.
④ 여가활동은 직업적 신체활동과 가사 노동을 포함한다.

04 운동심리학이 스포츠심리학과 다른 점은, 운동심리학은 ________에 관심을 두며, 이는 건강 증진과 지속성을 강조한다.

05 다음 중 신체활동과 운동의 차이점으로 옳은 것은?

① 운동은 계획성, 구조화, 반복성이 특징이다.
② 신체활동은 여가시간에만 이루어진다.
③ 운동은 스포츠보다 경쟁성이 높다.
④ 신체활동은 체력향상만을 목표로 한다.

06 운동심리학의 주요 목적은 ____과 심리적 변인 간의 관계를 탐구하고, 운동지속실천을 촉진하기 위해 심리학적 원리를 적용하는 것이다.

07 운동심리학이 공식적으로 학문으로 자리잡은 계기는 무엇인가?

① 노먼 트리플렛의 연구 발표
② AASP의 설립
③ WHO의 신체활동 촉진 계획
④ 디지털 중재 기술의 도입

08 Norman Triplett은 __________경기를 통해 사회적 환경이 수행 능력에 미치는 영향을 연구하였다.

09 William P. Morgan은 운동과 ________, 주관적 운동강도 등을 연구하여 운동심리학 발전에 기여하였다.

10 William P. Morgan의 주요 연구 주제로 적합하지 않은 것은?

① 정신건강 모델
② 운동지속성
③ 강화 이론
④ 운동중독

11 HHS의 『Physical Activity Guidelines for Americans』에서 권장하는 신체활동은?

① 주당 75분의 고강도 유산소 활동
② 주당 300분의 중강도 유산소 활동
③ 주당 최소 150분의 중강도 유산소 활동과 주 2회의 근력 운동
④ 매일 30분의 고강도 유산소 활동

12 규칙적인 운동이 감소시키는 질병으로 가장 적절하지 않은 것은?

① 관상동맥질환
② 골관절염
③ 당뇨병
④ 만성 스트레스

13 유산소 운동이 근력 운동에 비해 더 우수한 효과를 발휘하는 영역은?

① 체성분 및 심혈관계 건강
② 신체 기능 향상
③ 기초대사율 증가
④ 글루코스 대사 조절

14 운동과 암 발생 위험 감소의 관계에 관한 연구 결과로 맞는 것은?

① 하루 4분의 격렬한 운동은 암 위험을 10% 감소시킨다.
② 하루 10분의 운동은 암 위험을 30%까지 낮춘다.
③ 아침 8시와 저녁 6시의 운동은 암 예방 효과가 없다.
④ 규칙적인 운동은 결장암 위험과 관련이 없다.

15 ACSM 가이드라인의 유산소 운동에 대한 권장 강도는?

① 최대심박수(HRmax)의 40~60%
② 최대산소섭취량(VO_2 max)의 40~89%
③ HRmax의 70~90%
④ VO_2 max의 30~50%

16 CDC/ACSM 공동 가이드라인에서 권장하는 중강도 유산소 운동의 최소 시간은?

① 주당 75분
② 주당 120분
③ 주당 150분
④ 주당 300분

17 CDC/ACSM 공동 가이드라인의 주요 목표는?

① 운동 전문가를 위한 세부 지침 제공
② 고강도 운동의 대중화
③ 대중의 실천 가능성 및 공중보건 향상
④ 경쟁 스포츠 성과 최적화

18 ACSM 가이드라인에서 초보자의 웨이트 트레이닝 강도는 최대 반복 중량(1RM)의 ________________로 설정한다.

19 암 예방을 위한 신체활동의 권장사항으로 옳은 것은 무엇인가?

① 하루 10분씩 주 7회 걷기
② 하루 30분 이상, 주 5회 중강도 이상의 신체활동
③ 하루 20분, 주 3회 저강도 신체활동
④ 하루 45분 이상, 주 7회 고강도 신체활동

20 최대심박수를 계산하는 계산식은?

21 운동을 계획할 때 심폐지구력을 향상시키기 위해 필요한 최소 심박수는 최대심박수의 (   ) % 이상이어야 한다.

모 / 범 / 답 / 안

1장 평가문항 모범 답안

01 ② 02 윌리엄 모건(William P. Morgan) 03 ① 04 규칙적인 운동실천 05 ④ 06 운동
07 ③ 08 자전거 09 우울증 10 ③ 11 ③ 12 ② 13 ① 14 ② 15 ② 16 ③ 17 ③
18 40-50% 19 ② 20 220-자신의 나이 21 60

운동심리학의 정석

2장

신체활동의 측정

Key terms

FIT	대사동등가(MET)	처방-반응	용량-반응	주관적 운동강도 척도(RPE)	7일 신체활동 회상 질문지	일지기록
중강도 운동	고강도 운동	에너지 소비량	가속도계	심박수계	보수계	암밴드
스마트 기기	행동관찰	간접열량측정	동위원소법	SOPLAY	SOFIT	

운동심리학의 정석

2장 신체활동의 측정

1 주요 개념

운동은 형태(type), 빈도(frequency), 강도(intensity), 지속시간(duration) 네 가지 요소로 설명한다. 운동 형태를 제외한 나머지 세 요소를 줄여서 FIT라고 부르기도 하는데 F는 빈도(frequency), I는 강도(intensity), T는 지속시간(time-duration)을 의미한다.

- 운동형태: 운동할 때 주로 사용되는 생리적 시스템에 따라 형태를 구분한다. 달리기, 수영과 같은 유산소 운동과 웨이트 트레이닝과 같은 무산소 운동으로 구분한다.
- 운동빈도: 일정 기간 운동을 몇 번이나 하는가를 나타낸다. 특별한 정의가 없으면 1주일에 몇 회 운동하는가를 말한다.
- 운동강도: 휴식 상태와 비교해서 운동을 할 때 인체의 생리적 시스템에 얼마나 과부하가 초래되는가를 의미한다. 최대심박수의 몇 %인가와 같은 상대 강도로 표시하거나 대사동등가(Metabolic Equivalent of Task, MET)와 같은 절대 강도로 나타낼 수 있다.
- 운동지속시간: 운동이 시간적으로 얼마나 지속하는지를 나타내며, 특별한 정의가 없으면 분 단위로 표시된다.
- 용량-반응(dose-response): 용량-반응은 운동의 강도, 빈도, 지속시간(즉, 운동처방)에 따라 신체적, 정신적 반응(예: 건강 개선, 질병 예방, 심리적 웰빙)이 어떻게 달라지는지를 설명하는 개념이다. 운동량과 심혈관건강의 개선관계, 신체활동과 정신건강(예: 우울증 감소)의 관계, 특정 운동강도와 체중 관리의 효과 비교 등의 분야에서 사용된다.
- 용량-효과(dose-effect): 용량-반응과 유사한 용어로 사용되기도 하며 특정 용량(운동, 약물 등)에 의해 유도된 효과의 강도를 측정하는 개념이다. 용량-반응이 결과 발생 여부에 초점을 둔다면, 용량-효과(dose-effect)는 효과의 크기(강도)에 초점을 둔다.

2 신체활동 강도 분류

1) 대사동등가(MET)의 개념

신체활동은 매우 광범위한 개념이다. 따라서 다양한 신체활동의 강도를 서로 비교할 수 있도록 표준을 정할 필요가 있다. 대사동등가(MET)라는 개념은 신체활동에 따른 에너지소비량을 분류할 때 자주 사용된다. 대사동등가는 휴식 시의 에너지소비량을 기준으로 할 때 몇 배에 해당하는 에너지가 소비되는가의 강도를 말한다.

- 1 MET는 휴식 상태에서 소비되는 산소 소비량이다. 구체적으로 1 MET는 산소 3.5ml/kg/분으로 나타낸다(분당 체중 1kg당 3.5밀리리터의 산소를 소비하는 강도). 휴식 상태에 비해 두 배의 에너지를 소비하는 활동이라면 2 MET로 표시한다. MET는 운동강도를 나타내는 개념일 뿐 지속시간이나 빈도와는 관계가 없다.
- MET로 운동강도를 표시하면 절대강도가 된다. 시속 7km 걷기 또는 시속 9km로 달리기 등도 절대강도이다. 절대강도가 같더라도 연령이나 체력 상태에 따라 개인마다 느끼는 상대적인 강도는 달라질 수 있다. 예컨대 20대에게 4 MET 운동은 가벼운 운동이겠지만 80대 노인에게는 매우 높은 강도가 될 수 있다.
- 고강도 운동의 기준으로 6 MET를 사용하기도 한다. 6 MET라면 대부분의 사람들에게 최대 운동능력의 약 60%에 해당하기 때문이다. 하지만 이 기준은 체력이 좋은 사람에게는 낮지만 체력이 좋지 않은 사람이나 노인에게는 지나치게 높을 수 있다.

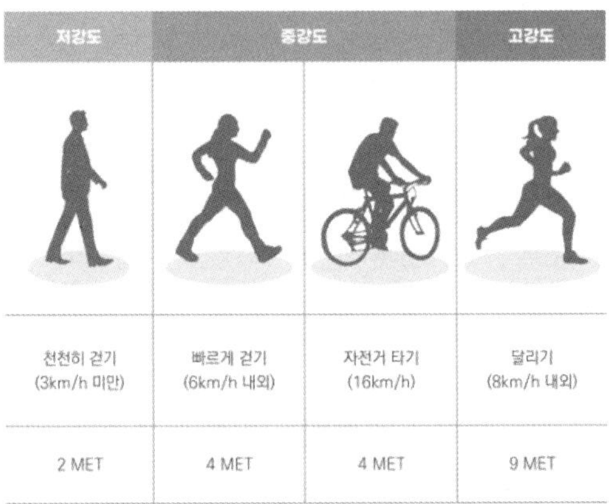

❙그림 2-1❙MET 강도별 활동 예시(보건복지부, 2023)

2) MET의 해석

- 저강도 활동(1.5~3 MET): 주로 일상생활 활동이며, 건강 유지 효과가 낮음
- 중강도 활동(3~6 MET): 심혈관 및 신체 건강을 유지하는 데 효과적. 대부분의 건강 권장 사항에서 주당 150분 이상 권장
- 고강도 활동(6 MET 이상): 체력 증진 및 심혈관계 강화에 매우 효과적. 주당 75분 이상의 지속적인 활동이 권장

Ainsworth 등(2011)은 여러 형태의 운동강도를 MET단위로 환산한 표를 제시하고 있다(표 2-1 참조). 천천히 걷기는 3 MET 이하의 저강도 운동이며, 빠르게 걷기는 약 5 MET 정도의 중강도 운동이다. 달리기는 대체로 6 MET 이상의 고강도 운동에 해당한다. 이 기준은 일반적인 지표일 뿐 개인의 체력과 연령에 따라 기준이 달라질 수 있다.

표 2-1 MET 강도별 신체활동 예시(Ainsworth et al., 2011)

저강도 활동 (1.5~3 MET)	중강도 활동 (3~6 MET)	고강도 활동 (6 MET 이상)
• 앉아있기: 1.0 MET • 책 읽기, TV 시청: 1.3 MET • 걷기(2.7~3.2 km/h, 느린 속도): 2.0 MET • 가벼운 요가, 스트레칭: 2.5 MET • 설거지, 가벼운 청소: 2.5~3.0 MET	• 빠르게 걷기(4.8~6.4 km/h): 3.5~4.5 MET • 가벼운 조깅 (6.4 km/h 이하): 5.0 MET • 자전거 타기(16 km/h 이하): 4.0 MET • 춤추기, 에어로빅(중간 강도): 4.5~5.0 MET • 정원 가꾸기(풀 뽑기, 가벼운 삽질): 4.0~5.0 MET • 무거운 짐 들기, 집안일: 4.0 MET	• 달리기(8 km/h 이상): 8.0~12.0 MET • 수영(강한 강도): 7.0~9.0 MET • 스쿼트, 벤치프레스 같은 고강도 웨이트 트레이닝: 6.0~8.0 MET • 농구, 축구, 테니스(격렬한 경기): 7.0~10.0 MET • 산악 등반, 하이킹 (오르막길): 6.5~9.0 MET • 스피닝, HIIT 운동: 8.0~10.0 MET

운동강도를 표현할 때 개인이 실제로 느끼는 강도를 기준으로 하는 상대강도도 자주 사용된다. 최대산소섭취량과 최대심박수는 연령이나 체력수준에 따라 차이가 있기 때문에 이를 기준으로 몇 %강도인가를 표시하는 방법이 상대강도이다.

〈표 2-2〉는 다양한 운동 유형 간의 운동강도를 비교할 수 있도록 만든 것이다

(U.S.DHHS, 1996). 예컨대 중년의 여성이 최대산소섭취량의 50% 강도 빠르게 걷기를 했다면 약 4에서 6 MET에 해당하는 중강도의 운동이 된다. 주관적 운동강도 척도(RPE) 12, 13은 중강도에 해당하며 14에서 16 MET 사이는 높은 강도의 운동에 해당한다. 이와 같은 분류표를 이용하면 운동강도를 처방하거나 기록하기에 편리하다(Welk, 2002).

표 2-2 신체활동 강도 분류표(60분간 지속 기준)

강도	지구성 운동							근력 운동 상대 강도
	상대강도			건강한 성인의 절대 강도(MET)				
	최대산소 섭취량(%)/ HRR(%)	최대 심박수(%)	RPE	20-39세	40-64세	65-79세	80세이상	최대 근수축(%)
아주 가볍다	25미만	30미만	9미만	3미만	2.5미만	2.0미만	1.25이하	30미만
가벼운 운동	25-44	30-49	9-10	3.0-4.7	2.5-4.4	2.0-3.5	1.26-2.2	30-49
중간 강도	45-59	50-69	11-12	4.8-7.1	4.5-5.9	3.6-4.7	2.3-2.95	50-69
높은 강도	60-84	70-89	13-16	7.2-10.1	6.0-8.4	4.8-6.7	3.0-4.25	70-84
매우 높은 강도	85이하	90이상	16초과	10.2이상	8.5이상	6.8이상	4.25이상	85이상
최대 강도	100	100	20	12.0	10.0	8.0	5.0	100

자료: U.S.DHHS(1996).

3 신체활동 측정방법

1) 질문지

측정에 따른 비용이 저렴하고 응답자에게 주는 부담이 낮아 가장 널리 사용되는 방법이다. 질문지에는 자기보고식 질문지, 인터뷰식 질문지, 대리응답 질문지(예: 아동의 운동행동에 관해 부모가 대신 응답하는 것) 등이 있다. 질문지를 이용한 신체활동의 측정은 시행의 용이성, 저렴한 비용, 채점의 용이성, 자료수집의 편리성 등이 장점으로 꼽힌다. 하지만 제한점도 있다. 질문에 대한 이해 부족, 신체활동의 시간과 강도에 대한 회상의 어려움, 의도적인 오류 응답 등이 문제로 지적되고 있다.

신체활동을 측정하는 질문지는 여러 가지가 개발되어 있으며 신뢰도와 타당도에 관한 연구도 지속적으로 보고되고 있다. 자기보고식에 비해 인터뷰식 질문지에 대한 타당도가 더 우수하다는 주장도 제기되고 있다(Sallis & Saelens, 2000).

- 여가운동참가 질문지(Leisure-Time Exercise Questionnaire): 여가 시간의 운동 습관을 측정하는 도구로 1주일간 여가 시간에 했던 운동량을 저강도, 중강도, 고강도 운동으로 구분해서 측정한다(Godin & Shephard, 1985). 여가 시간에 하는 운동으로는 15분 이상 지속하는 운동만을 포함하며 3개의 강도별로 주당 총 몇 회를 하는가를 기록하게 되어 있다. MET 점수는 운동빈도에 각 운동강도에 해당하는 에너지 소비량의 가중치(고강도 9, 중강도 5, 저강도 3)를 곱해서 산출한다. 이 설문지는 짧은 시간에 쉽게 시행할 수 있고, 개인의 운동량에 대한 통상적인 추정치를 알아내기에 적합하다. 저강도 운동(예: 걷기)보다는 고강도 운동(예: 달리기)에 대한 신뢰도가 더 높다.

- 7일 신체활동 회상 질문지(7-Day Physical Activity Recall Questionnaire): 인터뷰식 신체활동 측정도구이다. 일주일 동안의 수면, 가벼운 운동, 중강도 운동(예: 빠르게 걷기, 배구), 힘든 운동(예: 마루 닦기, 테니스 복식), 고강도 운동(예:달리기, 테니스 단식)을 하는데 소요된 시간을 회상해서 운동강도별 MET값 가중치를 부여하는 운동량 측정방법이다(Sallis et al., 1985). 응답자는 한 주 동안 수면, 중강도 운동, 힘든 운동, 고강도 운동에 소비된 시간을 응답하고, 가벼운 운동(예: 볼링, 사무 보기, 가벼운 집안일)에 소요된 시간은 뺄셈으로 계산한다.
  즉, 수면, 중강도 운동, 힘든 운동, 고강도 운동에 소요된 시간이 결정되면 나머지 시간은 가벼운 운동을 한 시간으로 간주한다. 7일간의 운동량을 MET 값으로 산출할 수 있다. 수면은 1 MET, 가벼운 운동은 1.5 MET, 중강도 운동은 4 MET, 힘든 운동은 6 MET, 고강도 운동은 10 MET를 곱한다. 하루 칼로리 소비량도 계산할 수 있다. 직장과 여가시간에 하는 활동을 모두 포함하며 인터뷰를 통해 여러 연령층을 대상으로 조사할 수 있다. 원래 인터뷰 방식으로 개발되었지만 자기보고식 방법으로도 사용할 수 있다.

여가운동참가 질문지

1. 일주일(7일)을 기준으로 여가시간에 다음과 같은 운동을 15분 이상 하는 것을 대체로 몇 회나 했습니까?(원 안에 숫자를 적으시오)

	주당 횟수
a) 고강도 운동(심장이 빠르게 뛰는 운동) (운동의 예: 달리기, 조깅, 하키, 축구, 스쿼시, 농구, 유도, 강도 높은 수영 등)	(　　　) 회
b) 중강도 운동(아주 어려운 운동은 아님) (운동의 예: 빠르게 걷기, 야구, 테니스, 자전거 타기, 배구, 배드민턴, 천천히 수영하기)	(　　　) 회
c) 저강도 운동(최소한의 노력) (운동의 예: 요가, 양궁, 낚시, 볼링, 골프, 천천히 걷기)	(　　　) 회

2. 일주일(7일)을 기준으로 여가시간에 땀이 날 정도로 오래하는 운동(심장이 빠르게 뛸 정도의 운동)을 규칙적으로 얼마나 자주 합니까?

자주 한다	가끔 한다	거의/전혀 안 한다
1. □	2. □	3. □

□ 채점방법: 고강도에 해당하는 운동빈도에는 9, 중강도에 5, 저강도에 3을 곱해서 MET 단위로 주당 총점을 산출한다. 한 주에 고강도 운동 2회, 중강도 운동 3회, 저강도 운동 4회를 했다면 주당 총 여가운동은 45 MET가 된다(계산과정: 고강도 2회에 9를 곱하면 18, 중강도 3회에 5를 곱하면 15, 저강도 4회에 3을 곱하면 12이므로 이를 모두 합하면 45 MET).

자료: 이강헌, 김병준, 안정덕(2004).

7일 신체활동 회상 질문지

지난 7일간 어떻게 운동을 하셨는지에 대해 여쭙겠습니다. 시작에 앞서 귀하의 수면 습관에 대해 여쭙겠습니다.

1. 지난 주중(일요일부터 목요일)에 평균적으로 몇 시간 잠을 잤습니까? ____시간
2. 지난 주말(금요일과 토요일)에 평균적으로 몇 시간 잠을 잤습니까? ____시간

지금부터는 지난 7일간(주중 5일과 주말 2일)에 어떻게 운동을 하셨는지를 묻겠습니다. 천천히 걷기, 가벼운 집안일, 그리고 볼링, 양궁, 소프트볼과 같은 가벼운 운동은 고려하지 마십시오. 제시된 카드를 보고 중강도(moderate) 운동, 힘든(hard) 운동, 고강도(very hard) 운동에 어떤 종류가 있는지 확인하십시오. (면접원은 카드를 보여주고 읽을 시간을 준다.) 사람들은 여러 가지 활동을 합니다. 귀하가 하는 활동이 어디에 속하는지 잘 모르겠으면 물어보시기 바랍니다.

3. 먼저 중강도 운동을 묻겠습니다. 지난 주중 5일 동안에 이런 중강도 운동으로 무엇을 했으며 몇 시간 정도 했습니까? 30분 단위로 말씀해 주세요. ____시간

4. 지난 토요일과 일요일에 이런 중강도 운동으로 무엇을 했으며 몇 시간이나 했습니까?
   (후속 질문: 중강도 활동에 해당하는 다른 스포츠, 직장 일, 집안일이 있는지 생각해 보세요)
   ____시간

5. 힘든(hard) 운동에 대해 묻겠습니다. 지난 주중 5일 동안에 이런 힘든 운동으로 무엇을 했으며 몇 시간 정도 했습니까? 30분 단위로 말씀해주세요. _____시간

6. 지난 토요일과 일요일에 힘든 운동을 몇 시간이나 했습니까? 어떤 활동이었습니까?
   (후속 질문: 힘든 운동에 해당하는 다른 스포츠, 직장 일, 집안일이 있는지 생각해 보세요) ____시간

7. 아주 힘든(very hard) 운동에 대해 묻겠습니다. 지난 주중 5일 동안에 아주 힘든 운동으로 무엇을 했으며 몇 시간 정도 했습니까? 30분 단위로 말씀해 주세요. ____시간

8. 지난 토요일과 일요일에 아주 힘든 운동을 몇 시간이나 했습니까? 어떤 활동이었습니까?
   (후속 질문: 아주 힘든 운동에 해당하는 다른 스포츠, 직장 일, 집안일이 있는지 생각해 보세요)
   ____시간

9. 지난 3개월간의 운동량과 비교해 볼 때 지난 한 주간의 운동량은 어떠했습니까?
____1. 더 많이 했다
____2. 덜 했다
____3. 거의 같다

면접원: 아래의 빈 곳에는 응답자가 말했지만 어디로 분류해야 할지 모르는 활동의 종류와 시간을 적습니다. 추후에 검토해서 운동량 측정을 완료합시다.

활동(간단하게 설명)	주중 시간	주말 시간
________________	________________	________________
________________	________________	________________

영역별 활동의 예(카드)

〈중강도 운동〉

직장일: 1) 우편배달, 순찰하기, 2) 집에서 페인트 작업, 3) 트럭 운전하기(배달, 가벼운 물건을 들어 옮기기)
집안일: 1) 잔디 깎기, 2) 바닥 청소하기, 3) 전동으로 잔디 깎기, 4) 창문 청소하기
스포츠(실제 운동시간): 1) 배구, 2) 탁구, 3) 빠르게 걷기(시간당 4.8킬로미터 또는 킬로 미터당 20분), 4) 골프(걸어서, 카트 끌면서, 클럽을 메고 치기), 5) 맨손 체조

〈힘든 운동〉

직장일: 1) 힘든 목공일, 2) 건축 일, 노동일
집안일: 1) 바닥 문지르기
스포츠(실제 운동시간): 1) 테니스 복식, 2) 디스코 댄스, 스퀘어 댄스, 포크 댄스

〈고강도 운동〉

직장일: 1) 아주 힘든 노동일, 무거운 장비로 땅 파기나 깎기, 2) 벽돌이나 목재 등 무거운 물건 나르기
스포츠(실제 운동시간): 1) 조깅이나 수영, 2) 테니스 단식, 3) 라켓볼, 4) 축구

채점방법: 가벼운 운동을 한 시간을 직접 묻지는 않지만 수면, 중강도 운동, 힘든 운동, 아주 힘든 운동에 소요된 시간을 제외한 나머지 시간으로 계산한다. 7일 운동량 측정치와 1일 칼로리 소비량을 계산할 수 있다. 5개의 활동 범주별로 주당 소요시간에 MET값을 곱해서(수면 1MET, 가벼운 운동 1.5MET, 중강도 운동 4MET, 힘든 운동 6MET, 고강도 운동 10MET를 곱함) 총합을 구하면 7일 운동량 측정치가 된다. MET값을 곱해서 총합을 구한 후에 자신의 체중(kg)을 곱하면 1일 칼로리 소비량을 산출할 수 있다. 보다 자세한 계산법은 Blair(1984)를 참고한다.

자료: 이강헌, 김병준, 안정덕(2004).

2) 주관적 운동강도 척도

운동강도를 주관적으로 어떻게 인식하는가를 측정하는 도구로 주관적 운동강도 척도(Rating of Perceived Exertion Scale)가 있다(Borg, 1998). 주관적 운동강도란 "운동 중에 몸으로부터 전해오는 감각을 찾아서 해석하는 것"으로 정의된다(Noble & Noble, 1998). 운동강도의 기록과 처방 목적으로 사용할 수 있다.

이 척도는 건강한 남자의 심박수 범위인 분당 60회에서 200회와 대응하도록 만들어졌다. 즉 척도에 제시된 6부터 20까지의 숫자에서 자신의 운동강도에 맞는 척도를 하나 선택한 다음 10을 곱하면 심박수를 추정할 수 있다는 이론에 근거하고 있다. 예컨대 달리기를 하면서 운동강도를 척도의 16으로 결정했다면 분당 심박수를 160으로 예상할 수 있다. 통제가 잘 된 실험실에서 이루어지는 점증부하 운동 상황이 아닐 경우, 척도의 수치에 10을 곱한 다음 20에서 30을 더해야 심박수와 일치한다(Buckworth & Dishman, 2002). 척도의 강도 형용사를 참고해서 수치를 선택한다.

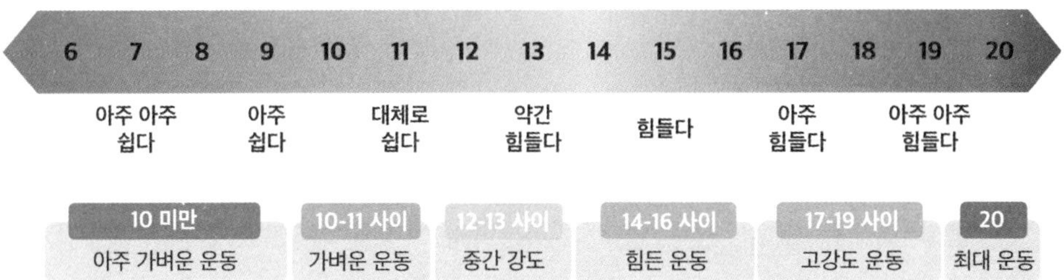

▎그림 2-2 ▎주관적 운동강도 척도(Borg, 1970)

RPE는 장시간 지속하는 유산소 운동의 강도를 측정하는데 적합하며(Noble & Robertson, 1996), Borg(1970)가 개발한 것이 가장 일반적인 형태로 알려져 있다. 대체로 RPE가 10 미만이면 아주 가벼운 운동, 10-11은 가벼운 운동, 12-13은 중간 강도 운동, 14-16은 힘든 운동, 17-19는 고강도 운동, 20은 최대 운동으로 분류한다.

3) 일지기록

일지기록 하루에 어떤 운동을 얼마나 했는지를 일지 형식으로 기록하는 방법이다. 하루에 한 번 잠자기 전에 그날의 운동량을 기록하는 것이 일반적이다. 일지에 기록하는 내용에는 운동 형태, 운동강도, 운동지속시간, 운동빈도, 운동의 환경 등 구체적인 정보가 포함될 수 있다. 일지기록의 장점은 다음과 같다.

- 동시에 여러 사람을 대상으로 자료를 수집할 수 있다. 관찰자가 필요 없기 때문에 자료수집 비용이 저렴하다.
- 운동에 관한 상세한 정보를 얻을 수 있다. 운동형태, 운동지속시간, 운동강도, 운동빈도, 동반자, 운동 환경 등에 이르기까지 아주 다양한 정보를 구할 수 있다.

운동의 실천과 관련된 사회적, 환경적 정보를 수집할 수 있기 때문에 다양한 연구 목적으로 활용될 수 있다. 몇 가지 단점도 있다.

- 자료를 분석하는데 시간과 경비가 많이 든다. 상세한 정보를 얻을 수 있다는 장점이 있는 반면 양적, 질적 자료를 모두 분석해야 하는 어려움이 따른다.
- 응답자의 적극적인 협조가 있어야만 정확한 정보를 얻을 수 있다. 연구자가 측정에 직접 개입하기 어렵기 때문에 응답자의 협조가 절대적으로 필요하다.
- 10세 이하의 아동에게는 적합하지 않다. 아동은 기록하는데 싫증을 느낄 수 있고 회상의 능력도 성인에 비해 낮기 때문이다.

일지 기록법을 사용한 대표적인 사례로 Stetson 등(1997)의 스트레스가 운동실천에 미치는 효과 연구를 들 수 있다. 연구진은 82명의 여성을 대상으로 8주간 운동일지를 기록하게 하고 운동 형태, 운동지속시간, 주관적 운동강도, 즐거움, 기분상태, 운동 만족감, 운동 목표달성 자신감 등을 기록하게 하였다.

일지의 내용을 분석한 결과 스트레스가 많은 주에는 운동빈도가 낮아졌고 운동 목표달성 자신감도 떨어진 것으로 나타났다. 또한 운동을 계획하고도 못하는 날이 많았고 운동 만족감도 낮았다. 운동일지를 통해서 스트레스가 운동의 실천에 어떤 영향을 주는가를 알아볼 수 있었다.

4) 가속도계

인체의 움직임을 감지하는 가속도계(accelerometer)라는 전자장비를 착용하고 일상에서 일어나는 신체활동을 측정하는 방법이다. 가속도계는 인체의 가속도를 하나의 축

(예: 수직) 또는 여러 축(예, 수직과 수평)을 기준으로 측정하는 장비이다. 수직 방향의 가속도처럼 하나의 축만을 측정하면 단일차원 가속도계라 한다. 수직, 수평, 측면의 가속도를 모두 측정하는 삼차원 가속도계도 개발되어 사용되고 있다.

가속도계는 부착 지점(주로 허리)에서 발생하는 가속도만을 측정하기 때문에 자전거 타기, 스케이트, 수영 등 가속도가 발생하지 않는 운동은 측정하지 못한다. 즉, 운동을 할 때 허리부분에서 발생하는 가속도의 변화가 측정된다.

가속도계는 칼트랙(Caltrac), 트라이트랙(Tritrac), 바이오트레이너(Biotrainer), CSA 모니터 등 여러 브랜드가 있다. 트라이트랙은 삼차원 가속도계로 수직, 수평, 측면에서 발생하는 가속도의 변화 자료를 분 단위로 최대 21일까지 저장한다. 하지만 단일차원 가속도계인 칼트랙에 비해 부피가 커서 불편한 것은 단점이다.

가속도계는 사용이 비교적 용이하기 때문에 연구 목적으로 자주 사용된다. 허리에 부착하고 버튼을 누르면 자료의 수집이 시작되며 수집된 자료를 컴퓨터로 다운로드하여 분석한다. 부피가 작아 착용이 불편하지 않고, 비교적 장기간에 걸친 측정이 가능하다는 장점이 있기 때문에 실용성이 높다.

하지만 단점도 있다. 첫째, 장비의 구입비용이 비싸기 때문에 여러 사람을 대상으로 하는 연구에 사용하기가 어렵다. 둘째, 상체의 운동처럼 이동하지 않는 운동, 물건 나르기 동작, 그리고 수중 운동 등은 측정하지 못한다.

5) 심박수계

심박수는 운동의 강도를 알 수 있는 직접적인 지표라 할 수 있다. 심박수계(heart rate monitor)는 신체활동을 측정하는 장비로 비교적 오래 전부터 사용되어 왔다. 심박수계는 초소형으로 개발되어 손목에 시계처럼 차고 있으면 지정한 시간 간격(예: 10초, 30초 등)에 따라 심박수를 저장한다(그림 2-3). 저장된 심박수를 분석하면 운동강도, 운동빈도, 운동지속시간에 관한 정보를 알 수 있다. 현재 사용되는 심박수계는 저장된 자료를 컴퓨터에 직접 다운로드 받아 분석할 수 있게 되어 있다.

대표적인 제품으로 핀란드의 폴라(Polar) 심박수계가 있다. 전극과 송신장치가 부착된 가슴에 차는 장비와 손목시계형 수신부로 구성되어 있다. 실제 운동 상황에서 측정이 가능하고 오류도 2% 정도로 낮은 것으로 알려져 있다. 심박수계는 심박수가 갖고 있는 반응 특성 때문에 사용 시 주의할 점이 있다.

- 실제로 운동을 하지 않았는데도 심박수가 상승할 수 있다. 이러한 조건에는 고온다습한 환경, 탈수, 감정 상태, 연령, 성별, 훈련 상태 등이 있다.
- 운동의 시작과 종료 시점의 심박수 반응 사이에는 시간적 지연이 있다. 운동을 시작하고 심박수와 산소섭취량이 해당 운동강도에 맞는 수준에 이르기까지 약 2-3분이 필요한 것으로 알려져 있다. 운동이 종료된 시점에서도 비슷한 정도의 시간적 지연이 발생한다.
- 저강도와 중강도의 운동은 민감하게 구별하지 못하지만 고강도 운동은 비교적 제대로 측정한다. 따라서 심박수계는 고강도 운동을 측정하는데 적합하다.

심박수계를 사용할 때에도 몇 가지 제한점이 있다. 우선 땀이 나면 가슴끈이 흘러 내려 심박수 감지가 제대로 안 될 수 있다. 어린이를 대상으로 측정할 때 이런 현상이 자주 발생한다. 또 텔레비전이나 전자레인지와 같은 전자장비의 전파에 의해 측정이 방해를 받거나 기록된 자료가 사라질 수도 있다. 이러한 제한점에도 불구하고 심박수계는 운동을 객관적으로 측정하는 방법으로 실험실과 실제 운동현장에서 자주 사용되고 있다.

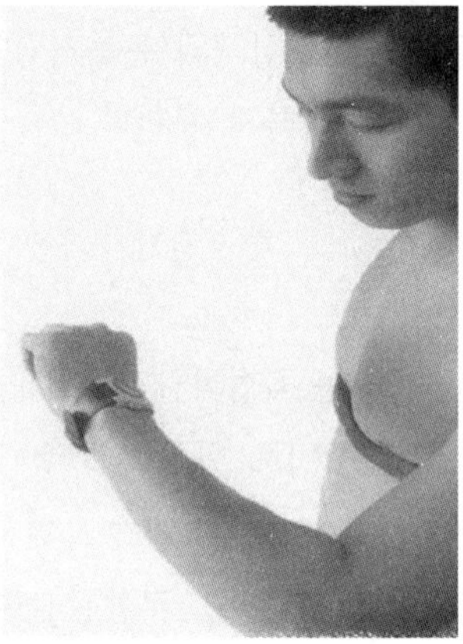

▌그림 2-3 ▌심박수계

6) 보수계

만보계라고 불리는 보수계(pedometer)는 운동량을 객관적으로 측정하는 매력적인 도구이다. 보수계는 걷거나 달릴 때 수직으로 작용하는 가속도에 의해 레버가 작동하면서 보수를 계산해주는 장비이다. 허리에 차고 일상생활이나 운동을 하면 별다른 불편을 느끼지 않는 상태로 비교적 장기간에 걸쳐 운동량을 측정할 수 있다.

보수계의 가장 큰 장점은 소형이며 가볍고 가격이 저렴하다는 것이다. 보수계는 허리나 발목에 착용을 하면 보수를 가장 효과적으로 측정할 수 있다. 보폭을 미리 입력해 두면 운동 거리를 알 수 있고 에너지 소비량도 추정할 수 있다. 보수계의 단점은 다음과 같다.

- 걷기와 달리기와 같은 이동성 운동이 아닌 등척성 운동, 상체만의 운동은 측정하기 어렵다. 또 아주 느리거나 지나치게 빠른 운동에 대한 민감도도 떨어진다.
- 누적된 보수만 기록할 뿐 운동이 일어난 시간에 관한 정보가 없기 때문에 운동강도와 지속시간을 알아내기가 불가능하다.
- 일상생활에서 이루어지는 가벼운 동작도 보수에 포함되기 때문에 운동 가이드라인을 충족하는 운동을 했는지를 확인하기 어렵다.

보수계 브랜드에 따른 타당도를 연구한 결과를 보면 오차가 1% 이하에서 15%에 이르는 것으로 나타났다(김성옥 등, 2004; Bassett et al., 1996). 실제로 보수와 보수계 수치를 비교했을 때 특정 브랜드에 따라 타당도에서 차이가 있었다. 야맥스 디지워커(Yamax Digi-Walker)의 신뢰도와 타당도가 특히 높았다. 보수계에 대한 타당도가 입증되면서 운동의 객관적인 측정방법으로 연구에 자주 등장하고 있다.

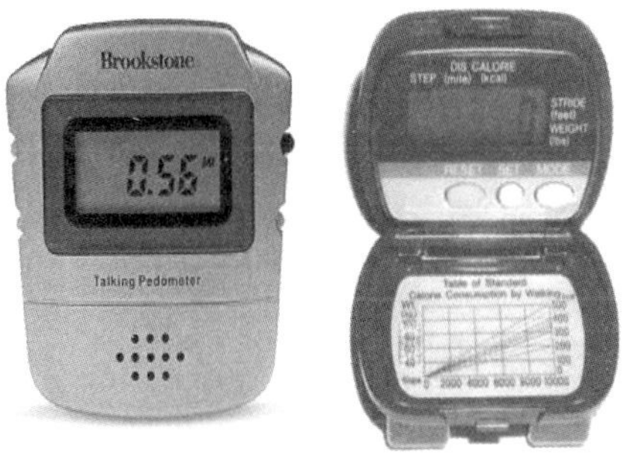

❙ 그림 2-4 ❙ 보수계

보수계를 이용해서 운동량을 수량화하는 기준에 관한 연구도 이루어졌다. 1마일(1.6km)을 15분에 걸으면 평균 1,935보가 나온다. 이때의 속도는 약 6.5km 중간 강도의 운동인 빠르게 걷기 속도이다. 따라서 빠르게 걷기로 약 4,000보를 걸으면 중강도로 30분간 운동을 하라는 운동 가이드라인을 충족시킬 수 있다.

일상적인 활동을 통해서도 보수가 늘어나게 되므로 하루의 운동량을 채우기 위해서 보수계를 사용한다면 보수 목표치를 늘릴 필요가 있다. 건강에 도움이 되려면 하루에 만 보를 채우라는 의미로 '만보계'라고 불리는 이유도 여기에 있다.

Click

보수계(pedometer) 단체 사용을 위한 지침

학교나 스포츠센터에서 보수계를 사용하면 운동량을 비교적 객관적으로 측정할 수 있을 뿐만 아니라 동기유발의 효과도 기대할 수 있다. 단체를 대상으로 보수계를 처음 사용할 때 다음과 같은 절차를 따라 사용 안내를 해줄 필요가 있다.

- 보수계 사용 규칙을 만든다. 호기심이나 경쟁심이 있는 학생이라면 의도적으로 흔들어서 보수를 높일 수 있다. 이런 행동을 막기 위해 "흔들면 반납"(보수계 사용 권한 박탈)이라는 규정을 알려주면 좋다.
- 보수계의 작동원리를 설명한다. 2-3분만 설명하고 보수계를 차고 걷거나 달리게 한 후에 다시 필요한 설명을 한다.
- 설명을 한 후에 보수계를 분배한다. 호기심을 채울 수 있도록 덮개를 열고, 흔들어 소리를 듣고, 각종 버튼을 조작해 보도록 실습시간을 준다.
- 보수계 착용법을 가르친다. 보수계는 무릎을 따라 위쪽 방향으로 올라와 허리띠에 부착한다. 허리띠가 없는 옷을 입었다면 허리끈을 준비해서 나누어 준다.
- 보수계를 착용한 상태로 운동을 시작한다. 운동 중간에 필요하면 보수계의 수치를 확인하게 한다. 보수계 수치를 남과 비교할 필요가 없다는 것을 강조한다.

자료: Pangrazi, Beighle & Sidman(2003).

7) 암밴드

암밴드(arm band)는 신체활동을 측정하기 위해 상완(팔)에 착용하는 웨어러블 디바이스로, 주로 피트니스 및 건강관리를 목적으로 사용된다. 이 장치는 운동강도, 활동 수준, 에너지 소비 등 다양한 신체 데이터를 추적하는 데 사용한다.

(1) 암밴드의 주요 측정 데이터

- 신체활동: 움직임(걷기, 달리기 등) 추적 및 분류
- 에너지 소비량: 칼로리 소모량 추정
- 심박수: 내장된 광학 센서를 통해 심박수 측정
- 수면 패턴: 착용 중 수면 상태와 단계(깊은 수면, 얕은 수면)를 분석
- 체온 및 피부 전도도: 운동 중 체온 변화와 스트레스 수준 측정

(2) 기술적 특징

- 가속도계: 움직임을 감지하여 활동 강도를 측정
- 광혈류측정법(PPG): 빛을 이용해 심박수를 측정
- 블루투스 연결: 스마트폰 앱과 연동하여 데이터 실시간 전송 및 분석
- 경량 디자인: 운동 중 불편함 없이 착용 가능

(3) 활용 분야

- 운동 및 피트니스: 활동량과 칼로리 소비량 추적, 심박수 기반의 운동강도 조절
- 건강관리: 신체활동 부족과 관련된 만성 질환(비만, 당뇨병) 관리. 수면의 질과 스트레스 수준 평가
- 임상연구: 신체활동과 질병 예방 간의 상관관계 연구, 특정 건강 상태에서의 운동 효과 평가

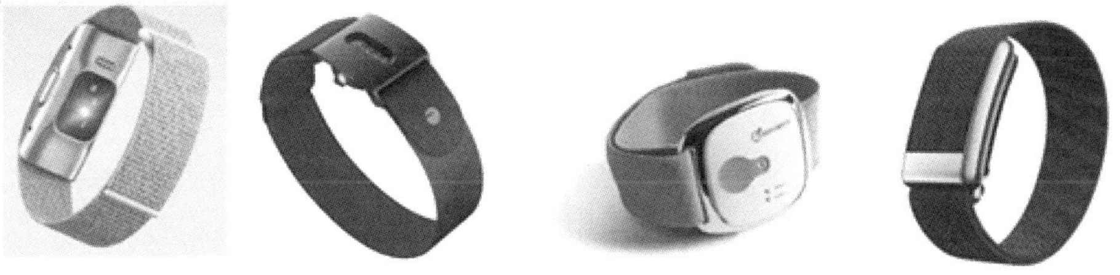

▎그림 2-5 ▎암밴드

8) 스마트 기기

신체활동을 측정하는 스마트 기기는 주로 웨어러블 디바이스로, 사용자의 신체활동 데이터를 실시간으로 수집하고 분석하여 건강관리에 도움을 준다.

(1) 스마트워치 및 피트니스 트래커

- 측정 항목: 걸음 수, 심박수, 칼로리 소모량, 수면 패턴 등
- 측정 방법: 내장된 가속도계, 자이로스코프, 광학 심박 센서 등을 활용하여 신체 움직임과 생체 신호를 감지
- 특징: 실시간 모니터링과 스마트폰 연동을 통해 운동 목표설정 및 진행상황 추적 가능

❙그림 2-6❙ 피트니스 트래커

(2) 스마트 체중계

- 측정 항목: 체중, 체지방률, 근육량, 수분 함량 등
- 측정 방법: 생체 전기 임피던스 분석(BIA)을 통해 신체 구성 성분을 측정
- 특징: 스마트폰 앱과 연동되어 장기적인 체중 및 신체 구성 변화를 추적

❙그림 2-7❙ 스마트 체중계

(3) 스마트 안경 및 이어웨어

- 측정 항목: 시력 보조, 청력 보조, 원격 진료 지원 등
- 측정 방법: 내장된 센서와 디스플레이를 통해 사용자와 상호작용하며, 의료진과의 원격 연결을 지원
- 특징: 증강 현실(AR) 기술을 활용하여 다양한 정보 제공 및 의료 지원이 가능

❙그림 2-8❙ 스마트 안경

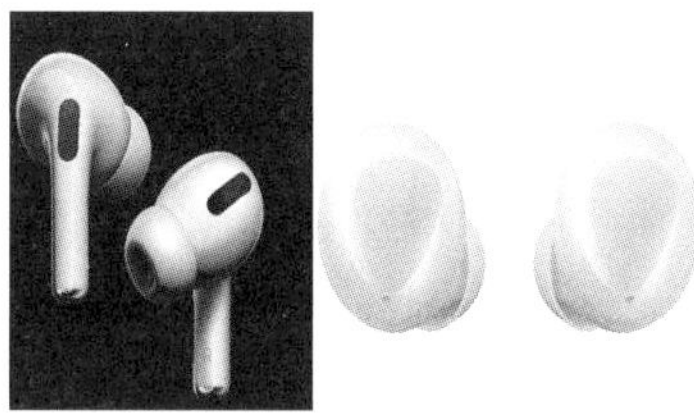

❙그림 2-9❙ 스마트 이어웨어

스마트 기기는 일반적으로 심박수 및 걸음 수 측정에서 높은 정확도를 보이지만, 에너지 소비량 및 수면 추적 등의 기능에서는 오차 범위가 클 수 있다. 또한 기기의 배터리 수명이 짧아 자주 충전해야 하는 불편함이 있을 수 있다. 그 외에도 개인 정보 유출의 위험이 있으므로, 데이터 보안에 유의해야 한다. 이와 같이 스마트 헬스케어 기기는 개인의 건강 상태를 모니터링하고 관리하는 데 유용하지만, 측정 데이터의 한계를 인지하고 참고 자료로 활용하는 것이 중요하다.

9) 행동관찰

신체활동을 직접 관찰하고 기록하는 방법은 시간과 노력이 많이 든다는 단점이 있지만 다른 방법이 제공하지 못하는 많은 장점이 있다. 특히 질문지를 이용하지 못하는 상황, 심박수계나 보수계를 이용하여 수집한 자료의 타당도를 확인해야 할 때 행동관찰이 좋은 대안이 된다.

일상에서 일어나는 신체활동을 그대로 관찰하기 때문에 타당도가 높다. 질문지를 이용할 때 발생할 수 있는 응답자의 반응 오류, 보수계와 같은 장비를 착용할 때 발생하는 동기유발 효과 등을 통제할 수 있다.

- 신체활동을 정확하게 회상하기 힘든 아동에게 특히 적합하다(McKenzie, 2002). 초등학교 4학년 이하의 아동은 질문지보다는 행동관찰이 권장된다.
- 신체활동의 형태, 빈도, 강도, 지속시간뿐만 아니라 신체활동이 일어나고 있는 주변 환경에 관한 양적, 질적 자료를 수집할 수 있다. 환경이 운동실천에 미치는 영향을 살펴볼 때 이러한 데이터가 유용하게 사용된다.
- 관찰 대상을 방해하거나 간섭하지 않고 직접 관찰하기 때문에 질문지, 보수계, 심박수계 등 다른 운동측정 방법에 대한 타당도의 준거로 사용할 수 있다.

최근에는 행동관찰을 이용한 자료의 수집과 분석에 전문 컴퓨터 소프트웨어가 사용된다. 관찰자가 관찰의 범주, 관찰시간 간격을 지정할 수 있고 현장에서 관찰 데이터를 휴대용 컴퓨터에 직접 입력할 수 있다. 행동관찰에 사용할 수 있는 컴퓨터 프로그램에는 Sharpe와 Koperwas(2000)가 개발한 BEST(Behavioral Evaluation Strategies & Taxonomies), 그리고 Noldus Information Technology(2001)의 The Observer가 있다.

행동관찰의 가장 큰 단점은 자료수집에 시간과 노력이 많이 요구된다는 것이다. 또한 관찰에 앞서 관찰자 신뢰도를 높이기 위해 교육을 시켜야 하는 것도 단점에 속한다. 이러한 이유로 관찰 대상이 소규모인 연구에 사용되어 왔다. McKenzie(1991)는 행동관찰 방법이 널리 사용되기 어려운 이유를 다음과 같이 정리했다.

- 관찰에 시간이 많이 소요된다. 관찰자 한 명이 다수의 관찰대상을 담당한다면 엄청난 시간과 노력이 요구된다.
- 관찰은 짧은 시간에 이루어지기에 일상의 신체활동은 반영하기 힘들다.
- 관찰대상이라는 사실을 인식하고 관찰 대상자가 행동을 의식적으로 바꿀 가능성이 있다.
- 관찰시간이 길어질수록 관찰자가 지루함과 피로를 느껴 관찰과 기록의 정확성이 낮아진다.

학교에서 아동의 신체활동을 관찰하기에 적합한 도구로 CPAF, SOFIT, SOPLAY가 있고, 학교 이외의 환경에서 아동의 신체활동을 관찰할 수 있는 도구에는 APEE, BEACHES, CARS, FATS, LETO, SCAN CATS 등이 있다(McKenzie, 2002). SOPLAY(McKenzie et al., 2000)는 학생을 단체로 관찰하는 도구(개인의 활동은 기록하지 못함)이며, SOFIT(McKenzie et al., 1991)은 체육수업 관찰을 목적으로 개발된 도구로 개인별 데이터의 산출이 가능하다.

10) 간접열량측정

섭취한 산소와 배출한 이산화탄소를 측정하여 에너지소비량을 추정하는 방법이다. 마우스피스, 가스마스크, 노즈클립을 착용하고 가스 수집통을 휴대해야 하므로 측정에 불편함이 있다. 주로 실험실에서 단기간의 신체활동을 측정하는데 사용하며 최근에는 실험실 밖에서 사용할 수 있는 장비가 개발되었다. 장기간의 에너지소비량을 측정하기 위해서는 장비가 갖춰진 특수한 방(chamber)에 갇혀 지내야 한다.

가장 큰 장점은 에너지소비량을 정밀하게 측정할 수 있다는 점이다. 하지만 측정이 매우 불편하고, 실제 활동을 측정하기에는 제한점이 많으며, 장비 구입에 따른 비용이 많이 든다는 단점이 있다. 그래서 다른 측정도구의 타당화 목적에 사용된다. 등에 휴대할 수 있는 장비는 이러한 한계를 일부 극복해 타당도 검증 목적으로 쓰기에 적합하다.

11) 동위원소법

생화학적인 방법으로 에너지소비량을 추정하는 방법이다. 수소와 산소 동위원소를 섭취한 다음 1-2주 후에 수소와 산소 동위원소의 차이를 분석한다. 신체활동을 많이 하면 소변, 땀, 수분 발산 등으로 수소와 산소 동위원소가 몸 밖으로 배출되는 원리를 이용한 것이다. 동위원소는 방사능 물질이 아니기 때문에 건강에는 영향을 주지 않는다. 섭취한 동위원소는 인체 내에 퍼지게 되며 동위원소 수소는 소변, 땀, 수증기 등으로 몸 밖으로 배출된다. 동위원소 산소도 몸 밖으로 배출되는데 이때 이산화탄소도 같이 배출된다. 배출된 이산화탄소의 양은 산소 섭취량과 밀접한 관계가 있기 때문에 배출된 산소와 수소의 차이를 알면 에너지소비량을 정확하게 추정할 수 있는 원리를 따른다.

에너지소비량을 정확하게 측정하고 측정이 그다지 불편하지 않은 것이 장점이며, 비용이 많이 들고 신체활동의 패턴(운동 형태, 빈도, 강도, 지속시간)을 알 수 없다는 단점이 있다. 동위원소법은 다른 운동측정 방법의 타당도를 확인하는 목적으로 이용된다.

청소년의 놀이 및 운동 관찰체계(SOPLAY)

집단에 속한 여러 사람을 대상으로 신체활동을 관찰하는 도구이다. 순간표집법(momentary time sampling)으로 특정 지역에서 활동하는 사람의 수와 운동의 수준을 기록한다. 즉 학교에서 점심시간이나 체육시간에 운동장에서 얼마나 많은 학생들이 어떤 활동을 하는지 기록하는데 적합하다. 활동에 영향을 주는 환경 특성도 기록한다. 관찰할 지역을 미리 정해서 신체활동을 하는 사람의 수와 그 특성을 직접 관찰해서 기록하도록 개발되었다. 관찰의 대상이 되는 활동 유형을 바꾸면 지정된 공간에서 일어나는 어떠한 신체활동도 기록이 가능하다.

학교 번호: ______ 날짜: ____년 ____월 ____일 관찰자 번호: _______

신뢰도: 있다 없다 기온: ____ 도 시간대: 수업 전, 점심, 방과 후

관찰 시작시간	장소	조건 A U S O E	여자 S W V 유형	남자 S W V 유형
08:00	1	없다 없다 없다 없다 없다 있다 있다 있다 있다 있다	5 2 0 13	9 4 4 3
08:00	2	없다 없다 없다 없다 없다 있다 있다 있다 있다 있다	11 3 1 9	8 5 4 9

코드

A: 학생이 이용 가능
U: 운동이 가능
S: 담당자가 감독
O: 조직적인 운동
E: 장비와 용구 제공
S: 눕기, 앉기, 서 있는 학생

유형코드

0: 활동 없음
1: 에어로빅
2: 야구, 소프트볼
3: 농구
4: 무용
5: 미식축구
6: 체조
7: 무도
8: 라켓종목
9: 축구
10: 수영
11: 배구
12: 웨이트 트레이닝
13: 기타 운동장 게임
14: 위에는 없는 활동

자료: 이강헌, 김병준, 안정덕(2004).

체육지도시간 관찰체계(SOFIT)

체육 시간에 학생이 얼마나 활발하게 운동을 하며, 교사가 무슨 내용을 어떻게 가르치는가를 동시에 기록할 수 있는 도구이다. SOFIT(System for Observing Fitness Instruction Time)은 체육시간에 일어나는 세 가지 변인(학생 활동, 수업 내용, 교사 행동)을 동시에 기록한다는 특징을 갖고 있다. 10초간 관찰하고 10초간 기록한다. 4명의 학생을 무작위로 선정해서 1분씩 순서대로 관찰해서 기록한다. 기록은 3단계로 하는데 1단계에서는 학생 활동, 2단계에서는 지도 내용, 3단계에서는 교사 행동을 적는다.

〈SOFIT 관찰 범주〉

1단계: 학생의 활동을 기록한다. 관찰 대상 학생은 어떤 활동을 하고 있는가?
- 누워 있다(1)
- 앉아 있다(2)
- 서 있다(3)
- 걷고 있다(4)
- 아주 활동적이다(5)

2단계: 지도의 내용은 무엇인가? 학생들이 무엇을 하고 있는가?
- 일반내용(M): 다음 내용으로 옮겨가기, 관리, 짧은 휴식
- 이론: 체력 관련 이론(P), 일반 지식(K): 규칙, 전략, 태도, 기술
- 운동활동: 체력활동(F), 기술연습(S), 게임(G)

3단계: 교사의 행동은 어떠한가? 교사는 무엇을 하고 있는가?
- 체력활동 지도, 격려, 칭찬(P)
- 체력활동 시범보이기(D)
- 일반적인 지도하기(I)
- 관리하기(M)
- 관찰하기(O)
- 수업비관련 활동(T)

〈코딩 양식 예시〉

간격	학생 활동	지도 내용	교사 행동
1	1 2 3 4	M K P F	P D I M
2	1 2 3 4	M K P F	P D I M

4 측정방법 활용지침

앞에서 설명한 운동측정 방법 각각은 장점과 단점을 갖고 있다(표 2-3 참조). 따라서 연구목적에 맞는 측정방법을 찾는 것이 중요하다. 예컨대 운동의 강도를 알아내는 것이 중요한 연구라면 운동강도의 지표를 제시하는 측정방법을 사용해야 한다. 심박수계와 가속도계가 여기에 속한다. 보수계는 운동강도에 관한 정보를 주지 못한다. Dale 등(2002)은 연구문제에 따라 적합한 측정방법을 다음과 같이 추천한다.

- 신체활동이 체력 및 건강에 미치는 효과에 관한 용량-반응 특성을 알아보는 연구: 가속도계, 행동관찰, 심박수계
- 신체활동이 체중조절과 일일 에너지소비량에 미치는 효과연구: 동위원소법, 간접열량측정
- 신체활동의 참여와 관련된 심리적 요인 연구: 가속도계, 심박수계, 질문지
- 신체활동 중재기법에 따른 중간 강도 운동시간의 변화 연구: 가속도계, 심박수계, 행동관찰
- 대규모 행동 중재기법에 따른 다수 참가자의 운동량 연구: 질문지, 보수계
- 부모의 관심이 아동의 운동 형태와 운동량에 미치는 효과연구: 질문지, 행동관찰, 가속도계

한편, 보다 정확한 측정을 위해서는 여러 방법을 병행 사용해야 한다는 주장이 제기되었다. 측정 대상 인원이 100명 이상일 때는 질문지와 가속도계, 20명에서 100명일 때는 심박수계와 보수계, 20명 이하일 때는 심박수계, 간접열량측정, 행동관찰 방법을 병행 사용하라는 기준도 있다(Saris, 1985). 인원이 많을수록 용이하면서 저렴한 방법을, 인원이 적으면 보다 정밀한 방법을 사용하라는 것이다.

| 표 2-3 | 신체활동 측정방법의 장단점 비교

방법	장 점	단 점
질문지	• 양적 및 질적 정보 수집이 가능하며, 대규모 표본조사 가능함 • 측정시간이 짧아 참여자 부담이 낮음 • 에너지소비량 추정 정보 수집 가능	• 신체활동의 회상과 관련된 신뢰도, 타당도 문제 • 신체활동을 잘못 해석했을 때 내용타당도 문제 발생
가속도계	• 신체 움직임의 객관적 지표 • 운동강도, 빈도, 지속시간 정보제공 • 불편하지 않음 • 자료 수집과 분석이 용이함 • 분 단위 정보 제공 및 장기간 기록 가능	• 상체 움직임 등을 부정확하게 측정 • 장기간 자료 수집 시 착용위치가 변화할 수 있음
심박수계	• 에너지소비량과 연관성 높음 • 실험실 및 실제상황에서 타당도 높음 • 30분~1시간 정도 측정할 경우 참가자에게 주는 부담 낮은 편임 • 참가자에게 교육적 정보 제공할 수 있음	• 장시간 사용하면 불편함 • 유산소 운동에만 사용 가능함 • 심박수를 이용한 에너지소비량 추정의 최적 방법 부재
보수계	• 비용 저렴하며, 사용 편리함 • 다양한 상황에서 객관적 측정 가능함 • 동시에 많은 사람 사용 가능함 • 행동을의 변화 유도 가능함	• 이동운동 이외에 측정 어려움 • 운동의 빈도, 강도 측정 불가함 • 참가자에 의한 조작 가능함
암밴드	• 정확성: 신체 가까운 부위에 밀착 착용되므로 정밀한 데이터 측정 가능함 • 사용 편의성: 지속적인 착용이 가능하며, 데이터가 실시간으로 기록됨 • 다목적 활용: 피트니스 추적, 건강 모니터링, 임상 연구 등 다양한 분야에서 활용	• 배터리 수명: 고급 기능이 많을수록 배터리 소모가 빠름 • 운동 유형에 따른 한계: 고정된 위치로 인해 특정 운동(예: 팔 움직임이 적은 활동)에서는 정확도가 떨어질 수 있음
스마트 워치 및 피트니스 트래커	• 운동 데이터 추적: 심박수, 걸음 수, 칼로리 소모 등 측정 • 건강관리: 스트레스, 수면 분석, 혈압·산소포화도 측정 가능 • 동기 부여: 목표 설정 및 알림으로 운동지속 유도 • 기능 통합: 알림 확인, GPS, 음악 재생 등 • 커뮤니티 연결: 기록 공유 및 경쟁 기능	• 정확도 제한: 특정 활동에서 데이터 오차 가능 • 배터리 수명: 자주 충전 필요 • 비용: 고급 모델은 고가 • 의존성: 데이터 과신 가능 • 개인정보 보호 문제: 클라우드 사용 시 보안 우려

방법	장 점	단 점
스마트 체중계	• 다양한 데이터 제공: 체중 외에 체지방률, 근육량, BMI 등 추가 정보 제공 • 앱 연동: 스마트폰과 연동해 데이터 추적 및 분석 가능 • 동기 부여: 체중 및 건강 목표 달성을 위한 시각적 피드백 • 정확한 기록 유지: 체중 변화를 장기적으로 기록하고 분석 가능	• 정확도 문제: 체지방률 등 추가 데이터는 참고 수준으로 사용해야 함. • 가격: 기본 체중계보다 비용이 높음 • 기술 의존성: 앱이나 기술적 문제가 발생하면 데이터 활용이 제한됨. • 개인정보 우려: 클라우드 기반 데이터 저장 시 보안 문제 발생 가능
스마트 안경	• 핸즈프리 기능: AR(증강현실) 및 실시간 정보 제공 • 멀티태스킹 지원: 운동, 내비게이션, 통화 등 동시에 가능 • 운동 데이터 추적: GPS, 심박수, 칼로리 소모 등 추적 가능 • 현장 맞춤형 응용: 스포츠나 야외 활동에서 실시간 피드백 제공	• 접근성 : 고가의 제품이 많아 접근성이 제한될 수 있음. • 배터리 수명: 사용 시간이 짧아 장시간 사용에 불편 • 프라이버시 우려: 카메라 및 녹화 기능으로 인한 보안 문제 • 착용감: 일상적인 사용에 불편할 수 있음.
스마트 이어웨어	• 편리성: 소형화로 간편한 착용 가능. • 멀티기능: 음악 재생, 통화, 운동 데이터 추적(심박수, 칼로리 등). • 운동 집중도 향상: 운동 중 핸즈프리 지원과 음성 안내 제공. • 노이즈 캔슬링: 외부 소음을 줄여 운동 몰입도 증가	• 배터리 제약: 장시간 사용 시 배터리 부족 가능 • 데이터 정확성 제한: 일부 기능(심박수 측정 등)의 정확도가 낮음. • 분실 위험: 크기가 작아 잃어버리기 쉬움. • 건강 문제: 장기간 착용 시 귀에 부담을 줄 수 있음
행동관찰	• 질적 및 양적 자료 제공 뛰어남 • 신체활동의 범주를 미리 설정 • 자료수집과 분석을 위한 소프트웨어 이용 가능함.	• 관찰자간 일치도 훈련 필요 • 자료수집에 시간과 노력 요구 • 관찰자를 의식한 행동 • 코딩체계 타당도 연구 부족
간접 열량측정, 동위원소법	• 측정의 정밀성 • 에너지소비량 측정 가능	• 신체활동 패턴 측정의 어려움 • 비용문제

자료: DHHS(2018)

스마트기기를 활용한 신체 측정은 건강관리와 질병 예방에 효과적인 도구가 될 수 있다. 하지만 측정 결과의 정확성과 의미 있는 해석을 위해서는 사용자의 나이, 성별, 체중 등 개인의 생리적 특성에 따른 차이를 고려한 설정과 해석이 필수적이다. 이러한 개인차를 반영해야 보다 정확하고 맞춤화된 운동 계획 수립과 건강 관련 피드백 제공이 가능하다.

1) 암밴드

암밴드로 신체활동을 측정할 때 나이, 성별, 체중과 같은 개인적인 요인을 고려하여 측정 방법을 선택하는 것은 데이터 정확성을 높이고 개인화된 피드백을 제공하기 위해 중요하다.

스마트 기기를 활용한 신체활동 측정에서는 개인의 생리적 특성을 고려한 해석이 중요하다. 나이에 따라 최대심박수가 달라지므로 연령별 심박수 기준을 활용해 운동강도를 설정해야 하며, 청소년은 활동량 중심, 중장년층은 중강도 운동 중심, 고령층은 낙상 예방과 심박 안정성 중심으로 데이터를 분석할 필요가 있다.

성별에 따라 체성분과 운동반응이 다르기 때문에, 남성은 근력 중심, 여성은 유산소 활동 중심의 분석과 피드백이 적절하다. 체중 또한 에너지 소비량과 부상 위험에 영향을 주므로, 과체중 사용자는 관절에 무리가 적은 운동을, 저체중 사용자는 근력 강화 중심의 활동을 권장한다. 이처럼 스마트기기를 효과적으로 활용하려면 나이, 성별, 체중 등 개인 정보를 바탕으로 맞춤형 설정을 하고, 이를 기반으로 데이터 해석과 운동 피드백을 제공해야 한다.

2) 스마트워치 및 피트니스 트래커

스마트워치나 피트니스 트래커를 효과적으로 활용하기 위해서는 사용자의 나이, 성별, 체중 등 개인 특성을 반영한 기기 선택과 설정이 중요하다. 젊은 층은 GPS, 스포츠 모드 등 활동적인 라이프스타일에 적합한 기능을 선호하는 반면, 고령층은 심박수, 혈압, 낙상 감지 등 건강관리 중심의 기능을 갖춘 기기가 적합하다. 또한, 나이에 따라 최대심박수와 칼로리 소비 예측치가 달라지므로, 기기가 이를 자동으로 조정하는지도 확인해야 한다.

성별에 따라서는 여성의 경우 생리 주기나 스트레스 추적, 남성은 근력 운동과 관련한 심박수 반응 측정 기능이 유용하며, 손목 크기나 디자인 선호도 역시 고려되어야 한다. 체중과 관련해서는 체성분 분석이나 기초대사량 계산 기능이 도움이 되며, 손목 두께에 맞는 스트랩 선택도 중요하다. 이외에도 유산소나 근력 운동 등 운동 목적에 맞는 기능 지원 여부, 활동 수준에 따라 필요한 데이터의 정밀도, 스마트폰과의 호환성, 배터리 수명 등의 요소도 함께 고려해야 스마트기기를 보다 효과적으로 활용할 수 있다.

3) 스마트 체중계

나이에 따라 기초대사량 계산이나 체성분 변화 양상이 달라지므로, 성장기 청소년은 체중 증가율 중심, 고령층은 근육량 감소 추적이 가능한 체중계를 선택하는 것이 바람직하다. 성별에 따라 근육량과 체지방 분포가 다르기 때문에, 남성과 여성 각각에 맞춘 신체 조성 분석 기능이 필요하며, 특히 여성의 경우 생리 주기에 따른 수분 변화나 임신 중 체중 변화를 반영할 수 있는 기능이 유용하다. 체중은 기기의 허용 한계를 초과하지 않도록 주의해야 하며, 체중 변화 추이를 세부적으로 기록해주는 기능은 체중 관리에 효과적이다. 체지방률과 근육량 측정은 생체 전기 저항 분석법(BIA)을 기반으로 하므로 측정 환경도 고려해야 하며, 고주파 기술을 사용하는 제품은 좀 더 정밀한 분석이 가능하다. 이와 함께, 다중 사용자 프로필 기능, 앱 연동성, 데이터 동기화 여부, 배터리 수명 등도 기기 선택 시 중요한 요소가 된다. 따라서 스마트 체중계를 선택할 때는 단순한 체중 측정 이상의 데이터를 얼마나 정확하고 개인화하여 제공할 수 있는지가 핵심이다.

참고문헌

김선진(2023). **운동학습과 제어**. 대한미디어

김성옥, 김병준, 김경원, 한명우, 송우엽 역(2004). **운동심리학.** 대한미디어.

보건복지부(2023). **한국인을 위한 신체활동 지침서**(개정판). 한국건강증진개발원.

신동흔(2014.06.10.). 뉴테크놀로지-머리부터 발끝까지 입어야 산다, ChosunBiz, https://biz.chosun.com/ite/data/html_dir/2014/06/09/2014060903887.html

이강헌, 김병준, 안정덕(2004). **스포츠심리검사지 핸드북**. 무지개사.

이정현(2024.08.22.). 스마트워치가 알려주는 건강 지표, 얼마나 정확한가 봤더니, ZDNET Korea, https://zdnet.co.kr/view/?no=20240822163954&utm_source=chatgpt.com

Ainsworth, B. E., Haskell, W. L., Herrmann, S. D., Meckes, N., Bassett, D. R., Jr., Tudor-Locke, C., Greer, J. L., Vezina, J., Whitt-Glover, M. C., & Leon, A. S. (2011). 2011 Compendium of Physical Activities: A second update of codes and MET values. *Medicine & Science in Sports & Exercise, 43*(8), 1575–1581.

Ainsworth, B. E., Haskell, W. L., Whitt, M. C., Irwin, M. L., Swartz, A. M., Strath, S. J., O'Brien, W. L., Bassett, D. R., Jr., Schmitz, K. H., Emplaincourt, P. O., Jacobs, D. R., Jr., & Leon, A. S. (2000). Compendium of physical activities: An update of activity codes and MET intensities. *Medicine and Science in Sports and Exercise, 32*(9, Suppl.), S498–S504

American College of Sports Medicine. (2022). *ACSM's guidelines for exercise testing and prescription* (11th ed.). Lippincott Williams & Wilkins.

Bassett, D. R., Ainsworth, B. E., Leggett, S. R., Mathien, C. A., Main, J. A., Hunter, D. C., & Duncan, G. E. (1996). Accuracy of five electronic pedometers for measuring distance walked. *Medicine and Science in Sports and Exercise, 28*(8), 1071–1077.

Blair, S. N. (1984). How to assess exercise habits and physical fitness. In J. M. Matarazzo, N. E. Miller, S. M. Weiss, J. A. Herd, S. M. Weiss, & B. J. Leaderer (Eds.), *Behavioral health: A handbook of health enhancement and disease prevention* (pp. 424–447). John Wiley & Sons.

Borg, G. (1970). Perceived exertion as an indicator of somatic stress. *Scandinavian Journal of Rehabilitation Medicine, 2*(2), 92–98.

Borg, G. (1998). *Borg's perceived exertion and pain scales*. Human Kinetics.

Buckworth, J., & Dishman, R. K. (2002). *Exercise psychology*. Human Kinetics.

Centers for Disease Control and Prevention. (n.d.). *Measuring physical activity intensity*. https://www.cdc.gov/physicalactivity/basics/measuring/index.html

Godin, G., & Shephard, R. J. (1985). A simple method to assess exercise behavior in the community. *Canadian Journal of Applied Sport Sciences, 10*(3), 141–146.

Godin, G., Jobin, J., & Bouillon, J. (1986). Assessment of leisure time exercise behavior by self-report: A concurrent validity study. *Canadian Journal of Public Health*, 77(5), 359–361.

International Sports Sciences Association. (n.d.). ISSA. Retrieved, from https://www.issaonline.com

McKenzie, T. L. (1991). Observational measures of children's physical activity. *Journal of School Health, 61*(5), 224-228.

McKenzie, T. L., Marshall, S. J., Sallis, J. F., & Conway, T. L. (2000). Leisure-time physical activity in school environments: An observational study using SOPLAY. *Preventive Medicine, 30*(1), 70-77.

McKenzie, T. L., Sallis, J. F., & Nader, P. R. (1992). SOFIT: System for Observing Fitness Instruction Time. *Journal of Teaching in Physical Education, 11*(2), 195-205.

Noble, B. J., & Robertson, R. J. (1996). *Perceived exertion.* Human Kinetics.

Noldus Information Technology. (2001). *The Observer* [Computer software]. Noldus Information Technology.

Pangrazi, R. P., Beighle, A., & Sidman, C. L. (2003). *Pedometer power: 67 lessons for K-12.* Human Kinetics.

Sallis, J. F., & Saelens, B. E. (2000). Assessment of physical activity by self-report: Status, limitations, and future directions. *Research Quarterly for Exercise and Sport, 71*(2), 1-14.

Sallis, J. F., Haskell, W. L., Wood, P. D., Fortmann, S. P., Rogers, T., Blair, S. N., & Paffenbarger, R. S. (1985). Physical activity assessment methodology in the Five-City Project. *American Journal of Epidemiology, 121*(1), 91-106.

Saris, W. H. M. (1985). The assessment and evaluation of daily physical activity in children: A review. *Acta Paediatrica Scandinavica, 74*(Suppl. 318), 258-272.

Sharpe, T. L., & Koperwas, J. (2000). *Behavior Evaluation Strategies and Taxonomies (BEST) software assist for education and social science settings* (2nd ed.). Sage Publications.

Stetson, B. A., Rahn, J. M., Dubbert, P. M., Wilner, B. I., & Mercury, M. G. (1997). Prospective evaluation of the effects of stress on exercise adherence in community-residing women. *Health Psychology, 16*(6), 515.

Sylvia, L. G., Bernstein, E. E., Hubbard, J. L., Keating, L., & Anderson, E. J. (2014). A practical guide to measuring physical activity. *Journal of the Academy of Nutrition and Dietetics, 114*(2), 199-207.

Sylvia, L. G., Bernstein, E. E., Hubbard, J. L., Keating, L., & Anderson, E. J. (2014). A practical guide to measuring physical activity. *Journal of the Academy of Nutrition and Dietetics, 114*(2), 199-207. https://doi.org/10.1016/j.jand.2013.09.018

U.S. Department of Health and Human Services. (1996). *Physical activity and health: A report of the Surgeon General.*

U.S Department of Health and Human Services. (2008). *Physical Activity Guidelines for Americans.* http://www.health.gov/paguidelines/pdf/paguide.pfd.

Welk, G. J. (2002). Introduction to physical activity research. In G. J. Welk (Ed.), *Physical activity assessments for health-related research* (pp. 3-18). Human Kinetics.

World Health Organization. (2020). *WHO guidelines on physical activity and sedentary behaviour.* https://www.who.int/publications/i/item/9789240015128

Review Questions

01 운동형태, 운동빈도, 운동강도, 운동지속시간의 개념을 정의하고 측정의 단위가 무엇인지 설명해보자.

02 대사동등가(MET)란 무엇인가? 저강도 운동, 중강도 운동, 고강도 운동에 해당하는 MET는 어느 정도인가?

03 '빠르게 걷기'의 운동강도를 최대산소섭취량, 최대심박수, MET, RPE로 표시하면 어느 수준인지 제시해보자.

04 토크 테스트(talk test)로 운동강도를 측정하는 방법에 대해 설명해보자.

05 주관적 운동강도 척도(RPE)란 무엇이며, 스포츠와 운동 상황에서 활용할 수 있는 구체적인 사례를 3가지 들어보자.

06 한 참가자는 일주일에 3회, 최대심박수의 70% 강도로 30분간 운동을 한다. 이 참가자의 운동 요소를 FIT로 표현해보자.

07 암밴드와 가속도계의 차이점을 장단점 관점에서 비교하여 서술해보자.

08 운동측정 방법으로 스마트 기기 중 하나를 골라서 스마트 기기 사용시 장점과 단점을 구분해보자.

09 행동관찰의 기록과 분석을 도와주는 소프트웨어인 BEST와 The Observer(www.noldus.com)를 이용하면 관찰과 분석에 어떤 도움이 되는지 조사해보자.

10 운동 측정방법의 장점과 단점을 비교하는 표를 작성해보자.

Projects

신체활동 측정의 적용

1. 운동의 측정 방법

운동의 측정방법에 관한 국내연구 한 편과 국외 연구 한 편을 찾아 목적, 방법, 결과, 논의, 시사점을 정리해보자.

2. 용량-반응 효과

용량-반응 효과(dose-response effect)가 무엇인지 설명하고, 운동에 용량-반응 효과가 있다는 증거를 생성형 AI를 사용하여 제시해보자.

3. 사례형 문제에 이론 적용하기

1) A라는 학생은 여가운동참가 질문지를 통해 고강도 운동을 주 2회, 중강도 운동을 주 3회, 저강도 운동을 주 4회 수행했다고 답했다. 이 학생의 주당 MET 점수를 계산해보자.

2) 40세 남성이 심박수계로 운동강도를 측정하려고 한다. 이때 최대심박수의 70%로 운동해야 한다면, 적정 심박수는 얼마인지 계산해보자.

3) 70kg의 사람이 스마트 체중계를 통해 측정한 데이터를 바탕으로, 하루 동안 중강도 운동(4 MET)을 1시간 하고, 고강도 운동(10 MET)을 30분 수행했다. 이 사람의 하루 에너지 소비량은 얼마인지 계산해보자.

Projects

여가운동참가 질문지를 이용한 운동량 조사

1. 목적

주관적 운동 측정방법으로 널리 쓰이는 '여가운동참가 질문지(Leisure-time Exercise Questionnaire, Godin et al., 1986)를 이용하여 운동량을 실제로 조사해보자.

2. 절차

- 운동 참가자(운동 참가의 기준은 교재를 참고해서 자신이 결정해야 함) 집단 10인 내외, 운동 비참가자 10인 내외를 구한다.
- 질문지 배포 또는 면담을 통해 운동량을 조사한다.
- 일주일간의 개인별 운동량을 MET 단위로 환산한다.
- 참가자 집단과 비참가자 집단의 운동량을 표로 제시한다.
- 두 집단 간 평균, 표준편차를 구하고, t-검정(두 집단의 평균차이를 통계적으로 알아보는 방법)을 실시한다.
- 두 집단의 운동량 차이가 드러나도록 그래프를 작성한다.
- 보고서를 작성한다.

3. 보고서 작성

- 목적: 왜 이 과제를 하는지 간략하게 진술(1문단)
- 도구 설명: 여가운동참가 질문지 설명(2문단 내외)
- 절차: 조사대상, 조사절차, 채점방법, 분석방법(필요 분량)
- 결과: 개인별 점수표, 평균, 표준편차 산출, t-검증 결과, 그래프 작성. 결과를 설명하는 문단 1-2개
- 논의: 결과가 주는 의미, 시사점, 질문지의 타당도에 관한 의견, 조사과정에서의 문제점 등(2문단 내외)
- 소감: 이 과제를 하면서 무엇을 배웠는지 진술(1문단)

Study Questions

01 운동의 요소 중 운동 형태, 운동빈도, 운동강도, 운동지속시간을 줄여서 표현한 용어는 무엇인가?

① FIT ② RPE
③ MET ④ VO_2 max

02 용량-반응(dose-response)에 대한 설명으로 옳은 것은?

① 운동강도와 관계없이 신체변화는 일정하다.
② 특정 운동처방이 신체적·정신적 반응에 미치는 영향을 다룬다.
③ 운동강도 대신 운동 형태만 고려한다.
④ 운동 강도와 빈도, 시간의 변화는 반응과 무관하다.

03 운동 중 용량-반응(dose-response)은 운동 __________, ________________, ______에 따라 신체적, 정신적 반응이 어떻게 달라지는지 설명한다.

04 아래 항목을 맞게 연결하시오.

- 운동 요소
a) 빈도
b) 강도
c) 지속시간

- 정의
1) 운동 시 심박수나 MET으로 측정
2) 분 단위로 운동의 시간을 나타냄
3) 특정 기간 동안 운동을 몇 번 했는가

05 주관적 운동강도 척도(RPE)의 6-20 범위는 어떤 생리적 지표와 연관이 있는가?

① 체온
② 호흡수
③ 심박수
④ 혈압

06 SOFIT는 무엇을 관찰하기 위해 설계된 도구인가?

① 학생의 체육 수업 참여와 활동 수준
② 교사의 개인적 지도 스타일
③ 체육 수업의 학습 이론
④ 운동 장비의 활용도

07 SOPLAY는 어떤 방식으로 신체활동을 기록하는가?

08 운동강도와 빈도, 지속시간을 측정하는데 가장 적합한 신체활동 측정 도구는?

① 질문지 ② 심박수계
③ 보수계 ④ 암밴드

09 신체활동이 체중조절과 일일 에너지 소비량에 미치는 효과를 연구하려면 어떤 측정 도구를 사용하는 것이 가장 적합한가?

① 질문지와 보수계
② 가속도계와 행동관찰
③ 간접열량측정과 동위원소법
④ 심박수계와 암밴드

10 암밴드로 활동 강도를 측정할 때 사용되는 광학 측정 기술은 무엇인가?

11 암밴드를 활용한 신체활동 측정 시, 고령층을 위한 주요 고려사항으로 적합한 것은?

① 고강도 운동 데이터 추적
② 낙상 위험 모니터링 및 심박수 안정성 추적
③ 반복 횟수와 세트 데이터 분석
④ 월경 주기와 호르몬 변화 추적

12 ________는 걷기와 같은 이동 운동을 측정하기 위해 개발된 장비로, 비용이 저렴하고 사용이 간편하다는 장점을 가진다.

13 대규모 행동 중재 연구에서 다수 참가자의 운동량 변화를 측정할 때 추천되는 방법은?

① 심박수계와 간접열량측정
② 행동관찰과 가속도계
③ 질문지와 보수계
④ 암밴드와 스마트워치

14 신체활동 중재기법의 효과를 측정하기 위해 ________와 ______가 추천된다.

15 주관적 운동강도 척도(RPE) 척도에서 운동강도가 12-13에 해당하면 이는 ______강도 운동으로 분류된다.

16 암밴드를 사용하여 체중이 큰 사람의 데이터를 정확히 측정하려면, _____을 반영한 칼로리 소모 보정이 필요하다.

17 스마트 체중계는 데이터를 스마트폰과 연동하여 ______와 _____을 시각화한다.

모 / 범 / 답 / 안

2장 평가문항 모범 답안

01 ① 02 ② 03 강도, 빈도, 지속시간 04 a – 3, b – 1, c - 2 05 ③ 06 ① 07 순간표집법(momentary time sampling) 08 ② 09 ③ 10 광혈류측정법(PPG) 11 ② 12 보수계 13 ③ 14 가속도계, 행동관찰 15 중간 16 체중 17 체중 변화, 신체 구성

2부

이론편

운 동 심 리 학 의 정 석

3장

운동실천 이론 I

Key terms

건강신념 모형	발전된 건강신념 모형	혜택 인식	방해요인 인식	행동실천 단서	사회인지 이론	운동 참여 측정도구
자극-반응 이론	행동주의 이론	강화	강화물	처벌	소거	합리적행동 이론(TRA)
태도	의도	주관적 규범	계획행동 이론(TPB)	행동 통제 인식		

3장 운동실천 이론 Ⅰ

이론이란 어떤 현상을 설명하는 원칙으로 상당 수준 입증이 된 것을 말한다. 이론은 인간의 행동을 설명하고 예측하는 데 필요한 여러 변수들 사이의 관련성을 제시해 준다. 따라서 이론을 적용하면 현재 일어나는 현상에 대해 설명하기 쉬울 뿐만 아니라 미래에 일어날 현상에 대한 예측, 나아가 통제나 중재가 가능해진다.

운동이 체력과 건강 증진에 좋다는 사실이 널리 알려져 있음에도 불구하고 운동을 실천하는 사람은 많지 않다. 운동행동에 관한 이론을 이해하면 운동을 하지 않는 사람을 하게 만들고, 운동을 실천하고 있는 사람을 지속적으로 실천하게 만드는 데 도움을 줄 수 있다. 본 장에서는 운동실천을 설명하고 예측하기 위해 자주 사용되는 건강신념 모형, 자극-반응이론, 합리적행동 이론과 계획행동 이론에 대해 살펴본다.

1 건강신념 모형

1) 개념

건강신념 모형(health belief model)은 건강에 대한 개인의 신념이 어떤 과정을 거쳐 건강행동을 유발하는지를 설명할 수 있다. 이 이론은 1950년대에 공중보건 분야에서 활동한 사회심리학자들이 제안하면서 시작됐다(Hochbaum, 1958). 당시에는 일부 사람들이 예방접종이나 건강검진과 같은 질병예방 행동을 잘 하지 않는 이유를 설명하기 위한 이론으로 개발되었다. 이후 질병 증상에 대해 사람들이 어떻게 반응하는지 연구하면서 확장되었고(Kirscht, 1974), 특히 질병을 진단 받았을 때 의료 지침을 따르는 사람들의 행동(Becker, 1974)을 조사하기 위해 사용되었다. 이 모형은 공중보건 문제에 대응하면서 실용적으로 점차 발전하며 오늘날까지 다양한 연구에서 활용되고 있다.

〈그림 3-1〉에 제시된 바와 같이 예방 목적의 건강행동의 실천 여부는 누구나 질

병에 걸릴 수 있고 한 번 걸리면 위험하다는 인식에 의해 결정된다. 또한 건강행동을 실천했을 때 예상되는 긍정적인 혜택이 어느 정도인가에 대한 생각도 영향을 미친다. 개인 배경(연령, 성별 등)과 개인의 사회 심리적 변인(성격, 동기)도 질병 발생의 가능성(susceptibility)과 심각성(severity)의 인식, 그리고 예방행동의 혜택과 방해요인의 인식에 영향을 준다. 언론의 보도, 타인의 조언, 주변에서 질병을 목격하는 것도 단서 역할을 한다. 건강신념 모형에서 다루는 핵심 개념을 정리하면 다음과 같다.

(1) 질병 발생의 가능성 인식

운동을 하지 않으면 건강에 문제(관상동맥 질환, 비만, 고혈압 등)가 생길 수 있다는 인식을 의미한다. 예를 들어, 정기적으로 운동을 하던 직장인이 업무 증가로 인해 운동을 몇 주째 하지 못하는 상황이라면 건강이 나빠질 수 있다고 우려할 것이다. 이 직장인은 자신이 질병에 걸릴지도 모른다는 가능성을 인식하게 되고 위험을 느낀다.

(2) 질병의 심각성 인식

질병에 한 번 걸리면 삶의 질에 심각한 영향을 준다는 인식을 의미한다. 이는 질병에 감염되거나 이를 치료하지 않을 경우 나타나는 심각한 의료 및 임상적 결과(예: 사망, 장애, 극심한 통증 등)와 사회적 결과(예: 질병으로 인한 업무 방해, 가정의 위태로움 등)에 대한 평가를 포함한다.

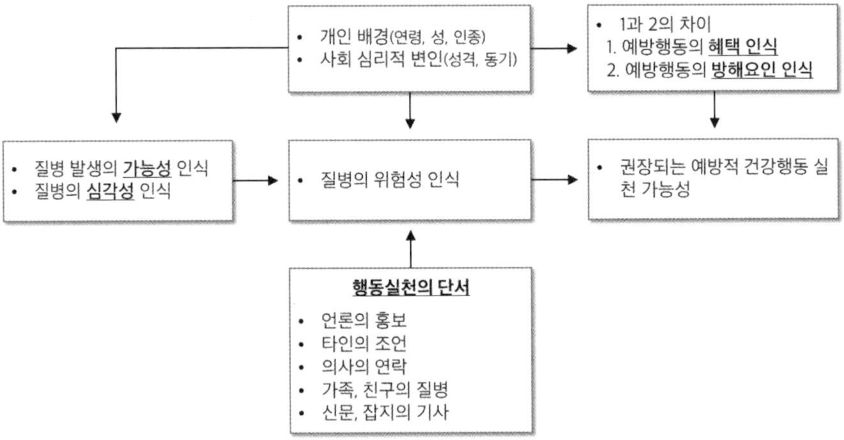

❙그림 3-1❙예방적 건강행동에 대한 건강신념 모형(Becker & Maiman, 1975)

(3) 혜택 인식

운동을 실천하면 건강상 혜택이 따른다는 인식을 말한다. 질병 발생의 가능성과 질병에 대한 심각성을 인식하더라도 예방행동이 실천되기 위해서는 운동이 자신에게 어떠한 도움을 줄 수 있는지 인식해야 한다. 만약 운동이 질병 예방에 충분한 혜택을 준다고 인식하지 못한다면 질병 발생의 가능성과 심각성을 인식하더라도 권장된 운동행동을 실천하지 않을 것이다.

(4) 방해요인 인식

운동실천에 방해가 되는 요인을 인식하는 것이다. 개인은 질병에 대한 운동의 예방적 효과가 주는 혜택을 인식하면서도 동시에 방해요인들도 고려하는 '혜택-손실(혜택에서 손실을 빼는 것)' 분석을 무의식적으로 수행한다. 예컨대, 어떤 여성은 필라테스 참여가 자신의 건강에 도움(혜택 인식)이 된다고 인식하면서도, 금전적으로 부담이 되거나 접근성이 떨어진다고 생각할 수 있다.

(5) 행동실천 단서

행동의 실천을 촉발하는 여러 요인을 의미한다. 예를 들어, TV 건강 프로그램이나 뉴스에서 제공하는 건강 관련 정보는 행동 실천의 동기를 부여할 수 있다. 또한 가족이나 가까운 친구의 갑작스러운 질병은 운동의 필요성에 대한 인식을 높일 수 있다. 행동실천 단서의 개념은 초기 모형에서 제시되었으나, 실증적 연구는 부족하다. 행동을 유발하는 메커니즘으로서 매력적인 개념이지만 설명력에서는 한계가 있다.

▌그림 3-2▐ 행동실천 단서의 예

2) 건강신념 모형의 발전

건강신념 모형을 이용한 연구가 축적되면서 이론도 함께 발전했다. 연구자들은 모형을 조금씩 수정하거나 새로운 요인을 추가하기도 했다. 대표적으로 Rosenstock, Strecher와 Becker(1988)는 사회인지이론(social learning theory)과 건강신념 모형의 결합을 시도하였고 자기효능감이라는 개념을 건강신념 모형에 추가했다(자기효능감에 대한 내용은 4장 참조).이후 Skinner, Tiro와 Champion(2015)은 건강신념 모형을 정리하여 설명력을 높였다. 〈그림 3-3〉에 나타난 것처럼, Skinner와 동료들이 제안한 모형은 크게 조절 요인, 개인의 신념, 그리고 행위 실천이라는 과정을 거친다. 이 세 가지 과정에는 기존 모형에서 다루는 개념이 대부분 포함되지만 개념들 간의 연결에 대한 설명은 약간 다르다.

조절 요인에는 기존 모형에서 다루던 개인 배경과 사회 심리적 변인이 포함된다. 이러한 조절 요인은 질병에 대한 개인의 신념에 영향을 미친다. 개인의 신념은 질병 발생 가능성과 질병의 심각성 지각, 혜택 인식, 방해요인 인식과 같은 기존 모형의 개념들이 포함된다. 여기서 질병 발생 가능성과 질병의 심각성 지각은 건강에 대한 위협을 인식하는 것에 영향을 미친다. 나아가, 발전된 모형은 개인의 신념 과정에 자기효능감 지각을 포함한다.

자기효능감은 원하는 결과물을 얻기 위해 실천하는 행동을 성공적으로 해낼 수 있다는 믿음과 기대를 말한다(Bandura, 1997). 자기효능감에는 결과 기대라는 개념이 존재하는데, 이는 특정한 행동이 특정한 결과로 이어질 것이라는 개인의 추측을 나타낸다. 즉, 건강신념 모형에서 자기효능감은 건강에 대한 자신의 어떠한 행동이 기대하는 결과로 이어질 수 있다는 예측을 의미한다. 높은 자기효능감 지각은 건강 관련 행동에 대한 기대감을 높이게 되고 방해요인을 극복할 능력이 있다고 느끼게 만듦으로써 행위 실천 가능성을 높일 수 있다(Rosenstock et al., 1988).

발전된 모형의 마지막 과정은 행위 실천이다. 앞선 두 과정을 거쳐 개인은 건강과 관련된 행동을 실천한다. 이때 행동을 유발하는 행동실천 단서가 존재하고 이는 기존 모형의 개념과 동일하다.

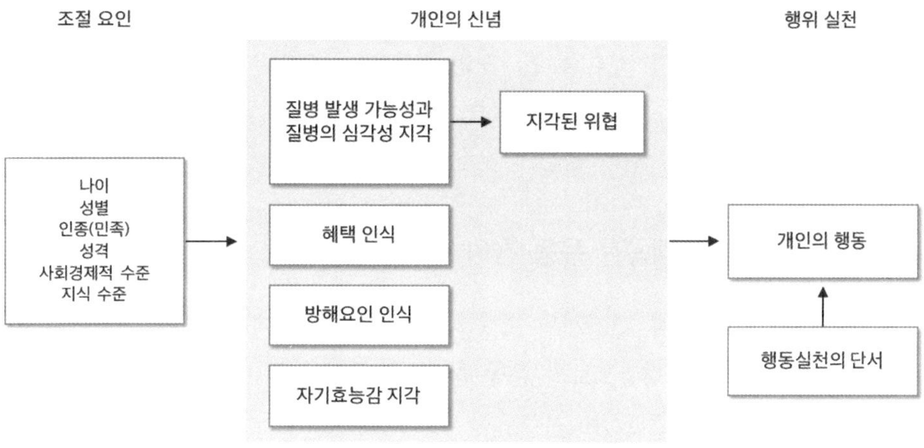

▎그림 3-3 ▎발전된 건강신념 모형(Skinner et al., 2015)

3) 관련 연구

조희숙 등(2004)은 건강신념 모형을 적용한 한국인의 건강 관련 행동 연구 83편을 메타분석했다. 2000년대 초반에 수행된 이 연구에서 분석한 건강신념 모형 관련 국내 연구가 83편이었다는 것은 이 모형이 얼마나 널리 활용되었는지를 알 수 있는 대목이다. 83편의 연구 중 양적 분석에 사용된 연구는 64편이었고 대부분은 환자 역할 행동에 대한 연구(48편)였다. 건강 관련 행동 연구는 16편에 그쳤다. 이를 통해 당시 건강신념 모형은 주로 보건의료 분야에서 활발하게 연구되었다는 것을 알 수 있다. 그러나 2000년대 초반 이후 건강에 대한 국민의 관심이 높아지면서 건강 운동 분야에서도 건강신념 모형을 적용한 연구가 다수 이루어지기 시작했다.

대표적으로 이석인과 오은택(2010)은 중장년 여가운동 참여자 182명을 대상으로 건강신념이 운동행위와 어떠한 관련이 있는지 규명했다. 그들에 따르면, 건강신념을 구성하는 민감성(질병 발생의 가능성 인식)과 심각성(질병의 심각성 인식) 요인은 여가운동실천을 높이지만, 방해요인 인식은 반대로 여가운동실천을 방해한다. 이들의 연구는 건강에 대한 관심이 커지는 중장년 시기의 건강신념이 여가운동에 참여하고 실천하는 것을 예측한다는 시사점을 제공한다.

또 다른 연구로, 김범수와 권동호(2011)는 걷기와 조깅, 축구, 배드민턴, 사이클 등 생활체육에 참여하는 우리나라 성인(평균 43세) 250명을 대상으로 건강신념을 연구했다. 이들의 열정과 건강신념 그리고 운동 지속의도 간의 관계를 분석한 결과, 생활체육 참여자들의 건강신념 중 민감성과 혜택 인식 요인은 운동에 지속적으로 참여하려는 의도를 긍정적으로 예측한다. 즉, 건강에 대한 우려와 걱정이 높고 운동 참여에 따른 혜택을 인식할수록 운동에 지속적으로 참여할 가능성이 높다는 것이다.

4) 건강신념 모형을 적용한 운동 참여 측정

앞서 살펴본 바와 같이, 건강신념 모형은 개인의 운동 참여를 설명하는 유용한 이론이다. 그리고 이를 측정함으로써 운동 참여에 대한 의식이나 건강 행위를 예측해 볼 수 있다. 이지영 등(2012)은 우리나라 30~60세 성인 355명을 대상으로 건강신념 모형에 기반한 운동 참여 측정도구를 개발하였다. 이 측정도구는 건강신념을 설명하는 발생 가능성, 심각성, 운동의 혜택 인식, 그리고 방해요인 인식을 포함한다.

- 발생 가능성: 자신에게 질병이 발생할 가능성이 있다는 인식
- 심각성: 질병에 걸릴 경우 겪을지도 모르는 손해를 인식
- 운동의 혜택 인식: 운동을 통한 질병 예방 혜택을 인식
- 방해요인 인식: 운동을 하는 데 방해가 되는 요인을 인식

▎표 3-1 ▎건강신념 모형 운동 참여 측정도구

아래 제시된 검사지는 건강신념 모형을 적용한 운동 참여 측정도구다. 평소 운동에 대한 자신의 생각을 기반으로 문항에 답변한다. 이때 문항에 대해 '매우 그렇다'면 5점, '그렇다'면 4점, '보통이다'면 3점, '아니다'라면 2점, '전혀 아니다'라면 1점에 답한다.

문항	전혀 아니다	아니다	보통이다	그렇다	매우 그렇다
1. 나는 생활습관병(성인병)에 걸릴 가능성이 많다고 생각한다.	1	2	3	4	5
2. 생활습관병에 걸릴 경우 나는 대인관계가 지장을 받게 될 것이라고 생각한다.	1	2	3	4	5
3. 규칙적인 운동을 하면 생활습관병을 예방하고 활기찬 일상생활을 할 수 있을 것이라 생각한다.	1	2	3	4	5
4. 규칙적인 운동이 나에게 건강에 대한 자신감을 줄 것이라고 생각한다.	1	2	3	4	5
5. 나는 나의 나태하고 게으른 성격 때문에 규칙적인 운동을 못한다고 생각한다.	1	2	3	4	5

6. 나는 가정생활, 사회생활 때문에 규칙적인 운동을 할 시간적 여유가 없다.	1	2	3	4	5
7. 나는 가족 또는 집안사정으로 인해 규칙적인 운동 참여에 지장을 받을 것이라고 생각한다.	1	2	3	4	5
8. 나는 자아조절이나 의지가 약해서 생활습관병에 걸릴 수 있다고 생각한다.	1	2	3	4	5
9. 나는 자신이나 가족의 건강을 위해 규칙적인 운동 참여에 힘써야 한다고 생각한다.	1	2	3	4	5
10. 나는 운동참여가 귀찮다고 생각한다.	1	2	3	4	5
11. 나는 생활습관병에 걸릴까봐 걱정을 한다.	1	2	3	4	5
12. 생활습관병에 걸릴 경우 나는 살아갈 의욕을 상실할 것 같다.	1	2	3	4	5
13. 나는 규칙적인 운동이 생활습관병 예방에 효과적이라고 생각한다.	1	2	3	4	5
14. 나는 규칙적인 운동을 할 수 있는 경제적 여유가 없다고 생각한다.	1	2	3	4	5
15. 나는 규칙적인 운동이 생활습관병에 걸리지 않을 힘을 키워줄 것이라고 생각한다.	1	2	3	4	5
16. 생활습관병에 걸릴 경우 나는 가정의 화목이 깨어질 것이라고 생각한다.	1	2	3	4	5
17. 나는 규칙적인 운동을 하는 것이 건강유지에 도움이 된다고 생각한다.	1	2	3	4	5
18. 생활습관병에 걸릴 경우 나는 나의 능력을 충분히 발휘하지 못함으로 인하여 좌절감을 느낄 것이다.	1	2	3	4	5
19. 내가 규칙적인 운동을 실시한다면 나와 나의 가족이 행복할 수 있을 것이라 생각한다.	1	2	3	4	5
20. 생활습관병이 걸릴 경우 가정에서의 역할 상실로 인하여 고통을 받을 것이라고 나는 생각한다.	1	2	3	4	5
21. 나는 살아가는 동안 나 자신도 모르게 생활습관병에 걸릴 수 있다고 생각한다.	1	2	3	4	5
22. 생활습관병에 대한 이야기를 들을 때마다 나도 생활습관병에 걸릴 수 있다고 생각한다.	1	2	3	4	5

□ 채점

아래 문항별 점수를 합산한 뒤 문항의 수만큼 나눠 평균값을 구한다.

- 발생 가능성: 1, 8, 11, 21, 22번
- 심각성: 2, 12, 16, 18, 20번
- 운동의 혜택 인식: 3, 4, 9, 13, 15, 17, 19번
- 방해요인 인식: 5, 6, 7, 10, 14번

□ 결과 해석

나눈 값이 4점 이상이면 높음, 2점 이상 4점 미만이면 보통, 2점 미만이면 낮음으로 해석한다.

자료: 이지영, 서보훈, 강성기(2012)

2 자극-반응 이론

1) 개념

건강행동 및 운동심리학 분야에서 자극-반응 이론(Stimulus-Response Theory; SRT)은 사람들이 건강행동이나 운동과 같은 새로운 행동을 어떻게 배우는지(학습)에 대한 설명을 제공한다(Skinner, 1953). 자극-반응 이론을 지지하는 학자들은 학습의 결과가 행동을 유발하는 생리적 욕구를 감소시키는 사건(이를 강화라고 부름)으로부터 발생한다고 믿는다. 쉽게 말해 어떤 행동의 빈도는 그 행동의 결과 혹은 강화에 의해 결정된다는 것이다. 예를 들어, 우울증을 앓고 있는 환자가 운동에 참여했을 때 개선되는 결과를 경험한다면 운동이라는 행동의 빈도는 증가할 것이다. 여기에 더해 운동을 할 때마다 어떤 보상(건강의 증진)을 얻는다면 마찬가지로 행동의 빈도가 증가할 것이다.

이러한 자극-반응 이론의 논리는 행동주의 학자뿐만 아니라 여러 분야에 광범위하게 받아들여지고 있다. Skinner는 어떤 행동이 발생하고 곧바로 제공되는 강화가 일시적이고 단순하더라도 행동의 빈도를 높이기에는 충분하다고 주장했다. 이 관점에서는 행동을 설명하는 데 추론(reasoning)이나 사고(thinking)와 같은 복잡한 개념을 필요로 하지 않는다. 단지 행동과 그에 따른 보상 간의 관계에 초점을 둔다.

자극-반응 이론은 어떠한 행동을 뒤따르는 반응과 이러한 반응들이 미래 행동에 미치는 영향에 관심을 둔다. 여기서 말하는 자극은 크게 네 가지로, 자극-반응 이론에서는 정적 강화(positive reinforcement), 부적 강화(negative reinforcement), 처벌(punishment), 그리고 소거(extinction)라고 부른다. 이 네 가지 반응은 미래에 그 행동이 다시 발생할 가능성에 영향을 미친다.

2) 자극-반응 이론의 핵심 요인

(1) 정적 강화

정적 강화는 특정한 행동이 긍정적인 결과를 만들어 냄으로써 그 행동의 변화(예: 행동 빈도 증가)에 영향을 주는 것이다. 예를 들어, 학업 스트레스를 겪고 있는 어떤

Click

행동주의 이론이란?

❙ 행동주의 대표 학자 ❙
B. F. Skinner (1904-1990)

행동주의 이론은 행동에 중점을 둔 학습 이론으로, 행동을 외부 환경과의 상호작용에서 비롯된 반응으로 설명한다. 이 이론은 주로 Skinner에 의해 발전되었고 고전적 조건화와 조작적 조건화 원리에 기반을 두고 있다.

행동주의는 외부 자극에 따라 행동이 어떻게 형성되고 변화하는지를 탐구하며, 행동에 대한 적절한 강화가 학습을 촉진한다고 주장한다. 이러한 강화는 원하는 행동 빈도를 높이고 부적절한 행동의 빈도를 감소시킨다. 행동주의는 주로 실제 행동과 그 결과에 초점을 맞추어 학습과 행동 변화를 이해하는 데 도움을 줄 수 있다.

운동심리학에서 행동주의 이론은 건강 관련 행동이나 운동이라는 행동을 어떻게 강화하고 그 빈도를 높일 수 있는지에 대한 단서를 제공한다.

학생이 달리기를 해서 땀을 흘렸더니 기분이 나아지는 것을 경험하면, 이후 이 학생은 공부하는 시간을 쪼개어 주기적으로 달리기를 실천한다. 달리기가 기분을 좋게 만드는 정적 강화를 경험한 것이다. 이처럼 개인의 좋은 감정을 불러일으키고 특정 행동을 강화하는 것을 가리켜 정적 강화물(positive reinforcer)이라고 한다.

운동 맥락에서 정적 강화물은 개인의 운동실천 가능성을 높이는 내적 혹은 외적 보상으로 작용한다. 내적 강화물(intrinsic reinforcer)은 자기 자신에서 비롯된 보상으로 운동이 끝날 때 성취감을 느끼거나 운동과 함께 따라오는 육체적 및 정서적인 안녕감을 포함한다. 외적 강화물(extrinsic reinforcer)은 다른 사람들이나 외부에서 오는 보상으로 운동 참여에 대한 사은품을 받는 것, 다른 사람의 칭찬을 받는 것 등이 대표적이다. 자극-반응 이론에 따르면, 운동 후에 정적 강화를 받을 때 더 자주 운동에 참여할 가능성이 커진다.

(2) 부적 강화

부적 강화는 어떤 행동이 발생한 뒤에 불쾌한 자극이 사라지거나 감소함으로써 그 행동의 변화(빈도)에 영향을 주는 것이다. 즉, 부정적인 자극을 피하거나 제거함으로써 기대하는 행동을 증가시키는 과정이다. 운동 환경에서의 예를 살펴보자. 관절염이 있는 사람이 30분씩 자전거를 타는 습관을 통해 무릎 통증이 크게 줄어든다고 느꼈다면, '무릎의 통증 감소'가 부적 강화물로 작용하는 것이다. 즉, 무릎의 통증(불쾌한 자극)이 사라지고, 앞으로도 자전거를 계속 타게 되는 것이다(행동 빈도 증가). 이때 이 남성은 자전거를 탈 때 정적 강화물도 얻을 수 있고, 두 가지 강화물의 조합은 미래 행동 빈도를 더 크게 높일 수 있다.

(3) 처벌

처벌은 일반적으로 특정 행동 이후에 불쾌하거나 불편한 자극이 제공되어 그 행동의 미래 발생 가능성이 줄어드는 것이다. 앞서 부적 강화에서 언급했던 직장인 남성이 자전거 타기 이후에 무릎에 더 큰 통증을 느낀다면, 아마도 그는 가까운 미래에 자전거 타기를 멈출 것이다. 이 상황에서 '무릎의 통증'은 운동빈도를 감소시키는 처벌로 간주할 수 있다.

일반적으로 고통이나 통증은 모든 사람들에게 처벌로 인식될 수 있다. 그러나 어떤 사람들은 보통의 사람들이 크게 개의치 않는 문제를 처벌로 인식하기도 한다. 예를 들어, 누군가는 땀을 흘리는 것이 불쾌하다고 생각해 운동을 꺼린다. 이들에게는 땀이 처벌과 같은 자극이 되어 운동실천 빈도를 낮추는 것이다. 이처럼 처벌은 반드시 모든 사람에게 해당하는 보편적 기준이 있는 것이 아니라 개인마다 차이가 있을 수 있다.

(4) 소거

소거는 특정 행동 이후에 강화 자극이 제거되어 해당 행동의 미래 발생 가능성이 감소하는 것을 말한다. 소거의 원칙에 따르면, 사람들은 운동에서 이전에 받았던 강화물을 더 이상 얻지 못할 때(예: 체중 감량, 신체적 및 심리적 향상, 통증 감소) 운동행동이 줄어든다. 대표적으로 유소년 스포츠 환경을 생각할 수 있다. 유소년 스포츠 참여자들은 처음에 스티커, 상품, 사은품 등과 같은 보상을 얻기 위해 프로그램에 참여하지만, 이러한 보상물이 없어지면 금세 싫증을 느끼거나 중도 탈락한다.

| 표 3-2 | 강화, 처벌, 소거의 개념

구분	개념
정적 강화	특정 행동이 긍정적인 결과를 만들어 냄으로써 행동 빈도 증가
부적 강화	특정 행동 뒤에 불쾌한 자극이 감소/제거됨으로써 행동 빈도 증가
처벌	특정 행동 이후에 불쾌한 자극이 발생하여 그 행동의 미래 발생 가능성이 줄어드는 것
소거	특정 행동 이후에 강화 자극이 제거되어 그 행동의 미래 발생 가능성이 줄어드는 것

Click

효과적인 강화

■ 효과적인 강화 조건

정적 강화와 부적 강화 모두 사람들이 자신의 행동과 강화의 결과 간의 관계를 쉽게 인식할 수 있을 때 효과가 극대화된다. 따라서 강화는 운동 후에 최대한 자주 그리고 즉각적으로 전달될 때 가장 효과적이다. 이는 운동 후 자주 그리고 즉시 발생하는 결과(예: 만족감, 통증 변화)가 가끔 발생하거나 오랜 운동 기간 이후에 누적되는 결과(예: 체지방률의 변화, 심폐지구력 변화)보다 운동행동에 미치는 영향이 더 크다는 것을 의미한다.

■ 발달 장애인들의 신체활동 촉진을 위한 강화물과 효과

Rotta 등(2023)이 발달 장애를 가진 사람들의 운동 참여 지속을 위한 강화 전략 연구 19편을 분석한 결과, 토큰(token) 강화(예: 상점 포인트, 카드 등)가 가장 많이 사용되고 있었고, 그 외에도 목표 제공, 먹을 것, 시청각 요소, 언어적 요소 등이 사용되었다. 총 142명 중 약 91%의 참여자들에게 이러한 강화물이 효과가 있는 것으로 확인되었다. 그러나 강화를 중단한 이후의 결과까지 보고한 3편의 연구에 따르면, 참여자 8명 중 7명은 과거의 상태로 다시 돌아갔다. 강화는 꾸준히 그리고 전략적으로 제공되어야 함을 알 수 있다.

3 합리적행동 이론과 계획행동 이론

1) 합리적행동 이론

합리적행동 이론(Theory of Reasoned Action; TRA)은 원래 투표참가를 설명하기 위한 목적으로 개발된 것으로 개인의 의사결정 측면에서 행동을 예측하는 이론이다. 인간은 합리적인 존재이므로 의도에 따라 행동을 한다는 전제를 토대로 개발되었다. 원래 목적이 투표참가이기 때문에 운동실천을 예측하는 목적으로 사용될 가능성이 어느 정도인지 구체적으로 살펴볼 필요가 있다.

우선 투표참가는 개인의 의도(intention)와 직접적으로 관련이 있다(그림 3-4 참조). 이 의도는 태도와 주관적 규범에 의해 형성된다. 태도(attitude)란 어떤 행동의 실천에 대해 개인이 갖고 있는 긍정적 또는 부정적 생각을 말한다. 행동을 실천했을 때 어떤 결과가 나올 것인가에 대한 생각, 그리고 결과의 좋고 나쁨에 대한 평가가 태도에 영향을 준다. 투표참가가 의미 있는 일이라고 생각하면 투표 참가에 긍정적 태도를 갖고 있는 것이다.

다음으로 주관적 규범(subjective norm)이 의도에 영향을 준다. 주관적 규범이란 어떤 행동을 하는데 사회적 압력을 얼마나 받는가를 의미한다. 주요 타자의 기대에 대해 어떻게 생각하는지, 그리고 타인의 기대에 부응하려는 동기가 얼마나 되는가에 의해 주관적 규범이 영향을 받는다. 가족이나 직장동료의 투표참가를 의식할수록 주관적 규범이 높아지는 것이다. 주관적 규범이 높아지면 의도도 높아진다고 본다.

합리적행동 이론은 행동을 예측하는 단 하나의 변인이 개인의 의도라고 본다. 의도대로 행동이 이루어진다면 이 이론의 설명력이 매우 높을 것이다. 하지만 운동을 하겠다는 의도는 있지만 실제로 운동을 실천하지 않는 사람이 많다. 의도는 투표참가처럼 단기간에 끝나는 일회성 행동을 예측하기에는 좋은 변수이다. 그러나 20분에서 몇 시간 정도 지속해야 하고 또 몇 개월 이상 꾸준하게 실천해야 하는 운동을 설명하기에는 어려움이 있다. 그럼에도 불구하고 이 이론이 운동실천에 주는 시사점을 고려할 필요가 있다.

- 운동실천의 측면에서 의도는 희망(hope) 사항에 불과할 가능성이 높다. 의도는 행동을 취하기까지 남은 시간이 짧을 때 예측력이 크다. 오랜 시간이 지난 후에

일어나는 행동이나 반복적인 행동에는 중요한 역할을 하지 못한다.

- 의도의 강도를 높이면 운동실천의 예측력도 높아진다. 의도의 강도를 높이기 위해서는 운동실천에 대한 긍정적 태도를 갖는 것이 중요하다. 운동이 주는 다양한 혜택을 인식하면 도움이 된다. 운동을 하도록 주위에서 지지를 해주는 것도 효과가 있다.

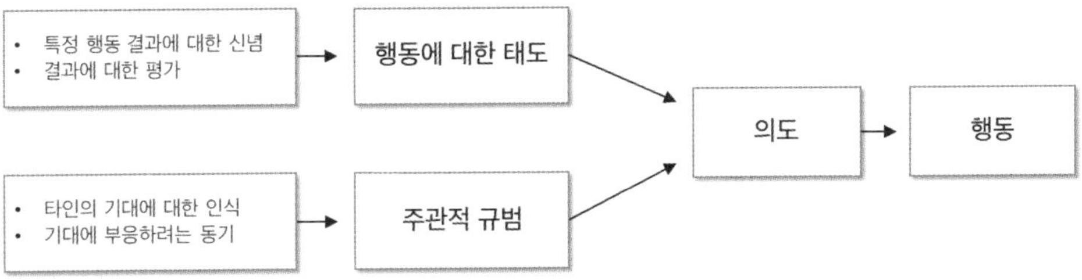

▌그림 3-4▐ 합리적행동 이론(Ajzen & Fishbein, 1980)

2) 계획행동 이론

합리적행동 이론은 운동처럼 꾸준한 반복과 지속성이 필요한 행동을 예측하는 데 한계가 있었다. 의도 이외에 행동의 실천에 영향을 주는 요인을 추가할 필요성 때문에 합리적행동 이론을 보완한 계획행동 이론(Theory of Planned Behavior; TPB)이 나왔다(Ajzen, 1985). 계획행동 이론은 합리적행동 이론의 주요 개념에 행동통제 인식(perceived behavioral control)이라는 개념을 추가한 것이다. 행동통제 인식은 개념적으로 자기효능감과 유사한 것으로 어떤 행동에 대해 개인이 얼마나 통제감을 느끼는가를 말한다.

운동은 의도만으로 실천하기 힘들다는 사실을 고려할 때 행동통제 인식의 역할은 중요할 수 있다. 운동을 방해하는 여러 요소(직장 일, 가사, 날씨, 시설, 시간 등)에도 불구하고 운동을 실천할 수 있다고 생각하는 사람은 이러한 외적 이유에 의해 통제를 받는 사람에 비해 운동실천 가능성이 훨씬 높을 것이다. 〈그림 3-5〉처럼 운동을 하겠다는 의도는 태도, 주관적 규범, 행동통제 인식에 의해 형성된다. 태도와 주관적 규범은 행동에 간접적인 영향을 주지만, 행동통제 인식은 의도뿐만 아니라 행동에 직접 영향을 준다고 본다. 따라서 합리적행동 이론은 행동을 예측하는 요인으로 개인의 신념과 의도만을 고려했지만, 계획행동 이론에서는 의도와 행동에 영향을 미치는 다양한 통제 요인들도 다룬다.

계획행동 이론에서 행동통제 인식은 운동을 하겠다는 의도에 영향을 주기도 하지만 행동의 실천 여부에 직접 영향을 줄 수 있다. 따라서 운동실천을 촉진하기 위해 행동통제 인식을 높이는 전략을 적용할 수 있다. 운동 방해요인을 극복하고 자신이 계획한 운동을 통제할 수 있다는 생각은 운동지속실천에 꼭 필요한 것이다. 계획행동 이론이 운동 동기유발에 주는 시사점은 다음과 같다.

- 트레이너가 운동 프로그램을 계획할 때 회원의 의견을 반영하면 회원의 행동통제 인식이 높아진다.
- 운동 방해요인을 효과적으로 극복할 수 있도록 운동 일정을 세운다. 출근 전, 점심시간, 일과 후에 운동을 하는 것도 행동통제 인식을 높이는 데 도움이 된다.
- 날씨나 시설의 제약을 덜 받도록 조치한다. 날씨에 맞게 입을 수 있는 적절한 운동복을 마련하고 운동 장비를 구입하면 날씨에 구애받지 않고 운동할 수 있다.
- 하루의 일정에 운동을 공식적으로 포함하는 것도 행동통제 인식을 높이는 데 좋다. 포스트잇 사용, 다이어리에 적기, 휴대전화 알람 설정 등의 방법도 고려한다.

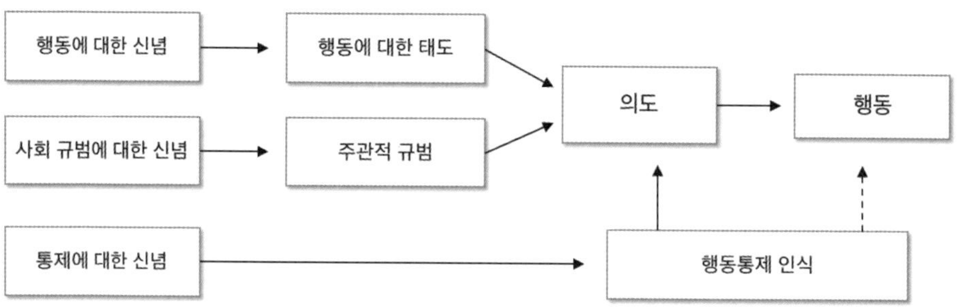

▌그림 3-5▐ 계획행동 이론(Aizen, 1985; Lox et al., 2019)

3) 관련 연구

계획행동 이론은 운동 참여 환경에서 개인의 신념, 의도, 행동의 과정을 설명한다는 점에서 다양한 학문 분야의 이론적 기반이 되었다. 운동심리학자들 또한 계획행동 이론을 이용하여 운동 참여자들의 행동을 예측하려는 시도를 해오고 있다.

Stolte 등(2017)은 네덜란드에 거주하는 노인들을 대상으로 건강 교육 및 운동

Click

합리적행동 이론과 계획행동 이론의 비교

두 이론을 운동행동에 적용한 연구를 종합적으로 리뷰한 결과는 다음과 같다 (Hausenblas et al., 1997).

- 계획행동 이론이 합리적행동 이론보다 운동행동을 더 잘 예측한다. 행동통제 인식이 의도에 비해 운동행동을 설명하는데 더 적합하기 때문으로 추정된다. 행동통제 인식이 행동에 주는 영향은 의도와 주관적 규범을 먼저 고려하더라도 추가적인 설명력을 갖고 있다.
- 태도는 의도를 예측하는 일관성이 높다. 하지만 주관적 규범은 의도의 예측 변인으로 일관성이 낮다.

계획행동 이론은 합리적행동 이론에 비해 운동행동을 비교적 잘 설명하지만 여전히 약점을 갖고 있다. 즉 의도와 행동 사이에 시간 간격이 클 때 예측력이 낮다는 점이다. 행동통제 인식이 이를 보완하는 역할을 한다. 또 주관적 규범은 '압력'으로 여겨지므로 보다 긍정적인 개념인 '사회적 지지'로 바꾸는 것이 바람직해 보인다.

프로그램을 설계하고 평가하기 위해 계획행동 이론을 적용했다. 이 연구의 참여자는 65세 이상의 성인 390명이었다. 이들을 대상으로 6주간 건강한 식사 및 신체활동에 관한 교육을 제공하고 주 3회 저강도 홈트레이닝 운동을 지도했다. 이 과정에서 참여자들에게 운동의 혜택에 관한 정보(태도에 영향을 미치는 요인)와 운동 방해요인을 극복하기 위한 전략(행동통제 인식에 영향을 미치는 요인)을 제공했다. 연구 참여자들은 프로그램 시작과 종료 시점에 설문조사에 참여했고 연구진은 해당 자료를 분석했다. 연구 결과 참여자들이 운동에 대해 더 긍정적인 태도를 가질수록, 더 큰 통제감을 느낄수록 더 강한 운동 참여 의도를 보였다. 이는 결과적으로 운동실천이라는 행동으로 이어졌다.

한국에서도 계획행동 이론을 이용해 참여자들의 운동행동을 설명하려는 시도가 이루어지고 있다. 예컨대, 민두식(2022)은 국민체력100(National Fitness Award) 사업[1]의 일환으로 운영되는 국민체력증진교실 참여자들을 대상으로 연구했다. 281

1) 문화체육관광부 산하 기관인 국민체육진흥공단에서 시행하는 주요 사업으로 국민의 자발적 체육참여 동기를 유발하고 규칙적인 신체활동을 돕기 위한 서비스를 제공함

명의 데이터를 토대로 계획행동 이론을 통계적으로 검증했다. 그 결과 계획행동 요인 중 행동에 대한 태도와 행동통제 인식은 운동 참여 의도에 영향을 주었고 의도는 행동 실천에 영향을 미쳤다. 행동통제 인식은 행동 실천에도 영향을 주었다. 그러나 주관적 규범은 의도에 영향을 주지 않는 것으로 나타났다. 이는 앞서 소개한 Stolte 등(2017)의 연구와 비슷한데, 그들은 이론과 달리 실제 삶에서 개인은 주관적 규범을 그다지 고려하지 않을 수 있고 이에 따라 영향력이 크지 않거나 없을 수도 있다고 해석했다. 주관적 규범에 관해서는 더 많은 연구가 이루어져야 한다.

건강행동과 계획행동 이론 간의 관계를 폭넓게 이해를 위해 McEachan, Conner 등(2011)의 메타분석 연구를 살펴볼 수 있다. 이들은 계획행동 이론을 적용한 논문 206편의 통계 분석 결과를 정리하고 분석했다. 그 결과 다양한 건강행동 영역에서 의도와 행동을 강력하게 예측하는 것을 발견했다. 구체적으로 신체활동의 설명력은 23.9%로 가장 높았고 식습관 행동 역시 21.2%로 높은 편이었다. 그 밖에 위험한 행동이나 안전한 성생활, 약물 사용 자제 행동 역시 설명력이 있었으나 상대적으로 낮았다(그림 3-6 참조). 또 한 가지 눈여겨 볼 점은, 운동 참여자들의 연령이 계획행동과 신체활동 간의 관계를 설명한다는 것이다. 특히 청소년 집단의 계획행동 요소들이 약물 사용 자제 행동을 더 잘 예측하는 것으로 나타났다.

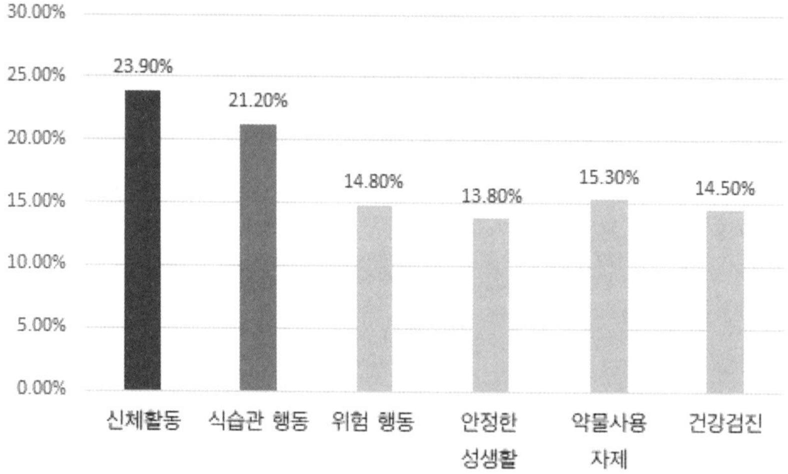

▌그림 3-6▐ 건강 관련 행동에 대한 계획행동 이론의 설명력

4) 계획행동 이론의 구성개념 측정

계획행동 이론을 구성하는 태도, 주관적 규범, 행동통제 인식, 그리고 의도를 평가하면 건강행동 실천에 대한 단서를 찾을 수 있다. 아래 제시된 검사지는 Rhodes와 Courneya(2003)의 연구에서 사용된 검사지의 예시를 번안한 것이다. 최근 참여하는 스포츠 및 운동이나 건강 관련 행동을 떠올려 보면서 답해보길 바란다.

❙표 3-3❙ 계획행동 이론 구조의 측정 문항 예시

아래 문항을 읽고 자신에게 해당하는 응답에 가까운 점수를 체크한다.

태도 : "일주일 2~3회 스포츠(운동)에 참여하는 것은 ____________"								
매우 나쁘다	1	2	3	4	5	6	7	매우 좋다
불필요하다	1	2	3	4	5	6	7	필요하다
즐겁지 않다	1	2	3	4	5	6	7	즐겁다
지겹다	1	2	3	4	5	6	7	흥미롭다
주관적 규범 : "내 주변의 사람들은 내가 스포츠(운동)에 참여하기를 원한다."								
전혀 그렇지 않다	1	2	3	4	5	6	7	매우 그렇다
행동통제 인식 : "나는 스포츠(운동)에 참여하는 것을 스스로 통제(조절)할 수 있다."								
통제 할 수 없다	1	2	3	4	5	6	7	완전히 통제한다
의도 : "나는 다음 주에도 스포츠(운동)에 참여할 것이다."								
전혀 그렇지 않다	1	2	3	4	5	6	7	매우 그렇다

□ 결과 해석
총합 점수가 49점에 가까울수록 건강행동 실천 가능성이 큰 것으로 평가한다. 점수가 높은 사람은 실제로 다음 주가 되어도 스포츠 및 운동에 참여할 가능성이 크다고 예측할 수 있다.

자료: Rhodes & Courneya(2003).

참고문헌

김범수, 권동호(2011). 생활체육참여자의 열정, 건강신념 및 운동지속의도. **한국사회체육학회지, 43**(2), 883-893.

민두식(2022). 확장된 계획행동이론을 적용한 국민체력인증교실 참여자의 운동지속행동 예측. **한국사회체육학회지, 87**, 185-198.

이석인, 오은택(2010). 중장년 여가운동 참여자의 건강신념이 건강실천 운동행위에 미치는 영향. **한국여가레크리에이션학회지, 34**(3), 217-231.

이지영, 서보훈, 강성기(2012). 건강신념모형을 이용한 운동참여 측정도구 개발. **한국체육측정평가학회지, 14**(2), 51-60.

조희숙, 이희원, 김춘배, 정헌재(2004). 건강신념 모형을 적용한 한국인 건강관련 행동 연구에 대한 메타분석. **한국심리학회지: 건강, 9**(1), 69-84.

Ajzen, I. (1985). From intentions to actions: A theory of planned behavior. In J. Kuhl & J. Beckmann (Eds.), *Action control: From cognition to behavior* (pp. 11-39). Springer.

Ajzen, I., & Fishbein, M. (1980). Understanding attitudes and predictiing social behavior. *Englewood cliffs.*

Bandura, A. (1997). *Self-efficacy: The exercise of control* (Vol. 11). Freeman.

Becker, M. H. (1974). The Health Belief Model and personal health behavior. *Health Education Monographs, 2*(4), 324-473.

Becker, M. H., & Maiman, L. A. (1975). Sociobehavioral determinants of compliance with health and medical care recommendations. *Medical Care, 13*(1), 10-24.

Hausenblas, H. A., Carron, A. V., & Mack, D. E. (1997). Application of the theories of reasoned action and planned behavior to exercise behavior: A meta-analysis. *Journal of Sport & Exercise Psychology, 19*(1), 36-51.

Hochbaum, G. M. (1958). *Public participation in medical screening programs: A socio-psychological study* (No. 572). US Department of Health, Education, and Welfare, Public Health Service, Bureau of State Services, Division of Special Health Services, Tuberculosis Program.

Kirscht, J. P. (1974). The Health Belief Model and illness behavior. *Health Education Monographs, 2*(4), 387-408.

Lox, C. L., Ginis, K. A. M., Gainforth, H. L., & Petruzzello, S. J. (2019). *The psychology of exercise: Integrating theory and practice* (5th ed.). Routledge.

McEachan, R. R. C., Conner, M., Taylor, N. J., & Lawton, R. J. (2011). Prospective prediction of health-related behaviours with the theory of planned behaviour: A meta-analysis. *Health Psychology Review, 5*(2), 97-144.

Rhodes, R. E., & Courneya, K. S. (2003). Investigating multiple components of attitude, subjective norm, and perceived control: An examination of the theory of planned behaviour in the exercise domain. *British Journal of Social Psychology, 42*(1), 129-146.

Rosenstock, I. M., Strecher, V. J., & Becker, M. H. (1988). Social learning theory and the Health Belief Model. *Health Education Quarterly, 15*(2), 175-183.

Rotta, K., Raaymakers, A., & Poling, A. (2023). Using positive reinforcement to increase the physical activity of individuals with developmental disabilities: A review. *Journal of Developmental and Physical Disabilities, 35*(4), 551-575.

Skinner, B. F. (1953). *Science and human behavior.* Macmillan.

Skinner, C. S., Tiro, J., & Champion, V. L. (2015). Background on the health belief model. *Health behavior: Theory, research, and practice, 75,* 1-34.

Stolte, E., Hopman-Rock, M., Aartsen, M. J., van Tilburg, T. G., & Chorus, A. (2017). The theory of planned behavior and physical activity change: Outcomes of the aging well and healthily intervention program for older adults. *Journal of Aging and Physical Activity, 25*(3), 438-445.

Review Questions

01 자극-반응 이론의 핵심 요인인 정적 강화 및 부적 강화의 개념과 두 가지 요인의 차이에 대해 설명해보자.

02 자극-반응 이론의 핵심 요인인 처벌 및 소거의 개념과 두 가지 요인의 차이에 대해 설명해보자.

03 가상의 인물을 설정하고 이 인물의 운동 참여를 촉진하기 위한 정적 및 부적 강화와 처벌 및 소거 전략을 만들어보자.

04 건강신념 모형에 포함된 개념과 이 이론의 그림을 보면서 논리적으로 설명해보자.

05 건강신념 모형에 포함된 주요 개념을 적용하여 운동 미실천자의 운동 태도와 행동을 변화시키는 데 도움이 되는 지침을 만들어보자.

06 건강신념의 기존 모형과 발전된 건강신념 모형의 차이를 설명해보자.

07 계획행동 이론에 포함된 개념과 이 이론의 그림을 보면서 논리적으로 설명해보자.

08 계획행동 이론이 합리적행동 이론에 비해 운동행동을 더 잘 예측하는 이유를 설명해보자.

09 계획행동 이론에 포함된 개념을 한국의 문화적 특성(예: 위계, 체면, 정, 집단주의 등)에 맞도록 재구성해보자.

Projects

건강신념 모형으로 본 운동실천

최근 건강에 대한 걱정이나 고민이 생겨 운동에 참여한 경험이 있는가? 자신의 사례가 아니더라도 주변에 비슷한 사례가 있다면 잠시 떠올려 보자. 이후 아래 제시된 건강신념 이론의 개념에 따라 사례를 적어보길 바란다.

(1) 어떠한 질병이 발생할 수 있다고 생각했는가?
(질병발생 가능성 인식)

(2) 그 질병이 심각해지면 어떤 일이 발생할 것이라 생각했는가?
(질병 심각성 인식)

(3) 운동에 참여하는 것이 어떤 도움이 될 것으로 기대했는가?
(혜택 인식)

(4) 운동실천을 방해하는 요인은 무엇인가?
(방해요인 인식)

Projects

합리적행동 및 계획행동 이론으로 본 평강공주 이야기

아래 제시된 평강공주 이야기를 읽고 그녀의 행동을 합리적행동 및 계획행동 이론으로 풀어보자.

[평강공주 이야기]

평강공주(平岡公主, 생몰년 미상)는 고구려 평원왕(平原王)의 딸이다. '평강'(平崗)은 평원왕(平原王)의 이칭인 평강상호왕(平崗上好王)에서 따온 것으로 원래 이름은 알 수 없다. 남편(男便) 온달(溫達)과의 설화(說話)가 《삼국사기》(三國史記)에 수록되어 있다.

어려서 자주 울어 그때마다 평원왕이 바보 온달에게 시집보내겠다고 놀렸다. 16세 때 평원왕이 상부(上部)의 고씨 가문에 출가시키려 하자 이를 거역하고 홀로 궁궐을 뛰쳐나와 온달을 찾아갔다. 장님이었던 온달의 노모는 평강공주의 향기를 맡고 부드러운 손을 만져보고는 매우 귀하신 분 같다며 우리 모자는 찢어지게 가난하니 계실 곳이 아니라고 하였다. 마침 배고픔에 느릅나무 껍질을 지고 오던 온달 역시 어린 여자가 할 행동이 아니라며 강하게 거부하였다. 평강공주는 사립문 아래에서 밤을 보낸 후 다음날 아침 일찍부터 모자를 다시 설득한 끝에 마침내 온달과 혼인하였다. 평강공주는 가져온 값비싼 팔찌를 팔아 살림을 장만하고 말을 정성스레 길렀다. 온달은 그 말을 타고 북주와의 전투에서 큰 공을 세워 이름이 높아졌다. 590년 온달이 아단성(阿旦城)에서 신라와 싸우다 전사하고 관에 들어갔는데 옮기려 해도 움직여지지 않았다. 평강공주가 관을 어루만지며 이미 생사가 정해졌으니 돌아가자고 해서야 옮길 수가 있었다.

(1) 평강공주의 행동을 합리적행동 이론으로 설명해보자.

(2) 평강공주의 행동을 계획행동 이론 모형으로 그려보자.

Study Questions

01 새로운 건강행동이나 운동이 조건화와 학습을 통해 획득되는 과정을 설명하는 이론은?

① 자기효능감 이론 ② 합리적 행동 이론
③ 자극-반응 이론 ④ 계획행동 이론

02 위 이론을 주장한 대표 학자는?

① Freud ② Skinner
③ Kohlberg ④ Rogers

03 행동주의 이론에 대한 설명으로 적합하지 <u>않은</u> 것은?

① 행동이 나타나는 과정에 초점을 둔다.
② 행동은 외부 환경과 상호작용으로 비롯된 반응이다.
③ 고전적/조작적 조건화 원리에 기반한다.
④ 외부 자극에 따른 행동 변화를 탐구한다.

04 운동 초보자인 직장인 A씨에게 코치가 적용할 수 있는 정적 강화의 사례를 한 가지 쓰시오.

05 운동 초보자인 직장인 A씨에게 코치가 적용할 수 있는 부적 강화의 사례를 한 가지 쓰시오.

06 강화에 대한 설명으로 바른 것은?

① 내적인 보상으로만 가능하다.
② 체벌이 대표적인 예다.
③ 나쁜 행동을 감소하는 데 목적이 있다.
④ 즉각적으로 제공할 때 효과적이다.

07 처벌과 소거의 차이를 적으시오.

08 건강신념 모형의 핵심 개념이 <u>아닌</u> 것은?

① 정적 및 부적 강화
② 질병 발생의 가능성 인식
③ 질병의 심각성 인식
④ 혜택 인식

09 건강신념 모형에 대한 설명으로 바르지 않은 것은?

① 건강에 대한 개인의 신념과 건강행동의 관계를 설명한다.
② 고전적 및 조작적 조건화 원리에 기반한다.
③ 개인의 성격이나 성별도 중요한 요인이다.
④ 언론이나 타인도 중요한 요인이다.

10 아래 빈칸에 들어갈 말을 쓰시오.

건강신념 모형을 이용한 연구가 축적되면서 이론도 함께 발전했다. 대표적으로 Rosenstock 등(1988)은 사회인지이론과 건강신념 모형의 결합을 시도하였으며, (　　　　) 요인을 새롭게 추가했다.

11 발전된 건강신념 모형에 추가된 요인에 대한 설명으로 알맞은 것은?

① 건강 관련 행동이 기대하는 결과로 이어질 것이라는 믿음과 인식
② 질병에 한 번 걸리면 삶의 질에 심각한 영향을 준다는 인식
③ 운동을 하지 않으면 건강에 문제가 생길 수 있다는 인식
④ 운동실천에 방해가 되는 요인을 인식

12 합리적행동 이론에 대한 설명으로 바르지 않은 것은?

① 원래 투표참여를 설명하기 위해 개발된 이론이었다.
② 행동 실행에 대한 의도를 다룬다.
③ 주관적 규범은 의도에 영향을 준다.
④ 개인의 의도는 태도에 영향을 준다.

13 아래에서 설명하는 합리적행동 이론의 요인은?

어떤 행동의 실천에 대해 개인이 갖고 있는 긍정 또는 부정적 생각

① 태도　　② 주관적 규범
③ 의도　　④ 자기효능감

14 아래에서 설명하는 합리적행동 이론의 요인은?

어떤 행동을 하는데 사회적 압력을 얼마나 받는가를 의미

① 태도　　② 주관적 규범
③ 의도　　④ 자기효능감

15 계획행동 이론에서 추가된 행동통제 인식 요인의 개념에 대해 설명하시오.

16 행동통제 인식에 대한 설명이 아닌 것은?

① 발전된 건강신념 모형의 자기효능감과 전혀 다른 개념이다.
② 의도만으로 행동을 예측하기 어려우므로 제안되었다.
③ 의도와 행동에 직접 영향을 준다.
④ 행동 통제 가능성에 대한 개인의 신념을 의미한다.

17 주관적 규범에 포함되는 요인으로 바르지 않은 것은?

① 친한 친구 ② 직장 동료
③ 가족 ④ 신체 컨디션

18 아래 빈칸에 공통으로 들어갈 말로 알맞은 것은?

> 합리적행동 이론 및 계획행동 이론 에서는 (　　　)의 강도를 높이면 운동실천의 예측력도 높아지는 것으로 이해한다.
> (　　　)의 강도를 높이기 위해서는 운동실천에 대한 긍정적 태도를 갖는 것이 중요하다.

19 행동통제 인식을 높이기 위한 전략으로 바르지 않은 것은?

① 트레이너가 회원의 의견을 반영해 프로그램을 계획한다.
② 날씨는 통제 불가한 요인이므로 계획에 포함하지 않는다.
③ 운동 일정을 세운다.
④ 휴대전화 알람을 맞춘다.

20 합리적행동 이론과 계획행동 이론의 주요 차이점을 쓰시오.

모 / 범 / 답 / 안

3장 평가문항 모범 답안

01 ③ 02 ② 03 ① 04 운동을 마칠 때마다 코치가 칭찬과 격려를 해주는 것 05 ④ 06 ④ 07 처벌은 바람직하지 않은 행동을 억제하기 위하여 불쾌한 자극을 제시하는 것이고, 소거는 강화를 제거하여 특정 행동의 발생 가능성이 줄이는 것이다. 08 ① 09 ② 10 자기효능감 11 ① 12 ④ 13 ① 14 ② 15 개인이 특정 행동을 수행할 수 있다고 믿는 능력과 자원에 대한 지각 16 ① 17 ④ 18 의도 19 ② 20 계획행동 이론이 합리적행동 이론보다 운동행동을 더 잘 예측한다. 이는 행동통제 인식 요인이 의도보다 운동행동을 설명하는 데 더 적합하기 때문이다.

4장

운동실천 이론 Ⅱ

Key terms

사회인지이론	자기효능감	과거의 수행	간접 경험	언어적 설득	신체/정서 상태	과제 자기효능감
자기조절 효능감	방해/대처 자기효능감	스케줄링 자기효능감	대리효능감	타인효능감	내적동기	자기결정성
기본심리욕구	자율성	유능성	관계성	동기 연속체		

4장 운동실천 이론 II

1 자기효능감 이론

1) 배경과 개념

Albert Bandura(1970)는 인간의 동기와 행동을 설명하기 위해 자기효능감(self-efficacy)이라는 개념을 도입했다. 자극-반응 이론의 설명과 달리, 그는 인간의 동기와 행동이 단순히 과거 행동의 결과로만 나타나는 것이 아니라고 강조하였다. 즉, 과거 행동의 결과보다 사람들이 어떤 행동을 성공적으로 실천할 수 있다고 믿을 때, 그 행동에 대한 동기가 강화되고 실행 가능성이 높아진다고 주장했다. 자기효능감 이론에서 핵심적인 개념은 바로 '개인의 능력에 대한 믿음'이다. 이후 Bandura(1997)는 자기효능감 이론을 발전시켜 사회인지이론(social cognitive theory)이라는 보다 광범위한 이론으로 확장했다.

자기효능감은 운동심리학 분야에서 유용하게 사용하는 개념이다. 자기효능감은 개인이 지닌 실제 능력에 대한 관심보다는 오히려 '특정 상황에서 행동을 수행할 수 있는 자신의 능력에 대한 믿음 정도'에 초점을 맞춘다. 일반적으로 자기효능감은 자신감 범위에 존재하는 하나의 특수한 상태적 개념을 의미한다. '상태적'이라는 말은 주변의 상황에 따라 쉽게 변할 수 있다는 것이다. 아래의 예를 살펴보면 쉽게 이해할 수 있다.

달리기가 취미인 어떤 동호인은 자신의 달리기 능력에 대해 전반적으로 자신감이 높다. 만일 그 동호인이 줄곧 평지에서만 달리기를 해온 경우, 평지 코스 5km 달리기에서는 자기효능감이 매우 높은 반면, 언덕 코스에서의 5km 달리기에 대해서는 자기효능감이 매우 낮을 수 있다. 또는, 무릎 부상이 있는 어떤 러너가 자선 모금을 위한 5km 평지 달리기에 참여하기로 한 예를 살펴보자. 달리기 능력에 대한 전반적인 자신감 수준은 아마도 줄어들지 않았을 테지만, 부상으로 인해 이런 특별한 달리기 코스를 완주할 수 있다는 자기효능감은 낮을 수 있다.

Click

사회인지이론(social cognitive theory)

앞에서 다룬 자극-반응 이론은 개인의 미래 운동행동이 과거 운동행동의 결과에 따라 결정되는 방식을 설명한다. 그러나 사회인지이론은 과거의 '결과'가 아니라 개인의 '동기(motivation)'에 초점을 두는 접근이다.

동기란 개인이 특정 행동에 접근하거나 이를 실천하려는 결단력, 추진력, 또는 욕구의 정도를 의미한다. 간략하게 동기는 노력의 방향과 강도를 나타낸다. 예를 들어, 동기 부여가 높은 개인은 특정 행동을 채택하거나 변경하고 이를 성취하기 위해 더 열심히 노력한다. 또한, 반복되는 실패와 미미한 개선에도 불구하고 지속적으로 노력을 이어갈 가능성이 높다. 특정 활동을 선택하는 것만으로도 동기 부여의 요소를 내포하고 있다.

현재 운동심리학 문헌에서는 사회인지이론이 널리 활용되고 있다. 사회인지이론은 신체활동의 관점에서 환경적 요인(예: 주변 사람들의 말과 행동, 운동을 방해하는 장벽 등)과 개인이 운동에 대해 가지는 생각과 느낌(예: 기대, 의도, 신념, 태도 등)이 운동행동에 영향을 미친다고 설명한다.

수많은 사례가 사회적 요소와 인지적 요소가 운동행동에 미치는 상호작용을 뒷받침한다. 예를 들어, 우리 사회에는 신체활동의 중요성에 대한 사회적 분위기가 존재한다. 그러나 일부 사람들은 운동을 선택하지만, 여전히 다수는 그렇지 않다. 반면, 많은 사람이 가족이나 직장에서의 약속을 운동을 방해하는 주요 장애물로 여긴다. 그럼에도 불구하고 신체활동을 꾸준히 하는 사람들도 있다. 사회인지이론은 이러한 행동 현상을 이해하는 데 유용한 틀을 제공한다.

2) 자기효능감 이론의 네 가지 주요 원천

자기효능감 이론에 따르면 자기효능감은 과거의 수행, 간접 경험, 언어적 설득, 신체 및 정서 상태에 의해 결정된다(그림 4-1). 자기효능감의 네 가지 원천은 왼쪽으로 갈수록 영향력이 강하다. 즉, 과거의 수행 경험은 간접 경험이나 언어적 설득에 비해 자기효능감에 주는 영향이 더 크다. 앞에서 소개한 합리적행동 이론이나 계획행동 이론에서는 찾아볼 수 없는 개념으로 행동을 설명하고 있다. 자기효능감 이론은 운동심리학에서 가장 많이 사용되는 이론 중의 하나이다.

(1) 과거의 수행

과거의 수행(past performance)은 개인이 유사하거나 동일한 활동에서 성공했던 경험을 의미하고, 자기효능감에 가장 큰 영향을 미친다. 예를 들어, 빠르게 걷기 또는 가벼운 조깅에 대한 경험이 있는 사람은 달리기 효능감이 높일 수 있다. 이때 과거 경험과 현재 활동 간 유사성이 클수록 자기효능감에 미치는 긍정적 효과가 커진다. 즉 지리산의 정상까지 등반해 본 경험이 있는 사람은 다시 지리산 정상까지 등반하려 할 때, 경험이 없는 사람들보다 효능감이 높을 것이다.

(2) 간접 경험

간접 경험(vicarious experience)은 한 개인이 다른 사람(모델)의 행동을 관찰하는 것을 말한다. 이때 모델이 자신과 비슷하다고 인식될수록 그 영향력은 커진다. 예를 들어, 비슷한 연령대의 유명인이 운동을 성공적으로 수행한 사례를 접하면, 이는 강력한 동기 부여가 될 수 있다. 특히 나와 가깝고 체력이 비슷한 친구가 10km 달리기 대회에 참가하여 완주한 모습을 보면 '나도 해볼 수 있겠다'라는 강력한 효능감이 생길 수 있다. 가상 모델(아바타 등)도 효과적인 모델링 수단으로 입증되었으며, 자신이 운동을 성공적으로 수행하는 모습을 상상하거나 시각화하는 정신적 이미지는 간접 경험의 한 형태로 간주될 수 있다.

(3) 언어적 설득

언어적 설득(social persuasion)은 타인의 언어적, 비언어적인 피드백을 통해 자기효능감이 강화되는 것을 의미한다. 이는 특히 신뢰할 수 있는 인물(예: 유명 운동선수, 개인 트레이너, 배우자 등)이 설득을 수행할 때 가장 효과적이다. 예를 들어, 미국 프로풋볼리그(NFL)는 미국심장협회(AHA)와 협력하여 어린이들에게 하루 60분 이상 신체활동을 권장하는 'Play 60' 프로그램을 시작했으며 이는 효과적인 사회적 설득 사례로 꼽힌다. 특히, 언어적 설득을 제공하는 타인의 사회적 지위나 능력도 중요하다. 예컨대, 테니스 동호인이 연습하는 곳에 세계적인 스타 라파엘 나달이 방문했다고 가정해보자. 어떤 동호인에게 페더러 선수가 '서브 자세가 좋네요'라고 말하는 것은 그 어떤 누구의 말보다 강력한 효능감을 제공할 수 있다.

(4) 신체/정서 상태

신체적 상태와 정서적 상태(physiological/affective state)도 자기효능감의 중요한 원천이다. 예를 들어, 배드민턴 대회에 참가한 동호인은 자신의 실력이나 준비 상태와 관계없이 무릎의 통증이나 부상이 있다고 느끼면 대회에서 이길 수 있겠다(효능감)는 마음이 부족할 것이다. 즉, 통증과 피로가 신체 상태의 부정적인 요소로 작용하면서 자기효능감이 감소한다. 한편, 감정 상태도 자기효능감과 밀접하다. 일반적으로 부정적인 감정(슬픔, 실망 등)은 자기효능감을 낮추지만, 긍정적인 감정(행복, 자부심 등)은 이를 높인다. 따라서 긍정적인 정서를 경험하는 사람은 부정적인 정서를 느끼는 사람보다 다가오는 운동에 대해 더 높은 자기효능감을 가질 가능성이 크다.

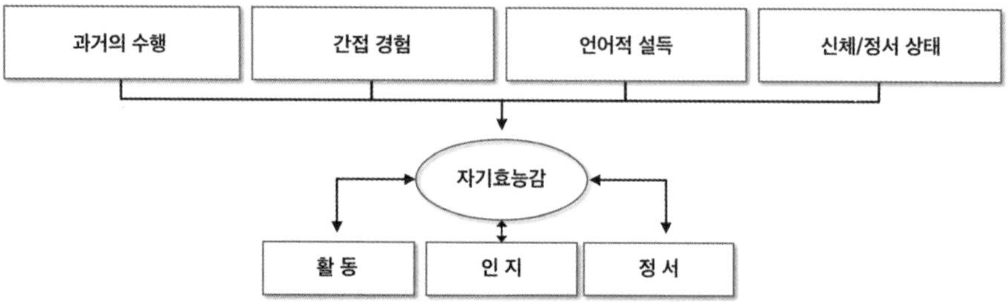

▌그림 4-1▐ 자기효능감 이론(Bandura, 1986)

▌표 4-1▐ 자기효능감 향상을 위한 전략

구분	세부 전략
과거의 수행	· 유산소 운동: 트레드밀의 속도, 경사도, 지속시간 점진적 증가 · 웨이트트레이닝: 부하, 반복횟수, 세트수를 점진적 증가 · 일상생활: 가까운 거리 걷기, 엘리베이터 대신 계단 이용하기
간접경험	· 비디오테이프: 유사성 높은 모델의 성공 장면 보여주기 · 시범: 전문가나 지도자가 시범 자주 보여주기 · 관찰: 동료나 잘 하는 사람의 동작 관찰하기 · 협동: 조별로 과제 수행 협동하기
언어적 설득	· 오리엔테이션: 새로운 회원에게 정보를 제공하기 · 멀티미디어: 건강관련 멀티미디어 자료 제공하기 · 책자: 신문이나 잡지 기사, 책자, 팜플렛 제공하기 · 사회적 지지: 멘토 시스템, 단체 사교활동으로 지원망 갖추기 · 전화: 자주 결석한 회원에게 출석 권유 전화하기 · 게시판: 운동 관련 자료로 게시판이나 소식지 만들기
신체/정서 상태	· 심박수: 운동강도에 따른 심박수 증가를 긍정적으로 해석하기 · 땀, 근육통: 운동강도와 관련시켜 긍정적으로 해석하기 · 피로: 성취감, 즐거움으로 해석하기 · 불안: 긍정적인 에너지 촉진으로 해석하기

3) 자기효능감 측정

운동심리학에서 참여자의 자기효능감을 측정하는 것은 동기와 행동을 예측하기 위해 매우 중요하기 때문에 상당수의 자기효능감 측정 도구가 개발되고 사용되어 왔다. 그중에서 전통적이면서도 폭넓게 받아들여지는 측정 방식으로는 Bandura(1977)가 제안한 내용으로 자기효능감을 측정할 때는 보통 세 가지 차원 즉, 자기효능감의 강도(self-efficacy strength), 도전 수준(level of challenge), 그리고 일반성(generality)이 중요하게 고려된다.

- 강도: 자기효능감에서 '강도'는 특정 과제를 성공적으로 수행할 수 있다는 개인의 신념이 얼마나 강한지를 평가하는 지표
- 도전 수준: 과제를 다양한 난이도에서 성공적으로 수행할 수 있는지에 대한 자기효능감을 측정하는 지(예: 다양한 거리, 시간, 강도의 달리기를 성공적으로 완주할 수 있는지에 대한 신념을 평가)
- 일반성: 특정 과제에 대한 자기효능감이 다른 활동으로 얼마나 일반화되는지를 나타내는 지표지만, 이 요소는 운동심리학 연구에서 자주 활용되지는 않음(예시: 고정식 자전거에서의 스프린트 인터벌 트레이닝에 대한 자기효능감은 일반적으로 로드 자전거에서의 스프린트 인터벌이나, 트레드밀에서의 달리기로 일반화될 수 있다. 하지만 수영이나 웨이트 트레이닝과 같이 매우 다른 활동으로는 일반화되기 어렵다)

(1) 과제 자기효능감의 측정

어떠한 특정 과제에 대한 자기효능감(task self-efficacy)을 측정하는 방식은 가장 보편적으로 활용된다. 특히 이 측정 방식은 세 가지 측정요소 중 자기효능감의 강도와 도전 수준을 반영한다. 〈표 4-2〉를 보면, 총 10단계의 도전 수준이 제시되어 있으며, 이는 한 번의 운동 세션에서 1회부터 10회까지의 인터벌 수행을 의미한다. 이때 자기효능감의 강도는 각 도전 수준에 대해 그만큼의 인터벌을 수행할 수 있다는 확신의 정도를 묻는 방식으로 측정된다. 응답자는 0% (전혀 확신 없음)에서 100% (완전한 확신)까지의 척도에 따라 답하게 된다.

이 예시에서 한 참가자는 2회의 인터벌까지는 100% 확신이 있다고 응답했으며(회색 영역), 도전 수준이 올라갈수록 자신감이 점점 감소하여 8회 이상은 전혀 자신이 없다고 응답했다. 참가자의 전반적인 자기효능감 점수는 각 도전 수준에 대한 응답 값을 평균하여 계산하며, 이 예시에서는 53%로 나타나 전반적인 자기효능감이 낮은 편이라고 볼 수 있다. 이제 〈표 4-3〉을 이용하여 달리기에 대한 자기효능감을 직접 측정해보자.

▌표 4-2▐ 자기효능감 측정의 예

다음은 자기효능감을 측정하기 위한 예시입니다. 아래 척도를 사용하여, 하나의 운동 세션에서 멈추지 않고 다음에 제시된 스프린트 인터벌 수를 수행할 수 있다는 자신감의 정도를 표시해 주세요.

인터벌 횟수	전혀 자신 없음										매우 자신 있음
1번째	0	10	20	30	40	50	60	70	80	90	100
2번째	0	10	20	30	40	50	60	70	80	90	100
3번째	0	10	20	30	40	50	60	70	80	90	100
4번째	0	10	20	30	40	50	60	70	80	90	100
5번째	0	10	20	30	40	50	60	70	80	90	100
6번째	0	10	20	30	40	50	60	70	80	90	100
7번째	0	10	20	30	40	50	60	70	80	90	100
8번째	0	10	20	30	40	50	60	70	80	90	100
9번째	0	10	20	30	40	50	60	70	80	90	100
10번째	0	10	20	30	40	50	60	70	80	90	100

▌표 4-3▐ 달리기에 대한 자기효능감 측정 해보기

아래의 표를 보고, 한 번도 멈추지 않고 달릴 수 있다고 생각하는 자신감의 정도를 표시해 주세요. 0%는 '전혀 자신 없다'를 의미하고, 100%는 '완전히 자신 있다'를 의미합니다. 각 거리마다 자신감 수준을 선택해 동그라미로 표시해 주세요.

거리	전혀 자신 없음										매우 자신 있음
1km	0	10	20	30	40	50	60	70	80	90	100
2km	0	10	20	30	40	50	60	70	80	90	100
3km	0	10	20	30	40	50	60	70	80	90	100
4km	0	10	20	30	40	50	60	70	80	90	100
5km	0	10	20	30	40	50	60	70	80	90	100
6km	0	10	20	30	40	50	60	70	80	90	100
7km	0	10	20	30	40	50	60	70	80	90	100
8km	0	10	20	30	40	50	60	70	80	90	100
9km	0	10	20	30	40	50	60	70	80	90	100
10km	0	10	20	30	40	50	60	70	80	90	100

(2) 자기조절 효능감의 측정

운동은 매우 복합적인 행동이기 때문에, 운동심리학자들은 운동을 시작하고 유지하기 위해 필요한 다양한 개별 행동에 대한 자기효능감을 구분하고 측정하는 것이 유용하다고 본다. 과제 자기효능감은 특정 운동(이 경우, 스프린트 인터벌 트레이닝)을 수행할 수 있다고 느끼는 것이다. 그러나 단순히 이것만으로는 대부분의 사람들이 실제로 운동 프로그램을 시작하고 지속하는 것을 설명하지 못한다.

따라서 운동과 관련된 다른 행동들에 대한 자기효능감을 살펴봐야 한다. 예를 들어, 운동에 대한 장애물이나 어려움을 극복하는 방해/대처 자기효능감(coping 또는 barriers self-efficacy), 운동을 자신의 일정이나 루틴에 포함시키는 스케줄링 자기효능감(scheduling self-efficacy) 등이 대표적이다. 이러한 운동 관련 행동에 관한 개념들은 일반적으로 자기조절 효능감(self-regulatory efficacy)의 하위 구성요소로 불린다.

앞서 보았던 측정 방식을 이용하면 방해/대처 자기효능감을 난이도의 수준에 따라 측정할 수 있다. 그리고 〈표 4-4〉는 항목을 통한 점수를 계산하여 측정하는 방식으로 사용되는데, 스케줄링 자기효능감은 도전과제의 수준이 높아질수록 측정할 수 있다. 예를 들어, 일주일 동안 1회, 2회, 3회, 4회, 5회 운동을 자신의 스케줄에 포함시킬 수 있는 자신감 정도를 측정하는 척도로 사용할 수 있다.

운동 맥락에서 적용되어온 자기효능감의 확장된 개념으로 대리효능감(proxy efficacy)과 타인효능감(other-efficacy)이 있으며 이 개념은 상호 대인 관계적 형태에서 나타나는 자기효능감에 초점을 둔다. 일반적으로 대리효능감은 개인이 다른 사람이 자신의 과업 수행을 돕거나 성공적으로 이끌 수 있다고 믿는 정도를 의미한다. 운동 맥락에서 이러한 역할을 수행하는 대표적인 예로는 개인 트레이너, 물리치료사, 체육 교사, 운동 그룹 멤버 등이 있다.

반면, 타인효능감은 다른 사람이 특정 과제를 수행할 수 있다는 개인의 신념을 의미한다. 예를 들어, 물리치료사 관점에서, 환자 스스로가 가정에서 운동 프로그램을 준수할 수 있다고 믿는 것이 이에 해당한다.

▌표 4-4▐ 방해/대처 자기효능감을 포함한 측정

다음 문항에서 일주일에 3회 이상 운동을 할 수 있다고 생각하는 경우에 대해 체크하세요.											
	전혀 자신 없음										매우 자신 있음
1. 시간이 거의 없는 경우	0	10	20	30	40	50	60	70	80	90	100
2. 근육이 아픈 경우	0	10	20	30	40	50	60	70	80	90	100
3. 다른 사람의 도움이 거의 없는 경우	0	10	20	30	40	50	60	70	80	90	100
4. 휴가 중인 경우	0	10	20	30	40	50	60	70	80	90	100
5. 날씨가 나쁜 경우	0	10	20	30	40	50	60	70	80	90	100
6. 스트레스가 심한 경우	0	10	20	30	40	50	60	70	80	90	100
7. 업무 요구가 증가한 경우	0	10	20	30	40	50	60	70	80	90	100
8. 운동 시설이 좋은 경우	0	10	20	30	40	50	60	70	80	90	100
9. 아이를 대신 돌봐 줄 수 없는 경우	0	10	20	30	40	50	60	70	80	90	100
10. 피곤한 경우	0	10	20	30	40	50	60	70	80	90	100

4) 자기효능감 연구 사례

자기효능감 이론은 개인이 특정 행동을 수행할 수 있다는 신념이 행동의 시작과 지속에 중요한 영향을 미친다는 개념을 바탕으로 한다. 이는 건강 행동과 신체활동 개입 프로그램에서 폭넓게 활용되며, 운동 참여율을 높이고 지속적인 행동 변화를 유도하는 데 중요한 역할을 한다. 신체활동이 건강 유지에 필수적인 요소로 작용하는 만큼, 자기효능감을 강화하는 개입은 운동 참여도를 높이는 효과적인 전략이 될 수 있다. 이러한 개입이 실질적인 영향을 미친다는 점은 여러 연구를 통해 검증되었다. 여기서는 제2형 당뇨병을 가진 노인을 대상으로 한 신체활동 개입 연구(Olson & McAuley, 2015)를 통해 자기효능감이 운동 참여에 미치는 영향을 살펴보고자 한다.

Olson과 McAuley (2015)의 연구는 제2형 당뇨병을 가진 노인을 대상으로 8주간의 신체활동 개입 프로그램이 자기효능감과 운동지속성에 미치는 영향을 분석하였다. 이 연구에는 50세에서 75세 사이의 남녀 116명이 참여하였으며, 무작위로 신체활동 실험군과 대조군에 배정되었다. 대조군은 온라인을 통해 당뇨병 및 건강관리에 관한 교육을 받았고, 실험군은 걷기 프로그램과 함께 총 네 차례의 워크숍에 참여하였다.

이 워크숍은 자기효능감의 네 가지 원천(성공 경험, 간접 경험, 언어적 설득, 생리적·정서적 상태 조절)을 활용하여 구성되었다. 참가자들은 점진적으로 운동강도를 높이며 자신이 수행할 수 있는 범위를 확장하였고(성공 경험), 그룹 내에서 다른 참가자들과 의견을 나누며 상호작용을 하였다(간접 경험). 또한, 운동지도자는 참여자들에게 지속적으로 긍정적인 피드백을 제공하며 자신감을 고취시켰고(언어적 설득), 참가자에게는 운동 후 신체적·정서적 변화를 스스로 인식하도록 유도되었다(생리적·정서적 상태조절).

연구 결과, 실험군은 대조군에 비해 운동 자기효능감과 신체활동 시간이 유의미하게 증가하였다. 특히, 과제 자기효능감과 방해/대처 자기효능감이 모두 향상되었으며, 자기효능감이 높을수록 신체활동 시간이 증가하는 경향이 확인되었다. 이러한 결과는 자기효능감이 신체활동 참여와 밀접한 관련이 있으며, 이를 강화하는 전략이 운동지속성과 건강관리에 효과적이라는 점을 시사한다.

자기효능감 중재 전략은 스포츠 분야뿐만 아니라 공공 보건, 교육, 직장 내 건강 증진 프로그램에서도 활용될 수 있다. 최근 들어 현대 사회에서 신체활동이 부족한 현상이 증가하면서, 단순히 운동을 권장하는 방식으로는 참여를 유도하기 어렵다. 따라서 운동 참여를 높이기 위해서는 개인이 운동을 지속할 수 있도록 돕는 심리적 개입이 반드시 필요하다.

앞으로의 연구에서는 자기효능감이 신체활동 참여에 미치는 영향을 더욱 정교하게 분석할 필요가 있다. 예를 들어, 특정 스포츠 종목에서 자기효능감이 어떻게 형성되는지 또는 개인의 성격적 특성과 자기효능감과의 상관관계를 규명하는 연구 등은 효과적인 개입 전략을 개발하는 데 유용할 것이다.

결국, 자기효능감을 높이는 중재 전략은 단기적인 운동 참여 증진뿐만 아니라 장기적인 건강 습관 형성에도 기여할 수 있다. 자기효능감 이론을 기반으로 한 운동 중재가 체계적으로 정립되고 발전된다면, 이는 개인의 운동 수행뿐만 아니라 전반적인 건강 증진과 삶의 질 향상에도 중요한 역할을 하게 될 것이다.

5) 자기효능감 이론의 유용성, 한계 및 미래 연구 방향

많은 연구들은 자기효능감이 행동에 미치는 영향뿐만 아니라, 정서적, 인지적, 신체적 요인에도 영향을 준다는 점을 입증해왔다(McAuley et al., 2013). 또한, 운동의 결과로 자기효능감이 향상된다는 증거도 방대하게 존재한다. 더불어, 자기효능감 이론에 기반한 중재 프로그램은 다양한 연령, 인종, 그리고 당뇨병이나 만성 요통과 같은 만성 질환을 가진 사람들을 포함한 여러 집단의 신체활동을 증가시킨다는 것을 지속적으로 보여주고 있다(Gourlan et al., 2016).

하지만 자기효능감 이론도 잘 알려진 제한점이 존재한다. 이 이론은 행동이 초보이거나 도전적인 경우일 때 가장 강한 예측력을 가진다. 실제로, 운동행동이 익숙해지고 일상화될수록 자기효능감의 영향력은 크게 줄어들거나 사라질 수 있다. 예를 들어, 어떤 사람이 일정 기간 동안 운동을 자신의 주간 루틴 속에 성공적으로 통합하고, 그 루틴을 지속적으로 잘 지켜온 경우, 자기효능감은 더 이상 운동행동을 예측하거나 설명하는 데 큰 역할을 하지 않을 수 있다.

그러나 자기효능감이 운동행동에 미치는 영향이 강력하다는 점을 고려해 보면, 이에 관한 연구는 앞으로도 활발하게 진행될 것으로 보인다. 예컨대, 자기효능감의 네 가지 원천을 각각 조작하는 다양한 기법을 테스트하는 실험을 통해 연구를 발전시킬 수 있다. 이러한 결과는 현장 전문가들이 참여자들의 자기효능감을 강화하여 신체활동을 늘리는 효과적인 전략을 개발하는 데 도움이 될 것이다. 또한 자기효능감 이론은 장기적인 운동 참여 행동을 설명할 수 있는 다른 구성 개념들로 확장하는 시도도 유망한 방향이다. Schwarzer (2008)의 건강 행동 실행 과정 모형(Health Action Process Approach Model)이 대표적이다. 아울러, 연구자들은 신체활동 영역에서 자기효능감이 지닌 자기 조절 및 관계 형성 역할을 지속적으로 탐구해야 한다.

2 자기결정성 이론

1) 배경과 개념

자기결정성 이론(Self-Determination Theory; SDT)은 오늘날 인간의 동기를 설명하는 대표적인 이론 중 하나다. 자기결정성 이론을 정립한 학자는 Edward Deci와 Richard Ryan으로, Ajzen이 계획행동 이론을 발표한 같은 해에 자결성 이론에 대한 기초 연구를 발표하였다(Deci & Ryan, 1985). 동기의 강도(즉, 의도)가 행동의 핵심 결정 요인이라고 가정한 Ajzen과는 달리, Deci와 Ryan은 개인 동기의 질(quality) 또는 유형(type)이 특정 행동에 참여할지를 결정하는 데 핵심적인 역할을 한다고 제안하였다. 이러한 다양한 유형의 동기와 외부적 또는 내부적으로 조절되는 동기의 정도는 자결성 이론의 핵심이다.

다른 사회인지이론들(예: 자기효능감 이론, 계획행동 이론 등)과 SDT의 중요한 차이점은 SDT가 인간의 성격과 동기 부여 행동의 모든 측면을 설명하는 것을 목표로 하는 거시적 이론(macro-theory)이라는 점이다. 기본적으로, SDT는 성격이나 동기의 서로 다른 측면들을 다루는 6개의 미니 이론들(mini-theories)로 구성되어 있다. 운동심리학 영역에서는 운동 및 기타 신체활동적 맥락에서 관련성이 있는 것으로 밝혀진 자결성 이론의 세 가지 핵심 개념에 초점을 맞출 필요가 있다(Teixeira et al., 2012). SDT의 세 가지 개념에는 동기 유형, 기본심리욕구, 그리고 사회적 맥락이 있다.

2) 동기 유형

자기결정성 이론에 따르면, 동기 유형은 크게 무동기(amotivation), 외적동기(extrinsic motivation), 내적동기(intrinsic motivation)로 구분될 수 있다(그림 4-2 참조). 운동의 맥락에서 외적동기는 보상 획득, 근육 과시, 친구 사귀기 등 어떤 결과를 달성하기 위해 운동하는 동기이며, 내적동기는 활동 자체가 본질적으로 만족스럽기 때문에 운동에 대한 동기가 부여되는 형태로 정의된다. 자결성 이론에서는 동기 유형을 규제(조절) 유형으로 구분하여 6가지 개념으로 세분화한다. 동기 유형과 규제 스타일은 각 동기가 외부의 힘(보상 등)과 내부의 힘(만족감 등)에 의해 얼마나 통제되거나 규제되는지에 따라 배열된다. 연속체의 왼쪽에 있는 규제 스타일은 외적 통제를 더 많이 받으며, 오른쪽으로 갈수록 더 많은 내부적 자율성을 반영하는 동기가 된다.

(1) 무동기

무동기는 개인이 운동에 참여하려는 동기나 의도 자체가 전혀 없는 상태를 의미한다. 이러한 사람들은 운동을 해야 할 이유를 생각하지 않거나, 운동을 하지 않아야 할 이유에 대해서도 고민하지 않는다. 내적 동기나 외적 동기가 모두 없기 때문에, 무동기는 비규제(non-regulated)된 동기의 형태로 간주된다. 무동기 상태의 사람들은 운동을 전혀 하지 않거나, 왜 운동을 하는지 모른 채 마지못해 움직이기만 하는 경우가 많다.

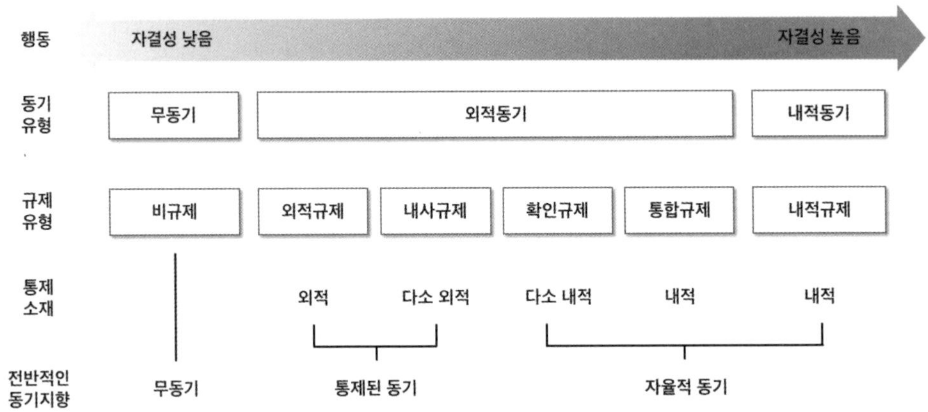

▌그림 4-2▐ 자결성 이론의 동기 연속체(Ryan & Deci 2000)

예를 들어, 운동을 강제로 하거나, 운동이 지루하고 의미 없는 일로 느껴질 때, 사람은 무동기를 가지게 된다. 이러한 상태는 운동에 대한 흥미나 목표의 결여에서 비롯되며, 자아존중감 저하나 우울 증상과 관련이 있을 수 있다.

(2) 외적규제

외적규제(external regulation)는 운동 참여자가 외부에서 주어지는 보상이나 처벌을 피하기 위해 운동하는 형태의 외적동기다. 이 유형의 동기는 외부의 영향에 의해 결정되며, 참여자는 보상을 받기 위해 또는 불이익을 피하기 위해 행동을 한다. 예를 들어, 1개월 안에 다이어트 5kg을 성공하면 회원 등록비를 무료로 해준다는 체육관의 프로모션 행사가 대표적이다. 보상의 형태는 물질적인 것일 수도 있고, 사회적 인정이나 칭찬 등도 포함될 수 있다. 외적규제는 참여자가 외부의 인식이나 평가에 의존하게 되므로, 그들이 운동을 지속할 동기 부여가 외부의 영향에 많이 의존하게 된다. 이러한 동기 부여는 지속적인 외부 자극이 없으면 약화될 수 있기 때문에, 외적규제는 지속적인 운동 참여로 이어지기 어려운 경우가 많다.

(3) 내사규제(의무감규제)

내사규제(introjected regulation)는 죄책감, 불안, 외모에 대한 불만족 등을 피하기 위해 운동하는 경우로 의무감규제라고도 한다. 이 단계에서는 어느 정도 외부의 영향을 받지만, 개인의 내적인 감정에 의해 동기 부여가 이루어진다. 이 외적동기 유형은 개인이 자신에게 요구하는 기준에 맞추기 위해 행동을 조정하는 형태로 자존감을 유지하거나 사회적 압박을 피하기 위한 동기 부여이다. 예를 들어, 누군가가 자신의 외모나 체중에 대해 불안감을 느껴 체중 감량을 위해 운동을 하는 경우가 이에 해당한다. 이는 외부의 보상보다는 자신에 대한 평가와 감정의 변화를 중심으로 이루어지므로, 개인의 내적 갈등을 해소하는 데 중요한 역할을 한다. 그러나 이러한 동기는 여전히 외부의 기대와 관련이 있기 때문에, 장기적으로 지속하기 어려운 측면이 있을 수 있다.

(4) 확인규제

확인규제(identified regulation)는 개인이 운동을 하는 이유를 개인적인 가치나 목표와 일치시키면서, 그 자체로 운동이 중요하고 의미 있다는 인식을 통해 동기가 부여되는 형태이다. 이 형태에서의 외적동기는 사람들에게 운동의 이점이 개인적으로 중요한 것으로 인식되며, 예를 들어 심혈관 질환 예방이나 체력 향상 등을 목표로 운동하는 경우가 해당된다. 확인규제를 따르는 사람들은 운동이 그들의 삶에서 중요한 의미를 가지며, 이를 통해 얻는 혜택이 개인적인 목표와 일치한다고 느낀다. 이 동기 유형은 비교적 높은 수준의 자율성을 제공하며, 운동 참여자가 목표에 대해 책임감을 가지고 행동하게 한다. 또한, 운동의 목적이 개인적인 가치를 반영하기 때문에 비교적 장기적으로 지속될 수 있다.

(5) 통합규제

통합규제(integrated regulation)는 운동 참여자가 자신의 목표와 가치가 자신이 하는 행동과 일치한다고 느낄 때 발생하는 동기 부여이다. 이 외적동기 유형은 자아의 일부로 운동을 받아들이며, 운동이 개인의 삶에서 중요한 부분으로 내면화되어 있다. 예를 들어, '나는 달리기 선수이며, 이것이 내가 하는 일이야'라고 말하는 사람은 운동이 그들의 자아와 정체성의 핵심적인 부분이라고 인식하고 있다. 이는 통합규제를 따르는 사람에게 나타나는 대표적인 특징이다. 이들은 외부의 보상이나 압박에 의해 운동을 실천하는 것이 아니라, 자신의 내적인 요구와 자아 인식에 따른다. 이러한 유형의 동기는 매우 내면화된 형태이기 때문에, 개인이 운동을 지속할 가능성이 매우 높다. 이 동기는 자아와 일치하는 목표를 통해 개인의 자율성과 통제감을 증대시키는 데 중요한 역할을 한다.

(6) 내적규제

이 단계는 동기 연속체에서 가장 오른쪽에 위치해 있으며 내적동기에 해당한다. 내적규제(intrinsic regulation)은 가장 자율적인 형태의 동기 부여로, 운동 자체가 본질적으로 즐겁고 만족스럽기 때문에 운동에 동기 부여가 이루어지는 규제 유형이다. 내적동기는 운동이 그 자체로 흥미롭고 도전적이며 즐거운 활동으로 인식되기 때문에 외부의 보상이나 평가와 관계없이 지속된다. 예를 들어, 어떤 사람이 단순히 달리기를 즐기기 위해 매일 운동을 한다면, 이는 내적규제에 해당한다. 내적동기는 자율성과 자긍심을 크게 증대시키며, 운동하는 사람에게 지속적인 만족과 즐거움을 제공한다. 특히 이들에게는 운동이 자기 성장과 자아실현의 중요한 부분으로 여겨지기 때문에 내적규제는 가장 이상적인 동기 부여라고 볼 수 있다. 연구에 따르면 내재적 동기를 가진 사람들은 운동에 더 많은 시간을 할애하고, 운동 프로그램을 더 잘 유지하는 경향이 있다.

표 4-5 자기결정성 이론의 6가지 규제 특성

동기 종류	규제유형	정의 및 특징	조절 방식	운동지속 가능성
무동기	비규제	운동에 대한 동기와 의도가 전혀 없음. 운동의 가치나 이유를 인식하지 못함	비조절	매우 낮음
외적동기	외적규제	보상이나 처벌 회피 등 외부 요인에 의해 운동. 외부 통제에 의존	외적 조절	낮음
	내사규제	죄책감, 불안, 자존감 유지 등 내면의 압박에 의해 운동. 외부 기대를 내면화했으나 완전한 자율성은 아님	부분 내면화	낮음~보통
	확인규제	운동이 개인적 목표와 가치에 중요하다고 인식함. 목적 중심의 운동 참여	내면화	보통~높음
	통합규제	운동이 자아와 삶의 일부로 통합됨. 자아 정체성과 일치하는 목표를 위해 운동	고도의 내면화	높음
내적동기	내적규제	운동 자체에서 즐거움과 만족감을 느끼며 운동함. 순수한 자율적 동기	자율적	매우 높음

3) 기본심리욕구

자기결정성 이론에서는 세 가지 기본심리욕구(Basic Psychological Needs; BPN)가 충족된다면, 내적동기가 높아진다고 본다. 이 욕구들은 상호작용을 하며 인간의 내적동기를 형성하고 유지한다. 또한 이 욕구를 충족하는 환경을 조정하는 것이 스포츠 팀뿐만 아니라 다양한 조직에서 장기적인 성과와 행복을 높일 수 있다.

(1) 자율성

자율성(autonomy)은 개인이 자신의 행동을 스스로 선택하고 조절하며, 외부의 강요가 아닌 내적인 동기에 따라 행동하려는 욕구를 말한다. 자율성이 충족되면 사람은 더욱 주체적으로 행동하고, 지속적인 동기를 유지하며, 심리적 웰빙도 향상된다. 예를 들어, 트레이너가 운동 계획을 일방적으로 지시하기보다는 참가자가 자신의 목표와 선호에 따라 운동 방식이나 일정을 선택할 수 있도록 돕는 경우가 있다. 이러한 방식은 참가자의 내적동기를 강화시키고, 장기적으로 운동을 지속할 가능성을 높인다.

(2) 유능성

유능성(competence)은 개인이 환경 내에서 효과적으로 행동하고 과제를 성공적으로 수행하며, 스스로 유능하다고 느끼고자 하는 욕구를 의미한다. 이 욕구가 충족될 때 사람은 더 높은 동기를 가지며, 도전을 즐기고 성취감을 경험할 가능성이 높아진다. 예를 들면, 초보 러너가 점진적으로 훈련 강도를 높이며 5km 마라톤을 완주했을 때 자신감을 얻고 이후 지속적인 운동 참여로 이어지는 경우를 들 수 있다. 이처럼 운동 경험을 통해 개인이 자신의 신체적 능력을 인식하고 성취감을 느낄 수 있도록 지원하는 것은 내적동기를 촉진하는 데 핵심적인 요소가 된다.

(3) 관계성

관계성(relatedness)은 타인과 정서적으로 연결되고 소속감을 느끼는 욕구를 의미한다. 인간은 기본적으로 사회적 존재로서 인정받고 싶어하며, 타인과의 유대감을 느끼는 것은 심리적 안정과 만족에 큰 영향을 미친다. 심리적 안정과 만족에 큰 영향을 미친다. 반면, 관계성이 부족하거나 단절되면 외로움과 무력감을 느끼며 이는 동기 저하로 이어질 수 있다. 관계성은 단순한 친목 활동을 넘어 신뢰와 상호 지지를 기반으로 한다. 가령, 운동선수가 경기 중 팀 동료나 코치로부터 격려와 지지를 받을 때 관계성이 충족될 수 있다.

4) 사회적 맥락

자기결정성 이론에 따르면, 세 가지 기본심리욕구의 충족은 사회적 맥락, 즉 운동이 이루어지는 사회적 환경의 특성과 밀접한 관련이 있다. 예를 들어, 체육 수업(사회적 맥락)에서 과제를 학생이 선택할 수 있도록 하고(자율성), 학생이 활동을 성공시킬 기회를 제공하며(유능성), 학생의 관점을 인정하는(관계성) 교사에 의해 세 가지 욕구가 충족될 수 있다. 〈그림 4-3〉은 사회적 맥락, 기본심리욕구의 충족, 다양한 유형의 동기 부여가 어떻게 운동행동에 영향을 미치는지 보여주는 모델이다(Teixeira et al., 2012).

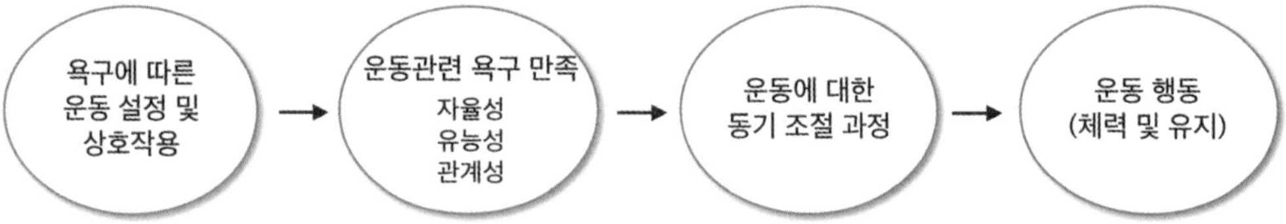

▎그림 4-3▎ 운동행동에 영향을 미치는 사회적 맥락 과정(Texeira et al., 2012)

5) 자결성의 측정

(1) 운동 참여 동기

〈표 4-6〉은 자결성의 6가지 동기적 특성을 측정하는 예시 문항이다. 현재 참여 중인 운동(없다면 특정 활동)을 떠올리며 각 문항에 대해 0점(전혀 아니다)부터 4점(매우 그렇다)까지 5점 척도로 응답하면 된다.

▎표 4-6▎ 운동 참여 동기 측정 예시(Markland, 2014)

운동에 참여하는 이유는 무엇인가요?						
측정 개념	문항	전혀 아니다				매우 그렇다
무동기	1. 운동을 해야 하는 이유를 몰라서...	0	1	2	3	4
외적규제	2. 다른 사람이 운동을 해야한다고 말해서...	0	1	2	3	4
내사규제	3. 운동하지 않으면 죄책감을 느껴서...	0	1	2	3	4
확인규제	4. 운동으로 얻는 이득은 가치가 있어서...	0	1	2	3	4
통합규제	5. 운동은 중요한 일부라고 생각하기에...	0	1	2	3	4
내적동기	6. 운동은 즐거우니까..	0	1	2	3	4

(2) 기본심리욕구

〈표 4-7〉에는 자결성의 세 가지 기본심리욕구를 측정할 수 있는 도구가 나타나 있다. 측정하는 방식은 운동 참여 동기와 동일하다. 평소 자신의 생활을 떠올려 보면서 문항에 답한다. 문항에 동의하는 정도에 따라 0점 '전혀 아니다'부터 4점 '매우 그렇다'까지 5점 척도로 응답한다.

❙ 표 4-7 ❙ 한국판 기본심리욕구 척도(이명희, 김아영, 2008)

	문항	전혀 아니다				매우 그렇다
1	나는 다른 사람들에 의해 통제받고 억압을 받는다고 느낀다.	0	1	2	3	4
2	내 일을 진행하는 방법을 스스로 결정할 기회가 많지 않다.	0	1	2	3	4
3	일상생활에서 나는 자주 남이 시키는 대로 해야만 한다.	0	1	2	3	4
4	나는 대체로 내 생각과 의견을 자유롭게 표현할 수 있다고 느낀다.	0	1	2	3	4
5	나는 내가 내 인생을 어떻게 살아갈지 스스로 결정할 수 있다고 느낀다.	0	1	2	3	4
6	어떤 일을 할 때 내 생각대로 일을 처리하기보다는 다른 사람의 생각이나 처리 방식을 따를 때가 많다.	0	1	2	3	4
7	나는 내 자신이 매우 효율적이라고 느낀다	0	1	2	3	4
8	나는 대부분 내가 하는 일들로부터 성취감을 느낀다	0	1	2	3	4
9	나를 아는 사람은 내가 일을 잘 한다고 말한다	0	1	2	3	4
10	나는 내게 주어진 일을 잘 해결할 능력이 있다고 느낀다.	0	1	2	3	4
11	나는 내가 아는 것을 다른 사람에게 가르칠 수 있다고 느낀다.	0	1	2	3	4
12	나는 다른 사람보다 잘 하는 것이 많다고 느낀다.	0	1	2	3	4
13	나는 내 주변 사람들로부터 사랑과 관심을 받는 것을 느낀다.	0	1	2	3	4
14	나와 정기적으로 만나는 사람들은 나를 별로 좋아하지 않는 것 같다.	0	1	2	3	4
15	나는 내가 만나는 사람들과 잘 지낸다.	0	1	2	3	4
16	나는 내 주변 사람들을 정말 좋아한다.	0	1	2	3	4
17	내 주변 사람들과 나는 평소에 서로 도움을 주고받는다.	0	1	2	3	4
18	내 주변 사람들은 평소에 나와 감정을 공유할 때가 많다.	0	1	2	3	4

□ 해석

- 1, 2, 3, 6, 14번 문항은 역채점한다. 4점은 0점, 3점은 1점, 2점은 그대로, 1점은 3점, 0점은 4점으로 바꾼다.
- 아래 문항대로 점수를 합산한다.

  자율성 욕구: 1-6번 문항 합산 점수 = (　　　　　)점
  유능성 욕구: 7-12번 문항 합산 점수 = (　　　　　)점
  관계성 욕구: 13-18번 문항 합산 점수 = (　　　　　)점
- 점수가 높을수록 각 욕구가 수준이 높은 것(충족)으로 해석한다.

6) 이론에서 응용까지

대부분의 학생들은 체육 수업에 대한 열의가 거의 없고, 수업 외에는 운동이나 기타 신체활동에 전혀 참여하지 않는다. 학생들은 체육이 필수 과목이기 때문에 '그저 해야만 하는 일'로 여기기도 한다. 즉, 외적규제로 운동에 참여하는 것이다.

외적규제를 받을 경우 운동을 지속할 가능성이 낮다. 또한 내적규제가 강할수록 운동 참여와 지속가능성이 높아지기에, 교사는 이를 자극할 수 있는 방법을 마련해야 한다. 이러한 상황에서 교사는 학급 내 사회적 맥락을 재구성하는 전략을 사용할 수 있다. 자결성 이론에 대한 지식과 체육 교육 환경에서의 적용을 바탕으로 다음의 전략을 살펴보자.

- 자율성 촉진: 매 학기 초에 교사는 학생들에게 어떤 활동을 하고 싶은지 선택하도록 요청하며, 이러한 활동을 커리큘럼에 포함하였다. 또한 학생들은 파트너가 지정되는 것이 아니라 스스로 활동 파트너를 선택할 수 있다.
- 유능성 촉진: 교사는 모든 수업이 적절하게 구성되어 있는지 확인한다. 교사는 학생들에게 활동의 정확한 목표와 기대치, 활동 중의 안내, 학생의 역량을 확인하고 개선 이유를 설명하는 명확한 언어적 피드백을 제공한다(예: "잘했어! 두 발로 발차기를 하니까 훨씬 더 빨리 헤엄치고 있구나.").
- 관계성 촉진: 교사는 학생들이 협력하고 협동해야 하는 활동을 구성한다. 학생들이 서로를 놀리거나 비판하지 않도록 하는 학급 내 행동 강령을 개발하고, 학생들이 비판에 대한 두려움 없이 새로운 것을 시도할 수 있는 안전한 환경을 조성함으로써 학급 친구들 간의 유대감과 관계성을 강화한다.

시간이 지남에 따라 이러한 개입을 통해 학생들은 신체활동 참여에 대해 더 자율적이고 유능하다고 느끼고 교사 및 친구들과 더 강하게 연결될 수 있다. 즉, 동기 연속체(그림 4-2)를 따라 점점 오른쪽으로 이동함으로써 학생들이 운동에 대해 더 내적인 동기를 가질 수 있도록 이끌어야 한다. 예를 들어, 일부 학생은 결국 새로운 기술을 배우거나 특정 형태의 운동을 더 잘하고 싶은 욕구 등 개인적으로 의미 있는 목표(즉, 확인규제)를 개발할 수 있다. 시간이 지나면서 일부 학생은 운동에서 오는 도전과 만족감을 즐길 수도 있다.

7) 자기결정성 연구 사례

자기결정성 이론은 운동참여와 지속을 이끄는 핵심적인 틀로, 특히 내적동기를 강화하는 개입은 신체활동 행동의 변화에 중요한 역할을 한다. 신체활동 상담과 같은 전략은 개인의 자율성과 유능감을 높여 동기의 내면화를 촉진하고, 결과적으로 운동 지속을 향상시키는 효과가 있다. 운동 변화단계 모형을 적용한 연구에서도 자결성이 높은 사람들이 신체활동을 지속할 가능성이 크다는 것을 보여준다.

이와 관련하여 Fortier 등(2007)은 자결성 이론에 기반한 신체활동 상담(physical activity counseling)을 실시하였다. 주당 신체활동이 150분 미만인 성인 환자 120명을 대상으로 간단한 상담을 한 뒤, 실험집단은 추가로 3개월 동안 총 6회의 상담을 받았고 통제집단은 추가상담을 진행하지 않았다. 모든 상담은 자율성, 유능성, 관계성의 욕구를 충족시키는 방향으로 설계되었으며, 상담자는 참가자의 필요를 경청하고, 개인적으로 의미 있는 운동 목표와 이를 달성하기 위한 계획을 함께 세웠다.

신체활동 수준과 동기 규제(motivational regulation)의 변화를 측정한 결과, 3개월 후 실험집단은 통제집단보다 매주 평균 10분 더 많은 신체활동을 하는 것으로 나타났다. 동기 조절 측면에서는 확인규제와 내적규제가 유의하게 증가하였다. 이는 결과적으로 신체활동 수준의 증가로 이어졌다(Fortier et al., 2007). 이러한 결과는 운동 상담이 개인의 동기를 내면화시켜, 신체활동 행동 변화를 유도했음을 보여준다.

국내에서도 관련 연구가 진행되었는데, 김영호 등(2007)은 자결성 이론과 운동 변화단계의 이론을 바탕으로 신체활동에 영향을 주는 동기적 요인을 심층적으로 이해하고자 하였다. 성인 441명을 대상으로 이들의 운동단계(계획 전 단계, 계획 단계, 준비 단계, 행동 단계, 유지 단계), 행동규제 양식(내적규제, 확인규제, 내사규제, 외적규제, 무동기), 심리적 욕구 수준(자율성, 유능성, 관계성)을 측정하였다.

분석 결과, 높은 운동 단계에 속할수록 내적규제와 확인규제는 높아지고, 외적규제와 무동기는 낮아지는 경향을 보였다. 즉, 규칙적으로 신체활동을 하는 사람일수록 신체활동 그 자체에 즐거움과 의미를 느끼는 경향이 강한 반면, 활동을 하지 않거나 불규칙적인 사람은 외적인 보상이나 의무감에 의한 동기가 더 큰 것으로 나타났다. 또한, 자율성과 유능성은 신체활동 단계 간에 유의한 차이를 보였으며, 행동의 자발성과 효능감이 높을수록 행동 및 유지 단계에 속할 가능성이 컸다. 반면 관계성은 단계 간 유의한 차이를 보였지만, 예측력은 상대적으로 낮았다.

행동규제 요인들은 79.3%, 심리적 욕구 요인들은 92.1%의 예측력을 보였고, 자결성 이론의 주요 변인들이 85.7%의 판별력을 나타내 자결성 이론이 신체활동 변화단계를 예측하는데 높은 설명력을 지님을 입증하였다.

이러한 연구결과들은 운동 개입 프로그램에서 단순히 신체활동을 권장하는 수준을 넘어서, 참여자의 자율적 동기를 강화하는 전략이 포함되어야 함을 시사한다. 초기에는 외적동기에 의해 운동을 시작하더라도 점진적으로 내적동기를 높이는 과정이 필요하다. 이때 상담 개입을 활용하면 참가자가 자신의 운동 목표를 스스로 설정하고 성취감을 느낄 수 있도록 도울 수 있다. 이러한 접근은 장기적인 신체활동 습관 형성에 기여하며, 향후에는 연령, 성별, 문화적 차이를 고려한 다양한 개입 전략을 개발하고 장기적인 효과를 검증하는 것이 필요하다.

8) 자기결정성 이론의 유용성, 한계 및 미래 연구 방향

자기결정성 이론은 운동심리학자들 사이에서 점점 더 인기를 얻고 있다. 확인, 통합, 내적규제에서 높은 점수를 받은 사람(자율적 동기 부여 성향이 있는 사람)이 낮은 점수를 받은 사람보다 더 운동에 참여할 가능성이 높다는 증거가 상당수 존재한다(Teixeira et al., 2012). 이러한 결과는 모든 연령대의 남녀, 다양한 건강 상태(예: 암, 심장 질환, 정신 질환 등)를 가진 사람들을 대상에게서 일관되게 나타난다.

기본심리욕구 충족에 대한 연구는 많지 않지만, 사람들은 욕구가 충족될 때보다 욕구가 충족되지 않을 때 더 많은 운동을 한다는 증거가 있다. 자율성 및 관계성 욕구의 충족이 운동참여에 어떤 방식으로 기여하는지에 대해서는 더 많은 연구가 필요하다. 그럼에도 현재까지의 증거에 따르면 자결성 이론이 운동행동을 이해하고 예측하는 데 유용하며, 운동 프로그램과 개입에도 활용 가능함을 보여준다.

예를 들어, 트레이너가 회원의 동기를 알고 있다면, 회원과 함께 내적동기를 향상시키기 위한 전략을 개발할 수 있으며 이는 운동지속과 참여의 향상으로 이어질 수 있다.

하지만 자기결정성 이론은 구성요소가 복잡하다는 점에서 한계가 존재한다. 자결성 이론은 6개의 이론으로 구성되어 있기 때문에 단일 연구에서 전체 이론을 테스트하거나, 적용하는 운동 중재를 설계하는 것은 사실상 불가능하다. 이러한 이유로 일부 연구자와 트레이너는 보다 단순한 모델을 선택하는 경우도 있다.

그럼에도 불구하고, 현재의 연구 동향을 고려할 때 운동심리학 분야에서 자결성 이론은 계속 확장될 것으로 예상된다. 향후 중요한 연구 분야는 사람들이 운동프로그램을 채택하고 시간이 지남에 따라 동기 부여가 어떻게 달라지는지를 연구하고 이해하는 것이다(Sweet et al., 2014). 이러한 동기 부여 패턴을 이해하면, 장기적인 운동 참여가 이루어지는 패턴을 촉진하는 전략을 개발할 수 있다. 또한 기본심리욕구 충족에 영향을 미칠 수 있는 사회 환경의 측면을 파악하고 조정하는 것도 중요하다(Sweet et al., 2017). 이러한 연구는 향후 효과적인 운동 개입 전략에 중요한 근거를 제공할 수 있다.

참고문헌

김영호, 양재근, 이종훈(2007). 신체활동의 변화단계를 예측하기 위한 자결성이론의 적용. **체육과학연구, 18**(4), 209-218.

이명희, 김아영(2008). 자기결정성이론에 근거한 한국형 기본 심리욕구 척도 개발 및 타당화. **한국심리학회지: 사회및성격, 22**(4), 157-174.

Bandura, A. (1977). Self-efficacy: Toward a unifying theory of behavioral change. *Psychological Review, 84*(2), 191-215.

Bandura, A. (1986). Social foundations of thought and action. Englewood Cliffs, NJ: Prentice-Hall. Bray, S.R., Shields, C.A.,Jackson, B., & Saville, P.D. (2014). *Proxy agency and other-efficacy in PA.* In M. Beauchamp & M. Eys (Eds.), Group dynamics in exercise and sports psychology (2nd ed., pp. 92-106). T&F.

Beckman, J. *Action control: From cognition to behavior* (pp. 11-39). Springer.

Deci, E. L., & Ryan, R. M. (1985). Conceptualizations of intrinsic motivation and self-determination. In *Intrinsic motivation and self-determination in human behavior* (pp. 11-40). Boston, MA: Springer US.

Ryan, R. M., & Deci, E. L. (2000). Intrinsic and extrinsic motivations: Classic definitions and new directions. *Contemporary Educational Psychology, 25*(1), 54-67.

Fortier, M. S., Hogg, W., O'Sullivan, T. L., Blanchard, C., Reid, R. D., Sigal, R. J., ... Beaulac, J. (2007). The physical activity counselling (PAC) randomized controlled trial: Rationale, methods, and interventions. *Applied Physiology, Nutrition, and Metabolism, 32,* 1170-1185.

Fortier, M. S ., Sweet, S. N., O'Sullivan, T. L., & Williams, G.C. (2007). A self-determination process model of physical activity adoption in the context of a randomized controlled trial. *Psychology of Sport and Exercise, 8*(5), 741-757.

Fox, J., & Bailenson, J. N. (2009). Virtual self-modeling: The effects of vicarious reinforcement and identification on exercise behaviors. *Media Psychology, 12*(1), 1-25.

Gourlan, M., Bernard, P., Bortolon, C., Romain, A J., Lareyre, 0., Carayol, M., ... Boiche, J. (2016). Efficacy of theory-based interventions to promote physical activity. A metaanalysis of randomised controlled trials. *Health Psychology Review, 10*(1), 50-66.

Markland, D. (2014). The Behavioral Regulation in Exercise Questionnaire-3 (BREQ-3). http:/ /pages.bangor.ac.uk/ ~pes004/ exercise_motivation/breq/breq.htm. Accessed July 16, 2018.

McAuley, E., Mailey, E. L., & Szabo-Reed, A., & Gothe, N. (2013). Physical activity and personal agency: Self-efficacy as a determinant, consequence, and mediator. In P. Ekkekkis (Ed.), *Routledge handbook of physical activity and mental health* (pp. 224-235). Routledge.

McEachan, R. R. C., Conner, M., Taylor, NJ ., & Lawton, R. J. (2011). Prospective prediction of health-related behaviours with the Theory of Planned Behaviour: A meta-analysis. *Health Psychology Review, 5*(2), 97-144.

Mitchell, M., White, L., Oh, P., Alter, D., Leahey, T., Kwan, M., & Faulkner, G. (2017). Uptake of an incentive-based mHealth app: Process evaluation of the Carrot Rewards App. *]MIR Mhealth and uhealth, 5,* e70.

Olson, E. A., & McAuley, E. (2015). Impact of a brief intervention on self-regulation, selfefficacy and physical activity in older adults with type 2 diabetes. *Journal of Behavioral Medicine, 38(6),* 886-898.

Pavlov, I. V. (1928). Lectures on conditioned reflexes. (W.H. Gantt, Trans.). New York: International.

Prochaska, J. O., & DiClemente, C. C. (1983). Stages and processes of self-change in smoking: Towards an integrative model of change. *Journal of Consulting and Clinical Psychology, 51*(3), 390-395.

Reed, D. D., Niileksela, C. R., & Kaplan, B. A. (2013). Behavioral economics: A tutorial for behavior analysts in practice. *Behavior Analysis in Practice, 61,* 34-54.

Rhodes, R. E., & Courneya, K. S. (2003). Investigating multiple components of attitude, subjective norm, and perceived control: An examination of the theory of planned behavior in the exercise domain. *British Journal of Social Psychology, 42*(1), 129-146.

Rhodes, R. E., & Yao, C. A. (2015). Models accounting for intention-behaviour discordance in the physical activity domain: A user's guide, content overview, and review of current evidence. *International Journal of Behavioral Nutrition and Physical Activity, 12*(1), 9.

Rice, T. (2013). The behavioral economics of health and health care. *Annual Review of Public Health, 34*(1), 431-447.

Ryan, R. M., & Deci, E. L. (2000). Self-determination theory and the facilitation of intrinsic motivation, social development, and well-being. *American Psychologist, 55,* 68-78.

Schwarzer, R. (2008). Modeling health behavior change: How to predict and modify the adoption and maintenance of health behaviors. *Applied Psychology: An International Review, 57*(1), 1-29.

Skinner, B. F. (1953). *Science and human behavior.* Macmillan.

Sniehotta, F. F., Presseau, J., & Araujo-Soares, V. (2014). Time to retire the theory of planned behavior. *Health Psychology Review, 8,* 1-7.

Sterdt, E., Lierscha, S., & Walter, U. (2013). Correlates of physical activity of children and adolescents: A systematic review of reviews. *Health Education Journal, 73*(1), 72-89.

Stolte, E., Hopman-Rock, M., Aartsen, M.J., van Tilburg, T.G., & Chorus, A. (2017). The theory of planned behavior and physical activity change: Outcomes of the aging well and healthily intervention program for older adults. *Journal of Aging and Physical Activity, 25*(3), 438-445.

Sun, H., Li, W., & Shen, B. (2017). Learning in physical education: A self-determination theory perspective. *Journal of Teaching in Physical Education, 36*(3), 277-291.

Sweet, S. N., Fortier, M. S., & Blanchard, C. M. (2014). Investigating motivational regulations and physical activity over 25 weeks. *Journal of Physical Activity and Health, 11*(5), 1052-1056.

Sweet, S. N., Rocchi, M., Arbour-Nicitopoulos, K., Kairy, D., & Fillion, B. (2017). A telerehabilitation approach to enhance quality of life through exercise among adults with paraplegia: Study protocol. *MIR Research Protocols, 61* e202.

Symons Downs, D., & Hausenblas, H. A. (2005). The theories of reasoned action and planned behavior applied to exercise: A meta-analytic update. *Journal of Physical Activity and Health, 2,* 76-97.

Teixeira, P. J., Carraça, E. V., Markland, D., Silva, M. N., & Ryan, R. M. (2012). Exercise, physical activity, and self-determination theory: a systematic review. *International journal of behavioral nutrition and physical activity, 9*(1), 78.

Thorndike, E. L. (1898). Some experiments on animal intelligence. *Science, 7*(181), 818-824.

Tremblay, M. S., Gray, C. E., Akinroye, K., Harrington, D. M., Katzmarzyk, P. T., Lambert, E. V., ... omkinson, G. (2014). Physical activity of children: A global matrix of grades comparing 15 countries. *Journal of Physical Activity and Health, 11(s1),* S113-S125.

Review Questions

01 자기효능감이란 무엇이며, 일반적인 자신감과 어떤 차이가 있는지 설명해보자.

02 자기효능감이 높은 사람과 낮은 사람의 특징을 파악해 보고, 이에 대한 특징을 설명해보자.

03 자기효능감이 운동 수행에 미치는 영향을 구체적인 예를 들어 설명해보자.

04 심리적, 생리적 상태가 무엇인지 정의하고, 이들이 자기효능감에 미치는 영향을 설명해보자.

05 자기효능감이 높은 사람과 낮은 사람의 특징을 파악해 보고, 이에 대한 특징을 설명해보자.

06 자기결정성이란 무엇이며, 이를 구성하는 세 가지 기본심리욕구에 대해 설명해보자.

07 자기결정성 이론에 따르면 외적 동기와 내적동기의 어떤 차이가 있는지 설명해보자.

08 자기결정성 이론에서의 동기 연속체는 어떤 단계를 포함하고 있는지 설명해보자.

09 자기결정성의 세 가지 기본심리욕구의 의미와 각 욕구가 운동 수행에 미치는 영향에 대해 설명해보자.

10 자기결정성 이론에서 세 가지 기본심리욕구 중 하나가 충족되지 않았을 경우 나타날 수 있는 부정적 결과를 설명해보자.

Projects

자기효능감 기반 운동 수행력 향상 프로그램

1. 목적

운동 참여자들의 자기효능감을 향상시켜 운동 수행력과 목표 달성률을 높이는 것을 목표로 한다. 참여자의 자기효능감 수준에 맞는 중재 전략을 적용하여 긍정적인 변화를 유도한다.

2. 방법

- 가족, 친구, 동료 중 3명을 선정하고 프로젝트의 목표와 과정을 설명한다.
- '자기효능감 측정 설문지'를 통해 현재의 자기효능감 수준을 평가한다.
- 각 참가자의 자기효능감 수준에 맞는 중재 전략을 적용한다.
- 개인이 달성할 수 있는 작은 목표를 설정하고 성공 경험을 쌓도록 한다.
- 자기효능감이 높은 사람(코치, 동료)을 롤모델로 설정하여 관찰하고 학습하도록 돕는다.
- 긍정적 피드백과 격려를 통해 참가자들의 자신감을 강화한다. 또한 참가자들에게 적용한 중재 전략을 설명하고, 필요시 추가적인 실천을 유도한다.

3. 평가

- 자기효능감 기반 중재 전략의 적절성을 논의해보자.
- 참가자가 중재 전략의 효과를 어떻게 인식하는지 면담을 통해 확인한다.
- 자기효능감 수준의 변화 여부를 측정하고, 목표 달성률과의 관계를 분석한다.
- 자기효능감이 낮은 참여자들이 상위 단계로 진전하는 데 어려움을 겪는 부분을 파악한다.

Projects

자기결정성 이론 기반 운동 동기 적용 사례 탐구

1. 목적

다양한 운동 종목에서 자기결정성 이론(자율성, 유능감, 관계성)이 어떻게 적용되어 운동 동기를 강화하고 성과에 영향을 미치는지 사례를 탐구하여 분석하는 것을 목표로 한다.

2. 방법

- 다양한 운동 종목(예: 축구, 마라톤, 요가)에서 자기결정성 이론이 적용된 실제 사례를 조사한다.
- 각 사례에서 자율성, 유능감, 관계성이 어떻게 강화되었는지 분석한다.
- 사례별로 내재적 동기 및 외재적 동기의 변화와 운동 성과에 미친 영향을 탐구한다.
- 참가자들이 자신의 운동 목표를 설정하거나 훈련 방식을 선택한 사례를 탐구한다.
- 참가지들이 구체적인 성취 경험을 통해 유능감을 느낀 사례를 탐구한다.
- 팀워크나 동료간의 유대감을 통해 동기가 강화된 사례를 탐구한다.
- 사례 분석 결과를 바탕으로 자기결정성 이론이 실제 운동 동기 강화에 어떻게 기여했는지 결론을 도출한다.

3. 평가

- 자기결정성 이론이 운동 동기 강화에 미친 효과에 대해 논의해보자.
- 탐구한 사례에서 내재적 동기와 외재적 동기의 변화를 비교 분석하여 토론해보자.
- 운동 성과 및 지속성에 대한 긍정적, 부정적 사례를 도출하고 이를 바탕으로 향후 적용 방안을 제시하고 의논해보자.
- 참가자들이 자기결정성 이론 기반 동기 전략을 실생활에 적용할 수 있는 방안을 논의하고 토론해보자

Study Questions

01 반두라(Bandura)가 제안한 자기효능감 이론은 후에 어떤 이론으로 확장되었는가?

① 행동주의 이론
② 강화 이론
③ 사회인지이론
④ 자결성 이론

02 다음 중 자기효능감의 네 가지 주요 원천이 아닌 것은?

① 사회적 보상　② 과거 수행
③ 언어적 설득　④ 신체·정서 상태

03 간접 경험은 어떤 상황일수록 자기효능감 향상에 효과적인가?

① 모델이 나보다 능력있는 경우
② 모델이 나와 유사할 경우
③ 부상을 받은 경우
④ 실패 경험이 있을 경우

04 보기를 보고 맞는 자기효능감 요소를 고르시오.

특정 운동 과제를 수행할 수 있는 능력에 대한 신념

① 방해/대처 자기효능감
② 과제 자기효능감
③ 타인효능감
④ 대리효능감

05 다음 중 대리효능감에 해당하는 예시는 무엇인가?

① 트레이너가 "당신은 할 수 있어요"라고 말해준다.
② 자신이 과거에 운동을 잘 해냈던 경험을 기억한다.
③ 환자가 물리치료사에게 의지하여 운동을 수행할 수 있다고 믿는다.
④ 친구의 응원으로 운동을 계속하게 된다.

06 타인효능감의 정의로 가장 적절한 것을 고르시오.

① 타인이 과업을 성공적으로 수행할 수 있다고 믿는 개인의 신념
② 타인의 평가를 중요시하는 자기의식
③ 타인의 도움 없이 혼자서 수행할 수 있는 믿음
④ 다른 사람을 모방할 때 느끼는 능력

07 보기에서 설명하는 효능감의 유형은?

운동 시설이 부족하거나, 시간이 없을 때도 일주일에 3회 이상 운동을 지속할 수 있을 것이라 믿는다.

① 과제 자기효능감
② 스케줄링 자기효능감
③ 방해/대처 자기효능감
④ 사회적 자기효능감

08 다음 중 자결성 이론의 동기 연속체에 해당하지 <u>않는</u> 것은?

① 무동기 ② 통합동기
③ 통합규제 ④ 의무감규제

09 다음 설명에 해당하는 동기 유형은?

나는 운동을 통해 체력을 기르고 싶어서 운동을 해

① 외적규제 ② 의무감규제
③ 내적규제 ④ 확인규제

10 자율성이 억압될 경우 나타나는 결과로 가장 적절한 것은?

① 외부 통제에 대한 저항 감소
② 활동에 대한 몰입 저하
③ 내적 동기 강화
④ 동기 저하

11 운동을 하는 이유를 "그 자체가 즐겁고 도전적이기 때문"이라고 말하는 사람의 동기 유형은?

① 확인규제 ② 외적규제
③ 내적규제 ④ 통합규제

12 다음 중 관계성 욕구 충족을 위한 전략으로 가장 적절한 것은?

① 팀 활동에서의 협동 경험 제공
② 학생 개개인의 경쟁을 유도
③ 운동 목표를 교사가 일방적으로 설정
④ 보상제도 강화

13 다음 문항에 해당하는 동기 유형은 무엇인가?

운동을 하지 않으면 죄책감이 들어

① 무동기　② 외적규제
③ 의무감규제　④ 내적규제

14 자결성 이론에서 내적규제를 촉진하는 중요한 원인은?

① 외부 보상
② 통제된 환경
③ 기본심리욕구의 충족
④ 무조건적 휴식

15 다음 중 SDT 기반 운동 개입에서 자율성 증진 방법으로 적절한 것은?

① 활동 커리큘럼에 따라 교사가 일률적으로 수업한다.
② 활동 파트너를 교사가 정한다.
③ 학생이 직접 활동을 선택하게 한다.
④ 성적 중심으로 평가한다.

16 자기효능감의 다양한 형태 중 '다른 사람이 특정 과제를 성공적으로 수행할 수 있다고 믿는 개인의 신념'을 의미하는 것은 무엇인가?

17 자기효능감의 주요 원천 중 '이전에 유사한 과제를 성공적으로 수행한 경험'에 해당하는 것은 무엇이며, 왜 중요한지 간단히 적으시오.

18 자결성 이론의 자결성이 낮은 순서부터 동기 연속체를 순서대로 나열하시오.

19 보기는 자결성 이론의 어떤 동기 유형에 해당하는지 적으시오.

나는 운동이 그 자체로 즐거워.

20 자결성 이론에서 '관계성' 욕구가 충족되지 않을 때, 운동 참여 행동에 어떤 부정적인 영향이 나타날 수 있는지 간단히 서술하시오.

모 / 범 / 답 / 안

4장 평가문항 모범 답안

01 ③ 02 ① 03 ② 04 ② 05 ③ 06 ① 07 ③ 08 ② 09 ④ 10 ④ 11 ③ 12 ① 13 ③ 14 ③ 15 ③ 16 타인효능감 17 과거 수행 경험 18 무동기 -> 외적규제 -> 의무감규제 -> 확인규제 -> 통합규제 -> 내적규제 19 내적규제 20 소속감 부족과 외로움을 느끼며, 운동에 대한 동기가 저하되거나 중단할 가능성이 높아진다.

5장

통합이론

Key terms

변화단계 이론	행동 변화 단계	심리적 준비도	자기효능감	의사결정 균형	변화 과정	체험적 과정
행동적 과정	사회생태학 모델	상관요인	결정요인	사회적 영향	사회적 지지	집단응집력
집단 구성	개인 매력	집단 통합				

운동심리학의 정석

5장 통합이론

앞서 다룬 이론들(예: 자극-반응 이론, 건강신념 모형 등)은 주로 개인 내적 요인의 영향을 강조하였다. 즉, 개인의 의도, 태도, 인식, 자기효능감, 동기 등 개인 차원의 요인을 중시한다. 또 이론에 포함된 변인 사이의 인과관계를 예측할 수 있는 것이 대부분이었다. 본 장에서 다루는 통합이론은 다른 이론에 비해 비교적 최근에 소개되었다는 특징이 있다. 또 행동의 변화는 수많은 요인의 영향에 의해 결정되며 개인 내적 요인은 그중 하나일 뿐이라고 전제한다.

대표적인 이론으로 변화단계 이론과 사회생태학 이론이 있다. 두 이론이 운동의 시작과 지속을 설명하고 예측하는데 어떤 공헌을 할 수 있는가에 초점을 두고 살펴보자.

1 변화단계 이론

1) 배경과 개념

변화단계 이론(stage of change theory)[2)]은 James Prochaska와 Carlo DiClemente가 1980년대에 개발한 행동 변화 모델이다. 이 이론은 사람들이 행동 변화를 이루기 위해 어떻게 결정을 내리고, 실행하며, 지속하는지 설명하기 위해 고안되었다. 원래는 금연과 같은 건강 행동 변화를 연구하기 위해 만들어졌지만(Prochaska & DiClemente, 1983), 현재는 운동, 영양, 스트레스 관리와 같은 다양한 영역에서 광범위하게 적용되고 있다.

Prochaska와 DiClemente는 기존의 행동 변화 모델이 특정한 시점에만 초점을 맞추는 한계를 보완하고자 했다. 예를 들어, 기존 모델은 행동 변화에 성공한 사람들의 특징을 연구하거나, 실패 원인을 단일 혹은 몇 가지 요인으로 설명하려는 경향이 있었다.

2) 변화단계 이론은 범이론 모형(transtheoretical model, TTM)에 포함되며, TTM 모델이 더 넓은 영역의 포괄적 개념이다.

이에 비해 변화단계 이론은 사람들의 행동 변화를 장기적으로 이해하려 하며, 변화의 준비 단계와 진행 과정을 체계적으로 설명할 수 있는 틀을 제공한다. 또한 변화단계 이론은 행동 변화가 단일한 사건이 아니라 점진적이고 순환적인 과정이라고 본다. 즉, 사람들은 행동 변화를 이루기 위해 여러 단계를 거치며, 이는 행동 변화가 선형적으로만 진행된다는 기존의 관점을 넘어서는 혁신적인 시각을 제시한 것이다.

나아가 이 이론은 사람들이 동일한 방식으로 행동 변화를 경험하지 않는다는 점을 강조한다. 이를 위해 사람들의 행동 특성을 몇 개의 단계로 구분하고 같은 단계에 속한 사람들끼리는 유사한 특성을 가지는 것으로 해석한다. 이는 다른 단계에 속한 사람들끼리는 특성에서 차이가 있다는 것을 의미한다. 한 단계에서 다른 단계로 옮겨가기 위해서는 반드시 정해진 과제를 달성해야 한다는 특징도 있다. 단계는 상위로 높아질 수도 있지만 정체 또는 퇴보도 가능하다. 예를 들어, 운동에 무관심한 사람이 운동에 관심을 보이는 단계로 진전하지만, 평생 그 단계에만 머무를 수도 있다.

한편, 같은 단계에 속한 사람끼리 공통된 특성을 가진다는 개념은 운동실천을 위한 중재 전략을 제공할 때 유용하다. 단계별로 변화에 대한 준비 상태와 동기 수준이 다르며, 이러한 차이를 이해하고 적합한 전략을 제공해야 행동 변화가 효과적으로 이루어질 수 있다. 이는 효과적인 개인 맞춤형 운동 중재 방안을 제시할 수 있는 기반을 제공한다. 변화단계 이론의 주요 개념을 두 가지로 요약하면 다음과 같다.

- 행동 변화는 단일 사건이 아니라 점진적이고 순환적인 과정이다. 즉, 행동 변화는 즉각적으로 이루어지는 것이 아니라, 여러 단계를 거치고 다양한 양상으로 나타난다.
- 모든 사람은 같은 방식으로 변화를 경험하지 않고, 단계별로 다른 특성을 가진다. 따라서 단계의 특성과 개인의 상태를 고려한 맞춤형 접근이 필요하다.

행동 변화단계

변화단계 이론의 단계는 시간의 흐름에 따라 하위단계에서 상위단계로 진행된다. 단계들(예: 1단계와 2단계, 2단계와 3단계)은 개념적으로 분명히 구분되며, 상위단계로 넘어가기 위해서는 시간과 노력(동기)의 투자가 요구된다. 한 단계에서 오랜 기간 머무를 수도 있고, 그 단계에서 더 이상 진행하지 못하기도 한다. 또 하위단계로 퇴보할 수도 있으며 상위단계로 진전할 수도 있다.

2) 행동 변화단계

일반적으로 변화단계 이론에서는 행동 변화 과정을 크게 무관심(precontemplation), 관심(contemplation), 준비(preparation), 실천(action), 유지(maintenance)를 포함한 5단계로 구분한다(그림 5-1 참조).

이전 단계로의 퇴보 가능성이 없는 최종 단계로 종결(termination)이 있지만 운동 환경에는 잘 적용하지 않는다. 또한 각 단계에서 악화 또는 재발(relapse)이 발생하면 변화는 이전 단계로 퇴보한다(Prochaska & Velicer, 1997). 행동 변화의 5단계를 요약하면 다음과 같다.

- 무관심: 가까운 미래에 변화할 의도가 없으며 자신의 행동이 문제가 있다는 사실을 알지 못한다.
- 관심: 자신의 행동이 문제가 있다는 것을 인식하기 시작하고, 변화하는 것의 장단점을 살펴보기 시작한다.
- 준비: 당장 행동을 취할 의도가 있으며 행동 변화를 향한 작은 단계를 밟기 시작한다.
- 실천: 문제 행동을 수정하거나 건강한 변화를 위해 적극적인 행동을 실천한다.
- 유지: 최소 6개월 동안 행동을 유지할 수 있었고 악화(재발)를 방지하기 위해 노력한다.

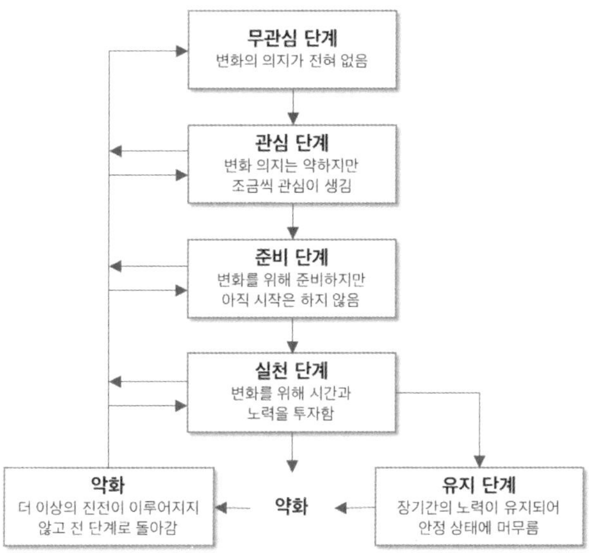

| 그림 5-1 | 변화단계 모형

이러한 행동 변화의 5단계는 운동에 대한 개인의 심리적 준비도(psychological readiness)에 기초하여 구분된다. 운동실천의 심리적 준비도에 따라 5단계로 구분하면 운동실천을 위한 다양한 중재전략을 적용하는데 매우 효과적이다. 즉, 운동실천과 미실천이라는 이분법적인 구분보다 심리적 단계를 세분화하고 있어 개인의 단계에 맞는 개별화된 운동실천 중재전략을 개발하고 적용할 수 있는 장점을 갖고 있다 (Marcus & Forsyth, 2009).

(1) 운동실천의 변화단계

행동 변화단계를 운동실천에 적용하면 〈표 5-1〉과 같다. (1) 가장 낮은 단계인 무관심 단계에 속한 사람은 운동실천의 가치를 인식하지 못한다. (2) 관심 단계에 속한 사람은 운동에 따른 혜택과 손실을 반반 정도로 예상하지만 여전히 운동에 참여하지는 않는다. (3) 준비 단계에 속한 사람은 운동의 혜택을 더 크게 인식한다. 또한 집 근처 체육관을 찾아보거나 필요한 용품을 사는 것과 같은 행동을 취하며, 1개월 이내에 가이드라인을 충족하는 수준으로 운동을 실천할 의지가 있다. (4) 실천 단계는 가이드라인을 충족하는 수준의 운동을 하고 있지만 아직 6개월이 되지는 않았다. (5) 마지막으로 유지 단계는 중간 강도의 운동을 거의 매일 30분 이상씩 6개월 이상 실천하는 것으로 정의한다.

표 5-1 변화단계에 따른 운동실천과 의사결정 균형

단계	세부 정의	의사결정 균형
무관심	현재 운동을 하지 않고 있으며 6개월 이내에도 운동을 시작할 의도가 없다. 운동과 관련된 행동 변화의 필요성을 거부한다.	혜택 〈 손실
관심	현재 운동을 하지 않고 있지만 6개월 이내에 운동을 시작할 의도를 갖고 있다.	혜택 ≤ 손실
준비	현재 운동을 하고 있지만 가이드라인(대개 주당 3회 이상, 1회 20분 이상 기준)을 채우지 못하는 수준이다. 30일 이내에 가이드라인을 충족하는 수준으로 운동을 시작할 생각이 있다.	혜택 〉 손실
실천	가이드라인을 충족하는 수준의 운동을 해 왔는데 아직 6개월 미만이다. 운동 동기가 충분하고 운동에 투자도 많이 했다. 운동으로 인한 손실보다는 혜택을 더 많이 인식한다. 가장 불안정한 단계로 하위 단계로 내려갈 위험성이 가장 높다.	혜택 〉 손실
유지	가이드라인을 충족하는 수준의 운동을 6개월 이상 해 왔다. 운동이 안정 상태에 접어들었으며 하위 단계로 내려갈 가능성은 낮다.	혜택 〉 손실

자료: 한덕웅, 이장호, 전겸구(1996)

(2) 운동 변화단계 측정

아래 〈표 5-2〉에 제시된 질문지를 통해 운동 변화단계를 측정할 수 있다(이강헌 등, 2004; Marcus et al., 1992). 총 4개의 문항으로 구성되어 있는데, 각 문항을 읽고 '아니다' 혹은 '그렇다'에 표시하면 된다. 여기서 신체활동 또는 운동이란 빠르게 걷기, 조깅, 자전거 타기, 수영, 그리고 이와 유사한 운동만큼 힘든 여러 활동을 말한다. 또한 운동을 규칙적으로 한다는 의미는 하루에 운동시간이 총 30분 이상 되어야 하며 일주일에 최소한 5일은 운동하는 것을 말한다. 예컨대 30분간 걷기를 할 수도 있고, 10분 걷기를 3회 해서 하루에 총 30분을 채울 수 있다.

질문지 작성을 완료한 뒤에는 아래 해석을 참고하여 운동실천이 어떤 단계에 있는지 평가할 수 있다.

▌표 5-2▐ 운동 변화단계 질문지와 해석

번호	질문	아니다(✓)	그렇다(✓)
1	나는 현재 운동을 하고 있다.	□	□
2	앞으로 6개월 이내에 지금보다 더 많이 운동할 생각이다.	□	□
3	나는 현재 운동을 규칙적으로 하고 있다.	□	□
4	지난 6개월간 규칙적으로 운동을 해 왔다.	□	□
해석	무관심 단계: 문항 1번과 2번에 '아니다' 표시 관심 단계: 문항 1번에 '아니다', 2번에 '그렇다' 표시 준비 단계: 문항 1번에 '그렇다', 3번에 '아니다' 표시 실천 단계: 문항 1번과 3번에 '그렇다', 4번에 '아니다' 표시 유지 단계: 문항 1번, 3번, 4번에 '그렇다' 표시		

3) 행동 변화에 영향을 주는 요인

변화단계 이론에서는 개인의 자기효능감(self-efficacy), 의사결정 균형(decisional balance), 그리고 변화 과정(process of change)이 행동 변화에 영향을 준다고 본다.

(1) 자기효능감

Bandura의 자기효능감 이론은 행동의 변화를 설명한다는 점에서 변화단계 이론과 관련이 있다(Bandura & Adams, 1977). 변화단계 이론에서는 자기효능감 이론을 적용하여 개인의 행동 변화를 설명한다. 예를 들어, 운동을 시작하려는 사람이 '나는 꾸준히 운동을 할 수 있다'라는 확신을 가진다면, 그 사람은 도전 앞에서도 자신감을 잃지 않고 행동에 옮길 가능성이 높아진다. 반대로 자기효능감이 낮으면, 새로운 행동을 시도하거나 더 큰 노력을 투자하는 데 불안과 두려움이 앞서 행동 변화에 대한 시도가 어려워지게 된다. 따라서 자기효능감은 변화의 시작과 진전 그리고 유지에 있어 필수적인 심리적 기반을 제공한다.

이와 같은 자기효능감 이론을 토대로 변화단계 이론에서는 각 단계마다 개인의 자기효능감 수준이 다르다고 설명한다. 일반적으로 무관심 단계일 때 자기효능감은 가장 낮고, 유지 단계일 때 자기효능감이 가장 높은 것으로 이해한다. 즉, 가장 낮은 무관심 단계에서 한 단계씩 단계가 높아짐에 따라 자기효능감도 비례해서 직선적으로 높아지는 경향을 보인다.

(2) 의사결정 균형

의사결정 균형이란 원하는 행동을 했을 때 기대되는 혜택(pros)과 손실(cons)을 평가하는 것을 말한다(Deng et al,, 2022). 운동을 했을 때 얻는 혜택과 손실에 대한 생각은 운동 시작과 지속에 영향을 준다. 예를 들어, 운동을 통해 건강이 개선되고 스트레스가 줄어드는 긍정적 효과가 있지만, 운동시간 확보나 초기 불편감 등의 부정적 요소도 존재한다. 초반에는 부정적 요인이 더 크게 다가올 수 있지만, 시간이 지나면서 긍정적인 효과가 점차 부각되면 행동 변화를 지속하는 동기가 강화될 수 있다. 이처럼 의사결정 균형은 개인이 변화의 비용과 이익을 재평가하면서 올바른 방향으로 나아가도록 돕는다.

변화단계 이론에서는 단계가 높아짐에 따라 혜택 인식은 증가하는 반면 손실 인식은 감소하는 경향을 보인다(백경신, 2012). 〈그림 5-2〉에는 운동 변화단계에 따른 혜택과 손실에 대한 인식 점수가 나타나 있다. 무관심 단계에서는 혜택보다 손실에 대한 인식이 훨씬 크다. 그러다가 관심 단계에 접어들게 되면 혜택과 손실의 격차는 크게 줄어들게 되지만 여전히 손실에 대한 인식이 더 크게 작용한다. 준비 단계로 올라가게 되면 혜택과 손실에 대한 인식은 역전되지만 비슷한 수준이다. 실천 단계가 되면 혜택과 손실의 격차는 조금 더 벌어지고, 유지 단계에서는 완전히 역전되어 혜택이 손실보다 매우 큰 것을 알 수 있다.

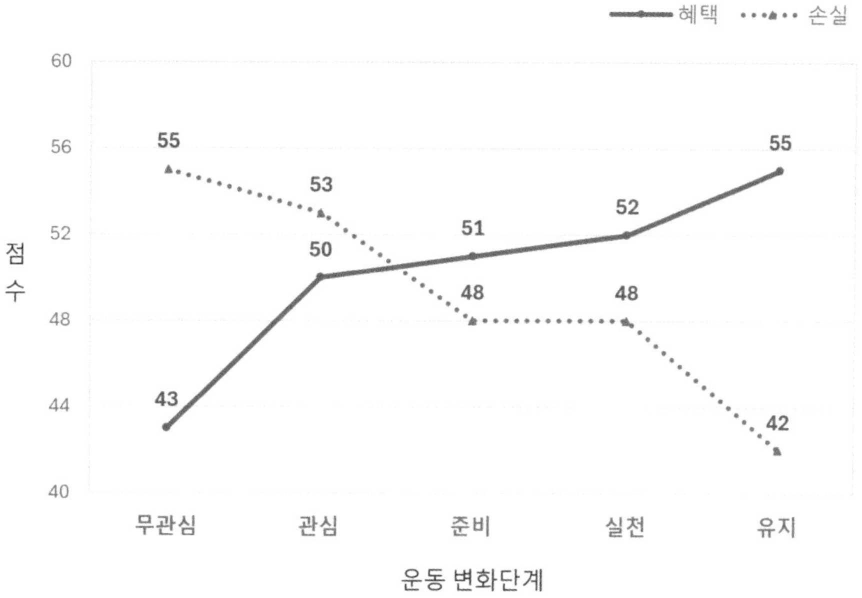

▌그림 5-2▐ 운동 변화단계에 대한 의사결정 균형(백경신, 2012)

(3) 변화과정

변화과정이란 한 단계에서 다른 단계로 이동하기 위해 사용하는 전략으로 체험적 과정(experiential process)과 행동적 과정(behavioral process)으로 구분한다.

체험적 과정이란 운동에 대한 개인의 태도, 생각, 느낌을 바꾸는 것을 말한다. 주로 개인의 인지와 정서에 집중하여 변화의 필요성을 깨닫고 내면화하는 데 초점을 맞춘다. 이러한 과정은 변화 초기 단계에서 특히 중요하며, 개인이 현재의 문제점을 인식하고 변화에 대한 긍정적 태도를 형성하는 데 기여한다. 예를 들면, 운동을 시작하기 위해 필요한 정보를 얻는 과정이라고 볼 수 있다. 운동에 관한 자료를 제공하거나 운동을 시작한 사람의 예를 설명해 주는 등의 활동은 체험적 과정에 해당한다.

반면, 행동적 과정은 행동 수준에서 환경 변화를 유도하는 것을 말한다. 체험적 과정을 통해 내면화된 변화 의지를 실제 행동으로 전환하고, 이를 일상에 적용하며 지속하는 데 초점을 두는 변화 과정이다. 이 단계에서는 구체적인 전략과 실행 계획을 통해 행동 변화가 구현된다. 예를 들어, 운동복을 눈에 잘 띄는 곳에 걸어 두거나 TV 시청 충동을 막을 목적으로 리모컨의 배터리를 빼는 행동을 생각해 볼 수 있다.

4) 운동 변화단계에 관한 연구 동향

변화단계 이론이 우리나라에 소개된 이후부터 2000년대까지 관련 연구는 꾸준히 보고되고 있다. 특히 운동 분야에서도 변화단계 이론을 적용한 연구들이 양적으로 증가하였다. 2000년대 초기에는 청소년이나 성인 또는 노인과 같은 특정 집단을 대상으로, 운동 참여 행동의 단계별 특성과 각 단계에서 작용하는 심리적 요인(자기효능감, 의사결정 균형 등)을 파악하는 단면 연구들이 다수 수행되었다(김영호, 2002; 조영숙, 이해정, 2003; 최희정 등, 2004). 이 연구들은 변화단계 모델의 기본 가정(행동 변화가 순차적이고 단계적으로 이루어진다는 것)을 운동행동에 적용할 수 있음을 보여주었다.

이후 초기 연구의 결과를 바탕으로, 각 집단별 특성에 맞춘 맞춤형 중재(intervention) 전략의 필요성이 논의되기 시작하였다. 최근에는 변화단계 모델을 단순한 기술적 설명을 넘어, 실제 운동 중재 프로그램의 설계와 평가에 적용하는 연구들이 증가하고 있다. 단계별 특성을 고려한 개입이 운동지속성과 건강 증진에 미치는 효과를 장기적으로 추적하는 연구들이 진행됨에 따라, 모델의 실용성과 개입 효과에 대한 검증이 이루어지고 있다.

김태성과 김완수(2008)의 연구가 대표적인 예다. 이들은 비만 청소년 24명을 대상으로 운동 변화단계를 적용한 중재 프로그램을 12주간 적용하였다. 초기 진단 결과 16명은 준비 단계, 8명은 행동 단계에 속해 있었고, 단계 특성에 따른 맞춤형 중재 프로그램을 제공하였다. 그 결과 준비 단계에 속한 16명과 행동 단계에 속한 8명은 프로그램 적용 후 모두 행동 단계로 이행되었고 비만도 역시 유의미하게 감소하였다.

국내 운동 분야 연구들은 변화단계 모델을 통해 운동 참여 행동의 단계별 특성을 분석하고, 이를 바탕으로 맞춤형 중재 전략 개발에 기여해 왔다. 초기 연구에서 시작해 다양한 집단으로 연구 대상이 확대되고, 최근에는 개입 효과를 검증하는 장기 연구로 흐름이 발전하고 있음을 알 수 있다. 이러한 연구 동향은 향후 운동 중재 프로그램 및 건강 증진 정책 수립에 중요한 근거 자료로 활용될 수 있다.

5) 변화단계별 중재 전략

이처럼 최근에 이 이론에 관한 연구가 활기를 띠는 것은 운동의 실천과 관련된 영향 요인과 방해요인을 단계별로 파악할 수 있고 각 단계에 맞는 가장 효과적이고 구체적인 중재 전략을 개발하는 이론적 근거로 적합하기 때문이다. 변화단계 질문지로 단계가 파악되면 상위 단계로 진전하기 위해 필요한 도움이 무엇인지를 파악하기가 쉽다. 단계에 맞는 중재전략을 요약한다.

(1) 무관심 단계

무관심 단계에 속한 사람은 운동으로 얻는 혜택보다는 손실을 더 크게 생각한다. 운동에 따른 혜택에 관한 정보를 제공해주는 것이 가장 좋은 전략이다. 소책자, 비디오, 상담 등을 통해 운동 혜택에 관한 정보를 제공해 준다. 혜택과 손실을 기록한 목록을 신중하게 평가하는 과정을 통해 운동에 대한 태도 변화를 유도하는 것도 권장된다(표 5-3 참조).

(2) 관심 단계

아직도 운동 혜택을 100% 확신하지 못하는 단계이다. 운동을 했을 때 자신에게 어떤 이득이 오는지에 대해 조금 더 구체적으로 생각하게 한다. 운동이 좋다는 것은 알고 있지만 실천을 못한다면 해결책을 찾아야 한다. 하루 일과표를 작성하면서 운동시간을 포함시킬 수 있다. 자신이 과거에 잘했거나 즐거움을 느꼈던 운동을 생각해 보고 시도를 한다. 운동에 대해 도움을 줄 수 있는 사람 한두 명으로부터 조언을 구한다.

표 5-3 운동에 따른 혜택과 손실 평가

예상되는 혜택 (해당 항목에 체크)	예상되는 손실 (해당 항목에 체크)
□ 적당한 체중을 유지한다. □ 기분이 좋아진다. □ 심장병 예방으로 오래 살 수 있다. □ 나이에 비해 젊어 보인다. □ 덜 피곤하고 활력이 있다. □ 가족에게 모범이 된다. □ 숙면을 취할 수 있다. □ 골밀도, 골다공증에 좋다. □ 긴장과 스트레스 해소에 좋다. □ 체력이 강해진다. □ 운동의 재미를 느낀다. □ 몸에 대해 자신감이 붙는다.	□ 시간을 내기 힘들다. □ 일이 바빠서 생각하기 싫다. □ 가족과 지내는 시간이 줄어든다. □ 운동이 재미없다. □ 장비 구입, 회비가 부담된다. □ 꾸준히 할 수 있을지 미지수다. □ 땀나면 샤워하는 것이 귀찮다. □ 운동 방법을 잘 모른다. □ 운동복 입은 몸매가 신경 쓰인다. □ 아픈 데가 있다. □ 운동 시작하기에는 나이가 많다. □ 같이 할 사람이 없다. □ 운동하면서 나쁜 경험이 있다.

(3) 준비 단계

운동을 할 준비가 되어 있지만 제대로 못할 것이라는 생각에 자기효능감이 낮다. 따라서 자기효능감을 높여주는 전략과 함께 운동을 시작하도록 실질적인 도움을 주어야 한다. 헬스클럽 회비 마련해 주기, 운동 동반자 구하기, 운동 목표 설정하고 달성 방법 계획하기 등의 전략이 필요하다.

(4) 실천 단계

이 단계에 속한 사람은 이미 운동을 실천하고 있다. 이전의 단계로 후퇴하지 않도록 조심해야 하는 단계이다. 운동실천을 방해하는 요인을 극복하는 방법을 제시한다. 목표설정, 운동 계약 등의 기법도 도움이 된다. 스스로 격려하기, 연간 계획 수립하기, 주변의 지지 얻기 등의 전략을 고려한다.

(5) 유지 단계

이 단계에 속한 사람은 6개월 이상 꾸준히 운동을 실천해왔다. 하위 단계로 내려가지 않도록 하는데 중점을 두어야 한다. 운동을 못하게 되는 상황이 무엇인가를 미리 파악하여 대비하는 전략이 도움이 된다. 일정을 조정하여 운동시간을 확보하기, 다른 사람에게 운동 멘토(mentor) 역할하기 등이 유지단계에 필요한 전략이다.

Ⅰ표 5-4Ⅰ 변화단계에 따른 운동 중재전략

변화단계	운동 중재전략
무관심	- 운동 및 건강 정보를 제공하여 의식 고취 - 개인 건강 위험에 대한 피드백과 교육 제공 - 운동에 따른 혜택과 손실에 대한 평가 제공
관심	- 운동의 긍정적 효과와 부정적 요소에 대한 재평가 유도 - 동기부여를 위한 인터뷰 또는 소그룹 상담 실시
준비	- 실현 가능한 목표 설정 및 실행 계획 작성 - 환경 재구성(예: 운동시설 안내, 시간 관리 전략, 동료 구하기)
실천	- 지속적인 동기부여 및 행동 모니터링 - 사회적 지원(운동 동호회, 코치 활용) 및 긍정적 보상 및 강화 제공 - 운동 방해요인 탐색 및 대책 마련
유지	- 장기 목표 설정 및 자기효능감 강화 - 재발(악화) 방지 전략 마련 - 정기적 피드백과 사회적 지지 제공

6) 이론의 한계

변화단계 이론은 특정 단계에 속한 사람에게 적합한 중재 전략을 적용하기에는 매우 적합한 이론이다. 하지만 몇 가지 약점도 지적되고 있다(Buckworth & Dishman, 2002). 첫째, 이 이론은 주로 개인이 속한 단계에 따른 차이를 '설명'하기에 적합하고, 운동실천을 '예측'하는 데는 한계가 있다. 둘째, 단계가 퇴보하는 경우가 있으나, 퇴보가 언제 왜 일어나는지를 설명하지 못한다는 단점이 있다. 셋째, 개인의 단계에 맞는 전략이 과연 무엇인가에 대해서도 충분한 검토가 이루어지지 못했다. 마지막으로 변화단계, 변화과정의 개념을 측정하는 도구에 대한 타당도가 아직 충분히 입증되지 않았다는 점도 약점으로 자주 지적되고 있다.

이외에도 변화단계 이론은 한 번에 여러 개의 행동을 변화시키는 것에는 적절하지 않을 수 있다. 예컨대, 여러 개의 행동 변화를 포함한 연구를 살펴본 결과, 39개의 연구 중 세 가지 이상의 행동에 대해 유의미한 변화를 달성한 연구는 단 1건이었다(Prochaska et al., 2004). 따라서 한 번에 여러 행동을 변화시키는 데 있어 이 이론의 효능은 제한적이다. 이는 여러 행동의 변화에 관한 필요성을 개인이 동일한 중요도로 인식하지 않을 수도 있다는 것을 의미한다. 예를 들어, 한 개인은 금연 행동에 대해서는 행동 단계에 속하지만, 운동에 대해서는 관심 단계에 있으며, 과도한 음주에 대해서는 무관심 단계에 있을 수 있다. 현재로서는 여러 행동 변화의 복잡성을 다루는 방법을 고려하지 않으므로, 추가적인 연구가 필요하다.

2 사회생태학 모델

1) 배경과 개념

신체활동에 관한 사회생태학 모델(social ecological model)은 Bronfenbrenner의 연구를 토대로 발전하였다. 그는 1970년대와 1980년대에 인간 발달을 설명하기 위한 사회생태학 이론을 소개하고 발전시켰다(Bronfenbrenner, 1977, 1988). 해당 이론에 따르면, 개인(아동)의 성장과 발달은 단지 개인의 심리적·생물학적 구성뿐만 아니라, 그 사람이 살아가는 물리적, 사회적, 정치적, 경제적 환경의 영향을 받는다.

이러한 이론적 틀을 토대로 운동에 관한 사회생태학 모델을 살펴보면, 개인요인(예: 연령, 체력, 자기효능감, 동기 조절)은 운동행동에 영향을 미치는 여러 수준 중 하나에 불과하다고 본다(Sallis et al., 2012). 사회생태학 모델은 개인요인 외에도 물리적 환경, 지역사회, 정부 등 행동에 영향을 미치는 다양한 요인이 존재한다는 것을 강조한다(Bauman et al., 2012; McLeroy et al., 1988; Sallis et al., 2012).

사회생태학 모델은 여러 연구에서 신체활동의 상관요인(correlates) 및 결정요인(determinants)을 체계화하기 위한 수단으로 제안되었다(Bauman et al., 2012; Sallis et al., 2012). 상관요인은 운동행동과 연관성을 가지는 요인을 의미한다. 그러나 상관요인은 운동행동에 직접적인 영향을 미치지는 않는다. 예를 들어, 한 학생이 소유한 운동화의 개수가 운동에 소비하는 시간과 상관관계가 있을 수 있으나, 더 많은 운동화가 학생의 운동행동을 증가시키지는 않는다.

반면, 결정요인은 운동과 상관관계가 있을 뿐만 아니라 운동에 직접적인 영향을 미치는 요인이다. 예를 들어, 한 학생이 피트니스 센터를 이용할 때 많은 돈을 가지고 있다면 운동을 자주 하겠지만, 돈이 적을 때는 운동 횟수가 줄어든다. 돈은 학생의 운동행동에 대한 상관요인이자 결정요인으로 작용한다.

2) 사회생태학 모델의 신체활동 적용

〈그림 5-3〉는 신체활동에 대한 사회생태학적 모델을 보여준다(Sallis et al., 2006). 이 모델은 서로 영향을 주고받는 여러 개의 수준을 포함하며 개인, 신체활동 영역, 대인관계, 물리적 환경 그리고 정책으로 총 5개의 수준으로 구분된다.

(1) 개인

이 모델의 핵심에는 운동에 잠재적으로 영향을 미치는 개인 수준의 생물학적(예: 개인의 심혈관 건강), 심리적(예: 운동에 관한 동기 수준), 그리고 기술(예: 자전거 타기 기술) 관련 요인들이 있다.

(2) 신체활동 영역

신체적으로 운동 또는 활동할 수 있는 생활 영역을 나타내는 네 가지 영역이 포함된다. 여가(recreation), 교통, 직업(학교 포함), 그리고 가정으로 구분되며, 서로 다른 유형의 활동으로 구성된다(예: 요가, 스피닝과 같은 운동은 여가 영역). 따라서 신체활동과 관련된 상관요인을 고려할 때는 특정 영역 및 유형의 활동들을 함께 살펴봐야 한다.

(3) 대인관계

집단과 개인 간의 상호작용과 관계를 포함한다. 예를 들어, 배우자나 함께 운동에 참여하는 사람들로부터 운동에 대한 사회적 지지를 얼마나 받는지를 의미한다. 또한 이 수준은 더 넓은 사회·문화적 영향을 다루며, 특히 사회적 규범(social norm)을 강조한다. 지인들(예: 가족, 친한 친구)이 운동하는 것을 응원하거나, 신체활동을 중요시하는 집단에 속해 있다면(예: 운동을 장려하는 회사 분위기) 개인의 신체활동 행동에 영향을 미칠 수 있다.

(4) 물리적 환경

물리적 환경 수준은 인공적으로 조성된 환경과 자연환경 모두를 포함한다. 인공환경은 사람들이 생활하고, 일하고, 여가를 즐기는 인간이 만든 공간이다. 건물, 공원, 이웃, 도시 및 도로와 교통 시스템과 같은 인프라를 예로 들 수 있다. 자연환경은 등산로나 강가와 같은 자연적으로 존재하는 자원을 포함한다. 사회생태학적 모델의 맥락에서, 인공환경과 자연환경은 신체활동이 이루어질 수 있는 장소를 의미하며, 해당 장소의 특성이 신체활동 참여에 영향을 미칠 수 있다.

(5) 정책

정책은 신체활동에 영향을 미칠 수 있는 규칙, 규제, 그리고 관행을 의미한다. 인공환경을 변화시키거나, 운동에 대한 직접적인 보상을 제공하거나, 국가 차원의 신체활동 지침을 개발하는 등의 다양한 방법으로 신체활동 영역 모두에 영향을 미칠 수 있다. 반면, 어떤 정책은 특정 영역에만 적용되기도 한다. 예를 들어, 매일 체육수업을 제공하도록 하는 정책이나, 지하철에 자전거 반입을 허용하는 교통정책 등이 있다.

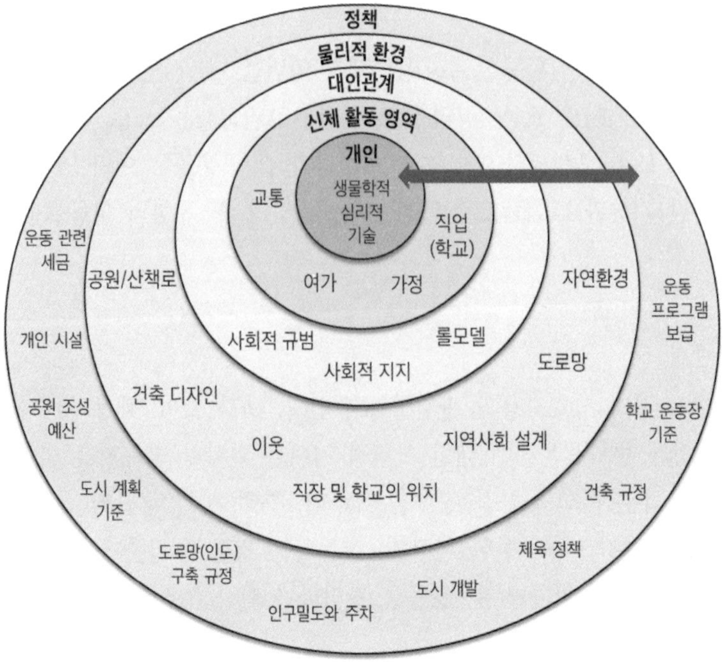

❙그림 5-3❙ 신체활동에 적용한 사회생태학 모델

Click

살을 빼면 정부에서 금으로 보상하는 중동 국가

과거 중동 국가의 비만율은 심각한 사회적 문제로 대두되었다. 사우디아라비아의 경우 전체 인구 3명 중 1명이 비만에 해당할 정도다. 이에 따라 비만과 관련이 있는 당뇨병 환자들도 급증하였다. 다수의 중동 국가들은 비만으로 인한 사회문제를 해결하기 위해 적극적인 정책들을 시행하였다. 대표적으로 아랍에미리트 정부는 살을 빼는 양과 비례하여 금으로 보상하는 비만 대책 프로그램을 시작한 바 있다. 최소 2kg 이상을 감량할 때 kg당 1g의 금을 제공하였고, 받을 수 있는 금의 양에는 제한을 두지 않았다. 사회생태학적 관점에서 이와 같은 정책은 개인의 운동 참여를 직접적으로 변화시킬 수 있는 요소에 해당한다.

자료: 김보라(2014)

3) 운동과 사회적 영향

사회생태학 이론은 개인의 신체활동과 관련되는 포괄적이고 광범위한 요소들을 다룬다는 특징이 있다. 그러나 지나치게 많은 요소를 고려하기엔 한계가 있다. 이에 따라 운동심리학자들은 개인과 집단이 다른 사람들의 운동행동에 어떻게 사회적 영향(social influence)을 미치는지 이해하는 데 초점을 둔다. 사회적 영향이란 개인의 행동, 태도 또는 신념의 변화를 유도하는 실제적 또는 잠재적 영향을 의미한다(Alcock, Carment, & Sadava, 1991). 신체활동 영역에서 사회적 영향의 유형은 무엇인지, 그것이 어떻게 적용되는지, 그리고 누가 그러한 영향을 미치는지를 이해하는 것은 매우 유용하다. 이러한 이해는 운동 참여를 증가시키기 위한 중재 방안을 개발하는 데 도움을 줄 수 있다. 아래 사례를 살펴봄으로써 사회적 영향을 보다 쉽게 이해할 수 있다.

- 한 여성은 앞으로의 건강한 삶을 위해 정기적인 운동을 시작하기로 마음먹는다. 조사 끝에 댄스 수업에 참여하기로 결정하고 등록했다. 그런데 댄스 강사는 이 여성의 수준을 고려하지 않고 자꾸 실수를 지적했다. 불편함을 느낀 그녀는 댄스 수업을 중단하고 혼자서 웨이트 트레이닝을 시작했지만, 큰 재미를 느끼지 못했다. 그렇게 운동을 포기하려던 찰나에 친한 친구가 함께 테니스를 배우자고 제안한다. 그녀와 친구는 테니스에 푹 빠졌고 기술이 향상되면서 자신감도 늘었다. 이제 그녀와 친구는 지역 생활체육 대회에 나갈 계획까지 마련하고 있다.

위 사례와 같이 개인과 집단은 우리가 운동에 대해 어떻게 생각하고 느끼는 지뿐만 아니라 실제 운동행동에도 영향을 미칠 수 있다. 이러한 영향은 긍정적일 수도 있고(예: 친구의 테니스 제안) 반대로 부정적일 수도 있다(예: 댄스 강사의 지적).

(1) 사회적 지지

사회적 지지(social support)는 운동 환경에서 가장 자주 연구되는 사회적 영향 유형 중 하나이다. 사회적 지지라는 용어는 개인이 다른 사람들로부터 받는 심리적 위안, 배려, 도움, 그리고 정보를 의미한다. 운동심리학자들은 사회적 지지가 운동 및 기타 신체활동 행동에 미치는 영향에 대해 큰 관심을 두고 있다.

학자들마다 정의하는 개념은 다양하지만, 일반적으로 사회적 지지는 크게 도구적 지지(instrumental support), 정서적 지지(emotional support), 정보적 지지(informational support), 그리고 평가적 지지(appraisal support)로 구분된다(Heaney & Israel, 2008).

- 도구적 지지: 개인이 운동 목표를 달성할 수 있도록 도와주는 실질적이고 구체적인 도움을 제공하는 것이다. 예를 들어, 자녀가 운동할 수 있도록 체육관 등록 비용을 내주는 것, 배우자가 운동에 참여할 수 있도록 집안일을 돕는 것 등이 있다.
- 정서적 지지: 격려, 배려, 공감, 그리고 관심을 표현하는 것을 통해 이루어진다. 운동하는 사람의 노력을 칭찬하거나 더 열심히 하도록 격려하거나, 다쳤을 때 공감하는 것이 포함된다.
- 정보적 지지: 운동 방법에 대한 지시, 조언, 또는 제안을 제공하는 것이다. 전문가의 공식적 정보뿐만 아니라, 가족이나 친구와 운동 경험을 공유하고 팁을 주고받는 것도 포함된다.
- 평가적 지지: 자기 생각, 감정, 문제, 그리고 경험을 확인하거나 진행 상황을 평가하는 데 사용할 수 있는 정보의 제공을 의미한다. 예컨대, 심장 질환과 같은 질환을 가진 사람들은 자신과 비슷한 사람들과 운동함으로써 공감대를 형성할 수 있다. 이러한 공감대는 운동지속 참여에 중요하다.

(2) 사회적 지지의 측정과 평가

신체활동에 대한 정보적 및 정서적 사회적 지지를 측정하기 위해 개발된 척도의 예는 〈표 5-5〉에 제시되어 있다. 이 척도는 주변의 다양한 인물로부터 받은 지지의 정도를 측정한다(Chogahara, 1999). 이 척도를 이용하여 특정한 타인(예: 가족)으로부터 받은 지지가 또 다른 타인(예: 친구)으로부터 받은 지지보다 더 중요한지를 조사할 수 있다.

최근 운동이나 정기적 신체활동에 참여할 때, 주변 인물들의 행동을 떠올려 본다. 이후 아래 문항을 읽고 빈칸에 점수를 작성한다. 4점 리커르트 척도로 매우 자주'(4점), '자주'(3점), '가끔'(2점), '전혀 없음'(1점)으로 평가한다. 또한 전문가는 운동코치, 트레이너, 혹은 상담사 등을 의미한다.

❙표 5-5❙ 운동에 대한 사회적 지지 척도 예시표

문항	부모	친구	전문가
1. 운동 기술 숙달에 대해 칭찬한 적이 있는가?			
2. 운동 수준이 뛰어나다고 칭찬한 적이 있는가?			
3. 운동을 잘 수행했다고 인정한 적이 있는가?			
4. 운동에서의 다재다능함을 존중해 준 적이 있는가?			
5. 운동 기술에 대해 자랑스럽다고 말한 적이 있는가?			
[정서적 지지]의 합계 점수:			
6. 운동이 건강에 주는 효과에 대해 알려준 적이 있는가?			
7. 건강을 위해 운동이 왜 중요한지 설명한 적이 있는가?			
8. 운동을 통해 건강 목표를 어떻게 달성할 수 있는지 명확히 해준 적이 있는가?			
9. 건강을 위해 적절한 운동프로그램이나 시설을 추천한 적이 있는가?			
10. 건강을 위해 필요한 운동의 양이나 강도에 대해 설명한 적이 있는가?			
[정보적 지지]의 합계 점수:			

(3) 사회적 지지와 운동의 관계

과거부터 많은 연구가 사회적 지지와 신체활동 및 운동행동 간의 관계를 조사하였다. 청소년부터 성인과 노인까지 다양한 연령대를 포함했을 뿐만 아니라, 건강한 일반인부터 만성적인 질환을 가진 사람까지 연구에 포함하였다. 많은 양의 연구가 축적된 덕분에, 보편적인 결과를 도출하기 위한 메타분석 연구와 체계적 문헌고찰 연구들이 수행될 수 있었다(Laird et al., 2016; Scarapicchia et al., 2017; Smith et al., 2017). 그 결과 대부분의 연구는 주변 인물들의 사회적 지지가 신체활동 참여와 통계적으로도 유의미한 관계가 존재한다는 것을 확인하였다.

예를 들어, Laird 등(2016)은 청소년기 여학생들의 사회적 지지와 신체활동 간의 관계를 분석한 89개의 연구를 종합적으로 분석하였다. 이 연구에서는 부모, 친구, 그리고 교사가 제공하는 사회적 지지가 운동 참여와 어떠한 관계가 있는지를 밝히는 데 목적이 있었다. 메타분석한 결과, 부모와 친구로부터 더 많은 지지를 받는 여학생들이 운동에 참여할 가능성이 더 높았으며 이는 청소년기 여학생들의 특성을 고려한 타당한 결과라고 볼 수 있다.

한편, 일부 연구는 사회적 지지를 제공하는 인물들이 아니라 사회적 지지의 종류에 초점을 두기도 했다. 이러한 연구들에 따르면, 가장 효과적인 사회적 지지 유형은 운동하는 사람이 특정 시점에서 필요로 하는 것이 무엇인지에 따라 달라진다(Kouvonen et al., 2012). 대표적인 예로, 어린이는 운동에 참여할 수 있도록 교통편을 제공받는 물질적 지원이 중요할 수 있는 반면, 성인은 운동을 시작하는 방법에 대한 정보적 지지가 중요할 수 있다. 이러한 점에서, 운동을 촉진하기 위해서는 개인의 신체적·심리적 상태뿐만 아니라 연령과 발달 수준에 맞는 맞춤형 사회적 지지가 제공될 필요가 있다.

Click

한국 노인들의 스포츠 참여와 사회적 지지

우리나라 노인들을 대상으로 스포츠 참여에 대한 사회적 지지의 영향력을 종합적으로 검토한 연구(배정섭 등, 2024)가 수행되었다. 이 연구에서는 기존에 한국에서 출판된 17개의 논문을 대상으로 메타분석을 실시하였다. 그 결과, 우리나라 노인들의 스포츠 참여에 대해 사회적 지지는 중간 정도의 효과를 가지는 것으로 나타났다. 무엇보다 중요한 것은, 사회적 지지의 유형 중에서 정서적 지지가 스포츠 참여와 가장 큰 효과크기를 보였다. 이외에 정보적 지지, 물질적 지지, 그리고 평가적 지지의 순으로 스포츠 참여와 높은 상관이 있었다. 이와 같은 결과는 우리나라 노인들의 운동 참여를 촉진하기 위해서는 정서적인 지지가 가장 중요하다는 것을 보여준다.

4) 운동과 집단

운동을 혼자 하는 사람들보다 모임이나 집단을 구성하여 함께하는 사람들은 운동을 지속할 가능성이 더 높다(Burke et al., 2006). 그러나 반드시 집단을 구성하는 것이 운동의 참여와 지속을 촉진하고 유지하는 데 효과적인 것은 아니다. 운동집단의 다양한 요소들은 운동에 참여하는 개인들의 생각, 감정, 그리고 행동을 촉진하거나 저해할 수 있다. 이 장에서는 사회생태학적 관점을 토대로, 운동에 미치는 집단 응집력(group cohesion)과 집단의 구성(group composition)을 살펴본다.

(1) 집단 응집력

집단이 공동의 목표를 달성하거나 구성원들의 감정적 요구를 충족시키기 위해 결속하고 유지하려는 경향을 의미한다(Carron, Brawley, & Widmeyer, 1998). Carron 등(1985)은 운동집단에서 응집력을 나타내는 개념적 모델을 제안하였다. 집단의 구성원들은 집단이 자신들의 요구와 목표를 얼마나 잘 충족시키는지 느끼고 생각한다. 이와 같은 감정과 생각은 곧 집단의 결속력(통합)에 대해 구성원이 느끼는 매력(감정)과 인식(생각)을 의미한다. 예컨대, 개인은 집단의 구성원들끼리 얼마나 친밀한지 그리고 그들이 얼마나 잘 결속하는지에 대해 인식하고, 이 집단이 얼마나 자랑스럽고 매력이 있는지를 느낀다. 이처럼 구성원들이 느끼는 매력과 인식은 구체적으로 과제(task)와 사회(social) 측면으로 구분된다. 과제 측면은 집단의 목표에 대한 생각과 감정을 반영하며, 사회 측면은 집단 내 사회적 관계에 대한 생각과 감정을 반영한다.

〈그림 5-4〉를 보면 쉽게 이해할 수 있다. 개인 매력(Attraction to the Group)과 집단 통합(Group Integration) 그리고 과제 측면과 사회 측면에 따라, 집단 응집력을 형성하는 네 가지 요소들을 포함하고 있다. 구성원들이 공통된 목표에 이끌리고 목표를 추구하는 과정에서 통합되며, 동시에 구성원들이 즐겁고 의미 있는 사회적 상호작용과 의사소통을 갖게 될 때 응집력이 있는 운동집단이라고 할 수 있다.

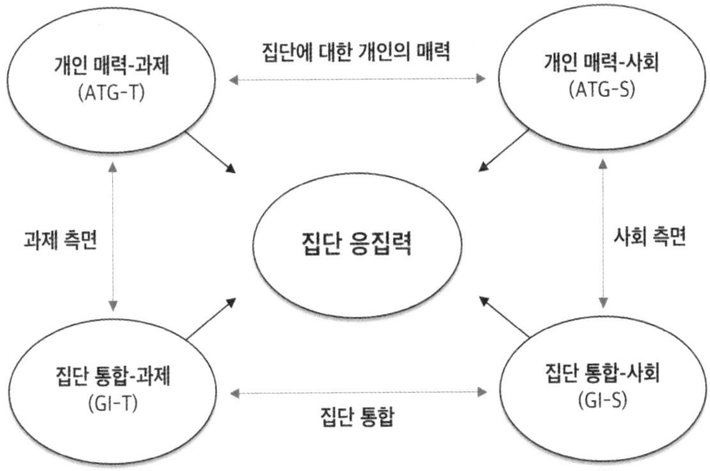

▎그림 5-4▎ 집단 응집력 모형(Carron et al., 1985)

집단 응집력에 영향을 주는 네 가지 요소와 개념

- 개인 매력-과제(Attraction to the Group-Task, ATG-T): 개인이 집단의 과제나 목표에 대해 가지는 매력을 의미한다. 예를 들어, 어떤 구성원이 집단의 운동 목표에 깊이 공감하고, 그 목표를 위해 적극적으로 참여하려는 마음가짐을 보인다면, 그는 높은 과제-매력을 가진 것이다.
- 개인 매력-사회(Attraction to the Group-Social, ATG-S): 개인이 집단 내의 사회적 관계나 상호작용에 대해 가지는 매력을 의미한다. 예컨대, 운동집단에서 구성원들이 서로를 친구로 여기고, 함께 있을 때 즐거움을 느끼며, 사회적 유대감을 형성한다면, 높은 사회-매력을 가진 것이다.
- 집단 통합-과제(Group Integration-Task, GI-T): 집단 전체가 과제나 목표와 관련하여 얼마나 통합되어 있는지를 나타낸다. 모든 구성원이 운동의 목표를 달성하기 위해 협조하고 노력하는 것이 대표적인 예다.
- 집단 통합-사회(Group Integration-Social, GI-S): 집단 전체가 사회적 측면에서 얼마나 통합되어 있는지를 의미한다. 집단 내에서 형성된 유대감, 소속감, 그리고 공동체 의식 등을 나타낸다. 구성원들이 운동 외 시간에도 지지하고, 친목 활동을 통해 사회적으로 결속할 수 있다.

일반적으로 응집력이 높은 운동 집단은 응집력이 낮은 운동 집단보다 더 높은 운동 참여율을 보인다(Burke et al., 2008). 그 외 여러 연구에서도 집단 응집력 과제와 사회 차원에서 높은 점수를 받은 사람들은 운동에 더 많이 참석하고 중도 탈락할 가능성이 낮은 것으로 나타났다(Fraser & Spink, 2002; Izumi et al., 2015). 집단 응집력의 이점 때문에 운동심리학자들과 지도자들은 집단 구성원들 간의 응집력을 강화하기 위해 팀 빌딩(team building) 전략을 자주 사용한다. 실제로, 다수의 연구를 분석한 Burke 등(2006)은 팀 빌딩 전략을 적용한 운동 집단에서 운동 참여율이 더 높게 나타난다고 보고하였다. 〈표 5-6〉에는 집단 응집력 요소에 따른 팀 빌딩 전략이 나타나 있다.

(2) 집단 구성

운동 집단을 구성하는 사람들의 특성도 운동 참여율에 영향을 미칠 수 있다. 특히 성인은 자신과 비슷한 나이, 신체조건, 외모를 가진 집단 구성원과 함께 할 때 집단 운동 프로그램에 더 잘 참여하는 경향이 있다(Dunlop & Beauchamp, 2011). 또한 노인은 나이가 비슷한 그룹에 참여할 때 나이가 다른 성인들과 함께할 때보다 더 높은 참여율을 보였으며(Beauchamp et al., 2018), 자신과 비슷한 신체능력과 관심사를 가진 또래들과 운동할 수 있는 기회를 감사하게 생각하는 것으로 밝혀졌다(Bennett et al., 2018). 따라서 사람들은 자신과 동등하거나 큰 차이가 없는 조건(예: 나이, 운동 수준 등)을 가진 운동 집단에 속해 있을 때, 덜 위축되고 더 편안함을 느끼는 것을 알 수 있다. 예를 들어, 조기축구 동호회에서 운동하는 참여자가 엘리트 수준의 대학 축구 선수들과 운동을 하게 되면 자신감이 떨어지고 심할 경우 좌절감을 느낄 수 있다.

❙표 5-6❙ 집단 응집력 요소에 따른 전략과 예

집단 응집력 요소	전략	예시
개인 매력-사회	정규 운동시간 외에도 구성원 간의 사회적 상호작용 기회를 제공	운동 전에 간단한 자기소개 시간을 마련 정기적인 점심/저녁 모임 등 친목활동 실시
개인 매력-과제	운동 활동 중 구성원 간 상호작용을 촉진하는 기회를 제공	운동 시 파트너 구성을 통해 함께 스트레칭 등 과제 중심의 활동을 진행
집단 통합-사회	참가자들이 서로의 운동 경험, 도전, 성공 사례 등을 공유할 수 있는 기회 제공	소그룹으로 나누어, 공통의 운동 장애물 극복 전략에 대해 토론
집단 통합-과제	집단이 함께 협력하여 공동의 목표를 달성할 수 있는 활동을 개발	3개월 동안 달성할 운동 목표(예: 1백만 걸음)를 설정, 목표 달성 시 전체 집단에 보상을 제공하는 프로그램을 운영

5) 사회생태학 이론의 실제적 활용

지금까지 사회생태학 관점에서 개인의 운동 참여와 사회적 요소들의 상호작용에 대해 살펴보았다. 사회적 요소들과의 상호작용은 개인의 운동 시작과 운동지속을 이끌어내는 데 중요한 개념임을 알아보았다. 이러한 정보를 토대로 운동 참여에 대한 사회생태학 이론의 시사점은 다음과 같이 요약할 수 있다.

첫째, 운동하는 사람들은 자신이 필요로 하는 사회적 지지 유형을 고려해야 한다. 예를 들어, 운동 중에 정서적 지지(예: 피트니스 트레이너의 격려)가 필요한지, 또는 물질적 지지(예: 가족의 실질적인 도움)가 필요한지를 파악하는 것이 중요하다. 이후, 이러한 지원을 제공해 줄 수 있는 사람을 주변에서 찾아야 한다.

일부 사람들은 타인에게 도움을 요청하는 데 어려움을 겪을 수 있다. 이는 거절당할 것에 대한 두려움 때문이거나, 상대방에게 부담을 주고 싶지 않기 때문일 수 있다. 이러한 경우, 건강 습관을 변화시키고자 하는 동반자(예: 운동을 함께 시작하거나 금연을 원하는 사람)를 찾도록 권장할 수 있다. 자신이 상대방을 돕고 있다는 사실은 오히려 상대에게 도움을 요청하는 데 대한 심리적 부담을 줄여줄 수 있기 때문이다.

둘째, 사회적 영향을 미치는 위치에 있는 사람들은 운동을 장려하고 촉진하기 위한 모든 기회를 활용해야 한다. 그들의 말과 행동은 다른 사람들의 운동행동에 강력한 영향을 미칠 수 있기 때문이다. 예를 들어, 의료인은 자신의 환자와 신체활동에 대해 구체적으로 논의해야 한다. 피트니스 강사, 체육 교사는 자신이 지도하는 사람들이 운동성과를 긍정적으로 인식할 수 있는 기회를 마련해야 한다. 물론, 운동을 장려하는 것과 압박을 가하는 것 사이에서 적절한 균형을 유지하는 것이 중요하다. 또한 부정적인 사회적 영향을 미치지 않도록 노력해야 한다. 과도한 지적, 죄책감 부여 등의 부정적인 사회적 영향은 운동을 아예 포기하게 만들 수 있다.

셋째, 지도자는 신체활동 환경의 사회적 측면을 개선하기 위해 여러 가지 전략을 적용할 수 있다. 예를 들어, 체육 교사는 수업에서 변혁적 리더십 행동을 사용할 수 있으며, 운동 강사는 사회적 지지와 자율성을 보장하는 지도 스타일을 실천할 수 있다. 이를 위해 지도법 세미나에 참석하거나, 다른 사람들(예: 회원, 고객, 동료)로부터 피드백을 받거나, 자신의 운동 수업을 기록하고 검토할 수 있다. 또한, 앞서 논의한 팀 빌딩 전략을 사용하여 응집력이 높은 집단을 만들 수 있다. 이러한 전략들을 사용함으로써 집단의 운동 환경을 더욱 편안하게 만들고 구성원들이 꾸준히 참여할 수 있도록 도울 수 있다.

참고문헌

김보라(2014). 중동 여성 2명 중 1명 비만…5명 중 1명은 당뇨병 앓아. 한국경제신문. https://www.hankyung.com/article/2014021629821

김영호(2002). 청소년 운동행동의 변화단계, 의사결정균형, 자기효능감: 단계적 변화론 모형의 적용. **한국스포츠심리학회지, 13**(3), 1-18.

김태성, 김완수(2008). 운동 행위 변화 단계별 중재 프로그램이 비만 청소년의 비만도, 혈액성분, 건강 체력, 자아존중감에 미치는 영향. **인문과학연구, 32,** 41-57.

백경신(2012). 일 지역사회주민의 운동행위 변화단계 관련요인. **지역사회간호학회지, 23**(3), 316-326.

이강헌, 김병준, 안정덕(2004). **스포츠심리검사지 핸드북**. 도서출판 무지개사.

조영숙, 이해정(2003). 노인의 운동행위변화단계에 따른 변화과정, 의사결정평가, 자아효능감 및 주관적 건강지각. **성인간호학회지, 15**(2), 236-246.

최희정, 이은옥, 김병완, 김인자(2004). 성인의 운동변화 단계와 건강관련 삶의 질. **성인간호학회지, 16**(2), 191-201.

Alcock, J. E., Carment, D. W., & Sadava, S. W. (1991). *A textbook of social psychology* (2nd ed.). Scarborough, ON: Prentice Hall.

Bandura, A., & Adams, N. E. (1977). Analysis of self-efficacy theory of behavioral change. *Cognitive Therapy and Research, 1*(4), 287-310.

Bauman, A. E., Reis, R. S., Sallis, J. F., Wells, J. C., Loos, R. J., & Martin, B. W. (2012). Correlates of physical activity: why are some people physically active and others not?. *The lancet, 380*(9838), 258-271.

Beauchamp, M. R., Ruissen, G. R., Dunlop, W. L., Estabrooks, P. A., Harden, S. M., Wolf, S. A., ... & Rhodes, R.E. (2018). Group-based physical activity for older adults (GOAL) randomized controlled trial: Exercise adherence outcomes. *Health Psychology, 37*(6), 451-461.

Bennett, E. V., Clarke, L. H., Wolf, S. A., Dunlop, W. L., Harden, S. M., Liu, Y., ... & Beauchamp, M. R. (2018). Older adults' experiences of group-based physical activity: A qualitative study from the 'GOAL'randomized controlled trial. *Psychology of Sport and Exercise, 39,* 184-192.

Bronfenbrenner, U. (1977). Toward an experimental ecology of human development. *American Psychologist, 32*(7), 513-531.

Bronfenbrenner, U. (2000). *Ecological systems theory.* American Psychological Association.

Buckworth, J., & Dishman, R. K. (2002). *Exercise psychology.* Champaign, IL: Human Kinetics.

Burke, S. M., Carron, A. V., & Shapcott, K. M. (2008). Cohesion in exercise groups: An overview. *International Review of Sport and Exercise Psychology, 1(),* 107-123.

Burke, S. M., Carron, A. V., Eys, M. A., Ntoumanis, N., & Estabrooks, P. A. (2006). Group versus individual approach? A meta-analysis of the effectiveness of interventions to promote physical activity. *Journal of sport & exercise psychology, 2,* 19-35.

Carron, A. V., Brawley, L. R., & Widmeyer, W. N. (1998). The measurement of cohesiveness in sports groups. In J. L. Duda (Ed.), *Advances in sport and exercise psychology measurement* (pp. 213–226). Fitness Information Technology.

Carron, A. V., Widmeyer, W. N., & Brawley, L. R. (1985). The development of an instrument to assess cohesion in sport teams: The Group Environment Questionnaire. *Journal of Sport and Exercise psychology, 7*(3), 244-266.

Chogahara, M. (1999). A multidimensional scale for assessing positive and negative social influences on physical activity in older adults. *The Journals of Gerontology Series B: Psychological Sciences and Social Sciences, 54*(6), S356-S367.

Culos-Reed, S. N., Gyurcsik, N. C., & Brawley, L. R. (2001). Using theories of motivated behavior to understand physical activity: Perspectives on their influence. In R. N. Singer, H. A. Hausenblas, & C. M. Janelle (Eds.), *Handbook of research on sport psychology* (2nd ed., pp. 695–717). Wiley.

Deng, K., Tsuda, A., Horiuchi, S., & Aoki, S. (2022). Processes of change, pros, cons, and self-efficacy as variables associated with stage transitions for effective stress management over a month: a longitudinal study. *BMC psychology, 10*(1), 122.

Dunlop, W. L., & Beauchamp, M. R. (2011). Does similarity make a difference? Predicting cohesion and attendance behaviors within exercise group settings. Group Dynamics: *Theory, Research, and Practice, 15*(3), 258-266.

Fraser, S. N., & Spink, K. S. (2002). Examining the role of social support and group cohesion in exercise compliance. *Journal of Behavioral Medicine, 25*(3), 233-249.

Heaney, C. A., & Israel, B. A. (2008). Social networks and social support. In K. Glanz, B. K. Rimer, & K. Viswanath (Eds.), *Health behavior and health education: Theory, research, and practice* (4th ed., pp. 189–210). Jossey-Bass.

Izumi, B. T., Schulz, A. J., Mentz, G., Israel, B. A., Sand, S. L., Reyes, A. G., ... & Diaz, G. (2015). Leader behaviors, group cohesion, and participation in a walking group program. *American Journal of Preventive Medicine, 49*(1), 41–49.

Kouvonen, A., De Vogli, R., Stafford, M., Shipley, M. J., Marmot, M. G., Cox, T., ... & Kivimäki, M. (2012). Social support and the likelihood of maintaining and improving levels of physical activity: the Whitehall II Study. *European journal of public health, 22*(4), 514–518.

Laird, Y., Fawkner, S., Kelly, P., McNamee, L., & Niven, A. (2016). The role of social support on physical activity behaviour in adolescent girls: a systematic review and meta-analysis. *The international journal of behavioral nutrition and physical activity, 13*, 79.

Lindsay Smith, G., Banting, L., Eime, R., O'Sullivan, G., & Van Uffelen, J. G. (2017). The association between social support and physical activity in older adults: a systematic review. *International journal of behavioral nutrition and physical activity, 14*(1), 56.

Marcus, B. H., & Forsyth, L. H. (2009). *Motivating people to be physically active.* Human Kinetics.

Marcus, B. H., Rossi, J. S., Selby, V. C., Niaura, R. S., & Abrams, D. B. (1992). The stages and processes of exercise adoption and maintenance in a worksite sample. *Health Psychology, 11*(6), 386–395.

McLeroy, K. R., Bibeau, D., Steckler, A., &. Glanz, K. (1988). An ecological perspective on health promotion programs. *Health Education Quarterly, 15*(4), 351-377.

Prochaska, J. O., Velicer, W. F., Rossi, J. S., Redding, C. A., Greene, G. W., Rossi, S. R., Pallonen, U. E., DiClemente, C. C., Prochaska, G. E., & Plummer, B. A. (2004). Multiple risk expert systems interventions: Impact of simultaneous stage-matched expert system interventions for smoking, high-fat diet, and sun exposure in a population of parents. *Health Psychology, 23*(5), 503–516.

Prochaska, J. O, & Velicer, W. F. (1997). The transtheoretical model of health behavior change. *American Journal of Health Promotion, 12*(1), 38-48.

Prochaska, J. O., & DiClemente, C. C. (1983). Stages and processes of self-change in smoking: Toward an integrative model of change. *Journal of Consulting and Clinical Psychology, 51*(3), 390–395.

Sallis, J. F., Cervero, R. B., Ascher, W., Henderson, K. A., Kraft, M. K., & Kerr, J. (2006). An ecological approach to creating active living communities. *Annual Review of Public Health, 27,* 297-322.

Sallis, J. F., Floyd, M. F., Rodriguez, D. A., & Saelens, B. E. (2012). Role of built environments in physical activity, obesity, and cardiovascular disease. *Circulation, 125*(5), 729–737.

Scarapicchia, T. M. F., Amireault, S., Faulkner, G., & Sabiston, C. M. (2016). Social support and physical activity participation among healthy adults: a systematic review of prospective studies. *International Review of Sport and Exercise Psychology, 10*(1), 50–83.

Smith, G. L., Banting, L., Eime, R., O'Sullivan, G., & van Uffelen, J. G. Z. (2017). The association between social support and physical activity in older adults: A systematic review. *International Journal of Behavioral Nutrition and Physical Activity, 14,* Article 56.

Review Questions

01 변화단계 이론과 사회생태학 이론은 기존의 이론들(예: 자극-반응, 계획행동 이론 등)과 어떠한 특징에서 가장 큰 차이가 있는지 설명해보자.

02 변화단계 이론에서 단계의 이동은 어떠한 패턴으로 발생할 수 있는지 설명해보자.

03 변화단계 이론에서 의사결정 균형이 무엇을 의미하는지 정의하고, 변화단계가 높아짐에 따라 의사결정 균형이 어떻게 달라지는지 설명해보자.

04 변화단계 이론에서 단계별로 어떠한 중재가 이루어지는 것이 효과적인지 예를 들어 설명해보자.

05 사회생태학적 접근을 사용하여 운동과 관련된 요인을 조사할 때, 다양한 영역을 고려하는 것이 중요한 이유는 무엇인지 설명해보자.

06 사회적 지지의 네 가지 유형을 개념화하고 운동의 사례를 들어 설명해보자.

07 사회적 지지 유형은 운동하는 사람이 특정 시점에서 필요로 하는 것이 무엇인지에 따라 달라진다는 것에 대해 구체적으로 설명해보자.

08 집단 응집력의 개념과 네 가지 구성 요소에 대해서 설명해보자.

Projects

변화단계에 맞는 운동 중재전략 적용

1. 목적

가족, 친구 중에서 무관심 단계, 준비 단계, 실천 단계에 있는 사람 각각 1인을 선정한다. 현 단계에서 상위 단계로 진전하는 데 필요한 중재전략을 수록한 유인물을 제작한다.

2. 방법

- 가족, 친구 중에서 3인을 선정하고 프로젝트의 목표를 설명한다.
- '운동 변화단계 질문지'로 현재의 단계를 측정한다.
- 이 변화단계에서 상위 단계로 이동하기 위해 필요한 전략을 소개하는 소형 유인물을 제작한다. 유인물에는 선정된 사람의 변화단계와 상황을 고려해서 적절한 정보가 포함되어야 한다.
- 제작한 유인물을 제공하고 설명한다.
- 설명 이외에 상위의 단계로 진전하기 위해 필요한 사항이 있으면 실천으로 옮긴다.

3. 평가

변화단계별 중재전략의 적절성, 중재전략의 효과에 대해 평가한다.

- 상위 단계로 가는데 필요한 전략으로서의 적절성을 논의해보자.
- 참가자가 중재전략의 효과를 어떻게 인식하는지 면담을 통해 알아보자.
- 상위 단계로 진전하기 위해 필요한 사항이 무엇인지 참가자의 관점에서 알아보자.
- 어느 단계가 상위 단계로 진전하기 어려웠는지 설명해보자.

Projects

사회생태학 이론의 적용 사례 탐구

1. 목적

사회생태학 모델은 인간 생태계를 잘 설명하고 있다. 이 때문에 사회생태학 모델의 실제 활용은 우리 주변에서 쉽게 관찰할 수 있다(예: 도시 계획의 실행, 정책 변화 등). 운동 참여와 지속과 관련된 사회생태학 모델의 실제 적용 사례를 탐구해 본다.

2. 절차

- 다양한 검색 자원(예: 인터넷 뉴스, SNS 등)을 활용하여 시민들의 운동 참여에 변화를 미친 사회생태학적 사례를 조사한다.
  예) 운동 시설 관련 법안 발표, 공원 조성 사례 등
- 해당 사례의 배경과 전개 그리고 결과를 정리한다.
- 정리된 결과를 토대로 발표하고, 다른 사례들을 공유한다.

3. 평가

- 해당 사례에서 개입된 사회생태학적 요소들은 무엇인지 찾고 이야기를 나눠보자.
- 해당 사례가 성공 또는 실패한 원인을 찾아보고 설명해보자.
- 사회생태학적 관점을 적용하여 어떠한 지원(예: 정책, 마케팅 등)이 이루어질 수 있는지 토론하고 제시해보자.

Study Questions

01 변화단계 이론을 주장한 학자는?

① Bandura와 Rogers
② Prochaska와 DiClemente
③ Freud와 Jung
④ Skinner와 Watson

02 변화단계 이론은 일반적으로 몇 개의 단계로 구성되는가?

① 3단계 ② 4단계
③ 5단계 ④ 6단계

03 다음에서 설명하는 단계로 알맞은 것은?

가까운 미래에 변화할 의도가 없으며 자신의 행동이 문제가 있다는 사실을 알지 못한다.

① 무관심 단계 ② 관심 단계
③ 준비 단계 ④ 유지 단계

04 변화단계 이론에서 '준비 단계'에 해당하는 설명으로 가장 적절한 것은?

① 행동 변화를 위한 구체적 계획을 수립
② 변화의 부정적 결과에 대해 고민
③ 행동 변화 후 재발을 경험
④ 변화의 필요성에 대해 무지각

05 변화단계 이론에서 의사결정 균형이 의미하는 것은?

① 행동 변화의 결과에 따른 보상을 관리
② 혜택과 손실 요인을 평가
③ 단계별 행동 변화 속도를 측정하는 도구
④ 사회적 지지의 정도를 평가하는 척도

06 변화단계 이론에서 자기효능감이 운동행동 변화에 미치는 역할로 옳은 것은?

① 행동 변화를 시작하고 지속하는 데 필요한 자신감을 제공한다.
② 행동 변화의 결과만을 예측하는 요인이다.
③ 외부 보상에만 의존하게 만든다.
④ 도전 상황에서 쉽게 포기하게 만든다.

07 아래 빈칸에 들어갈 말을 적으시오.

행동 변화의 5단계는 운동에 대한 개인의 (　　　　　)에 기초하여 구분된다.

08 변화단계 이론의 행동적 과정과 거리가 먼 것은?

① 행동 수준에서 변화를 유도하는 것
② 내면화된 변화 의지를 행동으로 전환
③ 구체적 전략과 실행 계획을 통해 변화
④ 개인의 태도, 생각, 느낌을 바꾸는 것

09 변화단계 이론에서 악화 또는 재발의 의미로 가장 올바른 설명은?

① 변화된 행동이 성공적으로 정착된 상태
② 행동 변화 과정이 순조롭게 진행되는 상태
③ 변화된 행동이 중단되고 이전 단계로 되돌아가는 현상
④ 새로운 행동을 시작하는 초기 단계

10 운동 중재 프로그램에 변화단계 이론을 적용할 때 효과적인 접근은 무엇인가?

① 모든 참가자에게 동일한 프로그램을 일괄 적용한다.
② 경쟁을 유도하여 개인 성과만을 강조한다.
③ 각 변화단계에 맞춘 맞춤형 개입 전략을 제공한다.
④ 오직 사회적 지원 요소에만 집중한다.

11 사회생태학 이론은 운동행동을 이해할 때 어떤 요인들을 고려하는가?

① 개인의 특성 요인
② 사회적 및 환경적 요인
③ 개인, 사회, 환경, 정책 등 복합적 요인
④ 사회 제도 및 정책 요인

12 다음 중 사회생태학 이론의 '개인 수준' 요인에 포함되지 않는 것은?

① 연령　　② 성별
③ 자기효능감　　④ 지역사회 운동시설

13 다음에서 설명하는 사회생태학 수준으로 알맞은 것은?

> 인공적으로 조성된 환경과 자연 환경 모두를 포함한다. 건물, 공원, 도시 및 도로와 교통 시스템, 등산로나 강가 등이 대표적인 예다.

① 개인　　② 대인관계
③ 물리적 환경　　④ 정책

14 사회생태학 관점에서 사회적 영향에 대해 간략하게 정의하시오.

15 사회적 지지의 네 가지 유형으로 올바르지 않은 것은?

① 도구적 지지　　② 직접적 지지
③ 정서적 지지　　④ 정보적 지지

16 아래 사례에 해당하는 사회적 지지의 유형으로 올바른 것은?

> 헬스장에서 힘들어하는 회원에게 "잘하고 있어요. 조금만 더 해봐요"라며 격려했다.

① 도구적 지지 ② 직접적 지지
③ 정서적 지지 ④ 정보적 지지

17 아래 설명 중 사회적 지지의 설명으로 옳은 것은?

① 정부의 적극적인 정책을 포함한다.
② 사회적 지지를 제공하는 사람에 따른 차이는 없다.
③ 사회적 지지에서 부모는 제외된다.
④ 사회적 지지는 연령과 발달 수준을 고려해야 한다.

18 아래에서 설명하는 개념으로 알맞은 것을 고르시오.

> 집단이 공동의 목표를 달성하거나 구성원들의 감정적 요구를 충족시키기 위해 결속하고 유지하려는 경향

① 집단 응집력 ② 집단 목표
③ 사회적 지지 ④ 팀 빌딩

19 '개인 매력-과제'에 대한 설명으로 옳은 것은?

① 집단 전체가 사회적 측면에서 얼마나 통합되어 있는지를 의미
② 집단 전체가 과제나 목표와 관련하여 얼마나 통합되어 있는지를 의미
③ 개인이 집단 내의 사회적 관계나 상호작용에 대해 가지는 매력을 의미
④ 개인이 집단의 과제나 목표에 대해 가지는 매력을 의미

20 운동 참여율에 영향을 주는 구성원들의 공통된 특성을 의미하는 개념은?

① 팀 빌딩 ② 집단 구성
③ 집단 관심 ④ 팀워크

모 / 범 / 답 / 안

5장 평가문항 모범 답안

01 ② 02 ③ 03 ① 04 ① 05 ② 06 ① 07 심리적 준비도 08 ④ 09 ③ 10 ③ 11 ③ 12 ④ 13 ③ 14 개인 교육 프로그램, 동아리·또래 지원, 학교 차원의 운동 시설 확충, 정책적 보건 캠페인을 통합적으로 운영한다는 내용을 포함하여 작성 15 ② 16 ③ 17 ④ 18 ① 19 ④ 20 ②

3부

중재편

운 동 심 리 학 의 정 석

6장

운동실천 요인

Key terms

운동실천	개인요인	환경 요인	사회 연결망	심리적 요인	사회적 지지	변혁적 리더십
이상적 영향력	영감적 동기부여	지적 자극	개별화된 배려	집단환경질문지(GEQ)	신체활동 집단 환경 질문지 (PAGEQ)	집단 응집력
운동 특성요인	운동 방해요인	태도와 의도	신체 이미지	사회적 체형불안		

6장 운동실천 요인

1 개인 요인

운동실천에 영향을 주는 개인요인은 연령, 성별, 소득수준, 교육수준 등이 있다. 이러한 개인요인은 운동실천에 공통된 영향을 주기도 하지만 개인차에 따라 다른 영향을 주기도 한다. 예를 들어, 국가와 문화마다 다르게 나타날 수 있고, 일반적으로 소득이 높고 교육수준이 높으며 직업적 지위가 높은 사람일수록 신체활동을 더 많이 할 가능성이 높다(Kari et al., 2015). 따라서 개인요인과 운동실천의 관계를 알고 있다면 적절한 중재전략을 개발하는데 도움을 줄 수 있다. 이 장에서는 각 개인요인들이 운동실천과 어떻게 관련되는지 알아본다.

1) 연령

개인의 연령에 따라 운동실천 가능성은 다르게 나타날 수 있다. 미국질병센터(Centers for Disease Control; CDC)에 따르면, 10대에 운동실천율이 가장 높다. 이후 연령이 증가함에 따라 심혈관계 기능 저하, 건강상태 악화(예: 관절염), 은퇴, 건강 악화에 따른 타인으로부터의 고립 등의 이유로 인해 신체활동의 수준이 줄어드는 경향을 보인다. 즉, 청소년기에서 노년기로 갈수록 운동에 참여하는 인구의 비율은 감소한다.

〈표 6-1〉과 〈표 6-2〉에는 보건복지부(2022)가 실시한 우리나라 연령대별 유산소 및 근력 운동실천율에 대한 조사 자료가 나타나 있다. 자료를 살펴보면 유산소 운동(일주일에 중강도 신체활동을 2시간 30분 이상 실시하거나 고강도 신체활동을 1시간 15분, 혹은 중강도와 고강도 신체활동을 병행)과 근력 운동(1주일 동안 팔굽혀펴기, 윗몸 일으키기, 아령 들기 등의 근력 운동을 2일 이상 실천)을 실시하는 사람들의 비율이 꾸준히 증가하고 있음을 확인할 수 있다. 특히, 20대 이후 사람들의 운동실천율

을 살펴보면, 20대 실천율 가장 높고 30대까지 높은 수준 유지하고 60대부터 실천율 많이 낮아진다. 이 부분에서 주목할 점은 50대의 운동참여율이 눈에 띄게 증가하고 있다는 점이다. 근력 운동실천율 또한 꾸준히 증가하고 있는데 70대 이상의 실천율이 다른 연령대에 비해 높아지고 있다는 특징을 보인다.

표 6-1 연령대별 유산소 신체활동 실천율(2018~2022) 단위(%)

연도	20대	30대	40대	50대	60대	70대 이상
2018	63.8	50.7	45.8	37.9	38.7	23.4
2019	62.1	49.2	45.3	41.4	39.3	30.4
2020	57.8	47.1	42.8	39.9	40.5	29.4
2021	61.2	51.0	47.6	40.7	38.7	23.2
2022	69.2	55.3	49.8	49.7	40.5	29.0

자료: 보건복지부 국민건강통계(2022)

표 6-2 연령대별 근력 운동실천율(2018~2022) 단위(%)

연도	20대	30대	40대	50대	60대	70대 이상
2018	31.5	21.4	21.4	20.0	22.0	14.6
2019	33.2	22.0	20.2	23.3	22.5	15.7
2020	34.5	23.5	19.9	21.6	23.9	19.5
2021	35.1	23.9	20.6	21.5	27.0	20.3
2022	35.7	26.5	20.3	24.0	22.5	21.4

자료: 보건복지부 국민건강통계(2022)

2) 성별

개인의 성별 즉, 남성과 여성에 따라 신체활동 및 운동실천율에는 차이가 있다. 전 세계적으로 남성이 여성에 비해 여전히 높은 운동실천율을 보이는 것으로 보고된다. 캐나다의 경우 중강도에서 고강도 활동에 대한 1일 신체활동 권장사항을 충족하는 남학생(47%)이 여학생(25%)보다 두 배 가까이 많다고 보고되고 있다(Roberts et al., 2017). 미국의 경우에서도 남성이 여성보다 높은 강도의 활동에 많이 참가할 뿐 아니라 근력이나 근지구력 향상과 관련된 신체활동을 더욱 많이 실천한다, 영국에서도 1일 권장 수준의 신체활동을 달성한 남성의 비율(65%)이 권장 수준을 달성한 여성의 비율(60%)보다 높게 나타났다(Sport England, 2018). 호주의 경우 남성이 여성보다 '고강도'의 신체활동에 참여하는 경향이 있는 반면, 여성은 남성보다 '중강도'나 '저강도' 수준의 신체활동에 참여하려는 경향을 보인다는 특징을 가지고 있다.

우리나라의 경우에서도 유산소 신체활동을 실천하는 남성의 비율(55.4%)이 여성의 비율(50.7%)보다 높게 나타났으며 근력 운동은 남성의 실천율(34.7%)이 여성의 실천율(17.3%)보다 두 배 가까이 높은 것으로 나타났다(표 6-3 참조).

표 6-3 성별에 따른 운동실천율(2018~2022) 단위(%)

연도	유산소 운동		근력 운동	
	남성	여성	남성	여성
2018	51.0	44.0	31.0	14.9
2019	52.6	42.7	33.0	14.6
2020	48.3	43.0	32.2	17.0
2021	50.2	45.4	32.9	17.6
2022	55.4	50.7	34.7	17.3

자료: 보건복지부 국민건강통계(2022)

3) 소득수준

과거에는 소득수준이 신체활동과 상대적으로 높은 관련성이 있다고 알려져 있었다. 이러한 특징은 미국에서 두드러지게 나타났는데 미국인의 경우 소득수준이 높을수록 신체활동 참여율이 증가되는 것을 확인할 수 있었다. 하지만 영국인의 경우 소득수준과 관계없이 모두 상대적으로 비슷한 수준의 신체활동 수준을 보이는 것으로 나타났으며, 호주나 캐나다의 경우에서는 중위 소득구간부터 하위 소득구간에 위치한 사람들의 신체활동량은 큰 차이가 없었고, 상위 소득구간에 위치한 사람들은 신체활동이 증가되는 것으로 나타났다(Lox et al., 2019).

우리나라의 경우 하위 소득구간에 속해 있는 사람들의 유산소 신체활동 실천율은

51.6%이며, 중위 소득구간은 50.5%, 상위 소득구간은 52.9%의 실천율로 나타나 소득구간에 관계없이 상대적으로 비슷한 수준의 신체활동을 보였다. 반면, 근력 운동실천율의 경우 하위 소득구간이 51.8%, 중위 소득구간이 53.2%, 상위 소득구간은 56.4%의 실천율을 나타냈다. 결론적으로 소득수준과 신체활동과 관련된 최근의 조사들을 종합해보면 국가 간의 차이가 존재할 뿐 아니라 운동형태(유산소 또는 근력운동)에 따라 실천율 변화양상에는 차이가 존재하기 때문에 소득수준과 신체활동의 관계를 일반화하기에는 어려움이 있다.

4) 교육수준

교육수준이 높을수록 여가시간에 신체활동에 참여하는 경향은 높아진다. 미국과 캐나다의 경우 교육수준이 가장 낮은 집단에서 여가시간에 어떠한 신체활동도 하지 않는다고 응답하는 개인의 비율이 가장 높았다. 또한 중강도와 고강도 운동 관련 1일 신체활동 권장량 수준을 달성하고 있다고 응답한 사람의 비율은 교육수준이 높아질수록 같이 높아지는 것으로 나타났다.

특히, 미국의 경우 교육수준과 신체활동의 관계에서 흥미로운 사실을 밝혔는데 부모의 교육수준이 자녀의 운동 참여에 영향을 미친다는 것이다. 부모가 고등학교 졸업 이하의 학력을 가진 경우 자녀의 중-고강도 운동실천율은 50% 미만이었으며, 고등학교를 졸업한 부모의 자녀의 운동실천율은 54%, 대학 이상의 학력을 가진 부모의 자녀는 68%의 운동실천율을 보였다(Lox et al., 2019).

하지만 호주의 경우 교육수준과 신체활동 참여수준의 관계에서 다른 나라들과는 다른 양상을 보였다. 구체적으로 대학을 졸업한 사람이 그렇지 않은 사람보다 저강도 신체활동은 많이 하지만 중강도 수준의 신체활동량은 비슷했으며, 고강도 신체활동의 경우 오히려 대학 학위가 없는 사람들이 더 높게 나타났다(Gill, Fullerton & Taylor, 2008).

이처럼 각 나라별 연구결과들이 상이한 이유는 신체활동에 대한 정의와 측정방식이 나라별로 서로 다르기 때문이라고 말할 수 있다. 예를 들어, 한국이나 미국의 경우 신체활동의 정의를 업무시간을 제외한 여가시간에 실시한 신체활동을 기반으로 조사하였다. 하지만 호주의 경우 직장에서의 업무나 통근형태 등 생활하면서 일어나는 모든 신체활동을 포함하여 조사를 진행하였다. 그 결과 일부 국가에서는 교육수준이나 소득수준이 낮은 개인이 높은 수준의 교육이나 소득수준을 가진 사람에 비해 더 많은 신체활동에 참여하는 것으로 조사되고 있다(Dumith et al., 2011). 따라서 인구통계학적 특성과 신체활동 참여 사이의 관계에 대한 결론을 내리기 전에 신체활동을 어떻게 측정하였는지를 고려할 필요가 있다.

Click

부자들의 취미 순위는?

소득 수준과 같은 개인요인이 운동참여율에 영향을 준다는 것을 살펴보았다. 그렇다면 소득 수준이 매우 높은, 소위 '부자들'의 운동참여율은 어떨까? 하나금융경영연구소(2024)에서 발표한 자료를 보면 부자들의 취미 순위는 이들이 얼마나 운동에 진심인지를 보여준다. 이들의 취미 1위는 65.4%를 차지한 산책과 걷기였다. 놀라운 것은 41.9%를 차지한 2위는 골프, 35.9%를 차지한 3위는 헬스였다. 즉, 부자들의 취미 1위부터 3위는 모두 운동이 차지했다.

2 환경 요인

개인을 둘러싸고 있는 사회와 환경요인도 운동실천에 상당한 영향을 준다. 본 장에서는 사회적 지지, 운동지도자, 집단 응집력, 사회와 문화가 운동실천과 어떤 관계가 있는가를 설명한다.

1) 사회적 지지

사회적 지지란 다른 사람으로부터 받는 편안한 느낌과 배려, 도움이나 정보를 의미한다. 운동심리학 연구자들은 사회적 지지가 운동이나 신체활동에 어떠한 영향을 미치는가에 관심을 두고 있으며, 이를 정의하고 측정하기 위해 두 가지 접근 방식을 사용한다.

먼저 사회적 지지를 사회 연결망(social network) 관점에서 바라보는 방식이다.

이 관점에서는 개인이 자신의 주변에 지원을 요청할 수 있는 단체나 개인(예: 가족, 친구, 지도자, 같은 운동클럽 회원 등)이 얼마나 있는지를 측정하여 사회적 지지를 정의한다. 두 번째는 신체활동을 수행하는 과정에서 개인이 받는 정보적/정서적/사회적 지원 정도를 평가하는 척도를 활용하는 방법이다. 개인이 받는 지지의 양과 유형을 파악하는데 중점을 둔다.

예를 들어, 소셜 네트워크상에서 팔로워 수가 많은 사람이 그렇지 않은 사람보다 운동을 더 많이 하려는 경향이 있었으며, 함께 운동하고자 하는 주변인이 많은 사람일수록 운동을 실천할 가능성이 높았다(Giles-Corti & Donovan, 2003; Hamari & Koivisto, 2015). 즉, 사회적 지지가 많을수록 운동 참여 수준이 높아질 수 있음을 보여준다. 그러나 이러한 접근은 주로 양적인 측면이 강조되기 때문에, 사람들이 실제로 어떤 내용의 사회적 지지나 정보를 얻는지 구체적으로 파악하기 어렵다는 한계가 있다.

(1) 사회적 지지의 유형

Heaney와 Israel(2008)에 따르면, 사회적 지지의 유형은 크게 도구적 지지, 정서적 지지, 정보적 지지, 그리고 평가적 지지라는 4가지 유형으로 구분할 수 있다.

- 도구적 지지: 실질적인 지지를 제공하는 것으로 웨이트 트레이닝을 할 때 보조 역할, 운동 장소까지 태워다 주기, 베이비시터 역할하기 등이 도구적 지지의 예가 된다.
- 정서적 지지: 사람에 대한 격려나 관심, 공감 등의 표현을 통해 발생한다. 예를 들어 노력에 대해 칭찬과 격려를 해 주고, 어려움을 호소할 때 같이 걱정해 주는 것이 대표적인 사례이다.
- 정보적 지지: 운동 방법에 대해 안내와 조언을 하고 진행 상황에 관한 피드백을 제시해 주는 것을 말한다. 대개 운동지도자나 트레이너로부터 정보적 지지를 받지만 가족, 친구, 동료 등으로부터 받을 수도 있다.
- 평가적 지지: 다른 사람과의 비교를 통해 자신의 생각, 감정, 문제, 체험 등이 정상적이라는 확인을 하는 것이다. 자신과 유사한 특성을 가진 사람과 같이 운동을 하거나 관찰을 통해 얻을 수 있는 지지의 유형이다. 비만인 사람이나 재활운동을 할 때 비슷한 사람과 함께 하면 평가적 지지를 얻기가 쉽다.

(2) 사회적 지지와 신체활동의 관계

많은 연구에서 사회적 지지를 받는 사람들이 신체활동에 긍정적인 영향을 받게 된다는 일관된 연구결과가 도출되었다(Laird et al., 2016; Scarapicchia et al., 2017; Smith et al., 2017).

예를 들어, Laird 등(2016)은 청소년기 여학생을 대상으로 한 사회적 지지와 신체활동 간의 관계를 조사한 89편의 연구를 메타분석하였다. 이 연구는 부모, 친구, 교사 등 다양한 인물로부터 받은 사회적 지지가 신체활동 행동에 어떤 영향을 미치는지 살펴보았다. 그 결과, 친구와 가족으로부터 받은 사회적 지지의 양과 여학생의 신체활동 행동 간에는 작지만 유의미한 상관이 있었다. 다시 말해, 더 많은 사회적 지지를 받은 여학생일수록 그렇지 않은 여학생보다 더 많은 신체활동에 참여하는 경향이 있었다.

반면, 교사로부터 받은 사회적 지지와 신체활동 간의 관계는 발견되지 않았다. 이는 청소년기에는 또래 친구의 영향력이 점점 커지고, 신체활동에 필요한 실질적인 지지(예: 운동을 위한 재정 지원, 방과 후 활동 참여를 위한 교통수단 등)를 필요로 한다는 점에서 교사보다는 친구와 가족의 지지가 신체활동에 더 큰 영향을 미친다고 해석할 수 있다.

신체활동을 위한 다양한 유형의 사회적 지지를 동시에 살펴본 연구도 있다(Kouvonen et al., 2011). 이 연구는 가장 효과적인 지지 유형이 운동하는 사람의 필요와 특정 시점에 따라 달라질 수 있다고 설명한다. 이러한 필요는 운동에 대한 자기효능감이나 기분 상태의 변화와 같은 심리적 요인, 통증 및 장애와 같은 생리적 요인에 따라 달라질 수 있다.

또한, 사회적 지지에 대한 요구는 발달 단계나 연령에 따라 달라질 수 있다. 예를 들어, 아동은 체육관까지의 교통 지원과 같은 도구적 지지를 필요로 할 수 있지만, 성인이 운동 시작 방법에 대한 정보적 지원을 더 필요로 할 수도 있다.

(3) 사회적 지지 제공

부모, 형제, 배우자와 같은 가족의 사회적 지지는 운동행동을 이끌어 내는 긍정적인 효과를 가져온다는 결과는 오래전부터 일관되게 나타난 연구 결과이다(Carron et al., 1996; Scarapicchia et al., 2017).

먼저, 부모는 자녀들에게 다양한 유형의 사회적 지지를 제공해 줄 수 있다는 점에서 자녀들의 신체활동 지속참여에 매우 중요한 역할을 담당한다(Ferreira et al., 2007; Gustafson & Rhodes, 2006). 또한, 부모는 이웃·동료들과 서로에게 필요한 사회적 지지를 제공해 줄 수 있다는 장점을 지니고 있다. 예를 들어 어린 자녀가 있는 두 가족의 경우 한 가족의 부모는 아이들을 돌봐주고, 다른 한 가족의 부모는 아이들을 체육관으로 데려다주는 것과 같은 방식으로 서로에게 필요한 도구적·정서적 지지를 제공할 수 있다.

다음으로 배우자의 사회적 지지는 운동행동의 실천에 긍정적인 영향을 준다. 특히, 배우자와 함께 운동하는 노인은 그렇지 않은 이들보다 신체활동량이 훨씬 더 높다고 알려져 있다(Gellert et al., 2011). 이는 함께 운동하는 배우자가 상대에게 필요한 사회적 지지의 유형을 알고 있으며, 그에 맞는 지지를 제공해줄 수 있는 가능성이 높기 때문이다(Hong et al., 2005).

그러나 가족의 사회적 지지가 항상 긍정적인 영향을 주는 것은 아니다. 가족의 일원이 운동을 너무 강요하거나 운동하지 않는 것에 대해 죄책감이 들게끔 행동한다면 오히려 부정적인 효과가 나타날 수 있다(Lewis & Rook, 1999). 예를 들어, 조깅 중인 아내에게 남편이 운동강도나 시간을 늘려야 한다고 압박할 경우, 아내는 압박감으로 인해 조깅을 중단할 수도 있다. 반면, 남편이 칭찬/격려와 같은 정서적 지지를 통해 운동강도나 시간을 늘리도록 유도한다면, 아내는 더 많은 정서적 지지를 받기 위해 운동의 강도나 시간을 늘릴 수도 있다.

가족 외에도 의료 서비스 제공자(운동처방사, 의사, 간호사, 물리치료사 등)는 신체활동을 실천하고자 하는 사람들에게 정보적 지지를 제공하는 역할을 수행한다.

2) 운동지도자

(1) 운동지도자의 영향

운동실천에 있어서 지도자(퍼스널 트레이너, 코치, 체육교사 등)는 사람들의 운동 지속실천을 결정짓는 가장 중요한 요인 중 하나로 꼽힌다. 운동지도자는 단순히 어떤 운동방식으로 어떻게 운동을 해야 하는지에 대한 정보뿐만 아니라, 칭찬과 격려 등의 정서적 지지, 주변 사람과의 비교를 통한 피드백을 통해 운동을 잘 수행하고 있다는 사회적 지지를 제공할 수 있다. 실제로 운동지도자에게 많은 지지를 받는 사람들이 그렇지 않은 사람들에 비해 운동실천율이 높다(De Lyon et al., 2017).

예를 들어, Ratamess 등(2008)의 연구에서는 혼자 웨이트 트레이닝을 실시하는 여성과 개인 트레이너와 함께 운동하는 여성을 비교한 결과, 트레이너와 함께 운동을 하는 여성참가자가 혼자 운동을 하는 참가자에 비해 더 높은 중량을 선택하고, 인지된 유능감도 더 높은 것으로 나타났다.

(2) 리더십 스타일

좋은 지도자가 갖고 있어야 하는 리더십 스타일을 파악해서 지도자 대상의 교육프로그램을 개발하는 것은 사람들의 신체활동 촉진을 위해 매우 중요하다. 이와 관련하여 최근 변혁적 리더십(transformational leadership)이 이목을 끌고 있다. 변혁적 리더십은 지도자가 구성원들에게 영감을 주고 권한을 주며, 도전하도록 유도하여 결국 높은 수준의 성취를 이룰 수 있도록 동기를 부여해주는 리더십이다(Bass & Riggio, 2006).

변혁적 리더십은 이상적 영향력(idealized influence), 영감적 동기부여(inspirational motivation), 지적 자극(intellectual stimulation), 그리고 개별화된 배려(individualized consideration)라는 네 가지 특성을 가진다. 각 특성에 대한 구체적인 내용은 하단 〈표 6-4〉에 나타나 있다.

표 6-4 변혁적 리더십 구성요인(Morton et al., 2014)

특성	정의	적용
이상적 영향력	구성원들에게 신뢰와 존경을 받으며 롤모델로서 행동	구성원들의 능력에 대한 신뢰를 전달하고 존경심을 보인다. 신체활동이나 행동에서 모범을 보인다.
영감적 동기부여	열정과 낙관주의를 바탕으로 구성원들의 성취에 대한 미래지향적인 비전을 제시	구성원들이 열정을 갖고 낙관적인 생각으로 최선을 다해 노력할 수 있도록 열정을 보인다.
지적 자극	구성원들이 합리적이고 새로운 방식으로 문제를 해결할 수 있도록 지지	구성원들이 개선사항에 대해 적극적으로 제안하도록 권유하고 구성원들이 스스로 생각하고 결정하도록 격려하며, 다양한 관점에서 문제를 보도록 유도한다.
개별화된 배려	구성원들의 신체적, 정신적 부분에 대한 관심 제공	구성원 개개인에 대한 배려와 연민을 바탕으로 개인의 개성을 인정하고 구성원들의 어려움을 돕는데 많은 시간을 투자한다.

지도자들이 위와 같이 변혁적 리더십을 보여줄 때 나타나는 구성원들의 변화는 다음과 같다.

- 수업 중 신체활동 수행에 대한 자기효능감 향상
- 자유시간 동안 신체활동에 참여하려는 의도 상승
- 체육수업/운동 참여에 대한 내적동기 상승
- 지도자에 대한 만족도 향상

이외에도 사회적 지지를 제공하고, 자율성을 보장하는 리더의 행동이 구성원들의 행동변화를 이끌어낼 수 있다는 점을 주목할 필요가 있다. 지금까지 진행된 여러 연구들(Bray et al., 2005; Hancox et al., 2018)에서는 격려와 강화, 칭찬 등이 지도자가 할 수 있는 사회적 지지 행동이며, 이러한 행동이 구성원들의 열정을 높여준다고 하였다. 즉, 구성원의 이름을 불러주고 많은 대화를 보이는 것과 같은 행동이 구성원들의 운동참여를 이끌어낼 수 있다. 지도자가 사회적 지지 행동과 자율성 지지 행동을 보일 때 참가자들에게 나타나는 변화를 정리하자면 아래와 같다.

- 운동 자기효능감 향상
- 운동 중 더 많은 에너지를 사용하고 열정과 즐거움을 느낌
- 운동 후 피로감 감소
- 운동 중 당황하거나 새로운 것을 시도하는 것에 대한 걱정 감소
- 운동지속에 대한 의지 향상
- 지도자나 운동에 대한 순응도 향상
- 운동행동에 대한 통제력과 자발적 노력 증가

3) 운동집단

(1) 집단 응집력

집단 응집력은 집단의 목표를 달성하거나 구성원들의 정서적인 요구를 만족시키기 위해 구성원 모두가 뭉치는 경향을 말한다. 집단 응집력은 Carron, Brawley와 Widmeyer(1998)에 의해 소개되었는데, 이 개념은 집단 차원(집단 전체가 공동체

의식을 갖고 집단의 목표를 실현하기 위해 협동하는 것)과 개인 차원(집단에 대한 개인적인 인식이나 집단에 끌리는 정도)로 구분된다.

집단 차원과 개인 차원 모두 과제적 측면(집단의 목표달성이나 운동내용이 얼마나 좋은가)과 사회적 측면(구성원들 간의 관계가 얼마나 좋은가)으로 설명하기 때문에 집단 응집력은 구성원들이 공통의 목표나 운동 프로그램에 대해 얼마나 만족하고 있는지 뿐 아니라 집단 내 구성원들 간의 사회적 상호작용이나 의사소통이 얼마나 잘 되고 있는가를 통합적으로 포함한 개념이라고 할 수 있다(5장 그림 5-5 참고).

(2) 집단 응집력의 측정

집단 응집력이 높은 집단일수록 그렇지 않은 집단에 비해 운동을 더 많이 촉진한다는 점에서 연구자들은 응집력을 측정하기 위해 도구를 개발하였다. 집단 응집력을 측정하는 도구로는 집단환경질문지(Group Environment Questionnaire; GEQ)와 신체활동 집단 환경 질문지(Physical Activity Group Environment Questionnaire; PAGEQ가 있다. GEQ의 경우 스포츠 상황에서 가장 널리 사용되고 있는 측정도구이며, PAGEQ는 집단환경질문지를 일반 운동집단에 맞게 문항과 내용을 수정한 설문지이다(Estabrooks & Carron, 2000).

두 가지 측정도구 모두 집단 응집력을 측정하는 데 있어서 과제적 측면과 사회적 측면을 구분한다. 과제측면과 사회측면을 개인 수준에서 인식하는 것(집단에 대한 개인 매력)과 집단 전체 수준에서 구성원들이 인식하는 것(집단통합)으로 구분한다. 다음은 PAGEQ의 요인별 문항의 예시이다.

- 집단에 대한 개인매력-과제(ATG-G): 나는 운동프로그램 강도에 만족한다.
- 집단에 대한 개인매력-사회(ATG-S): 나는 회원들과 어울리는 것을 좋아한다.
- 집단통합-과제(GI-T): 운동에 필요한 준비를 할 때 서로 잘 돕는다.
- 집단통합-사회(GI-S): 우리 회원들은 운동 중에 잘 어울린다.

신체활동 집단 환경 질문지(PAGEQ)

운동(신체활동) 상황에서 집단에 대한 개인매력의 과제 차원과 사회 차원, 그리고 집단통합의 과제 차원과 사회 차원을 측정할 수 있도록 개발된 질문지이다. 파트 A는 집단에 대한 개인매력, 파트 B는 집단통합에 관한 문항을 묻는다.

[파트 A: 집단에 대한 개인매력]
자신이 속한 운동집단에서 자신이 개인적으로 어떻게 하는가를 묻는 문항이다. 문항을 읽고 자신에게 해당하는 번호에 표시한다.

전혀 아니다				보통이다				매우 그렇다
1	2	3	4	5	6	7	8	9

1. 나는 내가 하는 운동프로그램의 운동량을 좋아한다.	( )
2. 내가 속한 운동 집단은 나에게 중요한 모임이다.	( )
3. 나는 회원과 어울리는 것을 좋아한다.	( )
4. 내가 속한 운동 집단은 내 체력을 향상시키는 기회를 제공한다.	( )
5. 나는 운동 집단의 회원을 만나는 것이 좋다.	( )
6. 나는 운동 프로그램의 강도에 대해 만족한다.	( )
7. 나는 운동 집단의 운동 프로그램이 좋다.	( )
8. 이번 프로그램이 끝나면 회원들을 만나보고 싶어질 것이다.	( )
9. 나는 운동 집단에서 하는 새로운 운동이 좋다.	( )
10. 내 대인관계에서 운동 집단이 중요한 비중을 차지한다.	( )
11. 내가 속한 운동 집단에서 운동하면서 내 체력이 길러진다.	( )
12. 내가 속한 운동 집단의 인간관계는 나에게 중요하다.	( )

□ 채점 방법:
- 개인매력-과제: 문항 1, 4, 6, 7, 9, 11번의 합산 점수 ÷ 6
- 개인매력-사회: 문항 2, 3, 5, 8, 10, 12번의 합산 점수 ÷ 6

[파트 B: 집단통합]
다음 문항은 자신이 속한 운동 집단을 전체적으로 생각해 볼 때 어떻게 생각하는가를 묻는다. 문항을 읽고 자신에게 해당하는 번호에 표시한다.

전혀 아니다				보통이다				매우 그렇다
1	2	3	4	5	6	7	8	9

1. 회원들은 운동 중에 잘 어울린다.	( )
2. 회원들은 운동 프로그램의 혜택에 대한 생각이 비슷하다.	( )
3. 회원들은 운동 프로그램 종료 후에도 함께 어울릴 것이다.	( )
4. 회원들은 해야 할 운동 프로그램에 대해 생각이 일치한다.	( )
5. 회원들은 운동 프로그램의 강도에 대해 만족한다.	( )
6. 회원들은 운동이 끝나면 가끔 함께 어울린다.	( )
7. 회원들은 운동 시작 전, 후에 대화하는 시간을 갖는다.	( )
8. 회원들은 운동에 필요한 준비를 할 때 서로 잘 돕는다.	( )
9. 회원들은 운동을 통해 최대 효과를 얻도록 서로 격려한다.	( )

□ 채점 방법:
- 집단통합-과제: 문항 2, 4, 5, 8, 9번의 합산 점수 ÷ 5
- 집단통합-사회: 문항 1, 3, 6, 7번의 합산 점수 ÷ 4

(3) 집단 응집력의 영향

여러 연구를 통해 집단 응집력이 높을수록 구성원들이 운동을 더 많이 하고, 지속적으로 실천한다는 것이 밝혀졌다. 그 결과 운동지도자들이나 운동심리학자들은 사람들의 응집력을 높여주기 위해 팀 빌딩(team building) 전략을 사용한다. 이와 관련된 메타분석 결과를 살펴보아도 팀 빌딩 전략을 적용한 운동참가자들이 그렇지 않은 참가자들에 비해 운동을 더 꾸준히 한다(효과크기 ES = 0.74)는 것이 확인되었다(Burke et al., 2006).

또한, 응집력이 높은 집단의 경우 그렇지 않은 집단에 비해 더욱 많은 사회적 지지를 제공할 뿐 아니라 응집력이 높은 집단의 구성원들의 자기효능감이 높다는 점은 매우 흥미로운 결과이다. 언어적 설득('할 수 있다', '계속' 등)은 자기효능감을 높이는 원천 중 하나로 응집력이 높은 집단일수록 구성원들 간 언어적 지지가 활발히 이루어지고 이는 개개인의 자기효능감을 향상시켜 결과적으로 운동지속실천에 긍정적 영향을 준다고 예측할 수 있다.

(4) 집단 응집력 향상 전략

집단 응집력 향상을 위한 팀 빌딩 전략 연구에 따르면, 구성원들의 운동지속 실천을 유도하기 위해서 독특성, 개인의 위치, 집단 규범, 개인의 공헌, 상호작용과 의사소통 등이 중요하게 작용한다(Carron & Eys, 2012; Loughead & Bloom, 2013). 각 개념은 〈표 6-5〉에 나타나 있다.

❙표 6-5 ❙집단 응집력 향상을 위한 중재전략

개념	중재전략의 예
독특성	• 팀 명칭을 만든다. • 팀 티셔츠를 만든다. • 야광 헤드 밴드, 야광 운동화 끈 등을 배포한다. • 팀 포스터, 슬로건을 붙인다.
개인위치	• 수준별로 수영장 레인을 구분한다. • 소집단을 구분하는 사인(sign)을 만든다. • 초급 중급 고급 등으로 수준을 구분한다. • 회원이 자기 자리를 정해서 지키게 한다.
집단규범	• 회원 상호간에 소개하는 시간을 준다. • 운동끼리 운동 파트너가 되도록 권장한다. • 체중 감량 목표를 함께 설정한다. • 단체 운동을 위한 좋은 규칙을 만들도록 한다.
개인공헌	• 2~3명의 회원에게 그날의 목표를 정하도록 부탁한다. • 기존 회원에게 신입 회원을 도와주도록 부탁한다. • 체중 감량을 안 해도 되는 회원은 다른 회원을 도와주게 한다.
상호작용 (의사소통)	• 파트너와 같이 운동하고 서로 소개하도록 한다. • 좌우측 회원에게 서로 소개한다. • 5인 1조로 함께 운동하고 교대로 시범을 보인다.

3 심리적 요인

1) 자기효능감

자기효능감은 특정 상황을 성공적으로 해낼 수 있다는 자신의 능력에 대한 믿음이다(4장의 자기효능감 이론 참고). 자기효능감은 Bandura(1977)의 사회인지이론에서 출발한 것으로 운동에 대한 의도를 가지고 있지만 행동으로 이어지지 않는 상황에서 운동행동을 이끌어내고 유지하는 데 중요한 역할을 담당한다(Schwarzer, 2014). 자기효능감이 인간의 행동유발에 가장 강력한 요인으로 자주 거론된다는 점에서 운동변화 단계와도 밀접한 관계가 있다. 운동에 대한 자기효능감이 높은 사람일수록 높은 운동변화 단계에 있을 뿐 아니라 운동을 더 실천하기 때문에, 칭찬/격려와 같은 자기효능감 향상 전략을 효과적으로 활용한다면 사람들의 운동행동을 증가시킬 수 있다(Asadpour et al., 2021).

2) 태도와 의도

태도란 어떤 행동을 하는 것에 대해 좋거나 나쁘게 생각하는 것을 말한다. 그리고 의도는 어떤 행동을 하겠다는 의지와 그 행동을 위해서 투자하는 노력이 얼마나 될 것인가를 말한다. Hausenblas 등(1997)은 운동에 대한 의도가 개인의 통제에 있으면 운동실천을 결정하는 가장 중요한 요인이 된다는 사실을 발견했다. 운동 참여에 대한 강한 의도는 운동에 대한 태도에 의해 결정된다(3장의 합리적행동 이론과 계획행동 이론 참고). 즉, 운동에 대해 긍정적인 태도를 가지고 있는 사람이 운동에 대한 강한 의지를 가지고 있을 가능성이 높으며 실제 행동으로 실천할 가능성도 높다.

3) 재미

재미는 사람들의 동기를 유발하는 가장 중요한 요소 중 하나로 운동실천 여부를 선택하는 데 큰 영향을 준다. 신체활동에서 느낀 재미와 신체활동 수준의 관계를 알아보기 위해 약 2,000명의 여학생을 대상으로 진행한 연구에서도 신체활동을 통한 재미가 신체활동의 증가를 가져온다고 밝혔다(Dishman et al., 2005).

4) 신체 이미지

신체 이미지(body image)는 신체 외모에 대한 자기 자신의 태도를 뜻한다. 신체 이미지는 자신의 고유한 것이라기보다는 사회적으로 형성된 것이다. 즉, 어떠한 신체 이미지가 사회적으로 유용할 것인가를 생각하고 그 이미지에 자신을 맞추려고 노력한다는 것이다. 한편, 사회적 이미지에 의해 노력이 진행된다는 점에서 노력이 옳고 그름을 떠나서 낮은 수준의 신체 이미지를 가지고 있는 사람은 운동지속의 가능성이 낮았다(Sallis & Owen, 1999). Hausenblas와 Fallon(2006)의 메타분석 연구에서도 운동을 지속하는 사람이 운동을 하지 않은 사람보다 긍정적인 신체 이미지를 가지고 있고, 운동을 유지하던 사람이 그렇지 않은 사람보다 운동프로그램 참가 후 자신의 신체 이미지에 대해 긍정적으로 인식한다고 밝혀냈다.

신체 이미지는 사회적 체형불안(social physique anxiety)과 관련이 있다. 사회적 체형불안이란 사회적 상황에서 신체에 대한 부정적 평가와 관련한 두려움을 뜻한다. 사회적 체형불안이 높은 사람은 낮은 사람에 비해 운동프로그램을 중도에 포기할 가능성이 높다는 연구가 있다. 이러한 현상은 연령과 관계없이 나타나는데 나이가 젊어도 사회적 신체불안이 높으면 운동의 중도 포기율이 높은 경향을 보였다. 높은 사회적 체형불안을 가진 젊은 참여자들이 높은 사회적 체형불안을 가진 나이 많은 참여자들에 비해 걷기 프로그램을 중도에 포기하는 비율이 높았다.

5) 운동 변화단계

개인마다 행동의 변화에는 차이가 있다. 하지만 일반적으로 행동변화를 추구할 때 사람들은 보통 5단계를 거치는 것으로 알려져 있다(변화단계 이론은 5장 참조).

- 무관심 단계: 변화를 추구할 의도가 없는 단계
- 관심 단계: 6개월 이내에 행동변화를 실천할 의도가 있는 단계
- 준비 단계: 1개월 이내에 행동변화를 실천할 의도가 있는 단계
- 실천 단계: 새로운 행동을 적극적으로 실천하는 단계
- 유지 단계: 과거 행동으로 되돌아갈 가능성이 없어진 단계

연구 결과에 의하면 하위 단계에서 상위 단계로 진전하는 과정은 사람마다 그 속도가 다르며, 진보-퇴보-순환 형태를 띠며 각 단계를 거친다(Prochaska & DiClemente, 1983; Reed et al., 1997). 각 변화단계를 거치면서 운동행동의 변화는 강화된다는 사실도 드러났다. 즉, 무관심 단계와 관심 단계에 있는 사람들이 가장 낮은 참여 수준을 보이며 유지단계에 있는 사람들이 가장 높은 참여 수준을 보인다. Cardinal(1997)은 무관심 단계에 있는 사람이 다른 단계에 속한 사람에 비해 유산소 능력과 운동 참여 수준이 가장 낮았으며, 신체질량지수가 가장 높았다. 가장 상위 단계인 유지 단계에 있는 사람은 이와 반대 결과가 나왔다.

4 운동특성 요인

1) 운동강도

좌식 생활이 일상화되어 있는 사람들에게는 운동을 처음 시작할 때 발생할 수 있는 불편함을 줄여주는 것이 중요하다. 예를 들어 고강도 운동보다 저강도나 중강도의 운동을 선택하는 것이 근육통, 부상 등의 불편함을 줄이는 데 훨씬 효과적이다. 즉, 처음 운동을 시작하는 사람 중 걷기운동 프로그램을 통해 운동을 시작한 사람이 달리기 운동프로그램에 참가한 사람보다 운동을 지속 실천할 가능성이 더 높아진다.

이와 관련된 연구에서도 운동프로그램에 지속 참여하는 사람들의 경우 자신의 유산소 능력의 약 50% 정도의 중강도로 운동을 진행할 때 지속률이 가장 높았다(Buckworth & Dishman, 2007). 평소 운동을 하지 않거나 비만도가 높은 사람들의 경우 자신이 편하게 운동할 수 있는 운동강도를 선택하는 것이 더 높은 지속 실천율을 보인다고 밝혀졌다(Williams, 2007, 2008).

흥미로운 부분 중 하나는 자신이 원하는 운동강도보다 10%만 강도가 높아져도 운동 중도 포기율이 높아진다는 것이다(Lind, Ekkekakis, & Vazou, 2008). 연구 결과를 종합해 보면 사람들이 불편함을 느끼게 되는 운동강도를 피하고, 대신 즐거움과 관련된 수준의 강도로 운동하도록 유도하는 것이 중요하다고 말할 수 있다.

2) 운동빈도

미국스포츠의학회(ACSM)와 질병통제예방센터(CDC)의 운동 가이드라인은 주 3~5회 최소 30분 이상의 중강도의 신체활동을 실시할 것을 권장하고 있다. 여기서 신체활동은 5~10분 가량의 집안일과 걷기운동을 모두 포함한 개념이다. 미국의 의학연구소의 식품 영양위원회(FNB)에서는 하루 최소 1시간 이상의 중강도 이상의 신체활동을 권장한다.

이외에도 Jakicic 등(1995)은 운동 경험이 별로 없는 56명의 여성을 대상으로 한 번에 오랜 시간 운동하는 것과 짧게 나누어 여러 번 하는 방법에 대해 연구했다. 연구 결과 짧게 나누어 여러 번 운동을 한 집단이 한 번에 길게 운동한 집단보다 더 오랜 기간 운동을 했으며 운동 지속시간도 길었다. 이처럼 운동빈도에 대한 권장사항은 여러 학술단체나 연구마다 다르게 제시되고 있지만 사람들이 규칙적인 신체활동을 해야 한다는 점에서는 차이가 없다는 점을 기억할 필요가 있다.

3) 운동경력

개인의 과거 운동경력도 운동지속실천에 영향을 준다(Anton et al., 2005). 아동기에 운동을 적극적으로 실천한 어린이는 성인이 된 이후에도 운동을 꾸준히 실천하는가의 여부는 아동의 체육활동 참여를 권장하는 당위성의 측면에서 중요하다. 특히, 과거 신체활동 경험이 많은 사람일수록 고강도 운동에 대한 순응도가 높아지고, 중강도 운동에 대한 순응도는 낮아진다. 따라서 운동프로그램을 추천하거나 개발할 때 개인의 과거 운동경력을 면밀히 고려할 필요가 있다.

5 운동 방해요인

운동을 하면 신체적·사회적·정신적으로 많은 이점이 있음에도 불구하고 많은 사람들은 여전히 운동을 하지 않으며, 운동을 하지 않는 이유로는 시간 부족, 에너지 부족, 동기 부족 등이 주요 요인으로 알려져 있다(Canadian Fitness and Lifestyle Research Institute, 1996; Tobi et al., 2012).

1) 시간 부족

사람들이 운동을 하지 않는 이유 중 가장 흔한 이유는 시간이 부족하다는 것이다. 캐나다에서 7만 명을 대상으로 연구를 진행한 결과 운동을 실시하는 사람 중 약 69%가 신체활동을 방해하는 요인으로 시간 부족을 언급했다(Canadian Fitness and Lifestyle Research Institute, 1996). 하지만 시간 부족으로 운동을 하지 않는다는 것은 변명에 불과하다는 주장도 있다.

사람들은 TV 시청이나 친구들과 만나는 일에 자신의 시간을 사용하고 싶은 것이며, 운동을 할 시간이 부족하다고 하는 것은 사람들의 인식적인 부분이라는 주장이다. 즉, 운동이 사람들의 우선순위에 뒤처져 있을 뿐 실제로 운동할 시간이 부족한 것은 아니다. 따라서 운동을 지도하는 지도자가 운동프로그램을 더욱 즐겁고 재미있게 구성해야 다른 여가 활동과 운동이 경쟁할 수 있다는 점을 기억할 필요가 있다.

2) 에너지 부족

사람들의 운동 방해요인 중 또 하나는 피곤함을 들 수 있다. 운동을 하지 않는 사람들의 약 59%가 운동을 할 수 없을 정도로 바쁜 일상을 지내고 있기 때문에 운동에 참여하는 데 어려움이 있다고 한다. 하지만 피로가 육체적인 것보다는 정신적인 스트레스에 의해 유발될 수 있다는 점을 주목할 필요가 있다. 즉, 운동을 통해 긴장과 스트레스를 완화하고 활력을 줄 수 있는 프로그램을 개발해서 지도한다면 운동이 피로감을 낮춰주는 데 효과적이라는 인식을 심어 줄 수 있다. 오히려 운동이 힘든 일상 뒤에 삶의 활력을 높여주는 중요한 일로 자리 잡는 데 도움을 줄 수 있다.

3) 동기 부족

에너지 부족과 연계되어 오랜 기간 운동을 하지 않는 사람들의 경우 신체활동에 대한 동기가 현저히 낮아져 운동을 실시하지 않게 된다. 직장생활이나 가정생활, 친구와의 만남 등 삶에서 특정 부분에 많은 에너지를 소비하는 경우 자연스럽게 신체활동에 대한 의지가 낮아지기 때문에 운동의 이점에 대한 인식을 가지고 있는 것이 신체활동에 대한 동기 유지에 도움이 된다는 점을 기억해야 한다.

Click

운동은 피로회복제?!

최근 연구(Oberste et al., 2021)에 따르면, 정신적으로 매우 피곤한 상태에서 중강도의 유산소 운동을 잠깐 실시하는 것이 피로감을 낮추는 데 도움이 된다는 결과가 나타났다. 연구자들은 건강한 성인 99명에게 정신적인 피로감을 유발하는 60분짜리 어려운 과제를 부여하였다. 이후 참가자들을 세 그룹으로 나눠 각기 다른 활동에 30분 동안 참여하도록 하였다. 연구 결과 유산소 운동을 30분간 한 그룹이 스트레칭을 하거나 TV를 시청한 그룹보다 인지 유연성, 기분, 피로감, 동기 등에서 모두 더 나은 회복 효과를 보였다. 이 연구는 운동이 단순한 신체활동을 넘어 정신적 피로를 회복하는 '피로회복제'가 될 수 있음을 보여주는 좋은 사례다.

4) 좌식 생활

운동행동 촉진과 지속 유지를 위해 연구를 진행해 온 많은 연구자들이 최근 들어 운동 부족의 원인으로 가장 많이 지적하고 있는 부분이 좌식 생활이다(Biddle & Gorley, 2014). 좌식 생활은 '앉아있는 시간'을 의미하는 말로 직장이나 학교에서 앉아있는 것, 차에서 앉아있는 것, TV를 보거나 컴퓨터를 하면서 앉아있는 것과 같이 일상생활에서 앉아있는 모든 것들을 의미하기 때문에 서 있는 것과 관련되지 않은 모든 행동이 좌식 생활의 범주에 포함된다고 할 수 있다. 따라서 대부분의 시간이 좌식 생활로 구성되어 있는 현대인의 특성상 신체활동 시간은 자연스럽게 줄어들게 되고 건강상의 많은 문제들이 발생하고 있다.

실제로 청소년들의 좌식 생활에 대한 연구에서도 좌식 생활이 체력 저하나 자존감 하락, 학업성취도 저하에 많은 관계가 있다고 밝혀졌다(Tremblay et al., 2011). 청소년 뿐 아니라 성인들을 대상으로 한 연구에서도 좌식 생활을 많이 하는 사람이 그렇지 않은 사람에 비해 대사 증후군 발병위험이 73%나 높아질 뿐 아니라 심혈관계 질환이 증가될 가능성이 높다고 확인되었다(Edwardson et al., 2012; Proper et al., 2011). 따라서 'TV 앞에서 식사금지', 'TV시청 시간 정하기', '스탠딩 책상 활용하기', '일상생활에서 많이 걷기', '주변인에 신체활동 실시에 대한 칭찬하기' 등의 전략들을 활용하여 좌식 생활을 최소화하려는 노력이 필요하다(Steeves et al., 2012).

6 시사점

개인요인이 운동실천과 밀접한 연관이 있다는 연구가 다수 이루어졌다. 우리나라의 경우 20대의 운동실천율이 가장 높으며, 연령이 증가함에 따라 운동실천율이 감소하는 경향을 보인다. 개인요인에 따른 운동실천 패턴을 분석하면 운동실천을 높이기 위한 목표 계층이 누구인지 알 수 있다.

운동지도자의 리더십은 회원의 정서와 행동에 결정적인 영향을 준다. 회원들이 만드는 응집력 있는 분위기도 리더십 못지않게 중요하다. 사회적 지지를 제공하고 받는 것도 운동지속실천에 영향을 준다. 특히, 사회적 지지는 운동의 시작과 지속과정에서 중요한 촉진제 역할을 한다. 지지의 유형에 따른 효과가 다르기 때문에 어떤 유형을 긍정적으로 받아들이는가를 고려할 필요가 있다. 대체로 정서적 지지의 역할이 중요하기 때문에 격려와 칭찬의 중요성을 잊지 말아야 한다.

그 외 운동강도, 운동지속시간도 운동의 지속실천과 관련성이 높다. 퍼스널 트레이너, 생활체육 지도자, 건강운동관리사 등이 관심을 가져야 할 사항이다. 고강도 운동은 중도 포기를 높이기 때문에 중강도의 운동을 권장할 필요가 있다.

참고문헌

보건복지부(2022). 2022 **국민건강통계: 국민건강영양조사.** 보건복지부.

하나금융경영연구소(2024). **2024 대한민국 웰스 리포트.** https://www.hanaif.re.kr/boardDetail.do?hmpeSeqNo=36112

Anton, S. D., Perri, M. G., Riley, J., Kanasky, W., Rodrigue, J., Sears, S., & Martin, A. D. (2005). Differential predictors of adherence in exercise programs with moderate versus higher levels of intensity and frequency. *Journal of Sport and Exercise Psychology, 27*(2), 171-187.

Asadpour, M., Namdari, M., Sahraei, M., Bozorg, B., Sheikh Fathollahi, M., Bidaki, R., & Saberi Hosseinabad, M. (2021). Exercise behavior and self-efficacy of medical students based on stages of change model. *International Journal of Applied Behavioral Sciences, 8*(1), 11-20.

Bass, B. M., & Riggio, R. E. (2006). *Transformational leadership.* Psychology press.

Biddle, S. J., & Gorely, T. (2014). Sitting psychology: towards a psychology of sedentary behaviour. In Papaioannou, A. G., & Hackfort, D. (Eds). *Routledge Companion to Sport and Exercise Psychology* (pp. 720-740). Routledge.

Bray, S. R., Millen, J. A., Eidsness, J., & Leuzinger, C. (2005). The effects of leadership style and exercise program choreography on enjoyment and intentions to exercise. *Psychology of Sport and Exercise, 6*(4), 415-425.

Buckworth, J., & Dishman, R. K. (2007). Exercise adherence. In G. Tenenbaum & R. C. Eklund (Eds.), *Handbook of sport psychology* (3rd ed., pp. 509-536). Wiley.

Burke, S. M., Carron, A. V., Eys, M. A., Ntoumanis, N., & Estabrooks, P. A. (2006). Group versus individual approach? A meta-analysis of the effectiveness of interventions to promote physical activity. *Journal of sport & exercise psychology, 2,* 19-35.

Canadian Fitness and Lifestyle Research Institute. (1996). *Progress in prevention.* Canadian Fitness and Lifestyle Research Institute.

Cardinal, B. J. (1997). Construct validity of stages of change for exercise behavior. *American Journal of Health Promotion, 12*(1), 68-74.

Carron, A. V., & Eys, M. (2012). *Group dynamics in sport* (4th ed.). Fitness Information Technology.

Carron, A. V., Brawley, L. R., & Widmeyer, W. N. (1998). The measurement of cohesiveness in sports groups. In J. L. Duda (Ed.), *Advances in sport and exercise psychology measurement* (pp. 213-226). Fitness Information Technology

Carron, A. V., Hausenblas, H. A., & Mack, D. (1996). Social influence and exercise: A meta-analysis. *Journal of Sport and Exercise Psychology, 18*(1), 1-16.

De Lyon, A. T. C., Neville, R. D., & Armour, K. M. (2017). The role of fitness professionals in public health: A review of the literature. *Quest, 69*(3), 313-330.

Dishman, R. K., Motl, R. W., Saunders, R., Felton, G., Ward, D. S., Dowda, M., & Pate, R. R. (2005). Enjoyment mediates effects of a school-based physical-activity intervention. *Medicine & Science in Sports & Exercise, 37*(3), 478-487.

Dumith, S. C., Hallal, P. C., Reis, R. S., & Kohl III, H. W. (2011). Worldwide prevalence of physical inactivity and its association with human development index in 76 countries. *Preventive Medicine, 53*(1-2), 24-28.

Edmunds, J., Ntoumanis, N., & Duda, J. L. (2008). Testing a self-determination theory-based teaching style intervention in the exercise domain. *European Journal of Social Psychology, 38*(2), 375-388.

Edwardson, C. L., Gorely, T., Davies, M. J., Gray, L. J., Khunti, K., Wilmot, E. G., Yates, T., & Biddle, S. J. (2012). Association of sedentary behaviour with metabolic syndrome: a meta-analysis. *PloS one, 7*(4), e34916.

Estabrooks, P. A., & Carron, A. V. (2000). The Physical Activity Group Environment Questionnaire: An instrument for the assessment of cohesion in exercise classes. *Group Dynamics: Theory, Research, and Practice, 4*(3), 230-243.

Ferreira, I., van der Horst, K., Wendel-Vos, W., Kremers, S., van Lenthe, F. J., & Brug, J. (2007). Environmental correlates of physical activity in youth—a review and update. *Obesity Reviews, 8*(2), 129-154.

Gellert, P., Ziegelmann, J. P., Warner, L. M., & Schwarzer, R. (2011). Physical activity intervention in older adults: Does a participating partner make a difference? *European Journal of Ageing, 8*(3), 211-219.

Giles-Corti, B., & Donovan, R. J. (2003). Relative influences of individual, social environmental, and physical environmental correlates of walking. *American Journal of Public Health, 93*(9), 1583-1589.

Gill, T., Fullarton, S., & Taylor, A. (2008). Physical activity among south Australian adults, September 2007.

Gustafson, S. L., & Rhodes, R. E. (2006). Parental correlates of physical activity in children and early adolescents. *Sports Medicine, 36*(1), 79-97.

Hamari, J., & Koivisto, J. (2015). "Working out for likes": An empirical study on social influence in exercise gamification. *Computers in Human Behavior, 50,* 333-347.

Hancox, J. E., Quested, E., Ntoumanis, N., & Thøgersen-Ntoumani, C. (2018). Putting self-determination theory into practice: Application of adaptive motivational principles in the exercise domain. *Qualitative Research in Sport, Exercise and Health, 10*(1), 75-91.

Hausenblas, H. A., & Fallon, E. A. (2006). Exercise and body image: A meta-analysis. *Psychology & Health, 21*(1), 33-47.

Hausenblas, H. A., Carron, A. V., & Mack, D. E. (1997). Application of the theories of reasoned action and planned behavior to exercise behavior: A meta-analysis. *Journal of sport and exercise psychology, 19*(1), 36-51.

Heaney, C. A., & Israel, B. A. (2008). Social networks and social support. In K. Glanz, B. K. Rimer, & K. Viswanath (Eds.), *Health behavior and health education* (4th ed., pp. 189-210). Jossey-Bass.

Hong, T. B., Franks, M. M., Gonzalez, R., Keteyian, S. J., Franklin, B. A., & Artinian, N. T. (2005).

A Dyadic Investigation of Exercise Support Between Cardiac Patients and Their Spouses. *Health Psychology, 24*(4), 430–434.

Jakicic, J. M. (1995). *Prescribing exercise in multiple short bouts versus one continuous bout: Effects on adherence and cardiorespiratory fitness in overweight women.* Doctoral dissertation, University of Pittsburgh.

Kari, J. T., Pehkonen, J., Hirvensalo, M., Yang, X., Hutri-Kähönen, N., Raitakari, O. T., & Tammelin, T. H. (2015). Income and physical activity among adults: Evidence from self-reported and pedometer-based physical activity measurements. *PLoS One, 10*(8), e0135651.

Kouvonen, A., Stafford, M., De Vogli, R., Shipley, M. J., Marmot, M. G., Cox, T., ... & Kivimäki, M. (2011). Negative aspects of close relationships as a predictor of increased body mass index and waist circumference: the Whitehall II study. American journal of public health, 101(8), 1474-1480.

Laird, Y., Fawkner, S., Kelly, P., McNamee, L., & Niven, A. (2016). The role of social support on physical activity behaviour in adolescent girls: a systematic review and meta-analysis. *International Journal of Behavioral Nutrition and Physical Activity, 13*(1), 79

Lewis, M. A., & Rook, K. S. (1999). Social control in personal relationships: Impact on health behaviors and psychological distress. *Health Psychology, 18*(1), 63–71.

Lind, E., Ekkekakis, P., & Vazou, S. (2008). The affective impact of exercise intensity that slightly exceeds the preferred level: 'pain' for no additional 'gain'. *Journal of health psychology, 13*(4), 464–468.

Lindsay Smith, G., Banting, L., Eime, R., O'Sullivan, G., & Van Uffelen, J. G. (2017). The association between social support and physical activity in older adults: a systematic review. *International journal of behavioral nutrition and physical activity, 14*(1), 56.

Loughead, T. M., & Bloom, G. A. (2013). Team cohesion in sport: Critical overview and implications for team building. *Routledge handbook of sports coaching,* 345-356..

Lox, C. L., Martin Ginis, K. A., Gainforth, H. L., & Petruzzello, S. J. (2019). *The psychology of exercise: Integrating theory and practice* (5th ed.). Routledge.

Morton, K. L., Sylvester, B. D., Wilson, A. J., Lonsdale, C., & Beauchamp, M. R. (2014). Transformational leadership. In *Routledge Companion to Sport and Exercise Psychology* (pp. 571-587). Routledge.

Oberste, M., de Waal, P., Joisten, N., Walzik, D., Egbringhoff, M., Javelle, F., ... & Zimmer, P. (2021). Acute aerobic exercise to recover from mental exhaustion–a randomized controlled trial. *Physiology & behavior, 241*, 113588.

Prochaska, J. O., & DiClemente, C. C. (1983). Stages and processes of self-change of smoking: toward an integrative model of change. *Journal of Consulting and Clinical Psychology, 51*(3), 390.

Proper, K. I., Singh, A. S., van Mechelen, W., & Chinapaw, M. J. M. (2011). Sedentary behaviors and health outcomes among adults: A systematic review of prospective studies. *American Journal of Preventive Medicine, 40*(2), 174–182.

Ratamess, N. A., Faigenbaum, A. D., Hoffman, J. R., & Kang, J. (2008). Self-selected resistance training intensity in healthy women: The influence of a personal trainer. *The Journal of Strength and Conditioning Research, 22*(1), 103-111.

Reed, M. A., Zhou, C., Muller, C. J., Burgin, T. P., & Tour, J. M. (1997). Conductance of a molecular junction. *Science, 278*(5336), 252-254.

Roberts, K. C., Yao, X., Carson, V., Chaput, J. P., Janssen, I., & Tremblay, M. S. (2017). Meeting the Canadian 24-hour movement guidelines for children and youth. *Health Reports, 28*(10), 3-7.

Sallis, J. F., & Owen, N. (1999). *Physical activity and behavioral medicine.* SAGE publications.

Scarapicchia, T. M. F., Amireault, S., Faulkner, G., & Sabiston, C. M. (2017). Social support and physical activity participation among healthy adults: A systematic review of prospective studies. *International Review of Sport and Exercise Psychology, 10*(1), 50-83.

Schwarzer, R. (2014). *Self-efficacy: Thought control of action.* Taylor & Francis.

Sport England. (2018). Active lives. Sport England. https://www. sportengland. org/know-your-audience/data/active-lives Accessed on, 14(5), 20.

Steeves, J. A., Thompson, D. L., Bassett, D. R., Fitzhugh, E. C., & Raynor, H. A. (2012). A review of different behavior modification strategies designed to reduce screen behaviors in children. *Journal of Obesity, 2012*(1), 379215.

Tobi, P., Estacio, E. V., Renton, G., & Foster, N. (2012). Who stays, who drops out? Biosocial predictors of longer-term adherence in participants attending an exercise referral scheme in the UK. *BMC Public Health, 12*(1), 347.

Tremblay, M. S., LeBlanc, A. G., Kho, M. E., Saunders, T. J., Larouche, R., Colley, R. C., Goldfield, G., & Gorber, S. C. (2011). Systematic review of sedentary behaviour and health indicators in school-aged children and youth. *International Journal of Behavioral Nutrition and Physical Activity, 8*(1), 98.

Williams, D. M. (2007). Piloting a self-paced exercise program among previously sedentary women. *Journal of Women's Health, 16*(8), 1101-1111.

Williams, D. M. (2008). Exercise, affect and adherence: An integrated model and a case for self-paced exercise. *Journal of Sport and Exercise Psychology, 30*(5), 471-496.

Review Questions

01 연령에 따른 운동실천 경향을 국내 자료와 미국 자료를 근거로 비교해보자.

02 직업과 교육수준은 운동실천과 어떤 관계가 있는지 설명해보자. 이러한 결과가 나오게 된 배경을 논의해보자.

03 운동을 방해하는 요인에는 어떠한 것들이 있는지 설명하고 자신에게는 어떠한 방해요인이 작용하고 있는지 제시해보자.

04 운동강도와 지속 실천 사이의 관련성을 설명해보자.

05 운동지도자가 운동지속실천에 주는 영향이 어느 정도인지 연구 결과를 제시해보자.

06 운동지도자의 변혁적 리더십에 포함되는 행동은 어떠한 것이 있는지 설명해보자.

07 응집력의 사회측면과 과제측면을 정의하고, 운동 상황에서의 사례를 제시해보자.

08 사회적 지지의 유형 4가지를 제시하고, 유형별로 운동 상황에서 찾을 수 있는 사례를 2가지씩 제시해보자.

09 GEQ와 PAGEQ가 측정하는 응집력 4요인의 개념을 정의하고 해당 문항 1개씩 예로 들어보자.

10 운동실천에 영향을 주는 심리적 요인 중 신체 이미지와 사회적 체형불안의 개념에 대해서 설명하고 예를 들어보자.

Study Questions

01 운동실천에 영향을 주는 요인 중 개인요인으로 가장 거리가 먼 것은?

① 연령 ② 소득수준
③ 교육수준 ④ 사회적 지지

02 Heaney와 Israel(2008)이 제안한 사회적 지지 유형에 해당하지 않는 것은?

① 도구적 지지 ② 정서적 지지
③ 간접적 지지 ④ 정보적 지지

03 사회적 지지유형 중 정서적 지지에 해당하는 것은?

① 체육관 등록을 위한 금액지원
② 칭찬과 격려
③ 운동장소 제공
④ 운동 계획표 제공

04 청소년의 신체활동에 영향을 주는 사회적 지지에 대한 설명으로 옳은 것은?

① 여학생의 경우 사회적 지지가 운동실천에 큰 영향을 주지 못한다.
② 교사의 사회적 지지는 신체활동과 높은 관계를 가지고 있다.
③ 청소년에게는 실질적 지지보다 비교확인 지지를 해줄 필요가 있다.
④ 청소년 학생의 경우 교사보다 친구나 가족의 지지가 큰 영향을 준다.

05 운동실천에 있어서 사회적 지지의 주요 제공자가 아닌 것은?

① 가족 ② 미디어
③ 친구 ④ 부모

06 다음 중 주변인의 사회적 지지와 관련된 설명으로 맞지 않는 것은?

① 부모는 자녀에게 다양한 사회적 지지를 제공해주는 역할을 할 수 있다.
② 배우자와 함께 운동을 하는 사람이 많은 신체활동량을 보인다.
③ 가족의 사회적 지지는 부정적인 영향을 미칠 수 있다.
④ 의료서비스제공자의 사회적 지지는 운동 실천량 증가와 큰 관련이 없다.

07 지도자의 리더십 스타일 중 변혁적 리더십을 구성하는 요인이 아닌 것은?

① 진정성
② 이상적 영향력
③ 영감적 동기부여
④ 개별화된 배려

08 '집단의 목표달성이나 구성원의 정서적 요구를 만족시키기 위해 구성원 모두가 뭉치는 것'을 의미하는 것은?

① 팀 빌딩
② 사회적지지
③ 집단 응집력
④ 팀 자신감

09 집단 응집력 중 집단에 대한 개인매력-사회와 관련 있는 내용은?

① 운동프로그램의 순서나 강도에 만족한다.
② 함께 운동하는 사람들과 어울리는 것이 좋다.
③ 운동을 준비할 때 서로 잘 돕는다.
④ 운동 시작 전, 후 대화하는 시간을 갖는다.

10 집단 응집력을 향상시키기 위한 중재전략이 아닌 것은?

① 팀 명칭 만들기
② 운동파트너 배정
③ 그룹 간 경쟁 유도
④ 자기자리 배정

11 다음 중 운동방해요인으로 적절한 것은?

① 좌식 생활
② 친구의 지지
③ 운동시설의 증가
④ 운동효과 인식

12 '특정 과제나 상황을 성공적으로 해낼 수 있다는 믿음'을 의미하는 것은?

① 내적동기
② 신체적 자기개념
③ 자기효능감
④ 사회적 지지

13 빈칸에 들어갈 용어로 알맞을 것은?

( )란 '신체외모에 대한 자기 자신의 태도'로 사회적인 시선에 의해 형성된다.

① 태도
② 의도
③ 신체불안
④ 신체 이미지

14 운동행동변화에서 '유지 단계'의 특징은?

① 실천의도가 없음
② 과거로 되돌아갈 가능성이 거의 없음
③ 행동을 막 실천해서 즐거움을 느낌
④ 1개월 이내에 실천계획을 세움

15 미국스포츠의학회(ACSM)와 질병통제센터(CDC)의 운동가이드라인에서 권장하는 주당 운동 횟수 및 강도는?

① 주 3~5회 최소 30분 이상의 중강도
② 주 3~5회 최소 60분 이상의 중강도
③ 주 5회 최소 30분 이상의 고강도
④ 주 5회 최소 60분 이상의 고강도

16 빈칸에 들어갈 용어로 알맞은 것은?

( )은 운동지속실천에 영향을 주는 요인으로 아동기 체육활동 참여를 권장하는 당위성을 주장할 때 중요하게 다뤄진다.

① 운동강도
② 운동빈도
③ 운동경력
④ 운동시간

17 집단의 명칭이나 구호를 만들거나 유니폼을 제작하는 등의 중재전략은 집단 응집력을 구성하는 개념 중 어떠한 개념을 강화하기 위한 것인가?

18 운동 방해요인 중 시간부족에 대한 생각을 긍정적으로 전환시켜줄 수 있는 방법은?

모 / 범 / 답 / 안

6장 평가문항 모범 답안

01 ④ 02 ③ 03 ② 04 ④ 05 ② 06 ④ 07 ① 08 ③ 09 ② 10 ③ 11 ① 12 ③ 13 ④ 14 ② 15 ① 16 ③ 17 독특성 18 시간부족이 인식왜곡임을 설명하고, 운동이 다른 여가활동보다 큰 재미를 느낄 수 있게 프로그램을 구성

7장

운동실천 중재전략

Key terms

중재전략 설계 단계	COM-B	행동 변화 바퀴(BCW)	행동변화 전략	행동 변화 기법(BCTs)	중재 전달 방식	RE-AIM
실제 방해요인	인식된 방해요인	행동수정 전략	의사결정 단서	행동 단서	행동대처 전략	운동실천 모니터링
인지전략	SMART 원칙	내적동기 전략				

7장 운동실천 중재전략

운동이 건강에 좋다는 것을 알고는 있지만 실천하기란 쉽지 않은 일이다. 운동실천을 방해하는 여러 요인이 존재하기 때문이다. 본 장에서는 운동을 시작하고 지속하는 데 도움이 되는 중재전략에 대해 설명한다. 중재전략이 행동을 직접적으로 변화시켜 주지는 않을 수 있으나 운동행동에 영향을 주는 요인에 대한 수정을 통해 궁극적으로 운동행동을 증가시킬 수 있다. 따라서 관련 전문가(예: 스포츠센터 관리자, 트레이너, 생활체육지도자, 보건전문가, 재활전문가, 복지업무 담당자, 체육교사 등)라면 본 장의 내용을 통해 문제 해결을 위한 아이디어를 찾을 수 있을 것이다.

1 중재전략 설계 단계

중재전략 설계 단계(stages of intervention design)는 신체활동 중재를 효과적이고 체계적으로 설계하기 위한 절차를 제시하는 모델이다(Michie et al., 2014). 과거의 신체활동 중재전략은 충분한 이론적 근거와 사람들의 신체활동에 대한 이해가 부족한 상황에서 적용되어 중재전략의 효과가 미미하고 체계적이지 못하다는 평가를 받아왔다. 이러한 한계를 극복하기 위해 제안된 것이 중재전략 설계 단계다(그림 7-1 참조).

처음 세 단계는 신체활동에 영향을 주는 다양한 요인들을 면밀하게 평가하고, 이를 토대로 중재전략을 설계하는 데 유용한 정보를 제공한다. 그리고 네 번째 단계에서는 중재전략이 시행된 이후에 어떤 것이 효과적이었는지, 향후에는 어떤 중재를 제공해야 하는지를 알 수 있다.

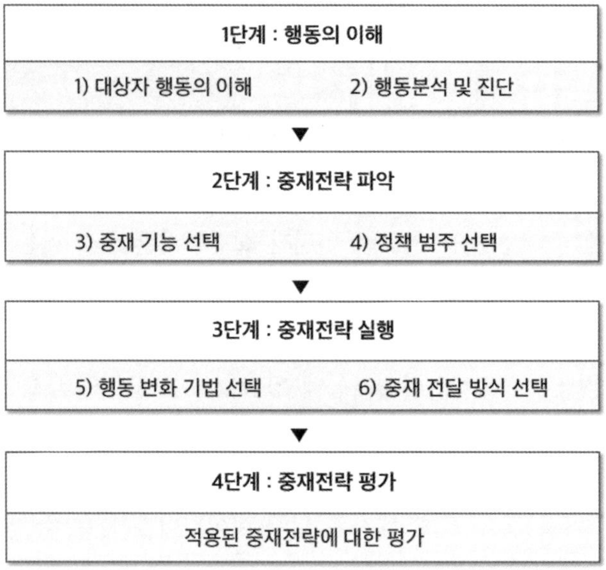

❙그림 7-1❙ 중재전략 설계 단계(Michie et al., 2014)

1) 행동의 이해

행동의 이해(understanding the behavior) 단계는 전문가가 대상의 어떤 행동을 변화시키려 하는지 구체적으로 파악하는 과정이다. 단순히 '운동을 늘린다'와 같은 모호한 목표가 아니라 어떤 행동을, 누구를 대상으로, 어떤 상황에서 바꾸고자 하는지를 명확히 해야 한다. 또한 이 단계에서는 행동에 영향을 줄 수 있는 다양한 구성 요소들도 함께 고려해야 한다. 예를 들어, 대상자의 연령과 성별 같은 개인적 요인, 의도나 동기, 자신감 수준과 같은 심리적 요인, 그리고 대인관계 요인이나 환경적 요인도 함께 이해할 필요가 있다.

이러한 행동을 체계적으로 분석하기 위해 활용할 수 있는 유용한 틀이 바로 〈그림 7-2〉에 제시된 COM-B 모델이다(Michie, van Stralen, & West, 2011; Michie et al., 2014). 이 모델의 핵심 개념인 능력(capability), 기회(opportunity), 동기(motivation), 그리고 행동(behavior)의 첫 글자를 따서 붙여진 명칭으로, 능력과 기회, 동기 세 가지 요인이 상호작용하여 행동이 나타남을 설명하는 모델이다. 특정 행동 변화를 위한 중재전략을 설계할 때 고려해야 할 요인들을 더 깊이 탐색할 수 있도록 돕는다.

- 능력: 신체활동을 수행하기 위해 필요한 필수적인 요소(신체조건, 기술, 체력상태 등)가 갖추어져 있는지를 평가한다. 예를 들어 웨이트 트레이닝을 하려면 기구 사용법을 알아야 하며, 장비사용을 위한 신체적 준비 상태를 확인해야 한다.
- 기회: 대상자가 신체활동을 실시할 수 있는 조건(신체적, 사회적 환경)을 평가한다. 예를 들어, 웨이트 트레이닝을 실시할 수 있는 시간이 있는지, 주변의 지지는 있는지 등을 파악한다.
- 동기: 운동참여에 대한 동기가 있는가를 확인한다. 예를 들어 대상자가 웨이트 트레이닝의 효과를 인식하고 있어야 할뿐만 아니라, TV시청과 같은 다른 여가생활보다 운동을 하고자 하는 동기가 있는지를 파악한다.

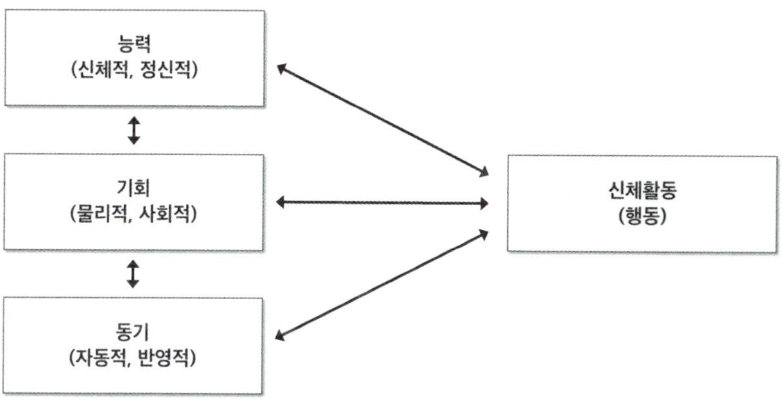

❙그림 7-2❙ COM-B 모델(Michie, van Stralen, & West, 2011)

COM-B 모델은 전문가가 대상자의 행동 분석(behavioral analysis)과 행동 진단(behavioral diagnosis)을 수행할 때 활용할 수 있다. 또한, 어떤 요인을 변화시켜야 신체활동 행동이 바뀔 수 있는지를 파악하는 데 도움을 준다.

먼저, 전문가는 대상자가 해당 행동을 수행하는 데 있어 장애요인(barriers)과 촉진요인(facilitators)이 무엇인지 파악해야 한다. 이러한 요인들을 파악하기 위해 전문가는 면담이나 설문조사를 통해 대상자의 실제 경험과 인식을 파악할 수 있다. 또한, 유사집단을 대상으로 기존 다양한 연구의 결과를 참고하거나, 비슷한 중재 경험을 가진 전문가에게 조언을 구하는 것도 좋은 방법이다.

2) 중재전략 파악

중재전략 파악(identify intervention option) 단계는 중재에 어떤 활동을 포함할 것인지를 확인하는 과정이다. 이는 마치 의사가 환자의 상태를 진단하고 치료법을 결정하는 절차와 유사하다. 전문가가 대상자의 특성을 파악했다면, 행동변화를 유도할 수 있는 구체적인 활동들을 선택해야 한다.

이 시점에서는 두 가지 측면에서 중요한 결정을 내려야 한다. 첫 번째는 중재 기능(intervention functions)이다. 중재 기능이란, 행동을 변화시키기 위해 COM-B 모델의 요인(능력, 기회, 동기) 중 하나 이상을 변화시키는 데 목적이 있는 활동들을 의미한다. 두 번째는 정책 범주(policy categories)를 어떻게 활용할지 정해야 한다. 정책 범주는 중재전략을 실행하고 지원하기 위한 제도적·환경적 수단으로, 정부와 지역사회 등이 제공하는 자원을 의미한다.

이러한 중재 기능과 정책 범주의 선택은 행동 변화 바퀴(Behavior Change Wheel, BCW)를 활용하면 더 체계적으로 결정할 수 있다(Michie et al., 2011, 2014). BCW는 운동행동을 효과적으로 변화시키기 위해 제시된 다양한 행동변화 이론들을 통합하여 개발된 모델로, 총 3개 층으로 구성된다.

- 첫 번째(가장 안쪽) 층은 1단계에서 사용되는 COM-B 모델로. 중재하려는 대상과 집단의 목표 행동을 파악하고, 행동 분석 및 진단을 수행해야 한다.
- 두 번째(중간) 층은 중재전략 설계의 2단계로, 중재전략에 포함할 중재 기능을 선택하는 데 사용된다.
- 세 번째(가장 바깥쪽) 층 역시 2단계에서 활용되며, 정책 범주를 고려하여 중재전략의 실행을 어떻게 지원할지 결정하는 데 사용된다.

(1) 중재 기능

BCW에서는 행동변화를 유도하기 위해 적용할 수 있는 중재 기능 9가지를 제시하였으며, 이는 〈표 7-1〉에 설명되어 있다. 중재 기능은 행동의 결정요인(능력, 행동, 동기)에 따라 달라질 수 있다. 예를 들어, 제한, 환경 재구성, 모델링, 촉진 등의 중재 기능은 사회적 기회(social opportunity)를 변화시키는 데 유용하다. 반면, 신체적 역량(physical capability)은 오직 훈련을 통해서만 변화시킬 수 있다.

따라서 중재 제공자는 행동 진단의 결과에 따라 변화가 필요한 요인을 명확히 파악한 후, 중재기능을 전략적으로 선택해야 한다. 예를 들어, 신체적 역량과 자동적 동기(automatic motivation)의 변화가 필요한 운동 참여자라고 생각이 된다면, 이 두 요인을 변화시킬 수 있는 하나 이상의 중재 기능을 선택해야 한다. 반대로 사회적 기회를 변화시켜야 한다는 진단이 내려지면, 해당 요인을 바꿀 수 있는 중재 기능 중 최소 하나 이상을 반드시 선택해야 한다.

| 표 7-1 | 행동변화를 위한 중재기능 요인 9가지

요인	행동변화 전략
교육	세계보건기구(WHO)등의 운동지침 제공
설득	운동을 하지 않을 때 부정적 영향에 대한 의견공유
보상	운동 참여에 대한 혜택(상품) 제공
강요	정해진 운동지침을 따르지 않을 때 벌칙(벌금) 부여
훈련	올바른 훈련방법에 대한 지식제공
제한	정해진 운동시간에 다른 활동(약속 등) 제한
환경 재구성	새로운 운동장비 제공
모델링	대상자에게 모범을 보임
촉진	대상자의 역량과 기회를 높이기 위한 정보제공(칭찬, 정보제공)

(2) 정책 범주

BCW 중재전략을 지원하기 위한 정책 범주 7가지를 제시하였으며, 이는 〈표 7-2〉에 정리되어 있다. 이 표를 사용하여 자신의 중재 실행을 지원할 수 있는 정책 범주 목록을 작성한 뒤 비용 효율성, 실현 가능성, 효과성, 수용 가능성, 부작용 가능성, 공정성과 같은 기준을 적용하여 정책 범주를 평가할 수도 있다. 이때 지도자는 정책 범주의 적용 가능성을 고려하여 검토해야 한다.

예를 들어, 재정지원이 행동 변화를 일으키는 데 매우 효과적이라고 생각하더라도 세금 제도와 같은 외부 요인으로 인해 실행이 어려울 수 있다. 이러한 상황에서는 보다 실현 가능한 다른 정책 범주를 고려해야 한다.

▌표 7-2▐ 행동변화에 영향을 주는 정책 범주의 7가지 요인

정책 범주	예시(대학생 대상 트레이닝 시)
커뮤니케이션/마케팅	방송매체나 SNS 등을 적극적으로 활용
가이드라인	대학 내 체육관 이용자를 위한 가이드라인 개발
재정지원	체육관 이용 학생에게 혜택(할인) 제공
규정	체육관 직원에게 적극적으로 운동을 권장하겠다는 서명 받기
입법	교내 운동시설을 설치하고, 학생들에게 무료 개방한다는 법률 제정에 적극 협조
환경적/사회적 지원	체육관 운영자는 체육관 내 운동장비를 지속적으로 추가
서비스 제공	체육관 운영자가 학생에게 트레이닝 수업을 제공

3) 중재전략 실행

중재전략 실행(identify content and implementation options)은 중재의 구체적인 내용을 결정하고, 이를 어떤 방식으로 전달할 것인지 정하는 단계이다. 이때 중재를 위한 구체적인 내용은 행동 변화 기법(Behavior Change Techniques; BCTs)을 활용할 수 있다. BCTs는 특정 중재 기능을 달성하기 위해 설계된 전략으로, 행동 변화를 유도하기 위한 핵심 기법들이다. 중재 전달 방식(modes of delivery)은 BCTs가 어떻게 제공되는지를 의미하며, 스마트폰 앱, 대면 상담, 온라인 플랫폼 등이 이에 해당한다.

지금까지 살펴본 요인들과 기법들을 종합하면, 100가지가 넘는 다양한 BCTs와 전달 방식 중에서 적절한 항목을 선택할 수 있다. 이는 중재 전략을 설계할 때 다양한 측면을 종합적으로 고려해야 함을 의미한다. 앞서 〈표 7-1〉에서 설명했던 중재 기능에 대한 BCTs의 사례는 〈표 7-3〉에 제시되어 있다.

▎표 7-3 ▎중재의 기능에 대한 BCTs 적용 사례

중재의 기능	BCTs 적용 사례
교육	• 사회적 및 환경적 결과에 대한 정보 제공 • 건강 결과에 대한 정보 제공 • 행동 또는 행동 결과에 대한 피드백 • 알림/신호 제공 • 행동의 자기 점검
설득	• 신뢰할 수 있는 출처 활용 • 사회적, 건강적, 환경적 결과에 대한 정보 제공 • 행동 또는 행동 결과에 대한 피드백
모델링	• 행동 시연
촉진	• 사회적 지지 제공 • 목표 설정 • 환경에 도구 추가 • 문제 해결 • 실행 계획 수립 • 행동의 자기 점검 • 물리적 환경 재구성 • 행동 또는 결과 목표 검토

4) 중재전략 평가

중재전략 평가(evaluation)는 적용한 중재전략이 얼마나 의도한대로 이루어졌는지에 대한 효과성을 판단하는 과정이다. 운동 중재전략을 적용하는 지도자가 평가 과정을 생략할 경우, 중재 내용의 효과성과 개선 방향을 명확히 파악하는데 어려움을 겪을 수 있다. 평가를 위해 전문가는 중재전략의 효과를 다각도로 분석할 수 있는 RE-AIM(Glasgow, Vogt & Boles, 1999)을 활용할 수 있다(그림 7-3).

Bopp 등(2007)의 연구는 RE-AIM 방법이 신체활동 중재전략을 어떻게 평가할 수 있는지를 잘 보여준다. 이들이 개발한 중재전략은 사우스캐롤라이나 전역의 아프리카 감리교 교회에서 신체활동을 촉진하기 위해 설계된 3년의 신체활동 프로그램이었다. 프로그램은 지역 사회의 문화적 특성을 반영하여 구성되었는데, 예를 들어 복음성가에 맞춰 진행되는 에어로빅 수업이나 교회 내 신체활동 홍보 게시물 부착 등이 포함되었다. 3년 뒤 연구팀은 RE-AIM 원칙에 따라 신체활동 중재전략 프로그램을 평가하였고, 다음과 같은 결과를 얻을 수 있었다.

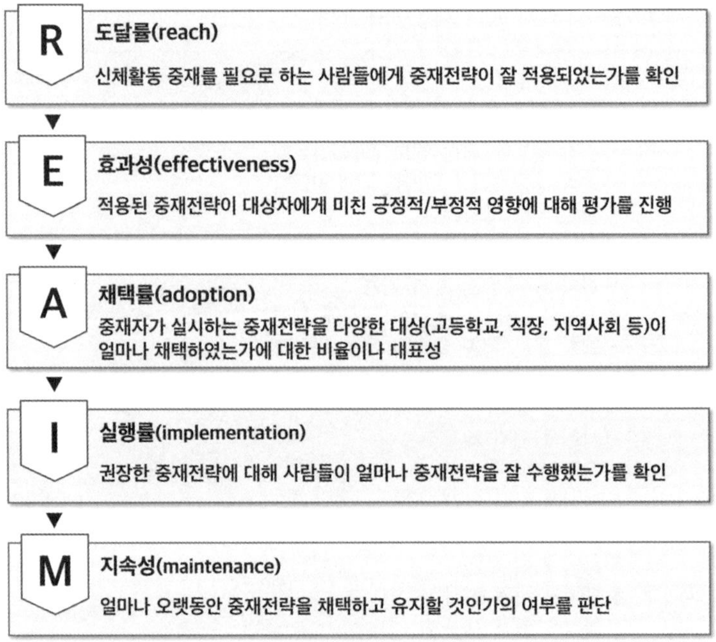

| 그림 7-3 | 중재 평가를 위한 RE-AIM 원칙

- 도달률: 사우스캐롤라이나에 있는 교회의 50%가 중재 활동에 대한 교육을 받았다. 참여자 중 대부분은 40세 이상의 여성이었다.
- 효과성: 중재는 교회 신도 전체의 신체활동 수준을 증가시키지는 못했다. 그러나 중재에 대해 들어본 사람들은 그렇지 않은 사람들보다 신체활동 수준이 증가했을 가능성이 더 높았다.
- 채택률: 교육을 받은 교회의 약 3분의 2가 중재를 채택했다. 대형 교회일수록 소형 또는 중형 교회보다 개입을 채택할 가능성이 더 높았다. 교회가 도시인지 농촌인지, 구성원의 인종이나 민족, 지역사회의 사회경제적 지위에 따라 채택률에는 차이가 없었다.
- 실행률: 교회 직원들의 중재 전달 원칙에 대한 준수율은 50%에서 100%까지 다양했다.
- 지속성: 개별 참가자들은 교회가 중재를 제공하는 동안에는 참여를 유지했다. 그러나 프로젝트 2년 차에는 절반 가까운 교회들이 중재를 중단한 것으로 나타났다.

2 이론에 근거한 중재전략

1) 혜택인식

행동의 결과로 주어지는 이득을 어떻게 인식하는가가 행동실천에 중요한 영향을 미친다. 운동이 주는 혜택은 매우 광범위하기 때문에 운동 참여자에게 의미있는 혜택이 무엇인지 구체적으로 파악하는 것이 중요하다. 전문가는 참여자가 추구하는 혜택을 명확히 파악하고, 이에 부합한 운동프로그램을 설계해야 한다. 예를 들어, 체중과 몸매를 중시하는 사람에게는 이 목적을 달성할 수 있도록 운동을 설계해 주고, 체력과 근력을 향상시키는 혜택을 기대하는 사람에게는 근력 운동을 설계하는 것이 바람직하다. 운동실천으로 예상되는 혜택을 몇 가지 범주로 구분해서 알아본다.

- 건강과 체력 증진: 심폐지구력, 근력 및 근지구력, 유연성 등을 향상시키고, 체력을 향상시키고 질병 치료, 활력 증가, 수면 패턴 개선, 통증이나 피로감을 감소시킨다.
- 외모와 체형 개선: 체지방을 감소시키는 장기간의 유산소 운동과 근육량을 증가시키는 웨이트 트레이닝을 통해 이상적인 체형을 만들 수 있다. 외모와 체형의 개선은 신체 이미지, 신체적 자기존중감 등을 높이는 효과가 있다.
- 정신적·정서적 건강 향상: 운동은 부정적인 정신·정서적 상태(외모자신감 부족, 의기소침)를 감소시키고, 긍정적인 반응(자부심, 긍정적인 기분)을 증가시킨다.
- 대인관계 개선: 운동실천 과정에서 새로운 사람을 만날 수 있기 때문에 대인관계가 좋아진다. 중년 이후에 대인관계의 기회가 많지 않다는 점을 고려하면 운동이 중요한 역할을 한다.

운동실천을 통해 얻을 수 있는 혜택을 어떻게 홍보하는가도 중요한 문제이다. 운동 혜택에 관한 정보는 대중매체, 신문, 잡지, 팜플렛, 대화 등을 통해서 전달될 수 있다. 특히, 개인이 처한 상황과 특성에 맞도록 운동이 주는 혜택을 선택적으로 제공하는 것도 의미가 있다. 노인에게는 아이와 함께 놀이를 하는 신체활동이 주는 혜택을 강조하는 것이 효과적이며, 비만인에게는 운동을 통한 체중감량과 그에 따른 혜택을 구체적으로 설명해주는 것이 설득력을 높인다.

2) 방해요인 극복

운동실천 이론들(3장 참고)은 공통적으로 방해요인을 중요하게 다루고 있다. 이를 종합해 보면, 운동실천의 방해요인을 어떻게 인식하는가가 운동실천에 영향을 준다는 것을 알 수 있다. 그러나 방해요인에 대한 인식은 객관적인 현실에 기반한 경우도 있지만, 주관적인 평가가 강하게 작용하기 때문에 이를 방해요인을 극복하기 위한 전략이 필요하다. 방해요인은 실제 방해요인(예: 휠체어를 사용하는 사람이 접근할 수 없는 운동시설)과 인식된 방해요인(예: 시간부족)으로 구분한다.

(1) 실제 방해요인

실제 방해요인에는 편리성(접근성), 환경적 요인, 신체적 제약 등이 포함된다.

첫째, 편리성은 운동 장소로의 접근 용이성과 운동시설 및 장비 부족 등을 의미한다. 이용하기 곤란한 교통수단, 운동시설의 부족, 위치적 불편, 장비 부족 등은 사람들의 규칙적인 운동을 방해하는 보편적인 요인들이다. 하지만 운동시설의 편리성에 대한 인식은 실제 시설의 근접성과 일치하지 않는다는 연구 결과도 있다. 즉, 운동시설과 거리가 가까워도 그것이 곧 편리하다고 느껴지는 것은 아니다. 시설 탓으로 운동을 미루기보다는 시간과 장소를 미리 정해 실제로 운동을 실천하는 것이 중요하다.

둘째, 지리적 위치, 기후, 이웃환경 등의 환경적 요인은 운동실천의 실제 방해요인으로 작용한다. 비나 눈뿐만 아니라 좋지 않은 기후는 사람들의 실외 활동을 제한시킨다. 집 근처에 조명이 설치된 산책로가 있다면 밤 시간대에도 많은 사람이 운동하러 오게 될 것이다. 반면 주변에 좋은 시설이 있더라도 접근로가 확보되지 않으면 이용에 제약이 따르기 마련이다.

셋째, 부상, 질병, 피로 등의 신체적 제약도 방해요인으로 작용한다. 질병이 있거나 부상을 당했다면 운동하기가 곤란하다. 반면 운동은 여러 질병(암, AIDS, 관절염, 당뇨병, 과체중)을 예방하고 개선하는 방법 중의 하나로 인정받고 있다.

(2) 인식된 방해요인

실제 방해요인에 비해 인식된 방해요인은 효율적인 전략을 사용하여 해결할 수 있다. 인식된 방해요인 중 대표적인 예가 시간 부족이다. 대부분의 사람들은 운동할 시간이 부족해서 운동을 못한다고 말한다. 하지만 방해요인에 대한 연구(Shaw et al., 1991)를 보면 운동에 대한 방해요인으로 시간부족을 언급한 사람들은 그렇지 않은 사람에 비해 오히려 일주일에 더 많은 시간을 운동에 투자하는 것으로 나타났다. 규칙적으로 운동하는 사람은 시간관리 전략을 사용하고 있으며, 생활 속에서 운동에 우선순위를 두고 있음을 의미한다.

흥미부족과 지루함도 많은 사람들이 언급하는 운동 참여 방해요인 중 하나이다. 운동은 무미건조한 힘든 활동이라고 생각하는 사람들은 다른 형태의 여가활동(예: 댄싱, 하이킹, 수영 등)에 참여함으로써 흥미부족과 지루함 문제를 극복할 수 있다. 시간부족과 흥미부족은 〈표 7-4〉에 제시된 전략을 통해 해결할 수 있다.

❙ 표 7-4 ❙ 방해요인에 따른 중재전략

시간부족	
하루 계획에 운동시간을 정하고 매일 같은 시간에 운동하기	운동을 일상생활의 한 부분으로 인식하는 데 도움이 된다. 매일 운동시간을 계획하는 번거로움을 줄여 운동지속을 돕는다.
운동시간을 방해하는 일들(시험, 휴가, 업무 부담)의 처리방법 배우기	스트레스 상황에 처하면 운동을 건너뛰고 일만 하는 삶으로 돌아가게 된다. 스트레스가 예상되면 자신에게 도움이 되는 방식으로 미리 대책을 마련해야 한다.
운동을 우선적으로 해야 할 일로 만들기	개인이 실행해야 할 운동량과 운동을 계속하도록 도와주는 긍정적인 보상 약속을 명확하게 기술한 계약서를 작성하는 것도 좋다.
흥미부족(지루함)	
다양한 즐거운 형태의 활동에 참여하기	다양한 운동 형태의 프로그램에 참여할 때 중도 포기율이 낮아지고, 즐거움을 더 느낀다는 사실이 증명되었다(Glaros & Janelle, 2001).
음악에 맞춰 운동하기	음악을 듣는 것, TV를 보는 것은 운동의 지루함과 피로를 잊는 대표적인 방법이다. 음악의 종류, 빠르기, 볼륨에 따라 운동 중의 행동과 생리적 반응이 영향을 받는다.
단체로 운동하기	단체 운동은 운동 재미를 높이고 운동 의도도 증가시키는 효과가 있다. 주변에 누가 있으면 동기가 유발되고 지루함이 줄어든다.
의욕적인 지도자와 함께 운동하기	운동지도자의 의욕적 지도도 회원의 동기유발과 노력 투입에 영향을 준다.

3) 자기효능감 향상

자기효능감 이론(4장 참고)에 제시된 바와 같이, 자기효능감은 운동지속과 관련된 여러 측면에 중요한 영향을 미친다. 예를 들어, 새로운 동작 배우기, 새로운 목표 설정, 운동시간, 운동에 투자한 노력, 운동 후의 정서체험, 운동 중의 생각 등이 자기효능감에 따라서 달라질 수 있다. 이와 같은 중요성으로 인해 운동지속실천을 촉진하기 위한 전략으로 자기효능감을 향상시키는 방법이 적용되어 왔다.

- 과거 수행경험: 자기효능감을 높이는 데 가장 중요한 요소이다. 성공체험을 높이기 위해서 쉬운 과제에서 어려운 과제로 점점 강도를 높여나갈 필요가 있다. 특히 초보자에게는 자신의 능력에 맞는 운동 집단에 소속되어서 성취감을 느끼게 해야 한다.
- 간접 경험: 다양한 방법으로 시범을 보여주는 것이 자기효능감을 높이는 좋은 방법이다. 특히 운동 수행자와 유사한 사람이 시범을 보이는 것이 효과적이다. 기술 시범뿐만 아니라 문제해결 관련 시범(잘못된 것을 바로잡는 과정을 보여준 시범)도 자기효능감을 높이는데 좋다.
- 언어적 설득: 주위 사람들의 긍정적인 격려와 지지는 자기효능감을 높여준다. 칭찬은 그 자리에서 즉시 매우 구체적으로 해주는 것이 효과적이다.
- 신체/정서 상태: 초보자는 운동 중에 일어나는 신체 반응(예: 호흡수와 심박수 증가, 땀, 근육의 느낌)에 대해 불쾌감이나 불안감을 느낀다. 신체 반응에 대한 부정적인 감정은 운동 흥미를 낮추고 지속실천을 방해한다. 이런 느낌은 정상적인 운동반응이므로 긍정적으로 해석하도록 지도자가 도와주어야 한다.

3 행동수정 전략

1) 의사결정 단서

의사결정 단서(cues-to-decision)는 행동의 실천 여부를 결정하는 과정을 시작하게 하는 자극을 의미한다. 예를 들어, 집에 돌아왔을 때 운동화를 확실하게 볼 수 있도록 현관에 운동화를 두고 출근하면 퇴근해서 운동을 하게 될 가능성이 높아진다. 운동화가 행동을 하도록 결정하는데 중요한 단서 역할을 한 것이다. 이처럼 실제 행동을 결정하게 만드는 어떤 요소를 행동 단서(cues-to-action)라 부른다. 유사 개념으로 프롬프트(prompt)라고도 하는데 계획한 행동을 잊지 않고 실천하도록 기억을 떠올려주는 단서를 말한다.

의사결정 단서의 대표적인 연구로 Ratelle 등(2005)이 사람들의 계단이용을 권장하기 위해 건강표식을 설치한 사례를 들 수 있다. 연구자들은 계단을 사용하는 사람이 엘리베이터를 이용하는 사람보다 더욱 건강하게 살 수 있음을 나타내는 건강표식을 설치하였고, 연구결과 계단 사용률이 약 69% 증가하는 것을 확인하였다. 또한 1주일이 지난 시점에 연구자들은 사람들에게 계단을 이용했을 때 나타나는 건강상의 이점을 홍보하는 이메일을 발송하였고, 이후 사람들의 계단 이용률은 77%까지 상승하였다.

따라서 운동실천에 도움이 되기 위해서는 운동이 아닌 다른 행동을 유도하는 단서를 제거하는 노력을 기울여야 한다. 집으로 일거리를 가져오는 행동은 운동 대신 일을 하도록 유도하는 단서가 될 것이다. 퇴근길에 운동을 하고 오거나 일거리를 사무실에 두고 오는 전략을 사용하는 것이 보다 바람직하다.

| 그림 7-4 | 의사결정단서 예시(한국건강관리협회)

2) 출석상황 게시

출석상황과 운동수행 정도를 공공장소에 게시하면 운동프로그램 참여자의 동기를 유발하는 효과가 있다. 운동수행 관련 정보는 운동 참여자가 보기 좋도록 그래프나 차트로 만들면 더 효과적이다(Franklin, 1984). McKenzie와 Rushall(1974)가 사용했던 출석상황 게시는 출석률을 높이는 좋은 방법으로 알려져 왔다. 연구진은 스포츠센터의 수영 프로그램 참가자들의 출석, 지각 여부, 하루 운동량을 매시간 점검하여 기록하였다. 특히 매일 매일의 출석상황을 수영장 벽 게시판에 공개하였다. 그 결과 회원들의 결석률과 지각률이 현저하게 줄어들었으며, 매일 수영하는 운동량은 크게 향상되었다. 간단하지만 뚜렷한 효과를 가져오는 방법이다.

최근에는 모바일 어플을 활용하여 출석률을 공개하는 것이 사람들의 운동참여를 긍정적으로 향상시킨다고 알려져 있다. 이처럼 출석상황을 사람들에게 알려주는 것은 동기를 부여하고, 책임감을 형성하여 지속적으로 규칙적인 운동습관을 형성하는데 중요한 역할을 한다고 할 수 있다.

3) 보상 제공

금전적인 보상제공과 운동참여의 관계에 대한 메타분석 연구 결과 금전적인 보상제공은 단기간(4-26주) 운동참가율을 약 11.5% 가까이 증가시키는 것으로 확인되었다. 하지만 보상제공으로 인해 개인의 외적동기가 강화될 경우 보상제공이 끝나는 시점에 내적동기를 억제하여 운동지속 유지에 악영향을 미친다는 점을 감안해야 한다고 지적하고 있다(Mitchell et al, 2013).

보상제공과 운동참여와 관련된 또 다른 연구에서도 질병을 가지고 있는 청소년의 경우 운동참가에 따른 보상을 제공한 경우 운동참여율이 증가되지만, 보상을 중단할 경우 급격하게 운동참여율이 낮아진다는 결과가 나타났다. 즉, 보상은 운동참여율을 증가시키는 데 효과적인 방법이긴 하나 보상에 따른 운동참여율 증가 효과를 지속하기 위해서는 지속적으로 보상을 제공해야 한다는 단점을 가지고 있다(Bernard, Cohen, & Moffett, 2009; Mitchell et al., 2013).

4) 피드백 제공

운동 참여자에게 피드백을 제공하는 것은 운동 기능 향상과 동기부여 측면에서 매우 중요하다. Brickwood 등(2017)는 운동참가자들의 스마트워치와 어플을 통해 운동프로그램에 대한 원격 피드백을 제공하고, 처음 3개월 동안 격주로 참가자 대상의 전화상담을 진행하였으며, 이후 9개월 동안은 한 달에 한 번씩 피드백을 주는 실험을 진행하였다.

그 결과 참가자들의 만성질환 진행도가 감소되었으며, 신체활동은 증가했다. 한편, 피드백을 제공하는 방법은 여러 가지가 있는데 종이로 인쇄된 유인물 형태의 피드백 자료가 전화를 통해 피드백을 전달하는 것보다 사람들의 운동행동 지속에 더 많은 영향을 주었다(Marcus et al., 2007).

5) 행동 대처전략

운동을 중단해야 하는 상황에서 운동지속실천을 위한 행동 대처전략을 개발하는 것이 중요하다. 예를 들어 휴가기간에는 운동을 실천하는 데 상대적으로 어려움을 겪을 가능성이 높아진다. 이때, 수영장이나 체육관이 있는 숙소를 예약하거나 휴가일정에 자전거 타기, 산책하기 등의 신체활동을 포함하는 것은 운동중단을 예방하는 데 효과적이다.

또한, 운동실천에 대한 자극조건을 개발하는 것도 도움을 줄 수 있는데 매일 운동과 관련된 동기부여 메시지를 받을 수 있게 핸드폰을 프로그래밍 하는 것도 하나의 좋은 방법으로 활용될 수 있다. 이외에도 겨울철 추위로 인해 운동에 소홀하게 될 것을 예방하기 위해 쇼핑몰에서 걷기, 홈트레이닝 프로그램 시청하기 등의 계획을 세우는 것은 운동실천의 공백을 막아줄 수 있다. 이처럼 운동을 방해하는 요인들에 대한 대처전략을 세우게 되면 운동에 대한 자기효능감이 상승할 수 있고, 행동에 대한 통제력을 높이는 데 도움을 줄 수 있다.

6) 운동실천 모니터링

자신의 운동행동을 기록하는 것은 운동실천에 도움을 준다. 운동빈도, 유형, 지속시간, 강도 뿐 아니라 매일의 기분이나 체중 변화와 같은 운동결과를 모니터링 할 수도 있다. 운동일지는 운동태도를 스스로 모니터링하고 운동 진도에 따라 체력 향상 정도를 시각적으로 보여주는 효과가 있으며, 규칙적으로 운동일지를 작성하면 운동 수행의 향상도를 한눈에 알아볼 수 있어 자기효능감을 평가하는 데 중요한 정보로 활용될 수 있다.

실제 Arrigo 등(2008)이 심장질환 재활운동자를 대상으로 진행한 연구에서도 개인 일지를 쓴 재활 참가자의 73%는 재활훈련 기간이 끝나고 난 뒤에도 신체활동을 유지한 반면, 그렇지 않은 참가자의 경우 40%만이 신체활동을 유지하는 것으로 나타났다.

| 그림 7-5 | 종이와 스마트폰 앱을 활용한 운동기록의 예

4 인지전략

1) 목표설정

운동실천을 성공적으로 이끌어 갈 수 있는 방법으로 목표 설정을 들 수 있다. 목표를 설정하기 위한 대표적인 방법으로는 SMART 원칙이 있다. SMART 목표설정법에 따르면 목표는 구체적(specific)이고 측정가능해야 하며(measurable), 성취가능(attainable) 하도록 세워야 한다. 또한, 도전적이면서 현실적(realistic)이어야 하며, 달성 기한(time-based)을 정해야 한다(Locke & Latham, 2002). 마지막으로 목표

설정과 함께 목표를 달성하기 위해 취해야 할 행동(목표 달성 전략)을 구체적으로 정해두는 것도 중요하다.

운동 참여자는 장기 목표를 단기 목표와 중간 점검이 가능한 초단기 목표로 세분화시켜야 한다. 장기 목표를 세분화하면 참여 동기를 유지하는 효과가 있다. 예를 들어 5개월 이내에 10kg을 감량하는 장기목표는 2주 내에 1kg 감량한다는 단기 목표와 함께 설정되어야 동기유발의 효과가 극대화된다.

2) 행동계획과 실행의도

많은 사람들이 운동을 하고자 하는 의도를 가지고 있음에도 불구하고 운동행동을 이끌어내는 행동계획을 세우지 못하는 경우가 많다. 예를 들어 새해를 맞이하여 올해는 열심히 운동을 하겠다고 다짐하는 사람은 많지만 구체적으로 어떻게 운동을 할지 계획을 세우는 경우는 거의 없다. 따라서 행동계획을 세우는 것이 중요한데 행동계획은 언제, 어디서, 어떻게 운동을 할 것인가를 구체적으로 포함시켜 작성해야 한다.

이와 비슷하게 실행의도를 만드는 것 또한 중요하다. 예를 들어 '월, 수, 금 저녁 8시에 알람을 맞춰놓고 알람이 울리면 체육관에 간다'와 같이 행동을 실행하게끔 만들어주는 자신만의 신호를 만드는 것은 운동행동을 유발하는데 도움을 줄 수 있다.

3) 운동계약

운동실천에 관한 의사결정 과정에 참여할 기회가 주어지면 운동실천에 대한 책임감이 증대된다(Meichenbaum & Turk, 1987). 트레이너, 운동처방사가 운동프로그램을 작성하거나 처방할 때 회원의 의견을 반영한다면 그렇지 않을 때에 비해 운동지속실천의 가능성이 높아진다. 지도자와 회원 사이에 운동 계약서를 작성하는 것도 회원이 의사결정에 참여하는 과정으로 계약을 통해 사람들의 동기가 유발될 수 있다.

4) 자기암시

자기암시(self-talk)는 운동실천을 방해하는 상황을 극복하거나 자신감을 높이고 각성을 조절하여 운동을 실천하려는 노력에 집중하도록 만들어 줄 수 있다. 예를 들어 중요한 업무를 마무리하지 못해 운동을 하지 못하는 상황에서 '운동에 빠지지 않고 실천해야 지금 보다 더 많은 에너지를 얻을 수 있다'와 같은 자기암시를 한다면 시간 내에 업무가 마무리될 수 있도록 집중력이 향상될 수 있다.

5) 시각화

시각화(visualization)는 이미지트레이닝, 정신훈련, 멘탈리허설과 같은 의미로 사용되기도 하는데 마음(머리)속으로 이미지를 떠올리고 그때의 감각이나 경험을 느끼는 것을 말한다. 예를 들어 너무 피곤해서 운동을 하지 못할 것 같다는 생각이 들 때 체육관에서 운동을 하고 있는 자신의 모습을 떠올리고 운동 이후 활력이나 상쾌함을 느끼는 자신의 모습을 상상하는 것은 운동행동을 유발하는데 도움을 줄 수 있다. 또한, 운동에 대한 더 많은 동기부여를 위해 계획대로 운동을 했을 때 변한 자신의 모습을 떠올리는 것도 운동실천을 위한 좋은 시도라고 말할 수 있다. 이처럼 인지전략을 사용하는 사람은 운동에 대한 자기효능감이 높아질 뿐 아니라 운동중단의 가능성이 낮아진다(Stetson et al., 2005).

6) 인지재구성

인지재구성(cognitive restructuring)이란 비합리적이거나 부적응적인 생각 패턴을 찾아내서 중지시키는 방법을 말한다. 운동에 대한 의지가 많음에도 불구하고 운동을 하지 못하는 상황으로 인해 운동을 중단하게 될 경우 허탈감이 발생할 가능성은 높아진다. 이때 사람들은 운동이 중단되었다는 것에 절망감을 느낄 수 있지만 이러한 상황이 운동을 하다보면 자연스럽게 발생하는 상황이라고 인식하게끔 도와주는 것이 필요하다. 예를 들어 '하루도 빠지지 않고 매일 운동한다.'와 같은 기존에 계획한 운동 목표에 대해 '지난번 빠진 운동만큼 다음 운동에 횟수나 시간을 추가한다.'와 같이 계획을 보충하도록 유도하면 자신이 통제할 수 없는 상황에 대한 극복 능력이 향상될 뿐 아니라 운동에 대한 자기효능감을 높이는 데 도움을 줄 수 있다.

7) 주의연합과 주의분리

운동 중에 주의를 어디에 기울이느냐가 운동실천에 중요한 변인이다. 근육, 심장,

호흡 등 신체 내부로부터의 피드백 정보에 주의를 기울이면 주의연합(association)이라고 하고, 주변 경관을 구경하거나 음악을 듣는 것처럼 외부환경에 주의를 기울이는 것을 주의분리(dissociation)라고 한다.

주의분리가 주의연합보다 운동 중의 피로감과 통증을 덜 느끼게 하는 효과가 있다. 운동을 할 때 음악을 듣거나 즐거운 장면을 감상하는 것은 피로감을 덜 느끼게 하는 주의집중 방법으로 활용 가능하다. 나아가 외적집중은 운동지속실천에도 긍정적인 영향을 준다. 주의분리와 주의연합을 비교한 연구에서 주의분리를 실시한 사람들이 주의연합을 실시한 사람들보다 출석률이 더 높았다. 3개월 후에도 운동을 지속하는 비율은 87%대 37%로 주의분리를 실시한 사람들이 더 높았다. 6개월 후에도 역시 동일한 경향을 보였다(67%대 43%). 주의분리를 하면 회원의 재등록률이 높아진다는 결과이므로 스포츠센터 관리자가 관심을 가질 대목이다.

운동 중에 몸에서 나타나는 반응보다는 외부의 환경에 신경 쓰는 것이 피로감을 줄이는데 더욱 효과적이다. 실내에서 운동을 하는 경우, 특히 헬스클럽에서 운동하는 사람들이 주의분리에 신경 쓸 수 있도록 창 쪽에 운동기구를 설치하거나 적절한 음악 감상이나 좋은 화면을 감상할 수 있는 기구를 설치할 필요가 있다.

5 내적동기 전략

1) 즐거움 체험

운동 중에 즐거움 체험을 얼마나 하는가는 운동지속과 밀접한 관련이 있다. 운동의 객관적인 지표, 즉 강도, 지속시간, 빈도에만 관심을 기울일 것이 아니라 운동 중의 정서 체험에도 신경을 써야 한다는 것이다. 또 운동의 결과만을 강조하고 과정을 소홀히 한다면 중도 포기의 가능성도 높아진다.

운동프로그램의 지속실천을 목표로 한다면 즐거움을 체험하도록 운동을 지도해야 한다. 고강도 운동보다는 중강도 운동을 하는 것도 즐거움을 체험할 수 있는 전략의 하나이다. 운동에 임하는 마음가짐도 중요하다. 운동하는 동안 운동 과정 그 자체에 집중할 때 일상생활의 번잡함을 잊고 시간과 공간을 벗어난 자유로움을 체험할 가능성이 높아진다. 운동의 목표를 재미 그 자체에 두는 것도 운동지속실천의 측면에서 보면 매우 중요한 전략이다.

2) 몰입 체험

몰입(flow)은 어떤 활동에 몰두할 때 일어나는 최적의 심리적 현상을 말하는 것으로 연습이나 게임을 하는 중 동작을 하는데 아무런 힘이 들지 않고 시간의 흐름을 느끼지도 못하는 상태에서 몸과 마음이 하나가 되는 상태를 말한다. 정기적으로 운동을 해 온 사람들은 이러한 몰입 상태를 여러 차례 경험하곤 한다. 운동의 수준이 높을수록 몰입을 경험할 확률이 높다. 운동 초보자도 자신의 기술수준과 과제의 난이도가 일치하면 몰입을 체험할 수도 있다.

| 그림 7-6 | 몰입 체험은 시간과 공간의 속박을 벗어나 자유를 찾는 즐거움이다.

몰입 체험은 강력한 동기유발의 힘을 갖고 있다. 힘이 들지도 않고 몸과 마음이 빨려 들어간 듯한 상태에서 운동하는 몰입의 경험은 그 자체로도 즐거운 것이다. 몰입 체험을 촉진시키는 것으로 알려진 다음과 같은 조건도 신중하게 고려한다.

- 운동에 대한 의욕이 있어야 한다.
- 약간 어렵지만 노력하면 달성 가능한 목표를 세운다.
- 실수는 잊고 지금 해야 할 동작에만 집중한다.
- 꾸준한 노력으로 체력에 대한 자신감을 기른다.
- 사소한 것일지라도 지금 하고 있는 것을 즐기려고 노력한다.
- 지도자, 회원, 동반자와의 대화로 좋은 분위기를 만든다.
- 자신에 대한 회의를 버리고 목표성취에 대한 자신감을 갖는다.
- 몸 컨디션과 동작의 느낌이 좋다고 스스로 다짐한다.

Click

운동 동기를 끌어내는 방법

운동을 일단 시작하면 꾸준히 할 수 있도록 만드는 좋은 방법은 없을까? 다음과 같은 동기유발 방법은 관련 이론, 행동수정 기법, 연구 결과에 토대로 하고 있다.

- 예상되는 효과에 대해 설명해준다.
- 쉬운 것부터 점진적으로 지도한다.
- 재미있게 지도한다.
- 운동 계약서를 작성한다.
- 선택의 기회를 준다.
- 구체적인 목표를 정해준다.
- 향상 정도에 대한 피드백을 준다.
- 일지를 기록한다.
- 외적집중을 돕는 환경을 만든다.
- 출석 상황표를 게시한다.
- 포스터와 슬로건을 붙여둔다.
- 좋은 시설과 장비를 갖춘다.
- 출석률에 따른 보상을 해준다.
- 음악을 틀어준다.
- 회원과 좋은 인간관계를 유지한다.
- 지도자의 리더십을 키운다.
- 동반자와 함께 운동한다.
- 금전적 투자가 있어야 한다.

자료: 김병준, 이범기(2006)

6 시사점

운동을 하지 않는 사람을 운동하게 만들고 운동하고 있는 사람을 중도 포기하지 않도록 만드는 것은 운동심리학이 추구하는 중요한 목표이다. 운동실천을 촉진시키기 위한 목적으로 지금까지 수행된 여러 연구에서 실용적인 중재전략 아이디어를 찾을 수 있다.

좋은 이론은 실제적 가치가 가장 높다. 따라서 이론에 근거한 중재전략은 원인과 결과 변인 사이의 직선적 관계를 설정하고 있어 중재전략을 설정할 때 좋은 기준이 된다. 행동변화 바퀴 모델에서 제시하는 중재전략 방법은 운동 중재전략을 적용하는데 효과적일 수 있다. 또한, 합리적행동 이론, 계획행동 이론, 건강신념 모형에 공통적으로 포함된 혜택 인식은 운동 미실천자, 운동 초보자, 운동 중도 포기자에게 특히 도움이 될 것으로 보인다. 건강이 악화되었거나 비만 등의 문제로 운동을 어렵게 인식하는 계층도 혜택 인식이 주는 효과가 클 것이다.

자기효능감을 높이는 전략의 중요성은 자주 강조해도 지나치지 않다. 자기효능감을 증진시키는 4가지 원천과 이를 실제 운동 상황에 어떻게 적용해야 하는가에 관한 연구가 이미 수행되었다. 이러한 정보는 운동을 지도하는 위치에 있는 전문 인력이 특히 관심을 가져야 할 부분이다.

이론에 근거한 전략은 아니지만 행동수정의 기법도 실용성이 높다. 목표 설정, 출석 상황 게시, 운동일지 기록, 의사결정 균형표, 피드백, 보상, 운동 계약 등의 방법은 운동뿐만 아니라 교육, 산업 등 다른 영역에서도 그 효과가 입증되었다. 다만 이러한 방법 중에서 개인에게 어떤 것이 보다 효과적인지 파악하는 것이 중요하다. 예를 들어, 학생의 경우, 핸드폰 등을 이용해서 운동 일지를 기록하는 방법이 다른 방법에 비해 효과가 높을 수도 있다.

마지막으로 운동이 주는 내적 즐거움의 가치를 되새길 필요가 있다. 즐거움 체험, 몰입 체험은 그 자체로도 성취감을 주지만 장기적으로 운동의 내적동기를 유발시키는 효과가 매우 강하다. 이러한 긍정적인 운동 체험은 운동지속실천으로 이어지기 때문에 결코 소홀히 여기지 말아야 할 사항이다. 운동의 결과만을 생각하는 마음가짐을 운동을 통해 얻는 즐거움으로 돌릴 때 운동지속실천의 가능성이 높아진다.

참고문헌

김병준, 이범기(2006). 운동실천을 위한 심리행동적 중재전략. **스포츠과학논문집, 18,** 69-80.

Arrigo, I., Brunner-LaRocca, H., Lefkovits, M., Pfisterer, M., & Hoffmann, A. (2008). Comparative outcome one year after formal cardiac rehabilitation: the effects of a randomized intervention to improve exercise adherence. *European Journal of Preventive Cardiology, 15*(3), 306-311.

Bernard, R. S., Cohen, L. L., & Moffett, K. (2009). A token economy for exercise adherence in pediatric cystic fibrosis: A single-subject analysis. *Journal of Pediatric Psychology, 34*(4), 354-365.

Bopp, M., Wilcox, S., Hooker, S. P., Butler, K., McClorin, L., Laken, M., ... & Parra-Medina, D. (2007). Using the RE-AIM framework to evaluate a physical activity intervention in churches. *Preventing chronic disease, 4*(4), A87.

Brickwood, K. J., Smith, S. T., Watson, G., & Williams, A. D. (2017). The effect of ongoing feedback on physical activity levels following an exercise intervention in older adults: A randomized controlled trial protocol. *BMC Sports Science, Medicine and Rehabilitation, 9*(1), 1.

Franklin, B. A. (1984). Exercise program compliance. In J. Storlie & H. A. Jordan (Eds.), *Behavioral management of obesity* (pp. 105-135). Spectrum Publications.

Glaros, N. M., & Janelle, C. M. (2001). Varying the mode of exercise to increase adherence in fitness center programs. *Journal of Sport Behavior, 24*(1), 42-62

Glasgow, R. E., Vogt, T. M., & Boles, S. M. (1999). Evaluating the public health impact of health promotion interventions: the RE-AIM framework. *American Journal of Public Health, 89*(9), 1322-1327.

Locke, E. A., & Latham, G. P. (2002). Building a practically useful theory of goal setting and task motivation: A 35-year odyssey. *American Psychologist, 57*(9), 705-717.

Marcus, B. H., Napolitano, M. A., King, A. C., Lewis, B. A., Whiteley, J. A., Albrecht, A., Parisi, A., Bock, B., Pinto, B., Sciamanna, C., Jakicic, J., & Papandonatos, G. D. (2007). Telephone versus print delivery of an individualized motivationally tailored physical activity intervention: Project STRIDE. *Health Psychology, 26*(4), 401-409.

McKenzie, T. L., & Rushall, B. S. (1974). Effects of self-recording on attendance and performance in a competitive swimming training environment. *Journal of Applied Behavior Analysis, 7*(2), 199-206.

Meichenbaum, D., & Turk, D. C. (1987). *Facilitating treatment adherence: A practitioner's guidebook.* Plenum Press.

Michie, S., Atkins, L., & West, R. (2014). The behaviour change wheel: A guide to designing interventions. Silverback Publishing.

Michie, S., van Stralen, M. M., & West, R. (2011). The behaviour change wheel: A new method for characterising and designing behaviour change interventions. *Implementation Science, 6,* Article 42.

Mitchell, M. S., Goodman, J. M., Alter, D. A., John, L. K., Oh, P. I., Pakosh, M. T., & Faulkner, G.

E. (2013). Financial incentives for exercise adherence in adults: Systematic review and meta-analysis. *American Journal of Preventive Medicine, 45*(5), 658-667.

Pollock, M. L., Foster, C., Salisbury, R., & Smith, R. (1982). Effects of a YMCA starter fitness program. *The Physician and Sportsmedicine, 10*(1), 88-100.

Ratelle, C. F., Baldwin, M. W., & Vallerand, R. J. (2005). On the cued activation of situational motivation. *Journal of Experimental Social Psychology, 41*(5), 482-487.

Shaw, S. M., Bonen, A., & McCabe, J. F. (1991). Do more barriers mean fewer attempts? Participation in leisure-time physical activity among Canadian women. *Journal of Applied Social Psychology, 21*(6), 439-451.

Stetson, B. A., Beacham, A. O., Frommelt, S. J., Boutelle, K. N., Cole, J. D., Ziegler, C. H., & Looney, S. W. (2005). Exercise slips in high-risk situations and activity patterns in long-term exercisers: An application of the relapse prevention model. *Annals of Behavioral Medicine, 30*(1), 25-35.

Vanden Auweele, Y., Boen, F., Schapendonk, W., & Dornez, K. (2005). Promoting stair use among female employees: The effects of a health sign followed by an e-mail. *Journal of Sport and Exercise Psychology, 27*(2), 188-196.

Review Questions

01 중재전략 적용을 위한 행동변화 바퀴 모델은 어떠한 단계로 구성되었는지 설명해보자.

02 운동이 주는 구체적인 혜택을 4가지 범주로 구분해서 설명해보자.

03 시간 부족을 운동 방해요인으로 인식할 때 이를 극복하기에 도움이 되는 전략에 대해 논의해보자.

04 운동은 지루하고 재미없다고 느껴 중도 포기한 경험이 있는 사람을 대상으로 특별 운동프로그램을 계획한다고 가정할 때 어떠한 지도 전략이 포함되어야 할지 구상해보자.

05 목표 설정과 운동일지가 자기효능감과 운동지속실천에 긍정적인 영향을 주게 되는 심리적, 행동적 메커니즘을 설명해보자.

06 운동에 대한 동기가 지속될 수 있도록 만들어준 행동대처 전략이 있다면 어떠한 것들이 있는지 제시해보자.

07 자신이 실천하는 운동에 적합한 운동일지의 양식을 구상해보자.

08 운동 중 몰입 체험 가능성을 높여주는 조건을 설명해보자.

09 운동 자기효능감과 운동지속실천에 도움이 될 것으로 생각되는 중재전략의 목록을 한눈에 알아볼 수 있도록 표로 작성해보자.

10 회원의 운동 재미 증진, 회원 재등록률 향상으로 구분하여 운동지도자가 적용할 수 있는 중재방법을 각각 3~5가지 제시해보자.

11 운동실천 중재전략 리스트를 만들고 부모님에게 적용할 때 효과가 있을 것으로 예상되는 전략 Top 5를 제시하고 설명해보자.

Projects

운동일지와 목표 설정을 적용한 운동실천

1. 목적

가족이나 친구 중에서 운동을 꾸준히 실천하지 못하는 사람을 대상으로 운동일지 작성과 목표설정 방법을 2주 이상 적용해 본다.

2. 절차

- 거의 매일 만나는 가족이나 친구 중에서 2주간 운동을 실천할 대상을 구한다.
- 체중, 주당 운동빈도, 신체적 자기개념 등의 정보를 수집한다. 질문지로 양적 자료를 수집하거나 면담으로 질적 자료를 수집한다. 운동 종료 시점에서도 동일한 방법으로 자료를 수집한다.
- 운동일지 양식을 결정한다
- 할 운동을 결정하고 기초선을 토대로 목표를 설정한다. 2주 이상 운동을 실천한다. 중간에 목표를 조정한다.

3. 결과

- 체중, 주당 운동빈도, 신체적 자기개념 등 사전과 사후에 수집한 자료를 비교하는 그래프를 그린다.
- 목표 달성률이 어느 정도이며, 만족할 수준인지 알아본다.
- 운동일지 작성과 목표설정이 운동 노력투입과 지속실천에 어떤 영향을 주었는지를 면담으로 알아낸다.

Study Questions

01 행동변화 바퀴 모델(BCW)의 1단계에서 강조되는 것은?

① 행동을 지속하는 방법 교육
② 운동장비 제공
③ 보상제공
④ 대상자의 행동과 특성이해

02 COM-B모델의 세 가지 핵심 요소가 아닌 것은?

① 동기 ② 능력
③ 목표 ④ 기회

03 행동변화를 위한 중재요소가 아닌 것은?

① 의사결정
② 설득
③ 훈련
④ 환경재구성

04 행동변화를 위한 정책요인에 해당하지 않는 것은?

① 피드백
② 재정지원
③ 입법
④ 가이드라인개발

05 행동바퀴 모델의 4단계에서 강조하는 중재전략 평가요소가 아닌 것은?

① 도달률 평가
② 재정지원 평가
③ 유지정도 평가
④ 채택률 평가

06 운동혜택 중 외모와 체형개선에 대한 설명으로 옳은 것은?

① 운동은 외모 개선과는 무관하다.
② 체지방을 축적시켜준다.
③ 이상적인 체형을 만들 수 있다.
④ 질병을 치료해준다.

07 운동행동을 방해하는 요인 중 실제 방해요인이 아닌 것은?

① 접근성
② 신체부상
③ 이상기후
④ 시간부족

08 운동 방해요인 중 시간부족을 극복하기 위한 전략으로 가장 적절한 것은?

① 매일 같은 시간에 운동시작
② 시간이 많은 주말에 운동 실시
③ 업무를 빠르게 처리한 후 운동 실시
④ 운동 미실시에 대한 벌칙부여

09 운동관련 지루함과 흥미부족을 극복하기 위한 방안으로 가장 적절한 것은?

① 반복적인 루틴유지
② 혼자 운동실시
③ 다양한 형태의 운동진행
④ 운동보다 휴식을 권장

10 자기효능감을 높이는데 가장 효과적인 방법은?

① 간접경험
② 과거의 수행경험
③ 언어적 설득
④ 신체와 감정상태

11 행동수정 전략 중 출석상황을 게시의 효과로 가장 적절한 것은?

① 피로도 증가
② 동기유발과 책임감 형성
③ 의사결정단서 제공
④ 운동시간 단축

12 행동수정 전략에 대한 설명으로 맞지 않는 것은?

① 운동화를 문 앞에 두고 출근하면 퇴근 후 바로 운동하도록 결정하는 중요한 단서역할을 한다.
② 운동참가자들에게 제공되는 피드백은 운동기능향상과 동기부여에 긍정적으로 작용한다.
③ 운동행동을 기록하는 것은 운동지속실천에 도움을 준다.
④ 보상제공으로 인해 높아진 운동참가율은 장기간 지속되기 때문에 보상은 중요하다.

13 SMART 목표설정으로 맞지 않는 것은?

① 원대한 목표설정
② 측정가능한 목표설정
③ 구체적인 목표설정
④ 마감시한 설정

14 다음 중 시각화 전략에 해당하는 예시는?

① 운동결과 수치 기록
② 운동 프로그램 분석
③ 운동 후 활력감 상상
④ 지도자의 강의 수강

15 행동수정 전략 중 인지전략이 아닌 것은?

① 목표설정
② 운동계약
③ 자기암시
④ 운동실천 모니터링

16 운동 중 근육, 호흡 등신체 내부에서 오는 피드백 정보에 주의를 기울이는 것은?

① 주의연합
② 주의분리
③ 인지재구성
④ 몰입

17 내적동기를 향상시키는 방법이 아닌 것은?

① 즐거움 체험
② 금전적 보상제공
③ 몰입체험
④ 재미경험

18 다음 빈칸에 들어갈 단어를 적으시오.

특정 상황에서 자동적으로 드는 부정적인 생각을 논리적으로 반박하여 긍정적인 생각으로 바꾸는 것을 ______이라 한다.

모 / 범 / 답 / 안

7장 평가문항 모범 답안

01 ④ 02 ③ 03 ① 04 ① 05 ② 06 ③ 07 ④ 08 ① 09 ③ 10 ② 11 ② 12 ④
13 ① 14 ③ 15 ④ 16 ① 17 ② 18 인지재구성

4부

효과편

운동심리학의 정석

8장

운동과 성격, 인지기능

Key terms

심리적 핵	전형적 반응	역할관련 행동	체형이론	Eysenk의 성격이론	Cattell 16PF	외향성
내향성	정서적 불안정성	통합모형	성격 5요인	강도선호	강도인내	PRETIE-Q
A 성격유형	강인함	그릿	자기동기	감각추구	노화	알츠하이머

운동심리학의 정석

8장 운동과 성격, 인지기능

1 성격의 이해

운동을 하면 기분이 좋아지고, 이것이 장기간 누적되면 쾌활하고 여유 있는 성격이 될 것이라는 믿음이 널리 퍼져 있다. 운동심리학 분야의 연구가 활기를 띠기 시작한 1980년대 이후로 운동과 성격 사이의 관련성이 많이 밝혀지고 있다.

운동과 성격에 관한 연구는 크게 두 가지로 구분된다. 첫째는 운동 참가에 영향을 주는 심리적 요인을 찾는 것이다. 어떤 성격이 운동을 실천하는 것과 관련 있는지 밝히는 것이 목적이다. 성격이 운동실천의 선행요인인 경우이다. 둘째는 운동실천이 성격에 어떤 영향을 주는가를 알아보는 쪽이다. 이때 성격은 결과요인(consequence)으로 규칙적인 운동에 따른 성격 변화를 알아보는 연구가 여기에 해당된다.

1) 정의

성격이란 개인의 체험을 형성하고 환경에 대한 반응을 조직하는 기초가 되며 비교적 안정적인 심리적 구조와 과정으로 정의할 수 있다(Lox et al., 2003). 시간에 따라 잘 변하지 않고 비교적 일관성을 보이는 개인의 독특함이 성격의 중요한 특징이다. 성격은 심리적 핵(psychological core), 전형적 반응(typical response), 역할관련 행동(role-related behavior)으로 구성된다.

- 심리적 핵: 개인의 성장 과정에서 길러진 세계관, 자기 인식, 기본적인 태도, 가치관, 자기개념 등이 심리적 핵에 해당한다. 개인이 갖고 있는 본질적인 가치관으로, 외부의 영향을 거의 받지 않아 일관성이 매우 높다.
- 전형적 반응: 개인이 환경에 대응하는 방식으로 상황이 바뀌더라도 어느 정도 예측이 가능하고 일관성이 있는 행동을 말한다. 외향적 성격의 소유자가 운동, 학업, 사교 상황에 관계없이 다른 사람과 잘 어울리는 경향을 보인다면 전형적

반응에 해당한다. 심리적 핵은 측정이 어렵기 때문에 전형적 반응을 통해 성격 특성을 유추한다. 성격 검사에서도 여러 문항들을 통해 전형적 반응을 묻는다.

- 역할관련 행동: 개인이 어떤 상황에 처해 있는가에 따라 바뀌는 행동 특성을 역할 관련 행동이라 한다. 개인의 본질적 가치관이 아닌 사회에서 주어진 역할이 행동에 더 중요한 영향을 미친다. 운동 그룹의 리더가 되면 외향적인 성향을 보이다가, 수업에 임하면 과묵한 행동을 하는 것을 예로 들 수 있다. 성격의 3수준 중 외부 환경에 따른 변화가 가장 쉬우며, 심리적 핵을 반영하지 않을 가능성이 높다.

2) 관점

성격을 보는 관점은 역사적으로 다양하게 변해왔다. 생물학 관점, 특성 관점, 상황 중심 관점, 상호작용 관점, 통합 모형에 대해 알아본다.

(1) 생물학적 관점

개인의 신체 특성으로 성격을 설명하는 관점이다. 성격을 개인의 체질과 관련시켜 설명한 Sheldon(1942)의 체형 이론(constitutional theory)이 대표적이다. Sheldon은 개인의 체형은 유전적으로 결정되면 체형에 따라 행동도 달라진다고 보았다. 체형은 외배엽(ectomorph, 마르고 키가 큰 체형), 중배엽(mesomorph, 다부진 체형), 내배엽(endomorph, 키가 작고 뚱뚱한 체형)으로 구분했다.

외배엽 체형은 긴장되어 있고, 내성적이며, 사람들과 잘 사귀지 않는 성격을 말한다. 중배엽 체형은 운동 선수형으로 도전과 모험을 좋아하고 지배성이 있으며, 공격성을 보인다. 마지막으로 내배엽 체형은 감정적이며, 사교성이 좋고, 쾌활한 성격을 보인다. 체형과 성격 사이에 낮거나 중간 정도의 상관관계(약 0.3~0.4)가 발견되어 이 관점이 어느 정도는 지지받고 있다.

(2) 특성 관점

개인이 갖고 있는 비교적 안정적이며 일관성 있는 특성(trait)을 연구하는 관점이다. 상황이나 환경의 영향보다는 개인이 갖고 있는 본성을 더 중요하게 고려한다. 이 관점을 따르는 이론을 특성 이론이라 한다. 특성 이론은 개인의 행동에서 시간에 따라 비교적 변하지 않는 특성을 찾아 그 사람의 성격을 설명한다. 성격 이론과 검사 도구는 대부분 특성 관점에 근거를 두고 있으며, Eysenk의 성격이론과 Cattell의 16PF 질문지를 예로 들 수 있다.

(3) 상황중심 관점

개인이 처한 상황과 환경에 의해 성격이 결정된다고 보는 관점이다. 사회학습이론에 근거를 두고 있으며 관찰학습(모델링)과 사회적 강화(피드백)로 행동을 설명한다. 행동주의의 대표적인 학자 스키너(B. F. Skinner)는 인간은 행동에 대한 강화로 학습되고 행동하므로, 성격 자체는 중요하지 않다고 보았다. 성격을 결정하는 데 있어서 개인보다는 환경이 더 중요한 역할을 한다고 본다.

(4) 상호작용 관점

개인과 상황 요인의 상호작용으로 성격이 결정된다고 보는 관점이다. 개인 특성과 상황 요인 모두를 이해하는 것이 중요하며, 성격 특성만을 중시하는 접근에 비하면 실제적이다. 예컨대 외향성과 내향성 중에서 그룹으로 운동하기를 좋아하는 쪽이 무엇인가를 알아본다면 상호작용 관점에서 연구하는 것이다. 오늘날 성격 심리학자들 선호하는 접근이지만, 무수히 많은 성격 특성과 환경 특성을 고려해야 하므로 매우 복잡하다.

(5) 통합모형

성격을 이해하기 위해 생물학적 관점과 사회학 관점을 통합한 모형이 제시되었다. McAdams와 Pals(2006)은 성격을 '새로운 5요인'으로 규정하였다. 5요인이 각각 상호작용하며 개인의 성격이 결정된다고 보았다.

McAdams와 Pals(2006)의 새로운 5요인

- 인간의 일반적인 진화 측면에서 독특한 차이
- 기질적 특성(예, 성격 5요인)
- 적응 특성(목표, 가치, 대처 전략 등)
- 스스로 규정한 삶의 내러티브(삶에 의미, 통합, 목적을부여하는 스토리)
- 문화적, 사회적 맥락

Click

Cattell의 16PF

Raymond Cattell은 표면적으로 드러나는 행동 이면에, 행동을 유발하는 근원특성이 있다고 주장했다. 직접적 관찰이 불가능한 근원특성을 밝혀내기 위해 형용사들을 요인분석하여 16개 요인을 제시하였다. 이를 토대로 개발된 16PF(16 Personality Factor) 질문지는 일상적인 행동 또는 관심사에 대해 묻는 185문항에 3점 척도로 응답하도록 만들어졌다. 동시대 학자인 Eysenk는 16개 요인이 자신이 제시한 2개 차원으로 정리될 수 있다고 하였으며, Morgan(1980) 역시 이에 동의하며 1차 요인에 집중하기보다 이들의 관계를 규명하는 일에 집중할 것을 강조했다. 그가 제시한 16개 성격 요인은 다음과 같다.

16PF의 16개 요인			
A	온화함(warmth)	L	주의깊음(Vigilance)
B	사고력(Reasoning)	M	상상력(Abstractedness)
C	정서적 안정성(Emotional Stability)	N	독립성(Privateness)
E	결단력(Dominance)	O	불안(Apprehension)
F	활기참(Liveliness)	Q1	개방성(Openness to Change)
G	규범의식(Rule-Consciousness)	Q2	자기의존, 자기확신(Self-Reliance)
H	사회적 대담성(Social Boldness)	Q3	완벽주의(Perfectionism)
I	예민함(Sensitivity)	Q4	긴장(Tension)
두 번째 차원(글로벌 차원)			
	Extraversion/introversion		Low Anxiety/High Anxiety
	Tough-Mindedness/Receptivity		Independence/Accommodation
	Self-Control/Lack of Restraint		

이에 Cattell은 성격의 상호연관성과 위계적 구조를 강조하였다. 앞서 제시한 16개 요인은 서로 결합되어 상위의 차원(second-order factor)을 구성한다. 두 번째 차원은 5가지로 구성되며, 이는 FFM(Five Factor Model)의 개발에 영향을 미쳤다(Digman, 1996). 또한 NEO 성격검사도 16PF 척도에 대한 군집분석으로 시작되는 등 Cattell의 16PF는 성격검사의 발전에 큰 영향을 미쳤다.

현재 16PF 검사지는 임상, 상담, 산업, 교육 및 연구에 다양하게 활용되고 있다. 하지만, 검사 시간(약 35~50분 소요)이 매우 길다는 단점이 있어, 대상과 효율성을 고려한 12-18세 사이 청소년을 대상으로 한 '16PF 청소년 성격 질문지', 직원 채용 시 사용하기 위해 요인을 축소한 단축형(20분 소요) '16PF Select', 모든 문항을 사용하되 문항수를 축소시킨 단축형(15분 소요) '16PF Express' 등이 개발되었다.

2 성격요인과 운동

성격요인과 운동 간의 관계를 탐색한 대부분의 연구는 특성 이론(trait theories)에 근거하여 이루어졌다. 각 성격이론들은 불안함, 변덕스러움과 같은 개인의 세부적인 특성들을 포괄하는 일반적 특성들이 존재한다는 전제하에 이루어졌으며, 각 성격이론들은 그 특성의 수에서 차이를 보인다.

1) Eysenk의 성격이론

Eysenk의 성격이론(Eysenk & Eysenk, 1991)을 토대로 이루어진 연구에서 외향성, 정서적 불안정성은 운동실천과 상당한 관련성이 있는 것으로 밝혀졌다. 대체로 Eysenk의 이론에서 제시한 것처럼, 외향성이 높은 사람은 운동을 긍정적으로 받아들이는 경향이 있다. 또 장기간 운동 프로그램에 참가하면 정서적 불안정성을 낮출 수 있다는 결과도 보고되었다. 운동을 꾸준히 하면 성격의 일부 요인도 바뀔 수 있다는 설명이다. 먼저 외향성의 영향에 관한 결과를 요약하면 다음과 같다.

- 운동을 하고 있는 사람의 경우 외향성인 사람이 내향성인 사람에 비해 운동 프로그램에 더 지속적으로 참여한다(Courneya & Hellsten, 1998).
- 내향성에 비해 외향성이 강도가 높은 운동을 선호하는 경향을 보인다(Morgan, 1973). 즉, 실제 운동강도에 비해 운동강도를 주관적으로 낮게 인식한다.
- 외향성이 높으면 운동 내성이 높고 운동에 많은 시간을 투자한다(Costa & Oliva, 2012).
- 외향성은 운동실천과 긍정적인 관계가 있다(Arai & Hisamichi, 1998). 하지만, 이후 보상이 일관적이지 않다면 운동지속을 위한 습관이 형성되지 않을 수 있다(Gardner & Lally, 2018).

종합하면 외향성인 사람이 운동을 실천할 가능성이 높다는 것을 알 수 있다. 외향성은 운동 중에 운동강도를 실제보다 낮게 지각하며 더 오래 운동한다. 하지만, 운동 후 보상이 일관되지 않을 경우 운동 습관 형성이 어려울 수 있다.

정서적 불안정성도 운동과 관련성이 있다. 운동실천과는 부정적인 관계가 있지만,

운동을 장기간 실천하면 정서적 불안정성을 낮출 수 있다는 결과도 있다. 정서적 불안정성은 운동 중의 긍정적인 체험을 중요하게 여긴다. 주요 연구결과는 다음과 같다.

- 장기간 운동 프로그램 참가는 특성불안과 정서적 불안정성을 낮출 수 있다(Landers & Petruzzello, 1994). 수 개월간의 운동이 성격을 바꿀 수 있다는 결과이다.
- 정서적 불안정성이 높을수록 신체활동 수준이 더 낮다(Wilson & Dishman, 2015).
- 정서적 불안정성과 위험을 회피하고자 하는 성향이 모두 높을 경우에는 운동실천율이 높은 것으로 나타났다(Wilson & Dishman, 2015). 즉, 운동을 하지 않았을 경우 발생할 질병으로부터 피하려는 성향이 운동으로 이어진다는 것이다.
- 또한, 정서적 불안정성이 높은 사람은 운동을 통해 질병 위험을 제거하려는 것뿐만 아니라, 운동이 기분을 좋게 하는 효과가 있다는 사실에 가치를 부여한다(Engels et al., 2022).

정서적 불안정성이 높은 사람은 운동을 시작하고 지속하는데 어려움을 겪을 수 있다. 이들에게는 운동이 활력을 증가시키고 긴장감을 해소시킨다는 점을 강조할 필요가 있다. 이들은 운동 중에 느끼는 근육통이나 호흡의 어려움을 비정상적인 현상으로 간주하고 운동을 중단할 가능성이 높다. 또 불쾌감을 참지 못하는 경향이 있으므로 이를 최소화 해야만 중도 포기를 막을 수 있다.

2) 성격 5요인

Eysenk와 Cattell의 성격이론 연구를 바탕으로 5요인 모델(Five-Factor Model; FFM)이 제시되었다. 성격 5요인 이론은 21세기에 들어서며 운동 상황에 적용되기 시작했다. 초기 연구는 주로 Courneya와 동료 연구진이 주도하였는데 성격 5요인과 운동지속실천의 관련성을 알아보았다.(Costa & McCrae, 1992) 대체로 외향성과 성실성은 운동의 지속실천을 긍정적으로 예측할 수 있지만, 정서적 불안정성이 높으면 운동지속실천도 낮다는 사실이 밝혀졌다. 최근에는 전생애주기에 걸쳐 운동 수준을 파악하고자 하는 흐름에 따라 노인대상 연구도 활발히 진행되고 있다.

- 외향성과 성실성은 중강도 운동(빠르게 걷기) 및 고강도 운동(달리기)과 긍정적인 관계가 있었다(Wilson & Dishman, 2015). 반면 정서적 불안정성이 높을수록 여가시간에 앉아서 보내는 시간이 많은 것으로 나타났다(Ebstrup et al., 2013).
- 논문 16편을 메타분석한 연구에서도 정서적 불안정성이 높을수록 규칙적인 신체활동 빈도가 낮고, 비활동적인 활동(TV 시청, 휴식 등)을 하는 것으로 나타났다. 이러한 경향은 청년층에서 더 두드러졌으며, 나이가 많은 사람들의 경우 성실성이 신체활동에 긍정적인 영향을 미치는 것으로 나타났다(Sutin et al., 2016).
- Stephan 등(2018)은 20년간 데이터를 수집하여 분석하였는데, 신체활동이 장기적으로 성격 발달과 연관되며 부적응적인 성격을 개선하는데 효과가 있다고 주장했다. 신체활동이 부족할 경우 외향성, 성실성, 개방성, 호감성은 감소되었고 정서적 불안정성은 증가하였다.
- 노인을 대상으로 한 연구를 살펴보면, 외향성이 높은 노인은 근력이 더 많았으며, 성실성이 높을 경우 보행속도가 빠르고 보행속도 감소세도 완만하였다(Terracciano et al., 2013; Tolea et al., 2012). 이는 외향성, 성실성이 높을 경우 규칙적인 운동을 실시하고 신체활동 능력이 오래 유지됨을 의미한다.

성격 5요인 이론은 운동의 지속실천을 예상하는데 상당한 가치가 있어 보인다. 요인의 수가 많지 않고 초창기 이론과도 공통점을 갖고 있어 설명하기도 쉽다는 장점이 있다. 개인의 성격과 인구통계학적 특성(연령, 성별)을 함께 파악하면 운동지속실천과 운동 중도포기에 효과적으로 대응할 수 있기 때문에 트레이너나 재활운동 전문가가 이 사실을 인식할 필요가 있겠다. Lox 등(2019)은 성격 5요인과 운동행동의 관련성을 〈그림 8-1〉처럼 제안하였다. 외향성과 성실성이 긍정적 역할을 하며, 정서적 불안정성(신경증)은 부정적 측면이 강하다는 것을 알 수 있다.

정서적 불안정성 (Neuroticism)	외향성 (Extraversion)	개방성 (Openess to Experience)	호감성 (Agreeableness)	성실성 (Conscientiousness)
• 운동 자기보고 - • 운동 의도 - • 운동 지속 - • 운동에 대한 즐거움 -	• 운동 자기보고 + • 운동 단계 + • 중·고강도 운동 +	• 야외운동 +		• 운동 자기보고 + • 운동 의도 + • 방해 극복 + • 계획된 운동 +

▌그림 8-1▐ 성격 5요인에 따른 운동행동

Click

성격 5요인 이론

Costa와 McCrae(1992)가 제시한 성격 5요인 이론은 기존의 여러 성격 이론과 다양한 성격 검사를 통합하여 만들어졌다. 성격 차원을 가장 적은 수로 효율적으로 설명하는 것으로 받아들여지고 있다. 빅 파이브(Big 5)이론이라고도 하며, 특성 관점에 따라 성격은 5요인으로 구성된다고 본다.

5요인은 정서적 불안정성(neuroticism), 외향성(extraversion), 개방성(openness to experience), 호감성(agreeableness), 성실성(conscientiousness)이다. 이들 5요인으로 개인의 정서, 대인관계, 경험, 태도, 동기 등을 설명할 수 있다고 가정한다. 최근에 운동심리학에서도 이 이론이 적용되어 고무적인 결과를 보여주고 있다.

- 정서적 불안정성: Eysenk의 이론에 포함된 정서적 불안정성과 유사한 개념이다. 신경증이라고도 하며 불안, 적대감, 우울, 자의식, 충동성, 심약성 등의 하위요인으로 구성되어 있다. 스트레스를 받으면 자율신경계 반응이 높아지고 스트레스가 없어져도 지속되는 특징과 관련이 높다.
- 외향성: 더 많은 자극을 주는 자극을 찾는 경향을 보인다. 도전, 모험을 추구하기를 좋아하는 성향을 말한다. Eysenk의 이론에도 포함된 요인이다. 온정, 사교성, 주장, 활동성, 자극추구성, 긍정적 정서 등의 요인으로 구성된다.
- 개방성: 새로운 아이디어가 주어지면 여기에 적응하고, 새로운 환경에 맞도록 행동을 변화시키려는 경향성을 의미한다. 상상, 심미성, 감정·행동·사고·가치에 대한 개방성 요인이 포함된다.
- 호감성: 다른 사람과 잘 어울리는 성향을 말한다. 신뢰성, 솔직성, 이타성, 순응성, 겸손, 동정심 등의 요인이 들어 있다.
- 성실성: 개인이 집중하고 있는 목표를 달성하기 위해서 스스로 얼마나 절제하는가를 말한다. 단호하며 의지가 강하고 임무를 반드시 완수하는 것으로 정의한다. 유능감, 충실성, 성취욕구, 자기규제, 신중성 등이 하위요인이다.

앞서 Eysenk의 2차원 모형에 포함된 외향성과 정서적 불안정성은 빅 파이브에도 포함된다. 대부분의 성격 질문지는 5요인의 일부를 포함하고 있다. 성격 5요인을 측정하기 위해 NEO PI(Costa & McCrae, 1992)가 개발되어 널리 사용된다. 여기서 NEO는 신경성(neuroticism), 외향성(extraversion), 개방성(openness)의 첫 글자를 의미하며, PI는 성격검사(personality inventory) 를 말한다. 원본 NEO는 지나치게 문항이 많아 최근에 간편형인 BFI(John, Donahue & Kentle, 1991), 1분에 측정 가능한 BFI-10 (Rammstedt & John, 2007)도 개발되었다.

3 성격특성과 운동

1) 강도선호와 강도인내

성격특성은 운동행동과 운동에 대한 개인의 인식에 영향을 미친다는 연구결과가 많다. 하지만 전통적인 성격척도는 외부자극에 대한 반응으로 성격특성을 탐색하기 때문에, 운동강도의 선택 동기 또는 정서적 반응을 알아내기엔 어려움이 있다. Ekkekakis 등(2005)는 이러한 한계점을 해결하기 위해, 강도선호(intensity-preference)와 강도인내(intensity-tolerance) 개념을 사용하였다.

강도선호는 개인이 특정 수준의 운동강도를 선택하는 성향을 의미하며, 강도인내는 운동 중 불편함을 느끼는 시점 이후에도 해당 강도의 운동을 수행하려는 능력을 의미한다. 이 두 요인은 PRETIE-Q를 통해 측정 가능하며. 운동 수행 시 정서반응과 운동지속을 예측할 수 있는 주요 변인으로 주목받고 있다.

- 청소년을 대상으로 한 연구를 살펴보면, 강도선호 및 강도인내가 높을수록 최대산소섭취량(VO_2max)과 운동 후 즐거움도 높았다(Schneider & Graham, 2009).
- 강도선호는 운동 중 정서 반응을 예측하는 강력한 변인이다. 고강도 운동에도 무반응 또는 긍정적 정서가 나타난 사람들은 높은 강도선호 점수를 보였다(Jones et al., 2018).
- 높은 강도인내를 가진 사람들은 고강도 운동 중에도 전두엽에 충분한 산소와 혈류를 공급한다. 이는 운동으로 힘든 상황에도 불쾌한 감정을 잘 조절하고, 통제할 수 있음을 의미한다.

PRETIE-Q의 사용은 운동에 대한 인식이 운동행동에 미치는 영향을 구체적으로 보여주기에, 개별화된 운동 프로그램을 설계하는 데 유용하다. 운동 프로그램을 설계할 때 개인의 강도선호와 인내를 고려한다면 운동참여와 운동지속을 높일 수 있다(Hall et al., 2014).

2) 성역할 특성

성역할(gender-role)과 관련된 운동심리학 연구는 많지 않으나 결과는 흥미롭다. 성역할 연구의 틀은 남성다운 성격인 남성적(masculine) 성격, 여성다운 성격인

Click

PRETIE-Q

PRETIE-Q는 강도선호와 강도인내를 측정하는 자기보고식 질문지다. 5점 Likert 척도로 이루어져 있으며 1점은 '전혀 그렇지 않다', '5점은 매우 그렇다'로 구성된다. 문항 중 8문항(1, 2, 3, 4, 7, 8, 9, 12)은 역채점 한다.

▌표 8-1 ▌한국판 PRETIE-Q(연승환, 2023)

문항					
강도선호	전혀 그렇지 않다				매우 그렇다
2. 나는 짧은 시간 고강도 운동을 하는 것보다 긴 시간 동안 저강도 운동을 하는 것을 더 선호한다.	1	2	3	4	5
4. 나는 시간이 다소 걸리더라도 천천히 운동하는 것을 선호한다.	1	2	3	4	5
6. 나는 저강도 운동을 길게 하는 것보다 짧은 시간 동안 고강도 운동을 하는 것을 선호한다.	1	2	3	4	5
8. 나는 운동할 때, 주로 느리고 일정한 속도로 운동하는 것을 선호한다.	1	2	3	4	5
10. 나는 저강도 운동에는 흥미가 없다.	1	2	3	4	5
12. 나는 운동할 때, 힘이 덜 들고 천천히 할 수 있는 것을 선호한다.	1	2	3	4	5
13. 운동을 빠르고 격렬하게 할수록 만족감을 느낀다.	1	2	3	4	5
강도인내	전혀 그렇지 않다				매우 그렇다
1. 나는 운동 중 피로감(피곤함)을 느끼면 운동을 천천히 하거나 멈춘다.	1	2	3	4	5
3. 운동하면서 근육에 무리가 가거나 숨이 차면 강도를 낮춘다.	1	2	3	4	5
5. 나는 운동 중에 느끼는 피로감을 견뎌낸다.	1	2	3	4	5
7. 나는 운동이 너무 힘들어지면 천천히 하거나 혹은 멈춘다.	1	2	3	4	5
9. 평소 운동할 때 근육에 무리가 오면 강도를 낮춘다.	1	2	3	4	5
11. 나는 운동할 때 근육 통증이나 피로감을 견디면서 계속한다.	1	2	3	4	5
강도선호 : 2(R), 4(R), 6, 8(R), 10, 12(R), 13번의 평균 강도인내 : 1(R), 3(R), 5, 7(R), 9(R), 11번의 평균					

* 문항 번호 옆에 R이 붙은 문항은 역채점 한다.

여성적(feminine) 성격, 그리고 남성적 성격과 여성적 성격이 모두 높은 양성적(androgynous) 성격으로 분류한 Bem(1974)의 이론을 따르고 있다. 여기서 말하는 성역할은 남자, 여자를 구분하는 생물학적 성이 아니라 사회적인 성(gender)을 의미한다. 즉 생물학적 성인 남녀에 관계없이 남성적인 특성이 강한 사람은 모험심, 독립심, 단호함, 경쟁성이 높은 경향을 보이는 것으로 정의된다. 반면 여성적 특성이 강하면 이해심, 다정다감, 섬세함이 높다고 본다.

Bem(1974)에 따르면 두 가지 특성이 모두 강한 양성적 특성이 사회적으로 가장 바람직한 성격이다. Rejeski 등(1987)의 연구는 Bem의 이론을 따라 운동 상황에서 성역할 특성에 따라 운동 중의 정서 체험과 운동행동이 어떻게 달라지는가를 잘 보여주었다.

운동은 대체로 남성적인 것으로 여겨지기 때문에 여성적인 남학생은 남성적이거나 양성적인 남학생에 비해 심리적 스트레스를 더 받을 것이라는 가설을 세웠다. 85% 수준의 강도로 사이클 에르고미터 운동을 했을 때 여성적인 남학생은 남성적 또는 양성적인 남학생에 비해 주관적 운동강도가 높게 나타났다. 동등한 운동부하에서 여성적인 남학생이 운동강도를 높게 지각했다는 의미이다.

또 이들은 다른 두 집단보다 운동 중 부정적 정서를 더 높게 지각했다. 반면 남성적인 남학생은 정반대의 경향을 보였다. 운동 종료 후에 110%강도의 최대하 운동을 하게 했을 때 여성적인 남학생은 약 20초간 지속하였으며, 이는 남성적(46초) 또는 양성적(67초) 학생의 1/2에서 1/3 수준이었다. 인내와 노력이 요구되는 운동 상황에서 양성적, 남성적, 여성적 성격 순으로 수행이 좋았다는 결과이다.

이러한 결과는 성격 특성에 따라 운동 중에 받는 심리적 스트레스와 행동이 달라질 수 있음을 의미한다. 특히 여성적 특성이 높은 남자의 운동 체험과 행동이 부정적일 수 있다는 결과에 주목할 필요가 있다. 여성적 특성이 강한 남자 회원을 지도하는 트레이너라면 남성적 또는 양성적 회원과는 차별화된 운동 프로그램을 설계해야 할 것이다.

3) A 성격유형 특성

경쟁성, 적대감(분노), 과도한 성취욕구, 시간 강박증의 경향이 높으면 A 성격유형으로 정의하고, 그 행동을 일컬어 A 성격유형 행동(type A behavior pattern, TABP)

이라 한다. 반대의 경향(경쟁성, 적대감, 성취욕구, 시간 강박증이 낮음)은 B 성격유형이다. 이와 같은 성격유형 분류는 Friedman과 Rosenman(1974)에 의해 제안되었다.

A 성격유형은 사회적으로 성공하는 데 도움이 될지 모르지만 심장질환의 위험이 높아져 건강을 희생시키는 것으로 알려져 있다. 특히 적대감과 관상동맥질환의 위험 사이에 매우 밀접한 연관성이 밝혀졌다. 운동심리학에서 A/B 성격유형에 관심을 기울이는 이유는 A/B 성격유형에 따라 운동행동이 다를 것으로 예상되고, 운동이 심장과 폐의 건강에 도움이 되기 때문이다.

- A 성격유형과 운동행동: A 성격유형의 소유자는 B 성격유형에 비하여 운동지속 실천율이 낮다(Oldridge, 1982).
- A 성격유형과 부상: A 성격유형 소유자는 운동 중에 부상을 당하는 빈도가 높은 것으로 밝혀졌다(Fields et al., 1990).
- A 성격유형과 운동강도 지각: A 성격유형은 운동 중에 노력을 더 많이 하고, 운동강도도 높게 인식한다. 고강도 운동 상황에서 A 성격유형은 B 성격유형에 비해 스트레스 반응이 높아지고 부정적 정서도 더 많이 체험하는 것으로 나타났다(Hardy et al., 1989). 하지만 중간 강도 이하의 운동에서는 반대의 경향을 보인다. 즉 강도가 중간 이하일 때에는 운동강도 지각과 운동 불편감을 오히려 낮게 경험하는 경향이 있다(McMurray et al., 1989).
- A 성격유형의 변화: Blumenthal 등(1988)의 연구가 대표적이다. 12주간의 운동 프로그램에 참여한 결과 A 성격유형인 사람의 A형 행동 자체가 감소했고, 스트레스에 대한 반응성도 낮아진 것으로 밝혀졌다. 운동 참여가 A 성격유형 자체를 변화시킬 수 있을 뿐만 아니라 건강상 혜택도 가져올 수 있다는 결과이다.

이러한 연구 결과는 A 성격유형 소유자에게 시사하는 바가 크다. A 성격유형은 관상동맥질환을 포함한 심장 질환의 위험이 높기 때문에 운동으로 위험을 낮춰야 한다. 또 운동을 하면 경쟁적이며 시간 강박적인 성향이 여유 있는 성격으로 바뀔 가능성도 높다. A 성격유형을 가진 사람이 운동을 해야 할 이유가 충분히 있다.

Click

나는 A 성격유형인가, B 성격유형인가?

A 성격유형과 B 성격유형을 구분하는 도구이다. 아래의 문항을 읽고 자신에게 해당하는 숫자에 표시해보자.

	언제나 그렇다	종종 그렇다	그렇지 않다
1. 생활이 바쁜가?	2	1	0
2. 매일의 생활 속에서 시간에 쫓기는 듯한 느낌을 받는가?	2	1	0
3. 일이나 그 밖의 무언가에 쉽게 열중하는 편인가?	2	1	0
4. 일에 열중하면 다른 것으로 관심을 돌리는 것이 어려운 편인가?	2	1	0
5. 한번 시작하면 철저히 하지 않으면 성에 차지 않는 편인가?	2	1	0
6. 자기 일이나 행동에 자신감을 갖고 있는가?	2	1	0
7. 쉽게 긴장하는 편인가?	2	1	0
8. 안절부절 못하거나 화를 쉽게 내는 편인가?	2	1	0
9. 꼼꼼한 편인가?	2	1	0
10. 승부욕이 강한 편인가?	2	1	0
11. 성격이 과격한가?	2	1	0
12. 일이나 그 밖의 것에서 다른 사람과 경쟁한다는 기분을 쉽게 느끼는가?	2	1	0

평가: 12문항 점수의 합이 17점 이상이면 A 성격유형으로 판정한다.

4) 강인한 성격

성격 측면에서 강인함(hardiness)은 어떤 사건에 대해 통제감을 갖고 있으며, 일상생활에서 헌신과 적극성을 보이며, 생활 사건을 스트레스가 아닌 도전과 기회로 보는 경향으로 정의한다(Kobasa, 1979). A 성격유형 행동이 건강에 위협이 된다면 강인함은 질병에 대해 완충역할을 하는 성격으로 알려져 있다. 이러한 성격 특성은 스트레스의 부정적 영향으로부터 개인을 보호해 주고 질병으로부터 완충 역할을 한다고 여겨진다.

성격적으로 강인함을 가진 사람이 운동을 하면 운동의 효과와 성격적 강인함의 효과를 모두 기대할 수 있다. 실제로 강인함이 높은 사람은 스트레스를 유발하는 사건을 당하면 스트레스를 낮추는 방향으로 대응을 한다. 스트레스의 나쁜 영향을 극복하는데 필요한 정보를 수집하고, 행동을 실천하며, 과거 경험으로부터 교훈을 찾는 등의 조치를 취한다. 물론 운동도 스트레스를 주는 사건으로부터 완충 역할을 하게 된다.

성격적 강인함을 가진 사람은 운동을 포함하여 건강에 도움이 되는 행동을 더 많이 할 가능성이 높다. 하지만 강인한 성격이 운동행동의 원인이 되는지, 반대로 운동의 결과로 강인한 성격이 형성되었는지 인과관계는 아직까지 분명하지 않다.

- 스트레스에 대한 회복탄력성이 높을 경우, 정신장애에 걸릴 가능성이 낮다(Kaplan et al., 2017).
- 강인함은 전투상황을 경험한 군 복무자 또는 소방관들이 겪을 수 있는 외상 후 스트레스 장애(PTSD)로부터 보호하는 효과를 보였다(Lee et al., 2014)
- 강인함은 스트레스 상황을 직접적으로 조절하지는 못하지만, 다양한 연구를 통해 운동 참여와 스트레스에 대한 회복탄력성 향상은 서로 관련이 있는 것으로 나타났다(Schoenfeld et al., 2013).

강인함의 3요인

1. 어떤 사건에 대한 통제감
2. 일상생활에서의 헌신, 적극성
3. 삶의 사건들을 스트레스가 아닌 도전과 기회로 보는 경향

5) 그릿

낙관주의(optimism), 성격적 강인함(hardiness), 그릿(GRIT) 등의 개념은 일반 심리학에서 시작되어 스포츠운동심리학에도 적용되고 있다. 세 개념 모두 스트레스 상황을 극복할 수 있는 도전으로 여기며, 통제감을 발휘한다는 공통점이 있다.

그릿(GRIT)은 성장(growth), 회복탄력성(resilience), 내적동기(intrinsic motivation), 끈기(tenacity)로 개념화되었으며, 궁극적인 목표를 성취하기 위한 인내와 열정을 의미한다(Duckworth et al., 2007). 이후 Duckworth(2016)은 그릿의 흥미유지와 노력지속을 하위요인으로 구성하였으며, 성취 및 정신건강과의 관

계에 대한 연구가 진행되어 왔다(Vainio & Daukantaite, 2016).

운동이 그릿을 향상시킬 수 있는지 탐색하기 위하여, 그릿과 운동참여 및 운동지속의 관계를 탐색하는 연구가 진행되었다. 운동빈도가 높고 참여시간이 길수록 그릿 점수도 높게 나타났다(민유선 등, 2020). 전우성과 김병준(2024)는 규칙적인 운동과 그릿의 관계를 알아보기 위하여, 초등학생을 대상으로 운동변화단계를 적용한 연구를 진행하였다. 그 결과, 운동변화단계 높은 단계에 속한 사람일수록 그릿과 회복탄력성이 모두 높게 나타났다. 즉, 규칙적인 운동은 긍정적인 정서의 변화뿐만 아니라, 장기적으로 삶의 목표를 향한 도전적인 태도를 함양하는데 도움을 줄 수 있다.

성인기의 운동습관은 어린 시절의 경험과 연관되어 있다는 연구 결과도 보고되고 있다(Anderssen et al., 2005). 따라서 아동기부터 규칙적인 운동 습관 형성을 위한 운동 프로그램이 개발될 필요성이 있다.

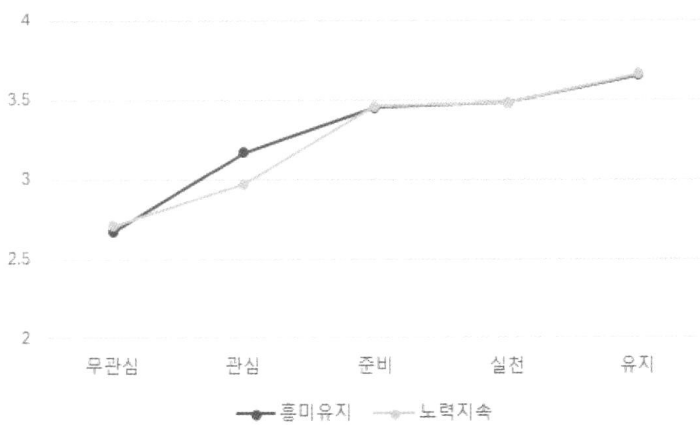

❙그림 8-2❙운동변화단계에 따른 그릿(전우성, 김병준, 2024)

6) 자기동기

자기동기(self-motivation)는 외적인 강화가 없는 상황에서도 노력을 하는 일반적인 경향이다(Dishman, 1981). 이 개념은 운동지속실천을 설명하기 위해 제안된 심리생물학적 이론에 포함된 심리 요인이다. 성격적으로 스스로 열심히 노력하는 경향으로 성격 5요인 이론에 포함된 성실성과 유사한 개념이다. 자기동기 질문지(Self-Motivation Inventory)를 이용한 연구의 결과를 보면 자기동기는 운동지속실천에 긍정적인 영향을 주는 것으로 나타났다. 성격 5요인 이론에서 성실성이 운동의 지속 실천과 관계가 있다는 결과와 맥락을 같이하는 결과이다.

자기동기가 높으면 목표를 세우고, 진도를 스스로 점검하고, 자기 강화를 하는 등의 자기관리 능력이 좋다고 할 수 있다. 자기동기가 높은 사람은 운동 중에 목표를 잘 세우고, 지속 실천을 위해 스스로 강화하기 때문에 운동 프로그램을 오래 실천하는 경향을 보인다. 이들은 지도를 받는 운동 프로그램에서 빨리 탈피하여 자신만의 운동 프로그램을 만들어 나가기도 한다.

7) 중독성과 강박적 성격

중독성 성격(addictive personality)는 강렬한 자극을 추구하며, 충동성을 조절하는데 어려움을 겪는 성격을 의미한다. 강박적 성격(obsessive-compulsive personality)은 자기통제력이 강하며 융통성이 없는 특징을 보인다. 체중에 대한 강박이 있고, 비정상적으로 높은 수준의 운동을 지속하는 신경성 식욕부진증(anorexia nervosa)을 겪는 사람들은 중독성과 강박성이 모두 높은 것으로 나타났다(Davis & Claridge, 1998).

강박성은 완벽주의(perfectionism), 자기통제(self-control)과 유사함을 지니는데, 이는 안정을 찾기 위해 반복행동과 규칙에 집착하는 특징이 있다. 즉, 운동을 하지 않았을 때의 죄책감과 어떤 상황에서도 운동을 해야 한다는 강박적 생각이 운동 동기로 작용하는 것이다. 이러한 사람들이 지닌 운동에 대한 강박감을 줄이기 위해서는 운동강도와 빈도를 조절해줄 필요가 있다.

운동을 하지 않을 때의 죄책감을 줄이기 위하여, 일주일에 1-2일은 신체 회복을 위한 날로 미리 정해둘 수 있다. 또한 운동의 목적은 기분개선과 신체기능향상을 위함임을 지속적으로 상기해줄 필요가 있다. 신체 컨디션에 따라 자율적으로 운동강도를 조절할 수 있는 환경을 제공하고, 운동 전후 기분과 경험에 대한 질문을 제공한다면 신체에 대한 긍정적 인식을 함양하는데 도움을 줄 수 있다.

8) 감각추구 성격

모험을 추구하고 새로운 경험에 대한 욕구가 강한 것을 감각추구(sensation seeking)

의 성격 특성이라 한다(Zuckerman, 1994). 감각추구 성향이 높은 사람은 특정 욕구를 만족시키기 위해 주변 환경에서 자극을 찾아 나선다. 즉, 감각추구 성향이 낮은 사람은 약간의 환경 자극에 대해 과부하를 느끼지만, 감각추구 성향이 높은 사람은 상당 수준의 자극을 오히려 좋아한다.

감각추구의 욕구가 높은 사람은 복잡하거나 익사이팅한 새로운 활동에 도전하는 경향을 보인다. 운동에 참가하고 지속적으로 실천하는 동기를 감각추구의 성격 특성과 연관 지어 설명할 수 있다.

4 운동과 인지기능

운동과 인지기능(cognitive function)의 관계를 규명하려는 시도는 오래전부터 있었으나, 초기 연구들에서는 운동이 인지기능에 미치는 영향에 대해 일관된 결론을 도출하지 못했다. 운동 유형 및 인지기능의 측정법의 이질성이 강해 결과 해석이 어려웠기 때문이다. 그럼에도 불구하고, 운동이 노인의 인지기능 향상과 치매 예방에 효과가 있으며, 아동의 학습 성취와도 긍정적 관련이 있다는 연구결과가 늘어나며 운동의 긍정적인 영향에 무게가 실리고 있다.

1) 운동과 인지기능 관련 연구

인지기능은 생각을 인식하고 이해하는 전반적인 과정을 뜻한다. 구체적으로 주의집중, 학습 및 기억, 계획수립 및 실행, 인식 및 평가, 논리적 사고, 문제해결 등이 포함된다.

운동과 인지기능의 관계를 살펴보는 연구는 주로 횡단 연구, 종단 연구, 관찰 연구 등으로 진행되어 왔다. 횡단 연구는 운동을 오랫동안 해온 사람과 그렇지 않은 사람을 한 시점에서 비교하는 방식이다. 하지만, 영양 상태, 의료 수준, 교육 정도 등 다양한 외부 요인이 혼재되어 있어 운동과 인지기능 사이의 인과관계를 명확히 밝히기 어렵다는 한계가 있다.

반면 종단 연구는 운동을 하지 않던 사람들에게 규칙적인 운동을 실시한 후의 인지기능

변화를 관찰하는 방법이다. 이 방법은 자기선택 편향 문제를 줄일 수 있고, 운동이 인지 저하를 예방하거나 회복시키는 효과가 있는지 확인할 수 있다는 점에서 더 신뢰성이 높다. 또한, 관찰 연구는 대규모 코호트 연구를 중심으로 진행되며, 여러 연구 결과를 통해 운동과 인지기능 사이의 긍정적 관계가 꾸준히 확인되고 있다.

- Larson 등(2006)은 65세 이상에서 주 3회 이상 운동하는 사람들이 치매 위험이 34% 감소한다는 결과를 발표했다.
- Horder 등(2018)은 40년에 걸친 추적에서 심혈관 체력이 우수한 중년 여성이 치매 위험이 낮았음을 보고했다.
- Barnes 등(2003)은 초기 유산소 체력과 6년 후 인지기능 간에 긍정적인 상관관계가 있음을 확인하였다. 이처럼 적당한 신체활동은 중년과 노년기에 집행 기능과 주의력 같은 인지기능 향상에 긍정적인 영향을 미치는 것으로 요약할 수 있다.

2) 인지기능의 측정

인지기능은 다양한 방식으로 평가할 수 있으며, 측정 방법에 따라 관찰되는 효과가 다를 수 있다. 예를 들어, 신경심리학적 검사, 행동 반응 과제, 뇌 영상 및 생리학적 지표 등을 활용하여 인지 처리의 속도, 정확성, 효율성을 객관적으로 측정할 수 있다. 인지기능의 다양한 측정법은 다음과 같다.

- 지각 검사
- 반응시간(RT) 및 추론 능력 검사
- 단기 및 장기기억 테스트
- 언어 능력 및 학업 성취도 검사
- 종합적인 지능 검사

Colcombe 와 Kramer(2003)은 반응시간(reaction time, RT)을 변인으로 하여, 운동이 인지기능에 미치는 영향에 대한 메타분석을 실시하였다. 반응시간은 자극에 대한 반응 속도를 의미하며, 반응시간이 짧을수록 인지처리 효율이 높다고 간주한다.

연구 결과, 유산소 트레이닝은 인지기능을 향상시키는 데 명확한 효과를 가지며, 특히 선택 반응시간(selective RT), 공간지각 과제(spatial perception tasks), 단순 반응

시간(simple RT) 등에서 그 효과가 두드러졌다. 또한, 유산소 운동에 근력 및 유연성 트레이닝을 병행한 프로그램이 유산소 운동만 실시한 경우보다 더 높은 인지기능 향상을 보였으며, 운동 회기당 30분 이상 지속되었을 때 가장 큰 효과가 나타나는 것으로 보고되었다.

아동기와 노년기는 각각 운동이 인지기능에 가장 큰 영향을 줄 수 있는 시기로, 이 시기를 중심으로 운동과 인지 처리 간의 관계를 탐구하는 것은 매우 의미가 있다. Waneen Spirduso(1975)은 단순 반응시간과 선택 반응시간을 활용하여 연구를 진행하였다. 노년층은 같은 연령대의 비운동자들보다 단순 반응시간, 선택 반응시간, 그리고 운동반응시간에서 현저히 빠른 반응을 보였다.

Spirduso와 Clifford(1978)는 이러한 차이가 신체활동이 인지 처리 속도에 미치는 영향 때문인지, 특정 스포츠의 특성이 영향을 미친 것인지를 구분하고자 하였다. 연구결과, 고령의 러너들과 라켓 스포츠 선수 모두 젊은 운동자들과 유사한 수준의 반응시간을 나타낸 반면, 운동을 하지 않는 노인들이 가장 느린 반응시간을 보였다. 즉, 운동이 연령과 성별에 관계없이 인지 처리 속도 향상에 긍정적 영향을 미친다는 것이다.

3) 일회성 운동과 장기간 운동의 효과

Etnier 등(1997)은 약 200편의 연구를 메타분석하여 운동이 인지기능에 미치는 영향을 분석하였다. 일회성 운동(acute exercise)의 효과크기(ES)는 0.16이었으며, 장기간 운동(chronic exercise)의 효과크기는 0.33으로 일회성 운동보다 약 두 배 더 큰 효과를 보였다.

연구 유형별로 보면, 상관관계 연구에서는 운동과 인지기능 간의 효과 크기가 0.53으로 비교적 높았으나, 이 연구들은 운동이 인지기능 향상의 원인인지에 대해서는 명확한 답을 제시하지 못했다. 반면, 실험 연구에서는 효과 크기가 0.18로 다소 낮았다.

연령별로 보면 장기간 운동은 전 연령대에서 인지기능 향상에 기여하지만, 특히 중장년층(45~60세)의 효과크기가 1.02로 가장 컸다. 그 외에도 고등학생(0.77), 대학생(0.64), 노년층(0.19), 초등학생(0.3) 순으로 효과가 보고되었다. 이는 운동이 청소년뿐만 아니라 노년층의 인지기능 개선에 효과적임을 시사한다.

Click

운동과 인지기능

운동이 인지기능에 어떤 효과가 있는가를 종합적으로 보여주는 메타분석이 이루어졌다(Etnier et al., 1997). 전체 효과크기는 0.25로 낮은 수준이었다. 일회성 운동보다는 장기간 운동이 더 효과가 좋다는 결과가 나왔다. 운동을 장기간 실천하면 인지기능을 개선시키는데도 어느 정도 기여한다는 것을 알 수 있다.

- 메타분석: Etnier 등(1997)은 일회성 운동과 장기간의 운동이 인지능력에 미치는 영향을 다룬 논문 약 200편을 메타분석하였다. 기억력, 수학능력, 언어능력, 창의력, 학업 성취도, 정신연령, 지능, 반응시간, 지각 능력 등이 종속변인으로 사용되었다. 일회성 운동과 장기간 운동의 비교, 연령대별 비교 등이 이루어졌다(표 8-2).
- 전체 효과크기: 분석에 포함된 논문을 모두 고려한 전체 평균효과크기는 0.25으로 낮은 수준이었다. 일회성 운동만을 분석하면 0.16이었지만 장기간 운동은 0.33으로 높아져 장기간의 운동이 인지능력에 더 좋은 효과가 있었다.
- 연령대별 비교: 장기간의 운동에 의해 인지능력이 가장 많이 향상된 계층은 45세~60세의 중장년층이었다(효과크기 1.02). 청소년과 대학생 연령층의 효과크기도 다소 높은 편이었다.
- 상관관계연구와 실험연구 비교: 횡단연구를 이용한 상관관계 연구에서는 운동과 인지능력 사이의 효과크기가 0.53으로 중간 정도였다. 하지만 인과관계를 유추할 수 있는 실험연구 설계를 사용한 연구에서는 효과크기가 훨씬 낮았다(0.17).

표 8-2 운동이 인지능력에 미치는 효과의 메타분석 결과

구 분	효과크기
전체	0.25
운동 종류	
일회성 운동	0.16
장기간 운동	0.33
연령	
초등학생(6-13세)	0.36
청소년(14-17세)	0.77
대학생(18-30세)	0.64
중장년(45-60세)	1.02
노인(60-90)	0.19
연구 설계	
횡단연구, 상관관계연구	0.53
실험연구	0.18

일회성 운동도 인지기능에 긍정적 영향을 줄 수 있다는 연구결과가 보고되고 있다. 특히 일회성 운동이 학령기 아동과 청소년의 주의집중력 향상, 학업수행 개선, 그리고 뇌 구조 및 기능의 긍정적인 변화를 준다는 사실이 밝혀졌다(Hillman et al., 2009; Pontifex et al., 2013). 이러한 효과는 주의력 조절에 어려움을 겪는 ADHD 아동에게도 긍정적으로 작용하여, 주의력 조절 능력을 향상시키는 데 도움을 줄 수 있다.

하지만 모든 운동이 긍정적인 결과만을 초래하는 것은 아니다. McMorris와 Hale (2012)의 연구에 따르면, 운동강도가 지나치게 높을 경우 인지처리 능력이 일시적으로 저하될 수 있다. 이는 뇌의 과부하와 신체적 피로로 인한 결과로 해석된다. 따라서 인지기능 향상을 위한 운동처방 시에는 강도, 빈도, 지속 시간 등을 적절히 고려한 맞춤형 운동 설계가 중요하다.

4) 운동과 노화

운동은 노화에 따른 인지기능 저하를 완화하고, 특히 알츠하이머(AD)와 같은 퇴행성 질환의 예방과 진행 억제에 효과적이라는 연구결과가 있다. 노화가 진행되면서 뇌의 회색질과 백색질의 부피는 감소하고, 반대로 뇌실(ventricle)은 크기가 증가하는 현상이 나타난다(Raz et al., 2005; Terribilli et al., 2011). 이는 수행 능력 감소, 즉 기억력, 주의력, 의사결정 기능 저하와 관련이 있다. 이러한 뇌 조직의 위축은 기억력, 주의력, 의사결정과 같은 수행능력 저하와 관련이 있으며, 노인에게서 특히 두드러진다. 따라서 운동이 인지기능에 긍정적인 영향을 미친다면, 이러한 효과는 노년층에게서 뚜렷하게 나타날 수 있다는 가정이 가능하다.

노화는 신체적, 정신적으로 다양한 기능 저하와 관련되어 있으며, 그 중 알츠하이머는 대표적인 인지적 손상 질환이다. 2006년 기준 약 2,660만 명이 알츠하이머를 앓고 있었으며, 2050년에는 전 세계적으로 1억 명 이상으로 증가할 것으로 예측된다(He et al., 2016). 미국에서도 2030년까지 1,400만 명이 진단받을 것으로 추정된다(Yu & Kolanowski, 2009). 알츠하이머는 점진적인 인지기능 저하와 기능 장애, 신경정신과적 증상이 동반되며 치매로 이어지는 경우가 많다. 이로 인해, 규칙적인 신체활동이 알츠하이머의 발병의 예방과 진행 속도 억제에 기여하는지에 대한 연구는 매우 중요한 연구 과제이다.

다양한 연구 결과에 따르면, 규칙적인 신체활동은 알츠하이머나 치매의 발병 위험의 감소에 긍정적인 영향을 미친다(Beckett, Ardern, & Rotondi, 2015; Etgen et al., 2010; PAGAC, 2018). Barnes와 Yaffe(2011)는 신체 비활동을 25%만 줄이면, 전 세계적으로 100만 건 이상의 알츠하이머 사례를 예방할 수 있다고 주장했다. 또한, 운동은 이미 알츠하이머를 앓고 있는 사람들에게도 인지기능 향상에도 효과가 있음이 밝혀졌다.

- 1970년~2003년 사이 진행된 30개의 무작위 실험을 메타분석한 결과, 운동은 인지장애를 앓고 있는 노인들에게 효과적인 치료법이 될 수 있음이 밝혀졌다(Heyn et al., 2004).
- 인지장애나 치매 진단을 받은 65세 이상의 고령자 중, 운동을 실시한 그룹은 신체기능(예: 근력, 체력, 일상 기능)뿐만 아니라 인지기능에서도 0.5 표준편차 이상의 향상을 보였다(Groot et al., 2016).
- Lautenschlager 등(2008)은 알츠하이머 위험군에 속한 사람들을 대상으로 24주간 주 3회, 회당 50분, 주 150분 이상의 운동 프로그램을 진행하였다. 운동집단은 대조 집단에 비해 인지기능이 다소 향상되었으며, 종료 후 18개월이 지난 시점에서도 이러한 효과가 유지되었다.

5 메커니즘

1) 운동과 성격

운동을 통해 성격이 바뀌는가에 대한 확실한 결론을 내리기는 어렵지만 대체로 그 가능성을 지지하는 의견이 증가하고 있다. 운동실천에 따라 성격 변화가 일어날 수 있는 근거로 다음 세 가지 변화를 들 수 있다(Dienstbier, 1997).

- 생리적 변화: 운동을 꾸준히 하면 신체 변화가 일어난다는 점은 널리 알려져 있다. 운동으로 자율신경계에 적응이 일어나고 심폐계 체력이 좋아지는 등 신체적 변화가 나타나면 성격 변화로 이어진다고 보는 견해가 1960년대부터 이어져 왔다.

- 신체인식의 변화: 운동으로 체중 및 체지방의 변화, 활력감의 증대와 같은 효과가 나타나면 신체 이미지가 개선된다. 신체 이미지가 개선되면 자기개념도 긍정적으로 바뀐다. 이 과정을 통해 운동이 성격 변화에 영향을 준다는 설명이다.
- 대인관계와 생활양식의 변화: 스포츠 센터에 등록하고 새로운 사람을 만나면서 일상생활에 변화가 온다. 또 운동으로 체력이 향상되면 생활의 범위가 넓어져 만나는 사람도 많아진다. 운동이 삶에 새로운 환경과 변화를 유발시키며, 이로 인하여 성격도 달라진다고 본다.

2) 운동과 인지기능

노화로 인한 뇌 구조와 기능의 변화는 기억력, 주의력, 실행 기능 등 다양한 인지 능력의 저하와 관련되어 있으며, 이러한 손상을 완화하거나 예방하는 전략으로 운동이 주목받고 있다. 운동은 해마의 부피 증가, BDNF 분비 촉진, 전두엽 기능 강화 등 생리학적·신경생리학적 메커니즘을 통해 뇌 건강에 기여한다.

- 뇌 구조의 변화: 규칙적인 운동은 해마(hippocampus)의 부피 증가를 유도하며, 전두엽 및 주의 네트워크의 기능을 향상시킨다. 또한, 운동은 뇌유래신경영양인자(BDNF)의 분비를 증가시키는데, BDNF는 신경세포의 성장과 시냅스 연결을 촉진하여 전반적인 뇌 건강에 중요한 역할을 한다.

- 심리생리학적 변화: 사건 관련 전위(Event-Related Potential; ERP)와 같은 신경생리학적 측정이 운동이 주의력과 인지 처리에 미치는 영향을 객관적으로 평가하는 데 사용된다. 운동 후 ERP 측정 결과에서는 잠복기(latency)의 단축과 진폭(amplitude)의 증가가 관찰되는데, 이는 정보 처리가 더 빠르고 효율적으로 이루어지고 있음을 의미한다(Hillman et al., 2009).

- 선택적 향상 가설(selective improvement hypothesis): 운동이 뇌의 전반적인 기능을 개선하는 것이 아닌, 특정 기능을 담당하는 부위를 선택적으로 향상시킨다는 가설이다. 노화로 인해 손상되기 쉬운 전두엽 기반 실행기능을 포함한 인지기능을 효과적으로 향상시킨다고 본다.

- 심혈관 적합성 가설(cardiovascular fitness hypothesis): 인지기능 향상을 위해서는 심폐지구력이 좋아져야 한다는 가설이다. 하지만. 이에 대한 실증적 증거는 혼재되어 있다(Etnier et al., 2006).

- 뇌혈관 예비력 가설(cerebrovascular reserve hypothesis): 운동이 휴식 상태에서 뇌혈류를 증가시키고 자극에 대한 반응성을 높여 인지기능에 긍정적인 영향을 준다고 설명한다(Kayes & Hatfield, 2019).

운동은 다양한 생리학적 및 심리생리학적 메커니즘을 통해 인지 기능 향상에 기여한다. 따라서 운동을 인지기능 유지의 전략으로 활용하기 위해서는 연령, 체력 수준, 운동강도 등을 고려한 맞춤형 접근이 필수적이며, 운동의 빈도와 유형을 체계적으로 설계하는 것이 중요하다.

6 요약

지금까지의 연구 결과를 토대로 운동과 건강 분야의 전문가와 일반인에게 다음과 같은 지침을 제시할 수 있다.

- 다혈질, 경쟁적, 적대적, 공격적 성향이 강한 사람은 규칙적으로 운동해야 할 이유가 많다. 이들은 관상동맥질환을 비롯한 심장질환의 위험이 상대적으로 높다. 운동이 심혈관계에 주는 효과는 충분히 입증되었다. 따라서 감정적, 경쟁적, 적대적 성격의 소유자가 운동을 하면 우선 신체적 측면의 혜택을 기대할 수 있다. 심리적 혜택도 예상할 수 있으며 궁극적으로 건강에 해를 주는 행동(성격)까지도 변화시킬 가능성이 열려있다.

- 운동 프로그램의 지속적인 실천을 이끌어내기 위해서는 참가자의 성격을 이해할 필요가 있다. 지금까지의 연구 결과를 보면 정서적 불안정성(신경증)은 지속 실천과 부정적인 관련이 있지만, 운동중독과는 긍정적인 관련이 있는 것으로 밝혀졌다. 즉, 시작은 어렵지만 한 번 시작하면 심할 정도로 빠질 수 있다는 것이다. 외향성과

성실성이 높을수록 운동의 지속 실천도 높아진다는 사실도 성격을 고려해야 하는 중요한 이유가 된다.

- 단 한 번의 운동도 인지기능을 일시적으로 향상시킬 수 있다. 학령기 아동과 청소년에게 일시적 운동을 시킨 후 효과를 본 결과, 주의 집중력 향상, 학업 수행 개선, 뇌 구조 및 기능의 긍정적 변화가 나타났다. 특히 ADHD 아동의 경우에도 주의 조절 능력 향상에 도움이 되는 것으로 나타났다.

- 운동의 강도가 지나치게 높을 경우에는 오히려 인지 처리 능력이 일시적으로 저하될 수 있다는 연구결과도 있다. 이러한 현상은 뇌에 과도한 부하가 걸리고 피로가 누적되기 때문으로 해석된다. 따라서 인지기능 향상을 목적으로 할 경우, 운동의 강도를 적절하게 조절하는 것이 매우 중요하다.

참고문헌

민유선, 김현주, 최종환(2020). 생활체육 수영 참여자의 그릿 (GRIT) 이 운동지속 의도 및 신체적 자기효능감에 미치는 영향. **한국스포츠학회, 18**(3), 713-724.

안창규, 이경임(1996). NEO-PI-R 의 임상적 활용. **한국심리학회지: 상담과 심리치료, 8**(1), 65-79.

연승환(2023). **한국판 운동 강도선호와 강도인내 질문지 (PRETIE-Q)의 타당도와 신뢰도.** 미간행 석사학위논문 인하대학교 대학원.

전우성, 김병준. (2024). 초등학생의 운동변화단계에 따른 그릿 및 회복탄력성. **교육문화연구, 30**(2), 355-374.

Anderssen, N., Wold, B., & Torsheim, T. (2005). Tracking of physical activity in adolescence. *Research Quarterly for Exercise and Sport*, 76(2), 119-129.

Arai, Y., & Hisamichi, S. (1998). Self-reported exercise frequency and personality: A population-based study in Japan. P*erceptual and Motor Skills, 87,* 1371-1375.

Barnes, D. E., & Yaffe, K. (2011). The projected effect of risk factor reduction on Alzheimer's disease prevalence. The Lancet Neurology, 10(9), 819-828.

Barnes, D. E., Yaffe, K., Satariano, W. A., & Tager, I. B. (2003). A longitudinal study of cardiorespiratory fitness and cognitive function in healthy older adults. *Journal of the American Geriatrics Society, 51*(4), 459-465.

Beckett, M. W., Ardern, C. I., & Rotondi, M. A. (2015). A meta-analysis of prospective studies on the role of physical activity and the prevention of Alzheimer's disease in older adults. *BMC geriatrics, 15*(1), 9.

Bem, S. L. (1974). The measurement of psychological androgyny. *Journal of consulting and clinical psychology, 42*(2), 155-162.

Blumenthal, J. A., Emery, C. F., Walsh, M. A., Cox, D. R., Kuhn, C. M., Williams, R. B., & Williams, R. S. (1988). Exercise training in healthy type A middle-aged men: Effects on behavioral and cardiovascular responses. *Biopsychosocial Science and Medicine, 50*(4), 418-433.

Colcombe, S., & Kramer, A. F. (2003). Fitness effects on the cognitive function of older adults: a meta-analytic study. *Psychological science*, 14(2), 125-130.

Costa, P. T., & McCrae, R. R. (1992). Normal personality assessment in clinical practice: The NEO Personality Inventory. *Psychological assessment*, *4*(1), 5.

Costa, S., & Oliva, P. (2012). Examining relationship between personality characteristics and exercise dependence. *Review of psychology, 19*(1), 5-11.

Courneya, K. S., & Hellsten, L. A. M. (1998). Personality correlates of exercise behavior, motives, barriers and preferences: An application of the five-factor model. *Personality and Individual differences, 24(*5), 625-633.

Courneya, K. S., Bobick, T. M., & Schinke, R. J. (1999). Does the theory of planned behavior mediate the relation between personality and exercise behavior?. *Basic and applied social psychology, 21*(4), 317-324.

Davenport, M. H., Hogan, D. B., Eskes, G. A., Longman, R. S., & Poulin, M. J. (2012). Cerebrovascular reserve: the link between fitness and cognitive function?. *Exercise and sport sciences reviews, 40*(3), 153-158.

Davis, C., & Claridge, G. (1998). The eating disorders as addiction: a psychobiological perspective. *Addictive behaviors, 23*(4), 463-475.

Dienstbier, R. A. (1997). The effect of exercise on personality. In M.L. Sachs & G.W. Buffone (Eds.), Running as therapy: An integrated approach (pp. 253-272).

Digman, J. M. (1996). The curious history of the five-factor model.

Dishman, R. K. (1981). Biologic influences on exercise adherence. *Research Quarterly for Exercise and sport*, *52*(2), 143-159.

Duckworth, A. L., Peterson, C., Matthews, M. D., & Kelly, D. R. (2007). Grit: perseverance and passion for long-term goals. *Journal of personality and social psychology, 92*(6), 1087.

Ebstrup, J. F., Aadahl, M., Eplov, L. F., Pisinger, C., & Jørgensen, T. (2013). Cross-sectional associations between the five factor personality traits and leisure-time sitting-time: The effect of general self-efficacy. *Journal of Physical Activity and Health, 10*(4), 572-580.

Ekkekakis, P., Hall, E. E., & Petruzzello, S. J. (2005). Variation and homogeneity in affective responses to physical activity of varying intensities: an alternative perspective on dose–response based on evolutionary considerations. *Journal of sports sciences*, 23(5), 477-500.

Engels, E. S., Reimers, A. K., Pickel, M., & Freund, P. A. (2022). Personality traits moderate the relationships between psychological needs and enjoyment of physical activity. *Psychology of Sport and Exercise, 61*, 102-197.

Engels, E. S., Reimers, A. K., Pickel, M., & Freund, P. A. (2022). Personality traits moderate the relationships between psychological needs and enjoyment of physical activity. *Psychology of Sport and Exercise, 61*, 102197.

Engels, E. S., Reimers, A. K., Pickel, M., & Freund, P. A. (2022). Personality traits moderate the relation-ships between psychological needs and enjoyment of physical activity. *Psychology of Sport andExercise, 61,* 102197.

Etgen, T., Sander, D., Huntgeburth, U., Poppert, H., Förstl, H., & Bickel, H. (2010). Physical activity and incident cognitive impairment in elderly persons: the INVADE study. *Archives of internal medicine, 170*(2), 186-193.

Etnier, J. L., Nowell, P. M., Landers, D. M., & Sibley, B. A. (2006). A meta-regression to examine the relationship between aerobic fitness and cognitive performance. *Brain research reviews, 52*(1), 119-130.

Etnier, J. L., Salazar, W., Landers, D. M., Petruzzello, S. J., Han, M., & Nowell, P. (1997). The influence of physical fitness and exercise upon cognitive functioning: A meta-analysis. *Journal of sport and Exercise Psychology, 19*(3), 249-277.

Eysenk, H. J., & Eysenk, S.B.G. (1991). *Manual of the Eysenk Personality Scales.* London: Hodder and Stoughton.

Fields, K. B., Delaney, M., & Hinkle, J. S. (1990). A prospective study of type A behavior and running injuries. *J Fam Pract, 30*(4), 425-429.

Friedman, M., & Rosenman, R.H. (1974). *Type A behavior and your heart*. Knopf.

Gardner, B., & Lally, P. (2018). Modelling habit formation and its determinants. T*he psychology of habit: Theory, mechanisms, change, and contexts,* 207-229.

Gardner, B., Abraham, C., Lally, P., & de Bruijn, G. J. (2012). Towards parsimony in habit measure-ment: Testing the convergent and predictive validity of an automaticity subscale of the Self-Report Habit Index. *International Journal of Behavioral Nutrition and Physical Activity, 9*(1), 102.

Groot, C., Hooghiemstra, A. M., Raijmakers, P. G., van Berckel, B. N., Scheltens, P., Scherder, E. J., ... & Ossenkoppele, R. (2016). The effect of physical activity on cognitive function in patients with dementia: a meta-analysis of randomized control trials. *Ageing research reviews, 25,* 13-23.

Hall, E. E., Petruzzello, S. J., Ekkekakis, P., Miller, P. C., & Bixby, W. R. (2014). Role of self-reported individual differences in preference for and tolerance of exercise intensity in fitness testing performance. *The Journal of Strength & Conditioning Research, 28*(9), 2443-2451.

Hardy, C. J., & McMerray, R. G. (1989). A/B types and psychophysiological responses to exercise stress. *Journal of Sport and Exercise Psychology, 11*(2), 141-151.

He, W., Goodkind, D., & Kowal, P. (2016). U.S. Census Bureau, International Population Reports, P95/16-1, An Aging World: 2015, *U.S. Government Publishing Office, Washington,* DC.

He, W., Goodkind, D., & Kowal, P. R. (2016). *An aging world: 2015.*

Heyn, P., Abreu, B. C., & Ottenbacher, K. J. (2004). The effects of exercise training on elderly persons with cognitive impairment and dementia: a meta-analysis. *Archives of physical medicine and rehabilitation, 85*(10), 1694-1704.

Hillman, C. H., Pontifex, M. B., Raine, L. B., Castelli, D. M., Hall, E. E., & Kramer, A. F. (2009). The effect of acute treadmill walking on cognitive control and academic achievement in preadolescent children. *Neuroscience, 159*(3), 1044-1054.

Hörder, H., Johansson, L., Guo, X., Grimby, G., Kern, S., Östling, S., & Skoog, I. (2018). Midlife cardiovascular fitness and dementia: a 44-year longitudinal population study in women. *Neurology, 90*(15), e1298-e1305.

John, O. P., Donahue, E. M., & Kentle, R. L. (1991). Big five inventory. *Journal of personality and social psychology.*

Jones, L., Hutchinson, J. C., & Mullin, E. M. (2018). In the zone: An exploration of personal characteristics underlying affective responses to heavy exercise. *Journal of sport and exercise psychology, 40*(5), 249-258.

Kaplan, J. B., Bergman, A. L., Christopher, M., Bowen, S., & Hunsinger, M. (2017). Role of resilience in mindfulness training for first responders. *Mindfulness, 8*(5), 1373-1380.

Kayes, M. M., & Hatfield, B. D. (2019). The influence of physical activity on brain aging and cognition: The role of cognitive reserve, thresholds for decline, genetic influence, and the investment hypothesis. InJ.M. Rippe (Ed.), *Lifestyle medicine* (3rd ed.) (pp. 1251-1269). Boca Raton, FL: CRC Press.

Kobasa, S. C. (1979). Stressful life events, personality and health: An inquiry into hardiness. *Journal of Personality and Social Psychology, 37*(1), 1.

Landers, D. M., & Petruzzello, S. J. (1994). Physical activity, fitness, and anxiety. In C. Bouchard, R.J. Shephard, & T. Stephens (Eds.), *Physical activity, fitness, and health: International proceedings on consensus statement* (pp. 868-882). Champaign, IL: Human Kinetics.

Larson, E. B., Wang, L. I., Bowen, J. D., McCormick, W. C., Teri, L., Crane, P., & Kukull, W. (2006). Exercise is associated with reduced risk for incident dementia among persons 65 years of age and older. *Annals of internal medicine, 144*(2), 73-81.

Lautenschlager, N. T., Cox, K. L., Flicker, L., Foster, J. K., Van Bockxmeer, F. M., Xiao, J., ... & Almeida, O. P. (2008). Effect of physical activity on cognitive function in older adults at risk for Alzheimer disease: a randomized trial. *Jama, 300*(9), 1027-1037.

Lee, J. S., Ahn, Y. S., Jeong, K. S., Chae, J. H., & Choi, K. S. (2014). Resilience buffers the impact of traumatic events on the development of PTSD symptoms in firefighters. *Journal of affective disorders, 162,* 128-133.

Lox, C. L., Ginis, K. A. M., Gainforth, H. L., & Petruzzello, S. J. (2019). *The psychology of exercise: Integrating theory and practice.* Routledge.

Lox, C. L., Martin, K. A., & Petruzzello, S. J. (2003). *The psychology of exercise: Integrating theory and practice.* Holcomb Hathaway, Publishers.

McAdams, D. P., & Pals, J. L. (2006). A new Big Five: fundamental principles for an integrative science of personality. *American psychologist, 61*(3), 204.

McMorris, T., & Hale, B. J. (2012). Differential effects of differing intensities of acute exercise on speed and accuracy of cognition: a meta-analytical investigation. *Brain and cognition, 80*(3), 338-351.

McMurray, R. G., Hardy, C. J., Roberts, S., Forsythe, W. A., & Mar, M. H. (1989). Newroendocrine responses of type A individuals to exercise. *Behavioral Medicine, 15*(2), 84-92.

Morgan, W. P. (1973). Psychological factors influencing perceived exertion. *Medicine and Science in Sports and Exercise, 5,* 97-103.

Oldridge, N. B. (1982). Compliance and exercise in primary and secondary prevention of coronary heart disease: A review. *Preventive Medicine, 11*(1), 56-70.

Physical Activity Guidelines Advisory Committee. (2018). Physical Activity Guidelines Advisory Committee Scientific Report; US Department of Health and Human Services: Washington, DC, USA, 2018. *health. gov/sites/default/files/2019-09/PAG_Advisory_Committee_Report. pdf (accessed on 20 November 2021).*

Pontifex, M. B., Saliba, B. J., Raine, L. B., Picchietti, D. L., & Hillman, C. H. (2013). Exercise improves behavioral, neurocognitive, and scholastic performance in children with attention-deficit/hyperactivity disorder. *Journal of Pediatrics, 162*(3), 543-551.

Rammstedt, B., & John, O. P. (2007). Measuring personality in one minute or less: A 10-item short version of the Big Five Inventory in English and German. *Journal of research in Personality, 41*(1), 203-212.

Raz, N., Lindenberger, U., Rodrigue, K. M., Kennedy, K. M., Head, D., Williamson, A., ... & Acker, J. D. (2005). Regional brain changes in aging healthy adults: general trends, individual differences and modifiers. *Cerebral cortex*, 15(11), 1676-1689.

Rejeski, W. J., Best, D. L., Griffith, P., & Kenney, E. (1987). Sex-role orientation and the responses of men to exercise stress. *Research Quarterly for Exercise and Sport, 58*(3), 260-264.

Rhodes, R. E., Courneya, K. S., & Bobick, T. M. (2001). Personality and exercise participation across the breast cancer experience. *Psycho Oncology, 10*(5), 380-388.

Schneider, M., & Graham, D. (2009). Personality, physical fitness, and affective response to exercise among adolescents. *Medicine and Science in Sports and Exercise*, 41(4), 947.

Schoenfeld, T. J., Rada, P., Pieruzzini, P. R., Hsueh, B., & Gould, E. (2013). Physical exercise prevents stress-induced activation of granule neurons and enhances local inhibitory mechanisms in the dentate gyrus. *Journal of Neuroscience, 33*(18), 7770-7777.

Sheldon, W. H. (1942). *The varieties of temperament: A psychology of consti-tutional differences.* Harper.

Shiomi, K. (1980). Performance differences between extraverts and introverts on exercise using an ergometer. *Perceptual and Motor Skills, 50,* 356-358.

Spirduso, W. W. (1975). Reaction and movement time as a function of age and physical activity level. *Journal of gerontology*, 30(4), 435-440.

Spirduso, W. W., & Clifford, P. (1978). Replication of age and physical activity effects on reaction and movement time. *Journal of Gerontology*, 33(1), 26-30.

Stephan, Y., Sutin, A. R., Luchetti, M., Bosselut, G., & Terracciano, A. (2018). Physical activity and personality development over twenty years: Evidence from three longitudinal samples. *Journal of Research in Personality,* 73, 173-179.

Sutin, A. R., Stephan, Y., Luchetti, M., Artese, A., Oshio, A., & Terracciano, A. (2016). The five-factor model of personality and physical inactivity: A meta-analysis of 16 samples. *Journal of research in personality, 63,* 22-28.

Sutin, A. R., Stephan, Y., Luchetti, M., Artese, A., Oshio, A., & Terracciano, A. (2016). The five-factor model of personality and physical inactivity: A meta-analysis of 16 samples. *Journal of research in personality, 63*, 22-28.

Terracciano, A., Schrack, J. A., Sutin, A. R., Chan, W., Simonsick, E. M., & Ferrucci, L. (2013). Personality, metabolic rate and aerobic capacity. *PloS one, 8*(1), e54746.

Terribilli, D., Schaufelberger, M. S., Duran, F. L., Zanetti, M. V., Curiati, P. K., Menezes, P. R., ... Busatto, G. F. (2011). Age-related gray matter volume changes in the brain during non-Tolea, M. I., Ferrucci, L., Costa, P. T., Faulkner, K., Rosano, C., Satterfield, S., ... & Health, Aging, and Body Composition Study. (2012). Personality and reduced incidence of walking limitation in late life: Findings from the health, aging, and body composition study. *Journals of Gerontology Series B: Psychological Sciences and Social Sciences, 67*(6), 712-719.

Tolea, M. I., Terracciano, A., Simonsick, E. M., Metter, E. J., Costa Jr, P. T., & Ferrucci, L. (2012). Associations between personality traits, physical activity level, and muscle strength. *Journal of research in personality, 46*(3), 264-270.

Vainio, M. M., & Daukantaitė, D. (2016). Grit and different aspects of well-being: Direct and indirect relationships via sense of coherence and authenticity. *Journal of Happiness Studies, 17*(5), 2119-2147.

Wilson, K. E., & Dishman, R. K. (2015). Personality and physical activity: A systematic review and meta-analysis. *Personality and individual differences, 72*, 230-242.

Yeung, R. R., & Helmsley, D. R. (1997). Exercise behavior in an aerobic class: The impact of personality traits and efficacy cognitions. *Personality and Individual Differences, 23*(3), 425-431.

Yu, F., & Kolanowski, A. (2009). Facilitating aerobic exercise training in older adults with Alzheimer's disease. *Geriatric Nursing, 30*(4), 250-259.

Zuckerman, M. (1994). *Behavioral expression and biosocial bases of sensation seeking.* Cambridge University Press.

Review Questions

01 성격을 설명하는 생물학적 관점에서는 무엇을 강조하는가? 생물학적 관점에 기초하여 널리 알려진 사실을 설명해보자.

02 Eysenk의 성격 이론과 성격 5요인 이론에 공통적으로 포함된 요인 2개는 무엇이며 어떻게 정의되는가?

03 성격 5요인(Big 5) 중에서 운동실천과 긍정적인 관계가 있는 2개 요인은 무엇인가? 부정적인 관계가 예측되는 요인은 무엇인가?

04 성격 5요인 이론에 관한 국내 선행 연구를 찾아 몇 가지 유형으로 분류하고 대표적 연구 2편을 요약해보자.

05 정서적 불안정성이 높은 사람이 운동 중에 보이는 체험 반응을 예상해보자. 운동을 중도에 포기하지 않도록 하려면 어떻게 지도해야 할 것인지 논의해보자.

06 Bem의 성역할 특성의 분류 방법을 설명해보자.

07 여성적(feminine-type)인 남자가 고강도 운동을 할 때 겪을 수 있는 심리적 반응을 예상해보자.

08 A 성격유형을 가진 사람이 운동을 통해 얻을 수 있는 혜택을 성격과 건강 측면으로 구분해서 제시해보자.

09 강인한 성격(hardiness)을 구성하는 특성은 무엇인가?

10 장기간 운동을 실천하면 인지능력의 개선이 가장 크게 나타날 것으로 기대되는 사람 1인을 대상으로 운동의 인지능력 효과를 설명해보자.

11 감각 추구의 성격 특성을 정의해보자. 이러한 특성이 높은 사람의 운동 참여와 지속의 특징을 설명해보자.

Projects

성격 맞춤형 운동 프로그램 설계

1. 목적

운동 참가자의 성격은 운동 중의 정서 반응과 지속 실천에 영향을 주는 것으로 알려져 있다. 트레이너, 운동지도자는 회원의 성격을 고려해서 운동 프로그램을 설계할 필요가 있다.

2. 운동 프로그램 설계

다음과 같은 성격을 가진 두 사람이 운동을 시작하겠다고 방문했다고 가정하자. 긍정적인 정서 체험, 운동의 지속 실천을 목적으로 할 때 어떤 운동 프로그램을 권장할 것인지 설계해보자. 운동 형태, 운동빈도, 운동강도, 운동지속시간을 포함시킨다. 그 외에 운동실천에 필요한 다양한 환경(동반자, 장소 등)에 관한 정보도 추가할 수 있다.

- 사례 1: 남성적(masculine) 성향이 강한 20대 여자회원
- 사례 2: A 성격유형이 매우 높은 40대 남자 회사원

3. 예상 효과 설명

권장된 운동 프로그램을 10주 이상 꾸준히 실천했을 때 예상되는 효과를 설명해보자. 성격 특성의 변화와 건강상 혜택이라는 두 측면을 구분해서 설명한다.

Study Questions

01 다음 중 특성 이론의 관점에서 성격에 관한 설명으로 옳은 것은?

① 성격은 일시적으로 변하는 상태이다.
② 성격은 상황에 따라 쉽게 변한다.
③ 성격은 개인의 환경 적응 방식과 무관하다.
④ 성격은 비교적 안정된 개인 내부의 특성이다.

02 성격 5요인(Big Five)에 포함되지 <u>않는</u> 성격 특성은?

① 외향성　② 성실성
③ 개방성　④ 자기존중감

03 A 성격유형의 특징으로 옳지 <u>않은</u> 것은?

① 경쟁심이 강하다.
② 조급하고 성취욕이 크다.
③ 감정 표현에 개방적이다.
④ 쉽게 분노하거나 긴장한다.

04 다음 중 강인함(hardiness)을 구성하는 세 가지 핵심 요소로만 묶인 것은?

① 통제감, 헌신감, 도전감
② 자존감, 회피감, 신뢰감
③ 책임감, 독립성, 통제감
④ 의욕감, 회복력, 도전감

05 다음 중 그릿(Grit)의 구성 요소에 포함되는 것을 모두 고른 것은?

ㄱ. 끈기　ㄴ. 열정　ㄷ. 자제력 ㄹ. 성장　ㅁ. 외향성

① ㄱ, ㄴ, ㄷ
② ㄱ, ㄴ, ㄹ
③ ㄴ, ㄷ, ㅁ
④ ㄱ, ㄷ, ㄹ

06 다음 중 성격 5요인(Big Five) 중 운동 참여와 가장 밀접한 관련이 있는 두 특성을 올바르게 짝지은 것은?

① 외향성 - 성실성
② 외향성 - 신경성
③ 개방성 - 정서 안정성
④ 친화성 - 외향성

07 A/B 성격유형 이론에 대한 설명 중 옳지 않은 것은?

① A 유형은 성취지향적이고 경쟁적이다.
② B 유형은 여유롭고 느긋한 성향을 보인다.
③ A 유형은 심혈관계 질환 위험이 낮다고 알려져 있다.
④ B 유형은 스트레스에 비교적 잘 대처하는 경향이 있다.

08 다음 중 강인함(hardiness)이 높은 사람이 보이는 행동 특성으로 가장 적절한 것은?

① 실패 경험 후 즉시 포기한다.
② 스트레스를 무조건 회피하려 한다.
③ 예기치 않은 변화에 의미를 찾으려 한다.
④ 도전적인 상황을 회피하고자 한다.

09 다스포츠 상황에서 반복적인 실패를 겪더라도 목표 달성을 위해 끝까지 노력하는 성향을 의미하는 개념은 무엇인가?

10 성격이 운동실천에 영향을 주는 방식 중 설명으로 적절한 것은?

① 외향적인 사람은 일반적으로 운동에 부정적인 태도를 가진다.
② 내향적인 사람은 팀 스포츠에 더 큰 흥미를 보인다.
③ 높은 성실성을 가진 사람은 운동을 일관되게 수행하는 경향이 있다.
④ 불안 수준이 낮은 사람은 운동 참여를 회피한다.

11 다음 중 운동과 성격의 상호작용 관점에 해당하는 설명은?

① 성격은 선천적이며 변화하지 않는다.
② 성격이 운동에 영향을 주지만, 운동은 성격에 영향을 주지 않는다.
③ 운동 참여를 통해 성격이 변화할 수 있다.
④ 성격은 오직 스트레스 상황에서만 표현된다.

12 다음 중 성격 특성과 운동수행 간의 관계로 적절하지 않은 것은?

① 높은 외향성은 스포츠 수행 향상과 관련이 있다.
② 높은 신경성은 운동 수행 향상과 일관되게 관련되어 있다.
③ 성실성은 자기조절 전략과 관련이 있다.
④ 개방성은 새로운 훈련 방식 수용과 관련이 있다.

13 Eysenck의 성격이론에서 외향성과 운동의 관계에 대한 설명으로 옳은 것만 짝지은 것은?

> ㄱ. 외향성이 높을수록 운동에 더 오래 참여하는 경향이 있다.
> ㄴ. 외향성은 운동강도를 실제보다 더 낮게 인식하는 경향이 있다.
> ㄷ. 외향성인 사람은 내향성인 사람보다 운동 프로그램 지속률이 낮다.
> ㄹ. 외향성이 높을수록 운동 내성이 높고 많은 시간을 투자한다.

① ㄱ, ㄴ ② ㄱ, ㄴ, ㄹ
③ ㄱ, ㄷ, ㄹ ④ ㄴ, ㄷ, ㄹ

14 운동과 알츠하이머의 관계에 대한 설명으로 옳은 것을 모두 고른 것은?

> ㄱ. 운동은 알츠하이머의 발생 위험을 낮출 수 있다.
> ㄴ. 운동은 해마와 같은 뇌 영역의 위축을 늦추는 데 도움을 줄 수 있다.
> ㄷ. 운동은 알츠하이머 환자의 기억력 회복에 직접적인 치료 효과가 있다.
> ㄹ. 운동은 인지 기능 저하 예방에 긍정적인 영향을 준다.

① ㄱ, ㄴ ② ㄱ, ㄴ, ㄷ
③ ㄱ, ㄴ, ㄹ ④ ㄴ, ㄷ, ㄹ

15 성격 5요인 이론에서 새로운 경험과 아이디어에 대해 열려 있는 성격 특성은 ________이다.

16 운동이 알츠하이머에 미치는 영향에 대한 설명으로 옳은 것은?

① 알츠하이머의 초기 증상을 악화시킬 수 있다.
② 해마 위축을 촉진한다.
③ 알츠하이머의 위험요인이다.
④ 알츠하이머의 보호요인이다.

17 운동이 성격을 변화시키는 메커니즘에 대한 설명으로 옳지 <u>않은</u> 것은?

① 신체 이미지의 개선은 자기 개념에 긍정적 영향을 줄 수 있다.
② 운동을 통한 심폐체력 향상은 자율신경계 적응을 유도한다.
③ 운동은 대인관계와 생활양식의 변화에 영향을 줄 수 있다.
④ 운동은 성격 변화 없이 신체만 변화시키는 활동이다.

18 운동과 인지기능 간 관계를 설명하는 가설에 대한 설명으로 옳은 것은?

① 선택적 향상 가설은 운동이 후두엽 중심의 감각처리 능력에만 영향을 준다고 본다.
② 심혈관 적합성 가설은 운동이 뇌혈류보다 근육 발달에 집중된다고 본다.
③ 뇌혈관 예비력 가설은 운동이 뇌혈류의 증가와 자극 반응성 향상에 기여한다고 본다.
④ 운동이 인지기능 향상에 미치는 영향은 가설적으로만 존재하고 실증 자료는 없다.

19 운동 후 ERP 측정 결과에서 나타나는 '정보 처리의 신경생리학적 효율성 증가'를 나타내는 두 지표는?

20 다음 중 운동과 인지기능 간 관계에 대한 설명으로 옳은 것은?

① 장기간 운동의 효과 크기는 일회성 운동보다 작다.
② 실험 연구에서의 효과 크기는 상관관계 연구보다 더 높게 나타났다.
③ 운동강도가 높을수록 항상 인지기능이 향상된다는 것이 밝혀졌다.
④ 중장년층의 인지기능 향상에 대한 운동 효과 크기가 가장 높게 나타났다.

모 / 범 / 답 / 안

8장 평가문항 모범 답안

01 ④ 02 ④ 03 ③ 04 ① 05 ② 06 ① 07 ③ 08 ③ 09 그릿(GRIT) 10 ③ 11 ③
12 ② 13 ② 14 ③ 15 개방성 16 ④ 17 ④ 18 ③ 19 잠복기 단축, 진폭 증가 20 ④

운동심리학의 정석

9장

운동과 자기존중감

Key terms

자기존중감	자기개념	자기효능감	자신감	자기가치	자기고양 가설	총체적 자기개념
다차원 위계 구조	단일차원 자기 존중감 척도	PSPP	PSDQ	신체 이미지	사회적 체형불안	행동측정법
시각적 측정법	자기효능감 향상설	신체 이미지 향상설	자기도식 변화설	자결성 향상설		

운동심리학의 정석

9장 운동과 자기존중감

1 개념 구분

스포츠 및 운동 참가와 행복감, 만족감의 관계를 알아보는 연구가 많이 수행되었다. 운동을 포함한 신체활동이 신체적인 건강뿐만 아니라 삶의 궁극적인 가치를 높이는데도 상당한 기여를 한다고 보기 때문일 것이다. 운동을 꾸준히 하면 자신에 대한 생각에도 긍정적인 변화가 나타난다. 자신에 관한 생각의 하나인 자기존중감도 운동을 통해 변화시킬 수 있는 것으로 알려져 있다.

자기존중감(self-esteem)은 행복한 삶을 살아가는데 매우 중요한 역할을 한다. 자기존중감이 높으면 독립심이 강하며, 리더십을 발휘하고, 적응력이 우수하며, 스트레스에 대한 저항력도 강하다(Wylie, 1989). 또 자기존중감이 높을수록 학업 성취도, 직무 수행력, 대인 관계 등도 보다 긍정적인 모습을 보인다. 반면, 자기존중감이 낮으면 우울증, 불안, 공포 등을 겪을 가능성이 높은 것으로 알려져 있다. 따라서 자기존중감은 정신건강과 사회 적응력의 중요한 지표라 할 수 있다. 운동심리학에서 자기존중감의 변화에 관심을 기울이는 것도 이러한 이유 때문이다.

자기존중감은 자기개념(self-concept)과 밀접한 관계가 있다. 자기효능감(self-efficacy), 자신감(self-confidence)도 자기존중감이나 자기개념과 관련은 있지만 개념적으로 차이가 있다.

- 자기개념: 자신에 대해 스스로 어떻게 인식하는가를 의미한다. 학업, 대인관계, 정서, 신체 등 여러 영역에서 형성된다. 기술적 측면의 지각을 의미하며(표 9-1), 독립적이지만 위계적인 구조를 지니고 있다. 예를 들어, 각 영역은 독립적이기에 대인관계에서 긍정적 자기개념을 지니지만 신체적 자기개념은 좋지 않을 수 있다. 이로 인해 한 영역에서의 실패가 전반적 자기개념에 영향을 미치지 않을 수도 있다. 다양한 영역의 자기개념은 위계적으로 구조화되어, 모두 합쳐지면

전반적 자기개념(general self-concept)을 형성한다. 영역별 자기개념과 전반적 자기개념은 모두 자아존중감 형성에 중요한 영향을 미친다.

- 자기존중감: 자기 자신에 대해 얼마나 가치를 부여하는가를 말한다. 자기개념에 좋고 나쁨, 즉 자기평가(self-evaluation)가 반영된 개념이다. 다시 말해 자기 자신이 얼마나 가치 있는 사람인가에 관한 종합적인 평가로 감정반응(affective response)이 들어간다(Leary & MacDonald, 2003). 자기존중감은 학업, 대인관계, 정서, 신체, 종교 등 삶의 전 영역에 걸쳐 포괄적인 영향을 받아 생겨나는 총체적인 개념이다. 자기가치(self-worth)라고도 하며, 자존심과는 구분되는 개념이다.

- 자기효능감: 자기효능감은 매우 구체적인 과제를 성공적으로 수행할 수 있다는 느낌이다. 자신감이 일반적인 상황에 적용되는 개념이라면 자기효능감은 구체적인 과제 수준에 적용되는 개념이라는 차이가 있다. 농구에서 슈팅은 아주 자신있는데 수비기술에는 자신이 없다면 자기효능감을 말한다.

표 9-1 긍정적 자기개념과 부정적 자기개념

긍정적 자기개념	부정적 자기개념
명랑하다.	우울하다.
친구들과 잘 어울린다.	친구들과 잘 못어울린다.
의욕적으로 행동한다.	매사에 의욕이 없다.
자신에 대해 만족한다.	자신에 대해 만족하지 못한다.
성공을 자신의 능력 때문으로 생각한다.	성공을 우연적 결과로 생각한다.
실패를 노력부족으로 생각한다.	실패를 자신의 무능력 때문이라 생각한다.
목표를 현실적으로 설정한다.	목표를 비현실적으로 설정한다.
학교성적이 우수하다.	학교성적이 뒤떨어진다.
수업시간에 모르면 질문을 한다.	몰라도 가만히 앉아 있는다.
학교에 잘 적응한다.	학교에 잘 적응하지 못한다.
다른 사람과 잘 협동한다.	다른 사람과 어울리지 못하고 물러나 있다.
일을 시작하면 끝을 본다.	매사에 끝마무리를 잘 못한다.
독립적으로 행동한다.	타인에 의존적이다.
어려운 일에 도전한다.	쉽게 포기해 버린다.
스스로 일을 찾아서 한다.	보상이 주어져야 움직인다.
부모가 지지적이다.	부모가 덜 지지적이다.
지도자 역할을 잘 한다.	지도자 역할을 잘 못한다.

• 자신감: 자신감과 자기효능감 모두 특정 상황이나 활동을 할 때 성공적인 수행에 대한 스스로의 판단을 말한다. 자신감은 자기효능감보다 개념적으로 포괄적이다. 즉, 스포츠에 대한 자신감, 요리에 대한 자신감, 컴퓨터에 대한 자신감 등 특정 영역에서 얼마나 자신이 있는가에 대한 스스로의 평가를 말한다. 스포츠에 대한 자신감은 높지만 요리 자신감은 낮을 수 있다.

자기고양(自己高揚) 가설

자기존중감은 심리적 행복감, 정신건강과 밀접한 관련이 있을 뿐만 아니라 행동의 방향을 결정하는 역할을 한다. 자기고양(self-enhancement) 가설에 따르면 사람들은 유능감을 느낄 것으로 예상되는 행동을 한다. 즉, 사람들은 성공할 것으로 예상되고, 자기에 대한 느낌이 고양되는 활동을 선택한다는 것이다. 인라인 스케이팅에는 자신이 없지만 수영에는 자신이 있다면 이성 친구와 함께 수영장에 갈 가능성이 높다. 어떤 행동을 할 것인가에 대한 결정을 내릴 때 자기개념의 고양이 예상되는가가 중요한 변수로 작용하는 것이다.

2 이론의 발전

운동과 자기존중감을 다룬 연구는 일반심리학의 자기개념, 자기존중감 이론을 토대로 발전해왔다. 1970년대 이후로 자기개념은 다차원 위계 구조로 간주되고 있다. 다차원이라 함은 자기개념을 구성하는 하위 영역(학업, 대인관계, 정서, 신체 등)이 다양하다는 의미이다. 위계적 구조는 쉽게 변하지 않는 일반적인 개념이 상위에 위치하고 쉽게 변하면서 구체적인 수준의 개념이 하위에 배치되는 것을 말한다.

1) 다차원 위계 구조

Shavelson 등(1976)이 제안한 자기개념 이론 모형이 대표적인 다차원 위계 구조이다. 〈그림 9-1〉에 제시된 바와 같이 모형의 맨 위에 총체적 자기개념이 있고 아래로 내려갈수록 구체적인 상황이 제시되어 마치 피라미드와 같은 모습이다. 위쪽에 위치한 개념은 아래에 위치한 개념의 영향을 받기 때문에 위계적인 구조를 띠고 있다. 따라서 상위 개념이 달라지기 위해서는 하위 개념에서 먼저 변화가 나타나야 한다.

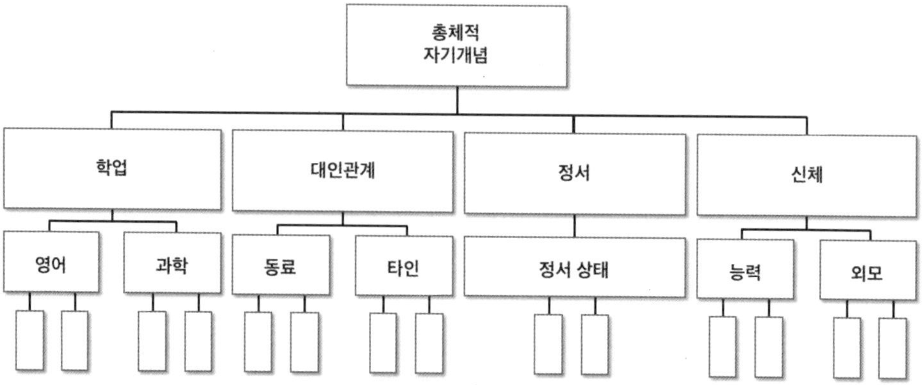

▌그림 9-1▐ 자기개념의 다차원 위계 구조(Shavelson et al., 1976)

총체적 자기개념은 학업적 자기개념과 비학업적 자기개념(대인관계, 정서, 신체)으로 구분된다. 학업 자기개념을 예를 들면 영어, 과학 등 여러 교과목에 대한 스스로의 평가가 영향을 주게 된다. 신체적 자기개념은 신체의 능력과 외모에 대한 평가에 의해 결정된다고 본다. 이처럼 총체적 자기개념은 다차원이면서 위계적인 구조로 구성되어 있다.

총체적 자기개념은 문화의 영향을 강하게 받는다. 외모와 체력을 중시하는 사회라면 학업보다는 신체적 자기개념이 총체적 자기개념에 중요한 영향을 미친다. 가족관계와 대인관계를 중시하는 사회 분위기에서는 신체보다는 대인관계가 더 중요하게 고려될 것이다.

2) 운동과 자기존중감 모형

Shavelson 등(1976)의 자기개념 모형을 토대로 Sonstroem과 Morgan(1989)은 운동을 통해 자기존중감이 어떻게 변화되는가를 위계적 형태로 보여주는 모형을 제안하였다(그림 9-2). 모형에서 수평축은 운동 중재 전에 1차 측정을 하고 중재 후에 필요한 횟수만큼의 측정이 이루어짐을 나타낸다. 세로축은 자기개념의 구체적인 속성이 아래에, 일반적인 개념이 위에 위치하는 위계성을 의미한다. 자기존중감이 바뀌려면 모형의 하단부터 변화가 있어야 한다.

아래쪽의 변화는 매우 구체적인 수준으로 벤치프레스에서 몇 킬로그램을 드는가와 같이 객관적인 수치로 나타낼 수 있다. 벤치프레스의 반복 훈련으로 무게가 늘어나면 벤치프레스에 대해 자기효능감이 향상된다. 좋아진 자기효능감은 벤치프레스뿐만 아니라 다른 신체활동(예, 무거운 짐 나르기 등)에도 긍정적인 영향을 끼칠 수 있다. 그 결과 신체활동 전반에 대해 자신감을 갖게 되는 효과가 생긴다(신체적 유능감 향상).

신체적 유능감의 향상은 자기존중감의 향상으로 이어진다. 이때 신체적 유능감은 자기존중감에 직접적인 영향을 주거나, 신체적 인정(physical acceptance)을 통해 간접적 영향을 줄 수 있다. 신체적 인정이란 신체적 유능감을 자신이 얼마나 받아들이는가를 말한다. 쉽게 말해 신체적 유능감에 대한 주관적인 해석이다. 신체적 유능감이 높고, 신체적 인정이 좋으면 자기존중감의 향상으로 이어진다.

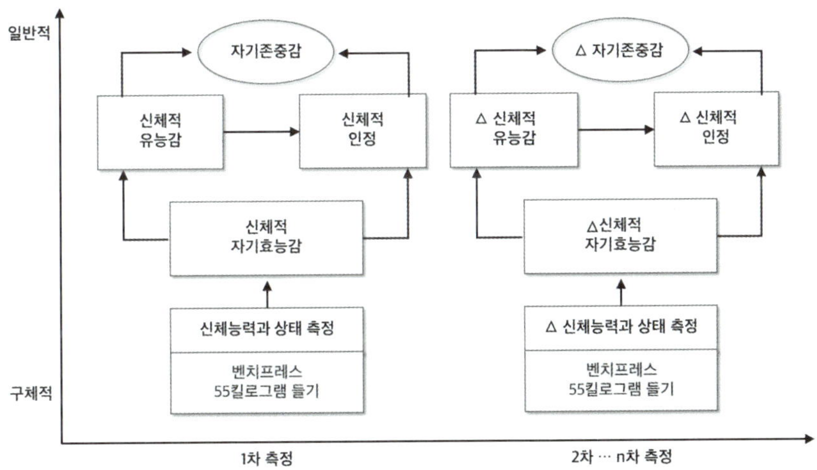

┃그림 9-2┃ 운동과 자기존중감 모형(Sonstroem & Morgan, 1989).

3 측정도구

1) 단일차원 자기존중감 척도

자기존중감을 측정하는 도구로 가장 자주 쓰인 것은 Rosenberg(1965)의 자기존중감 척도이다. 자기존중감을 단일차원으로 간주하고 제작되었으며, 긍정문항과 부정문항 각각

5문항씩 총 10문항으로 구성되어 있다. 내적 일관성과 재검사 신뢰도가 높은 것으로 알려져 있다. Coopersmith(1967)가 개발한 자기존중감 질문지(self-esteem inventory)도 단일차원 도구로 널리 알려져 있다. 원래 아동용으로 개발된 도구이지만 성인용으로도 응용되었다.

자기존중감의 개념이 다차원 위계구조로 확립되면서 측정도구도 단일차원 도구에서 다차원 도구로 바뀌게 된다. Shavelson 등(1976)이 자기개념을 다차원적이며 위계적 구조로 제시하면서 측정 도구도 새롭게 개발되었다.

2) PSPP

신체적 자기지각 프로파일 PSPP(Physical Self-Perception Profile)는 신체적 자기개념을 전문적으로 측정하는 다차원 도구로 Fox와 Corbin(1989)에 의해 개발되었다. 이론적으로 Harter(1985)와 Shavelson 등(1976)의 모형의 영향을 받았으며, 문헌 분석과 면담을 통해 신체적 자기개념을 구성하는 하위 요인을 찾아냈다.

PSPP에는 스포츠 유능감, 신체적 힘, 신체 매력, 신체적 컨디션 4요인과 신체적 자기존중감(신체적 자기가치)이 포함되어 있다. 신체적 자기가치의 4요인은 신체의 상태와 능력을 잘 대표하는 것으로 평가된다. 스포츠 유능감은 운동과 스포츠 상황에서의 능력과 자신감을 의미하며, 신체적 힘은 근력, 근육 발달 등 근력이 요구되는 상황에서의 자신감을 뜻한다. 신체 매력은 외모에 대한 매력을 인식하고 이를 유지하는 능력이며, 신체적 컨디션이란 개념은 체력에 대한 인식과 운동을 지속할 수 있는 능력으로 추후 지구력(endurance)으로 바뀌 사용되었다(Fox, 1990). 신체적 자기개념을 다차원적이며 위계적으로 측정하도록 구성되어 있다(그림 9-3 참조).

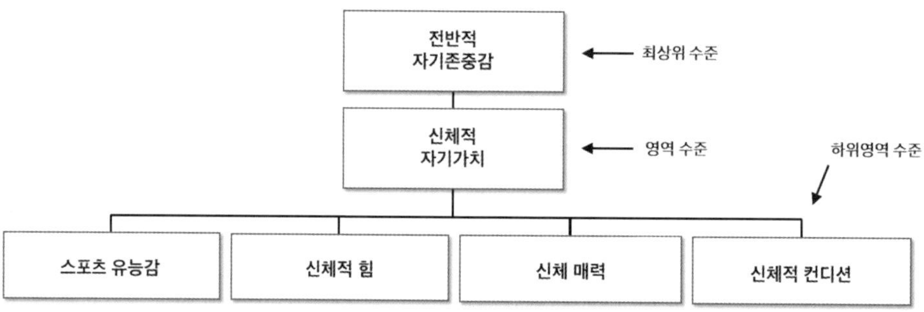

| 그림 9-3 | Fox(1990)의 신체적 자기개념 위계적 모형

국내에서는 유진과 소호성(1998)에 의해 한국판이 개발되었다. PSPP는 응답 형식이 익숙하지 않기 때문에 아동이나 노인을 대상으로 사용할 때 주의해야 한다. 리커르트 형식이 아니라 대조가 되는 두 문장 중에서 하나를 먼저 선택하고 그 문장에 대해 자신에게 해당되는 정도를 두 단계 중에서 택일하는 형식이다.

한국판 PSPP 샘플 문항

Fox와 Corbin(1989)가 개발한 PSPP의 한국판(유진, 소호성, 1998)은 스포츠 유능감, 매력적인 몸매, 체력, 신체적 컨디션 등 4개 요인을 측정하도록 구성되어 있다. 척도는 일반적인 리커르트 형식이 아닌 4단계 선택형이라는 점이 독특하다.

내가 바로 그렇다	어느 정도 나도 그렇다				내가 바로 그렇다	어느 정도 나도 그렇다
□	□				□	□
		1. 어떤 사람은 스포츠를 잘못한다	그러나	어떤 사람은 스포츠를 잘 한다		
		2. 어떤 사람은 신체적 컨디션과 건강에 자신감이 없다	그러나	어떤 사람은 신체적 컨디션과 건강에 자신감을 지니고 있다		
		3. 어떤 사람은 멋있는 몸매를 지니고 있다	그러나	어떤 사람은 멋있는 몸매를 지니고 있지 않다		
		4. 어떤 사람은 신체적으로 강하다	그러나	어떤 사람은 신체가 강하지 못하다		

3) PSDQ

PSDQ(Physical Self-Description Questionnaire)는 Shavelsone 등(1976)의 자기개념 모형에 따라 Marsh 등(1994)이 개발한 신체적 자기개념 측정도구이다. 총 70문항으로 구성되어 있으며, 11개 요인을 측정한다. 그 중 9개 요인(건강, 활동력, 신체활동, 체지방, 스포츠 유능감, 외모, 근력, 유연성, 지구력)은 하위요인이며, 2개 요인(신체적 자기개념, 자기존중감)은 일반적인 것을 측정한다(그림 9-4 참고).

9개의 하위 요인으로 신체의 상태와 능력을 측정하기 때문에 PSPP에 비해 구체성과 포괄성이 높다는 장점이 있다. 또 상위 개념인 신체적 자기개념과 자기존중감 요인도 포함되어 별도의 도구를 사용하지 않아도 된다. 최근에는 원본이 70문항으로 너무 길다는 의견을 반영하여 40문항으로 줄인 간편형 PSDQ-S도 나왔다(Marsh et al., 2010).

PSDQ 한국판(김병준, 2001)은 협응력 요인을 제외한 10개 요인으로 구성되어 있다. 총 40문항이며, 6점 척도(1점: 전혀 아니다, 6점: 매우 그렇다)에 응답하는 형식이다. PSDQ와 PSPP는 응답형식과 요인의 수에서 차이를 보인다. 하지만 외모, 스포츠 유능감, 근력, 지구력은 공통적으로 포함되어 있다. 특히 PSDQ는 척도 개발의 과정을 체계적으로 거치면서 다양한 측면에서 타당도의 증거가 확보되어 있다. 실측 체력 점수와의 관계(준거 타당도), 다른 도구와의 상관관계(수렴 타당도, 판별 타당도) 등을 통해 구인 타당도의 증거가 제시되어 있다.

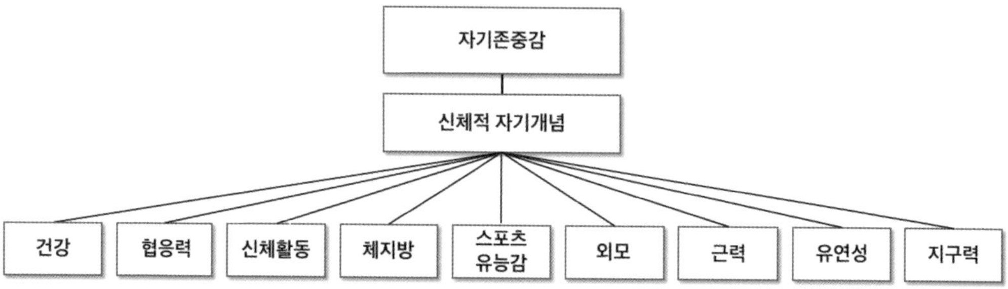

▌그림 9-4▐ PSDQ 개념 구조(Fox, 1990)

한국판 PSDQ 샘플 문항

한국판 PSDQ는 스포츠유능감, 체지방(날씬함), 외모, 건강, 신체활동, 자기존중감, 유연성, 지구력, 근력, 신체전반 등 10개 요인을 측정하도록 구성되어 있다(김병준, 2001). 신체전반은 신체적 자기개념의 하위 요인을 대표하는 개념이며, 자기존중감은 신체적 자기개념보다 상위 개념이다.

문항	전혀 아니다	아닌 편이다	그런 편이다	매우 그렇다
1. 나는 또래 친구들보다 운동을 더 잘한다.				
2. 나는 살이 많이 찐 편이다.				
3. 내 얼굴은 잘 생겼다.				
4. 나는 병원이나 약국에 갈 정도로 자주 아프다.				
5. 일주일에 3-4회, 30분 이상 숨이 찰 정도로 운동한다.				
6. 나는 인생의 실패자인 것 같다.				
7. 나는 내 몸을 여러 방향으로 잘 구부릴 수 있다.				
8. 나는 먼 거리를 지치지 않고 달릴 수 있을 것 같다.				
9. 나는 내 또래에 비해 힘이 센 편이다.				
10. 내 자신과 내 체력에 대해 자부심을 느낀다.				

4) 신체 이미지

신체 이미지(body image)는 자신이 신체를 어떻게 보고 인식하는지를 포함하는 다차원적 개념으로, 자기개념을 구성하는 요인 중 하나이다. 실제로 PSPP(Fox, 1990)와 PSDQ(Marsh et al., 1994)의 요인에도 신체 이미지 관련 요인들이 포함되어 있다. 자신의 신체 이미지에 대한 인식은 자기존중감에서 중요한 역할을 하기에, 이를 측정하는 것은 자기개념 연구에서 필수적이다.

신체 이미지는 자기보고식 질문지와 시각적 이미지를 활용하여 측정할 수 있다. 가장 오래된 질문지법으로 신체의 각 부위의 이미지와 기능에 대해 만족 또는 불만족을 측정하는 방법이 있다(Secord & Jourard, 1953). 신체의 부위를 46개로 구분하고 '어떤 식으로든 바꿨으면 좋겠다'에서 '다행이라 생각한다'에 이르는 5점 척도에 만족도를 표시한 후 점수의 합을 구한다.

이후 신체 매력, 상체 근력, 신체 컨디션의 3요인으로 남자의 신체 이미지를 측정하고, 성적 매력, 체중 걱정, 신체적 컨디션 3요인으로 여자의 신체 이미지를 측정하는 도구로 발전하였다(Franzoi & Shields, 1984). 그 외에도 행동측정법과 시각적 측정법 등이 있다

- 신체 자기이미지 질문지(Body Self-Image Questionnaire, BSIQ): Rowe 등(1999)이 개발한 질문지로 신체 이미지를 다차원으로 측정한다. 이 질문지는 모두 9개 요인으로 구성되어 있다(건강과 체력 영향, 이상적 이미지에 투자, 몸치장 관심, 키 불만, 부정적 정서, 사회적 의존성, 전반적 외모 평가, 건강과 체력 평가, 체지방 평가). 국내에서는 BSIQ의 타당도를 점검한 결과 구인타당도에서 추가적인 점검이 필요한 것으로 밝혀졌다(조정환, 송금주, 2002).
- MBSRQ(Multidimensional Body-Self Relations Questionnaire): Cash(2000)가 개발한 질문지로, 10요인 69문항으로 구성되어 있다. 외모, 체력, 건강 등 다차원적 신체이미지를 측정할 수 있으며, 연구목적에 따라 특정 요인만 선택하여 사용할 수 있다. 점수가 높을수록 신체 이미지에 대한 만족도가 높음을 의미한다. 남성과 여성이 신체 이미지를 평가하는 기준(남성은 근육, 여성은 체지방)이 다르기에, 남성의 신체 이미지는 충분히 반영하지 못했다는 비판이 제기되기도 하였다(Cafri & Thompson, 2004).

- BISS(Body Image States Scale): Cash 등(2002)이 개발한 검사지로 외모에 집착하거나 왜곡된 인식을 가진 사람들은 부정적인 신체 이미지를 유발하는 상황에 민감하게 반응할 것이라는 가설을 기반으로 개발되었다. 순간적으로 경험하는 신체 이미지에 대한 평가를 측정할 수 있다.
- WEB-SG(Weight-and Body-Related Shame and Guilt Scale): Conradt 등(2007)이 개발한 척도로, 신체와 체중에 대해 느끼는 수치심과 불안 등을 측정한다. 지난 6개월 동안 "다른 사람들이 내가 실제로 얼마나 무게가 나가는지 알게 되면 나는 부끄럽다"와 같은 문항으로 구성되어 있으며, 이를 경험한 빈도를 5점 척도로 측정한다. 점수가 높을수록 수치심과 죄책감이 높음을 의미한다.

Click

신체 이미지와 사회적 체형불안

신체 이미지(body image)는 신체적 자기개념(physical self-concept)과 밀접하게 연관된 개념이다. 신체적 자기개념이 단순히 신체의 외모와 능력에 대한 판단을 담고 있다면, 신체 이미지는 자신의 신체적 외모와 이를 통해 겪는 다면적인 심리적 경험을 반영한다(Cash, 2004).

신체 이미지는 지각·인지·정서·행동적 차원에서 구성된다. 예를 들어, 마르고 키가 크다 등 자신의 모습을 생각하는 것 지각적 차원, 자신의 매력을 아는 인지적 차원, 외모와 몸에 대한 긍정 또는 부정의 감정을 경험하는 정서적 차원, 이러한 생각들을 반영하여 옷을 입거나 활동에 참여하는 것은 행동적 차원에 해당된다.

이처럼 신체 이미지는 자기 인식에 기반한 주관적인 개념이지만, 동시에 타인의 인식과 평가에도 영향을 받는다. 신체 이미지가 부정적인 경우에는 불안, 우울, 식이장애, 낮은 자기존중감 등을 겪을 가능성이 높다. 또한, 타인에게 긍정적인 신체 이미지를 주고 싶지만 부정적인 평가가 예상될 때 사회적 체형불안(Social Physique Anxiety; SPA)을 경험할 수 있다.

타인에 의해 자신의 체형이 평가받고 있다는 느낌 때문에 발생하는 불안이 사회적 체형불안이다. 12문항으로 구성된 사회적 신체불안 척도(Social Physique Anxiety Scale; SPAS)로 측정할 수 있으며(Hart et al., 1989), 대중 앞에서 자신의 신체가 평가받는다는 사실에 지나치게 민감하게 반응하는 정도를 알아본다.

- 행동측정법: 신체에 대한 인식이 어떻게 행동에 반영되며. 이러한 행동을 얼마나 자주 반복하는지 측정하는 방법이다. 거울 앞에서 특정 신체부위를 얼마나 의식하는지, 타인의 시선을 피하기 위해 옷을 크게 입거나 몸매 변화를 시도하

는 등의 행동을 질문지를 통해 측정할 수 있다. 행동측정법을 활용하면 자기보고식 질문지로 확인하기 어려운 현실적이고 구체적인 정보를 얻을 수 있다.

- 시각적 측정법: 모핑 사진 기법을 예로 들 수 있다(그림 9-5 참조). 참가자의 전신사진을 촬영한 뒤, 컴퓨터 프로그램을 통해 신체 사이즈를 조정하며 자신의 실제 체형과 가깝거나 희망하는 체형을 선택한다. 이를 통해 자신의 신체를 얼마나 왜곡하여 인지하는지를 확인할 수 있다.

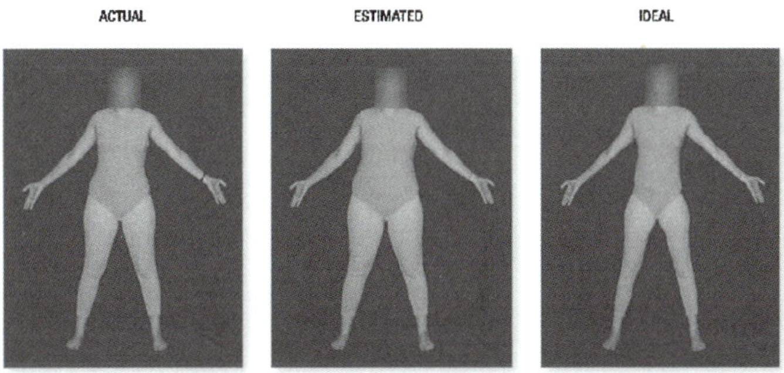

| 그림 9-5 | 모핑 사진 기법(Tovee et al., 2003)

4 운동과 자기존중감

1) 아동대상 연구 메타분석

운동을 통한 아동의 자기존중감 향상을 다룬 연구만을 메타분석한 결과에서 전체 효과크기는 0.41로 나타났다(Gruber, 1986). 운동은 아동의 자기존중감 향상에 긍정적인 영향을 미친다는 사실이 입증된 것이다(표 9-2). 운동의 자기존중감 향상 효과는 일반 아동보다 장애 아동에게서 더 크게 나타났다(ES=0.57). 또 스포츠 활동에 참가하는 것보다는 유산소 휘트니스 운동에 참가할 때 효과가 더 좋았다. 운동 기간에 따라서는 4주 이하에서도 중간 정도의 효과가 있었으며 기간이 늘어나도 효과가 더 커지지는 않았다.

아동과 청소년을 대상으로 운동을 통한 신체적 자기개념의 향상 효과를 분석한 결과, 총 28편의 논문 중 85%에서 운동이 신체적 자기개념을 향상시킨다고 보고하였다(Babic et al., 2014). 상관관계는 0.25로 작지만, 운동이 아동과 청소년의 신체적 자기개념과 자기존중감 향상에 기여함을 밝혔다는데 의미가 있다.

❙표 9-2❙ 운동이 아동의 자기존중감에 미치는 효과

구분	효과크기
전체	0.41
기간	
9주 이상	0.43
5주에서 8주	0.37
4주 이하	0.45
운동 형태	
스포츠 기술	0.40
유산소	0.89
대상	
일반 아동	0.34
장애 아동	0.57

자료: Gruber(1986)

2) 선행연구 종합적 리뷰

(1) 운동과 자기존중감

운동과 자기존중감을 다룬 79편의 논문을 리뷰한 Fox(2000)에 따르면 운동을 통해 신체적 자기존중감과 신체적 자기 인식이 향상되었다고 보고한 논문이 약 80%였다. 주요 결과는 다음과 같다.

- 운동을 통해 신체적 자기개념이 향상된 연구는 많지만 자기존중감이 향상되었다는 결과를 보고한 논문은 50%정도 밖에 되지 않았다. 즉, 운동이 참가가 자기존중감 향상을 반드시 보장해 주는 것은 아니다.
- 남자와 여자 모두에게서 긍정적인 효과가 발견되었다.

· 운동 전에 자기존중감이 낮은 사람은 일반인에 비해 운동 후에 자기존중감 향상 효과가 더 좋은 것으로 밝혀졌다.
· 웨이트트레이닝과 유산소 운동 모두 자기존중감에 영향을 주지만 웨이트트레이닝이 단기적으로 효과가 더 높았다.

Spence, McGannon과 Poon(2005)은 총 113편의 논문을 메타분석 하였는데, 운동은 자기개념과 자기존중감 향상에 긍정적인 영향을 줄 수 있음이 밝혀졌다. 운동이 자기개념과 자기존중감 향상에 미치는 영향에 대한 효과크기는 각각 0.24, 0.23으로 작지만 유의미한 효과를 보였다. 주요 결과는 다음과 같다.

· 운동의 빈도나 강도, 지속시간 등보다 신체건강에 변화 여부가 자기개념과 자기존중감 향상에 더 큰 영향을 미치는 것으로 나타났다. 운동을 하고 신체의 건강 상태가 좋아졌다고 응답한 경우의 효과크기는 0.32, 그렇지 않은 경우는 0.15로 효과크기는 두 배 이상 차이가 났다.
· 운동은 전반적인 자기개념과 자기존중감 향상에 긍정적인 영향을 미치며, 이는 아동과 청소년, 성인, 노인 등 다양한 집단에서 동일하게 입증되고 있다(Crocker et al., 2013; Liu et al., 2015).
· 자기개념은 다차원적 개념이기에 운동을 하더라도 향상효과가 크게 나타나지 않을 수도 있다.

(2) 운동과 신체 이미지

Campbell과 Hausenblas(2009)는 운동이 신체 이미지에 미치는 영향을 알아보기 위해 57개의 논문을 대상으로 메타분석을 실시한 결과, 운동이 신체 이미지 개선에 미치는 효과크기는 0.29로 나타났다.

특히 성인, 과체중, 운동빈도가 높을수록 개선 효과가 큰 것으로 나타났다. 성인들은 효과크기가 0.44로 초·중·고 학생 집단(효과크기 0.16)에 비해 두 배였다. 과체중 집단을 대상으로 한 연구의 효과크기도 0.34로 정상체중 집단보다 두 배 더 큰 효과를 보였다. 운동빈도는 주 4-5회를 진행할 경우 효과가 가장 큰 것으로 나타났다.

표 9-3 운동이 신체 이미지에 미치는 효과

구분	효과크기
전체	0.29
연령	
초·중·고	0.16
대학생	0.22
성인	0.44
성별	
남자	0.19
여자	0.32
체중	
정상체중	0.18
과체중	0.34

자료: Campbell & Hausenblas(2009)

3) 상관관계 리뷰

운동과 신체적 자기개념 사이의 긍정적인 관계를 제시하는 조사연구는 상당히 많다. PSPP를 이용하여 260명의 성인을 조사한 결과 운동실천자가 비실천자에 비해 신체적 자기개념이 더 높았다(Sonstroem et al., 1992). 신체활동과 자기존중감 사이에는 높은 상관관계(r=0.89)가 있었다.

운동은 신체적 자기개념을 긍정적으로 변화시킨다는 결과는 여러 연구에서 상당히 일관되게 보고되고 있다(Fox, 2000). 신체적 자기개념은 신체적 자기존중감과 다소 높은 상관관계를 보이며(r=0.43~0.72), 전반적 자기존중감과도 중간 정도의 상관관계가 있다(r=0.24~0.62). 종합해 보면 운동은 신체적 자기개념을 긍정적으로 변화시키는데 상당한 효과가 있다. 신체적 자기개념의 변화는 전반적 자기존중감 보다는 신체적 자기존중감과 더 밀접한 관계가 있는 위계구조를 보인다.

국내에서도 에어로빅에 참가하는 16세에서 60세 사이의 여성을 분석한 결과, 운동참여 수준이 높을수록 신체적 자기개념도 높은 것으로 나타났다(정용각, 김윤정, 2005). 특히 운동참여는 심리적 행복감에 직접적인 영향을 주는 것이 아니라 신체적 자기개념을 매개로 간접적으로 영향을 준다는 인과구조도 밝힘으로서, 운동과 자아존중감(심리적 행복감)의 위계모형을 분석에 적용한 것으로 간주할 수 있겠다.

한편, 자기개념이 운동지속에 미치는 영향에 대한 연구결과도 보고되고 있다. 자기개념이 높은 학생들은 낮은 학생들에 비해 운동지속 실천율이 높았다. 또한, 신체적 자기개념은 자기존중감보다 일관성 있게 운동참여를 예측하는 것으로 나타났다. 운동과 신체적 자기개념은 상호 순환적인 관계에 있어, 신체적 자기개념이 운동 참여에 영향을 미치는 동시에, 운동 참여가 다시 신체적 자기개념을 강화하는 긍정적인 피드백 효과가 나타난다(Marsh & Craven, 2006).

4) 종단 연구

유산소 운동이나 웨이트트레이닝 등 운동을 한 후, 신체적 자기개념이 전반적 자기존중감에 비해 쉽게 변화된다는 증거가 다수 제시되었다.

- 중년의 일반 남녀 대규모 표본을 대상으로 20주간 걷기 운동 프로그램을 시킨 결과 신체 컨디션, 신체적 자기존중감, 총체적 자기존중감 모두 향상되었다(McAuley et al., 1997). 이 연구에서 신체적 자기개념의 하위 요인(신체적 컨디션, 외모)은 총체적 자기존중감에 직접 영향을 주기보다는 신체적 자기존중감을 통해 간접적인 영향을 주는 것으로 밝혀졌다. 신체적 자기효능감과 유산소 능력(최대산소섭취량)의 향상도 신체적 자기존중감에 영향을 주었다.
- 대학 체육 실기수업 수강생과 이론수업 수강생을 대상으로 12주간 이루어진 연구의 결과 실기수업 수강생은 수강 전에 비해 신체적 자기개념이 향상된 것으로 나타났다(김경원, 2003). 사전 검사에서도 실기수업 수강생의 신체적 자기개념이 높아 신체에 대한 평가가 수업 선택에도 영향을 주는 것으로 풀이되었다. 이를 고려한 사후분석에서도 신체적 자기개념 대부분 요인에서 긍정적인 방향으로 변화되었다.
- Eather 등(2016)은 고등학생을 대상으로 8주간 매주 2회 크로스핏 운동을 실시한 결과, 정신 질환의 위험이 있는 학생들 사이에서 신체적 자기개념과 자기존중감이 크게 향상된 것으로 나타났다.
- 12주간 주 3회 운동프로그램에 참여한 비만 여성 집단에서도 운동에 따른 긍정적인 효과가 밝혀졌다. 신체적 자기개념과 전반적 자기존중감이 향상되었으며, 6-12개월 동안 효과가 지속되었다(Megakli et al., 2017).

5) 특수한 대상

운동을 통한 자기존중감 향상 효과는 일반인보다는 원래 자기존중감이 낮은 계층에게 보다 효과가 있다. 자기존중감이 크게 낮아지는 경험을 한 사람이 운동의 효과를 많이 볼 수 있다는 추론이 가능해진다. 리뷰에서도 운동 전에 자기존중감이 낮은 사람은 8주간의 운동 후에 효과크기 1.05로 일반인이 0.33수준인 것에 비해 매우 큰 혜택을 받는 것으로 보고되었다.

지체장애 청소년을 대상으로 한 국내 연구에서도 긍정적인 결과가 나왔다. 총 150명 중 주 1회 이상 운동에 참여하는 집단의 자기존중감과 행복감이 유의미하게 높았다(윤석민, 김경진, 2020). 이 결과는 운동의 자기존중감 향상 효과는 장애 아동처럼 기초선 단계에서 자기존중감이 낮은 사람에게 더 크다는 사실을 뒷받침해 주고 있다.

유사한 결과는 임신 중과 출산 후 또는 폐경기 여성, 비만, 노인 등을 대상으로 한 연구에서도 제시되었다(강설중 등, 2016 ; 박도헌, 서영환, 2015 ; 이주연, 신상근, 2020). 운동은 자기존중감이 낮은 수준일 것으로 예상되는 소외계층에게 특히 도움이 된다는 것을 알 수 있다.

5 메커니즘

운동을 통한 자기개념과 자기존중감의 향상을 설명하는 메커니즘은 자기효능감 변화설을 제외하고 충분하게 논의되지 못했다(Lox et al., 2003). 본 장에서는 자기효능감 향상설, 신체 이미지 향상설, 자기도식 변화설, 자결성 향상설에 대해 설명한다.

- 자기효능감 향상설: Sonstroem과 Morgan(1989)이 제안한 운동과 자기존중감의 관계에 관한 위계적 모형에 근거를 둔 가설이다. 신체능력과 상태는 객관적 변화에 따른 것이며, 나머지 상위개념은 주관적 평가에 해당된다. 이 모형에 따르면 규칙적으로 운동을 하면 세부 운동 과제에 대한 자기효능감이 크게 좋아진다.

향상된 자기효능감은 신체적 자기개념에 영향을 주고, 신체적 자기개념은 궁극적으로 총체적 자기존중감에 영향을 주며 위계적으로 변화한다. 과제 수행에 대한 자신감이 자아존중감 변화를 이끌어내는 핵심 역할을 한다는 설명이다.

- 신체 이미지 향상설: 자신의 신체에 대한 생각과 느낌인 신체 이미지는 신체에 관한 자기개념이자 자기존중감이라 할 수 있다. 신체에 대한 만족감은 자기에 대한 만족감으로 이어지기 때문에 신체 이미지 만족은 중요한 역할을 한다. 일반적으로 체력의 향상은 신체 이미지 개선에 영향을 주지 못하며, 자기효능감과 신체적 자기개념의 향상은 긍정적 영향을 준다. 특히, 신체조성(body composition)은 신체 이미지 향상 메커니즘으로 연구되어 왔는데. 최근 체중감소가 없어도 신체 이미지가 개선된 사례가 밝혀지며 체중과 체력 자체보다 인식이 중요하다는 의견이 모이고 있다. 신체 이미지 개선 효과는 신체적 자기존중감으로 이어지며, 신체적 자기존중감은 자기존중감 형성에 중요한 역할을 한다. 이 가설은 신체 이미지를 중시하는 사람의 자기존중감 변화를 설명하는데 적합하다.

- 자기도식 변화설: 자기도식(self-schemata)가설은 운동 상황에서 형성되는 자신의 정체성으로 자기존중감의 향상을 설명한다. 교회를 오래 다니면 자신을 교인이라 여기듯이 운동을 꾸준히 하면 자신을 운동실천자로 규정한다. 이러한 자기도식의 변화로 인해 신체적 자기개념, 그리고 전반적 자기존중감이 향상된다는 설명이다.

- 자결성 향상설: 자결성(self-determination)은 자신에게 중요한 의미가 있는 행동을 자신의 통제 하에 성공적으로 수행하려는 욕구를 말한다. 이 가설은 행동을 자신이 통제하는가의 느낌(자결성)이 자기존중감의 변화에 핵심적인 역할을 한다고 설명한다. 통제감이 높으면 자기존중감이 좋아지고 통제감을 느끼지 못하면 자기존중감이 감소하는 관계가 있다. 마라톤, 웨이트 트레이닝 등 운동 목표를 달성하면 자결성에 대한 평가가 좋아진다. 운동을 통해 길러진 자결성은 신체적 자기개념을 향상시키며, 신체적 자기개념의 향상은 전반적 자기존중감 향상으로 이어질 것으로 예상한다.

Click

운동과 신체 이미지

신체 이미지(body image)는 신체적 자기개념과 전반적 자기존중감에 영향을 주는 중요한 요인이다. 현대사회에서 신체 이미지를 강조하는 경향은 점점 강해지고 있다. 운동을 통한 신체 이미지의 변화, 사회적 체형 불안, 운동으로 신체 이미지 개선에 도움이 되는 계층에 대해 알아본다.

1. 운동을 통한 신체 이미지 변화

운동과 신체 이미지에 관한 선행 연구를 종합한 리뷰에서 운동은 신체 이미지 향상에 상당한 도움이 된다는 결론이 내려졌다(Martin & Lichtenberger, 2002). 유산소 운동과 웨이트 트레이닝 모두 신체 이미지를 향상시키지만 웨이트트레이닝이 효과가 더 강한 것으로 나타났다.

운동선수의 신체 이미지가 일반인에 비해 더 좋다는 결과도 나왔다(ES = 0.26). 여성 선수도 일반 여성에 비해 신체 이미지가 우수하며(ES = 0.36), 남성 선수도 일반 남성에 비해 더 좋았다(ES = 0.31).

2. 사회적 체형불안

사회적 체형불안이 높은 여성은 체중조절, 몸매, 신체적 매력의 이유로 운동에 참가하는 경향이 높다. 또한 운동 장소나 환경에 대한 선호도에도 차이가 있는데, 사회적 체형불안(SPA)이 높은 여성들은 리더가 보수적인 복장을 착용하기를 원하고, 외모보다는 건강을 강조하는 환경을 선호하는 경향이 있다. 반면, 여성들이 몸매 평가에 대한 걱정을 많이 하는 상황에서는 스트레스 호르몬이 증가하는 생리적 반응도 나타난다.

운동을 통해 체력이 향상되고 체성분에 변화가 오게 되면 사회적 체형불안을 감소시키는 효과도 있다(Bane & McAuley, 1996). 운동을 체중 조절이나 매력적인 몸매를 갖기 위한 외적동기로 시작하더라도, 점차 자기결정성이 높은 내적동기로 변화하는 경향이 있다.

3. 운동으로 신체 이미지 개선에 도움이 되는 계층

운동은 신체 이미지가 아주 나쁜 사람에게 특히 효과가 좋다. 운동 프로그램 시작 전에 신체 이미지가 가장 나빴던 참가자가 운동 후에 가장 높은 향상을 기록했다는 연구가 있다(Tucker & Mortell, 1993). 질병이나 부상으로 인해 신체 이미지가 손상된 사람도 마찬가지로 좋은 효과를 기대할 수 있다. 자세가 바르지 않은 청소년, 사지 장애인, 수술 회복 환자, 비만 여성 대상의 연구에서도 운동이 신체 이미지를 개선하는데 긍정적인 효과를 발휘하였다.

6 요약

자기존중감은 삶을 살아가는 이유이다. 자기존중감이 높은 사람이 보이는 사회적으로 바람직한 행동을 고려할 때 자기존중감의 향상은 사회적인 문제이자 자기관리의 문제라 할 수 있다. 운동은 자기존중감을 높이는 좋은 전략이 된다는 사실은 선행연구에서 상당 부분 확인되었다.

신체적 자기개념은 다른 영역의 자기개념에 비해 전반적 자기존중감에서 차지하는 비중이 높다. 따라서 전반적 자기존중감을 향상시키기 위한 목적으로 신체적 자기개념의 향상을 고려할 필요가 있다. 다차원 위계구조 모형에 따르면 신체적 자기개념은 스포츠 유능감, 근력, 신체적 컨디션, 지구력 등의 하위 요소로 구성된다. 이들 하위 요소는 다시 세부 활동에 의해 영향을 받는다.

운동은 자기존중감보다는 신체적 자기개념과 신체적 자기존중감을 보다 쉽게 변화시키는 효과가 있다. 신체적 자기개념의 변화는 궁극적으로 자기존중감의 변화로 이어진다는 증거가 다수 제시되었다. 특히 자기존중감 수준이 낮은 소외계층일수록 운동의 효과가 더 좋다. 복지 차원에서 운동을 권장해야 하는 이유도 여기에 있다.

신체적 자기개념의 측정 도구가 다양하게 개발되어 있는 것도 현장에 시사하는 바가 많다. 운동을 처음 시작할 때 신체적 자기개념을 측정하고 기간이 흐른 다음 다시 측정해 볼 수 있다. 동기유발의 효과와 더불어 운동의 심리적 효과를 구체적으로 확인할 수 있기 때문이다. PSDQ와 PSPP는 체력의 요소를 대표하는 요인을 많이 포함하고 있어 학교체육, 생활체육의 여러 상황에서 사용하기에 적합하다.

운동은 신체 이미지를 향상시키는 효과도 기대된다. 신체 이미지를 중시하는 여성, 신체 이미지가 손상된 사람(비만인, 노인, 장애인, 부상회복 환자 등)에게 특히 관심이 가는 대목이다. 신체 이미지의 향상은 신체적 자기개념의 향상으로 이어지고, 신체적 자기개념은 다시 신체적 자기존중감에 영향을 주는 관계를 보다 널리 홍보할 필요가 있다.

참고문헌

강설중, 노종철, 백운효(2016). 방학 중 4 주간 운동 프로그램이 비만 청소년의 체력, 생화학적 지표, 자존감 및 대인관계에 미치는 영향. **한국발육발달학회지, 24**(1), 59-67.

김경원(2003). 규칙적인 운동이 신체적 자기개념에 미치는 영향. **한국스포츠심리학회지, 14**(1), 1-12.

김병준(2001). 한국판 신체적 자기개념 측정도구 개발. **한국스포츠심리학회지, 12**(2), 69-90.

박도헌, 서영환(2015). 폐경기 여성의 운동참여에 따른 신체지각과 자기존중감에 미치는 영향. **한국발육발달학회지, 23**(2), 181-186.

유진, 소호성(1998). 신체적 자기지각 프로파일의 타당과 검증. **한국스포츠심리학회지, 9**(2), 45-62.

윤석민, 김경진(2020). 지체장애청소년의 운동참여에 따른 자아존중감과 사회적응 및 행복감 비교연구. **한국특수체육학회지, 28**(2), 73-84.

이강헌, 김병준, 안정덕(2004). **스포츠심리검사지 핸드북.** 무지개사.

이주연, 신상근(2020). 16주간 유산소운동과 저항운동이 여성노인의 기능체력과 자기효능감에 미치는 영향. **한국발육발달학회지, 28**(1), 7-15.

정용각, 김윤정(2005). 에어로빅스 참가자의 참여정도, 신체적 자기개념 및 심리적 행복감의 관계모형 분석. **한국스포츠심리학회지, 16**(1), 47-62.

조정환, 송금주(2002). 신체상(body image) 검사지의 구인 타당화. **한국체육측정평가학회지, 4**(1), 31-46.

Babic, M. J., Morgan, P. J., Plotnikoff, R. C., Lonsdale, C., White, R. L., & Lubans, D. R. (2014). Physical activity and physical self-concept in youth: Systematic review and meta-analysis. *Sports Medicine, 44*(11), 1589-1601.

Bane, S., & McAuley, E. (1996). Body image and exercise. In J.L. Duda (Ed.), *Advances in sport an d exercise psychology measurement* (pp. 311-324). Morgantown, WV: Fitness Information Technology.

Cafri, G., & Thompson, J. K. (2004). Measuring male body image: a review of the current methodolo gy. *Psychology of Men & Masculinity, 5*(1), 18.

Campbell, A., & Hausenblas, H. A. (2009). Effects of exercise interventions on body image: A meta-analysis. *Journal of Health Psychology, 14*(6), 780-793.

Cash, T. F. (2000). Body image. In A. E. Kazdin (Ed.), *Encyclopedia of psychology* (Vol. 1, pp. 436–439). Oxfor d University Press.

Cash, T. F., Fleming, E. C., Alindogan, J., Steadman, L., & Whitehead, A. (2002). Beyond body ima ge as a trait: The development and validation of the Body Image States Scale. *Eating diso rders, 10*(2), 103-113.

Conradt, M., Dierk, J. M., Schlumberger, P., Rauh, E., Hebebrand, J., & Rief, W. (2007). Developme nt of the weight-and body-related shame and guilt scale (WEB–SG) in a nonclinical sampl e of obese individuals. *Journal of personality assessment, 88*(3), 317-327.

Coopersmith, S. (1967). *The antecedents of self-esteem.* Freeman.

Crocker, P. R. E., McEwen, C. E., & Mosewich, A. D. (2013). Physical activity and self-perceptions among adults. In P. Ekkekakis (Ed.), *Routledge handbook of physical activity and mental health* (pp. 200-211). Routledge.

DiLorenzo, T. M., Bargman, E. P., Stucky-Ropp, R., Brassington, G. S., Frensch, P. A., & LaFontain e, T. (1999). Long-term effects of aerobic exercise on psychological outcomes. *Preventive Medicine, 28,* 75-85.

Eather, N., Morgan, P. J., & Lubans, D. R. (2016). Effects of exercise on mental health outcomes in adolescents: Findings from the CrossFit teens randomized controlled trial. *Psychology of S port and Exercise, 26,* 14-23.

Fox, K. R. (1990). *The Physical Self-Perception Profile manual.* DeKalb, IL: Office for Health Promo tion, Northern Illinois University.

Fox, K. R. (2000). Self-esteem, self-perceptions and exercise. *International Journal of Sport Psycholo gy, 31*(2), 228-240.

Fox, K. R., & Corbin, C. B. (1989). The physical self preception profile: Development and preliminar y validation. *Journal of Sport & Exercise Psychology, 11*(4), 408-430.

Franzoi, S. L., & Shields, S. A. (1984). The Body Esteem Scale: Multi- dimensional structure and se x differences in a college population. *Journal of Personality Assessment, 48*(2), 173-178.

Gruber, J. J. (1986). Physical activity and self-esteem development in children: A meta-analysis. In G. A. Stull & H. M. Eckert (Eds.), *Effects of physical activity on children: A special tribute to Mabel Lee* (pp. 30-48). Champaign, IL: Human Kinetics.

Hart, E. A., Leary, M. R., & Rejeski, W. J. (1989). The measurement of social physique anxiety. *Jou rnal of Sport & Exercise Psychology, 11*(1), 94-104.

Harter, S. (1985). Competence as a dimension of self-evaluation: Toward a comprehensive model of self-worth. In R. H. Leahy (Ed.), *The development of the self.* Academic Press.

Liu, M., Wu, L. & Ming, Q. (2015). How does physical activity intervention improve self-esteem and self-concept in children and adolescents? Evidence from a meta-analysis. *PLoS ONE, 10*, e0134804. doi:10.1371/journal.pone.0134804

Lox, C. L., Martin, K. A., & Petruzzello, S. J. (2003). *The psychology of exercise: Integrating theory and practice.* Holcomb Hathaway, Publishers.

MacDonald, G., Saltzman, J. L., & Leary, M. R. (2003). Social approval and trait self-esteem. *Journa l of research in personality, 37*(2), 23-40.

Marsh, H. W. Richards, G., Johnson, S., Roche, L., & Tremayne, P. (1994). Physical Self-Description Questionnaire: Psychometric properties and a multitrait-multimethod analysis of relations to existing instruments. *Journal of Sport & Exercise Psychology, 16,* 270-305.

Marsh, H. W., & Craven, R. G. (2006). Reciprocal effects of self-concept and performance from a m ultidimensional perspective: Beyond seductive pleasure and unidimensional perspectives. *Pe rspectives on psychological science, 1*(2), 133-163.

Marsh, H. W., Martin, A. J., & Jackson, S. (2010). Introducing a short version of the physical self de scription questionnaire: new strategies, short-form evaluative criteria, and applications of fa ctor analyses. *Journal of Sport and Exercise Psychology, 32*(4), 438-482.

Martin, K. A., & Lichtenberger, C. M. (2002). Fitness enhancement and body image change. In T.F

Cash & T. Pruzinsky (Eds.), *Body images: A handbook of theory, research, and clinical p ractice*. Guilford Press.

McAuley, E. (1998). Body Image and Exercise. *Advances in Sport and Exercise Psychology Measure ment,* 311.

McAuley, E., Mihalko, S. L., & Bane, S. M. (1997). Exercise and self- esteem in middle-aged adults: Multidimensional relationships and physical fitness and self-efficacy influence. *Journal of Behavioral Medicine, 20*(1), 67-83.

McDonald, K., & Hodgdon, J. A. (1991). *The psychological effects of aerobic fitness training: Resear ch and theory.* Springer-Verlag.

Megakli, T., Vlachopoulos, S. P., Th0gersen-Ntoumani & Theodorakis, Y. (2017). Impact of aerobic and resistance exercise combination on physical self-perceptions and self-esteem in women with obesity with one-year follow-up. *International Journal of Sport and Exercise Psychol ogy, 15*(3), 236-257.

Rosenberg, M. (1965). *Society and the adolescent self-image.* Princeton University Press.

Rowe, D. A., Benson, J., & Baumgartner, T. A. (1999). Development of the Body Self-Image Questio nnaire. *Measurement in Physical Education and Exercise Science, 3*(4), 223-248.

Secord, P. F., & Jourard, S. M. (1953). The appraisal of body cathexis: body-cathexis and the self. *J ournal of Consulting Psychology, 17*(5) 343-347.

Shavelson, R. J., Hubner, J. J., & Stanton, G. C. (1976). Self-concept: Validation of construct interpre tations. *Review of educational research, 46*(3), 407-441.

Sonstroem, R. J., & Morgan, W. P. (1989). Exercise and esteem: rationale and model. *Medicine and Science in Sports and Exercise, 21*(3), 329- 337.

Sonstroem, R. J., Speliotis, E. D., & Fava, J. L. (1992). Perceived physical competence in adults: An examination of the Physical Self- Perception Profile. *Journal of Sport and Exercise Psycho logy, 14*(2), 207-221.

Spence, J. C., McGannon, K. R., & Poon, P. (2005). The effect of exercise on global self-esteem: A quantitative review. *Journal of Sport & Exercise Psychology, 27*, 311-334.

Tovée, M. J., Benson, P. J., Emery, J. L., Mason, S. M., & Cohen-Tovée, E. M. (2003). Measurement of body size and shape perception in eating-disordered and control observers using body-shape software. *Britis h Journal of Psychology, 94*(4), 501-516.

Tucker, L. A., & Mortell, R. (1993). Comparison of the effects of walking and weight training progra ms on body image in middle-aged women: An experimental study. *American Journal of H ealth Promotion, 8,* 34-42.

Wylie, R. C. (1989). *Measures of self-concept.* University of Nebraska Press.

Review Questions

01 자기개념, 자기존중감, 자신감, 자기효능감의 개념을 정의하고 일상생활과 운동 상황에서 각 개념이 반영된 현상의 예를 들어보자.

02 자기개념이나 자기존중감이 높은 사람이 보일 것으로 예상되는 심리적, 행동적 특징을 열거해보자.

03 자기개념을 다차원 위계 구조로 설명하는 대표적인 모형을 제시하고 총체적 자기개념과 자기존중감의 변화 과정을 설명해보자.

04 자기효능감 향상설은 운동을 통해 자기존중감이 어떻게 변화된다고 예측하는지 설명해보자.

05 PSPP와 PSDQ에 포함된 하위 요인의 개념상 유사점과 차이점, 그리고 응답 형식의 특징을 설명해보자.

06 기존의 신체적 자기개념 측정도구를 종합적으로 고려하여 신체적 자기개념을 구성하는 최적의 하위요인을 제시해보자.

07 신체 이미지를 측정하는 방법을 설명해보자.

08 규칙적인 운동은 총체적 자기존중감보다는 신체적 자기개념을 보다 쉽게 변화시킨다는 연구가 많다. 이론적 모형을 근거로 그 이유를 설명해보자.

09 운동이 자기존중감 향상에 얼마나 효과가 있는지 메타분석의 결과로 설명해보자. 다른 심리 변인에 미치는 효과와 비교해보자

10 유산소 운동과 웨이트트레이닝의 신체 이미지 개선 효과를 비교해보자. 누구에게 웨이트트레이닝이 권장되는지 논의해보자.

11 신체적 자기개념이 신체 이미지와 전반적인 자존감에 미치는 영향을 설명해보자.

Projects

신체적 자기개념 프로파일 작성

1. 목적

신체적 자기개념은 자신의 신체 상태와 능력에 대한 개인의 생각으로 총체적 자기개념의 형성에 중요한 역할을 한다.자신이 신체적 자기개념을 평가하고 신체적 자기개념의 조화로운 발달을 위한 운동 프로그램을 계획한다.

2. 준비

- 한국판 신체적 자기개념 척도(김병준, 2001; 이강헌 등, 2004, p. 98). 스포츠유능감, 체지방(날씬함), 외모, 건강, 신체활동, 자기존중감, 유연성, 지구력, 근력, 신체전반의 10개 요인으로 구성되어 있다. 체지방 요인에 해당하는 문항은 역으로 채점하면 체지방이 낮은 상태, 즉 날씬함을 나타낸다. 6점 리커르트 척도에 응답한다.
- 점수계산과 그래프 작성에 필요한 컴퓨터 프로그램(예, 엑셀).

3. 절차

- 문항을 읽고 자신에게 해당하는 번호에 표시한다. 솔직하게 답변한다.
- 요인별로 4개 문항의 평균을 구한다. R표시 문항은 역으로 채점한다.

> - 스포츠유능감: 1, 11, 21, 31번
> - 체지방(날씬함): 2(R), 12(R), 22(R), 32(R)번
> - 외모: 3, 13, 23, 33번
> - 건강: 4(R), 14(R), 24(R), 34(R)번
> - 신체활동: 5, 15, 25, 35번
> - 자기존중감: 6(R), 16(R), 26(R), 36(R)번
> - 유연성: 7, 17, 27, 37번
> - 지구력: 8, 18, 28, 38번
> - 근력: 9, 19, 29, 39번
> - 신체전반: 10, 20, 30, 40번

(계속)

신체적 자기개념 프로파일 작성(계속)

- 평균 점수를 이용하여 그래프를 작성한다.
- 그래프에서 신체적 자기개념의 하위 요인 평균이 6에 가까울수록 좋다. 그래프 모양이 바깥쪽으로 클수록, 울퉁불퉁하지 않는 고른 모양일수록 이상적인 형태라 할 수 있다.

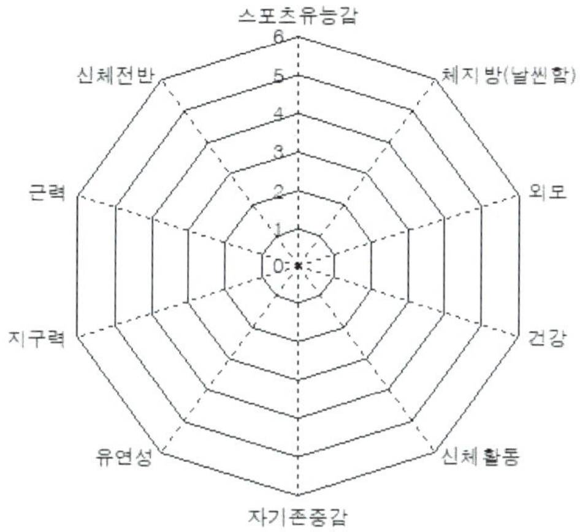

4. 보고서 작성

- 하위요인별 평균과 표준편차를 표로 제시하고, 그래프를 작성한다. 자신의 신체적 자기개념의 특징을 간략하게 요약해보자.
- 자신의 신체적 자기개념의 장점과 단점을 평가해보자. 이런 결과가 나오게 된 배경을 추론해보자.
- 신체적 자기개념을 조화롭게 발달시키기 위한 목적으로 운동 프로그램을 계획해보자.
- 계획한 운동을 3개월 정도 실천한다면 신체적 자기개념 프로파일이 어떻게 바뀔 것인지 예상하고 다시 그려보자.
- 가족이나 친구를 대상으로 동일한 절차를 거쳐 그래프를 작성하고 운동 방법을 조언해 주자.

Projects

운동실천자 면담

1. 목적

지금까지 배운 내용, 그리고 앞으로 다룰 내용을 바탕으로 질문 문항을 준비해서 운동실천자를 찾아가 면담을 하고 결과를 분석한다.

2. 면담 대상

자신이 알고 있는 운동실천자 1인. (단, 주요 운동 가이드라인을 충족해야 운동 실천자로 간주함.)

3. 유의사항

- 면담이 가능한 장소를 확인한다.
- 융통성 있게 진행할 수 있도록 면담 질문을 숙지한다.
- '예'나 '아니오' 답변이 나오는 질문은 피한다.
- 녹음기의 건전지는 미리 새 것으로 교환한다.
- 면담 전에 5분 정도 대화로 분위기를 만든다.
- 보고서 1부를 면담대상자에게 감사표시로 전달한다.

4. 질문의 예

자신의 면담 대상자에게 적합한 질문 5-10개를 만든다. 이들 질문에는 '후속질문'을 포함시킬 수 있다. 다음 질문을 '참고'하여 자신의 면담에 가장 적합한 질문을 만든다.

[효과]

- 운동을 하면서 무엇이 좋아졌다고 생각합니까?
- 운동을 하면서 느끼는 신체적 측면의 효과는 어떻습니까?
- 운동을 하면서 직장, 대인관계에서 달라진 것은 무엇입니까?
- 심리적, 정신적 측면에서 어떤 점이 좋습니까? 우울증, 정서, 스트레스, 자신감
- 운동을 하면 기분 상태나 우울증에 어떤 차이가 있습니까?
- 운동을 하는 날과 그렇지 않은 날 수면에 어떤 차이가 있습니까?
- 운동을 하는 것이 스트레스 극복에 어떤 도움을 준다고 생각하십니까?
- 운동을 한 후 몸에 대한 자신감이 어떻게 변했습니까?

운동실천자 면담(계속)

[운동중독]

- 운동중독을 경험하거나 목격한 적이 있습니까? 구체적으로 설명해주세요.
- 운동을 해야 하는데 못하게 되면 심신에 어떤 증상이 나타납니까? 그 때 어떻게 하십니까?

[응집력, 리더십]

- 회원들 사이에 관계는 어떻습니까?
- 회원들 사이의 응집력(유대관계)이 운동하는데 어떤 영향을 줍니까?
- 어떤 지도자가 훌륭한 운동지도자라고 생각합니까?

[사회적지지]

- 주변 사람 중에서 운동을 권장하거나 함께 하는 분이 있습니까? 구체적으로 설명해주세요. 어떤 도움이 된다고 보십니까?

[환경]

- 주변에 운동 시설은 운동하는데 어떻다고 보십니까? 운동을 더 많이 하게 만드는 시설이나 환경요인에 대해서 말씀해 주세요.

[중재전략]

- 개인적 측면에서 운동을 빠지지 않고 열심히 하는데 도움이 되는 전략이 있으면 말씀해 주세요.

5. 보고서 작성

- 제목: 면담 전체를 잘 반영하도록 제목을 정한다.
- 목적(1/2쪽 분량): 면담의 목적이 무엇인지 설명한다.
- 면담대상자 프로파일(1/2쪽 분량): 누구를 면담했는지 설명한다. 운동실천 경력, 입상경력, 자신과의 관계 등을 설명한다. 사진이나 이미지를 첨부한다.
- 절차(1/2쪽 분량): 면담의 절차를 설명한다. 면담 시간과 장소, 소요시간, 분위기를 포함시킨다.
- 질문과 답변(해당 분량): 질문과 답변을 옮겨 적는다.
- 주요결과 및 논의(1쪽 분량): 면담 내용에서 중요한 결과를 3~5개 도출한다. 선행 연구, 자신의 경험과 연계하여 논의한다.
- 면담후기(1/2쪽 분량): 배운 점, 느낀 점, 반성할 사항, 소감 등을 자유롭게 작성한다.

Study Questions

01 자기개념(self-concept)에 대한 설명으로 옳은 것은?

① 감정반응을 포함한 자기에 대한 종합 평가이다.
② 자신에 대한 인식으로, 영역별로 형성된다.
③ 특정 과제에 대한 성공기대수준을 말한다.
④ 스포츠, 요리 등 특정 활동에 대한 자신감의 정도이다.

02 자기효능감과 자신감의 차이를 한 문장으로 설명하시오.

03 자기고양 가설에 대한 설명으로 옳은 것은?

① 불확실하고 위험한 행동을 선택한다.
② 자기개념이 향상될 것으로 기대되는 행동을 선택한다.
③ 부정적인 정서를 경험하는 경우가 더 많다.
④ 자기존중감이 낮을수록 새로운 활동을 더 시도한다.

04 자기존중감이 낮을 경우 나타날 수 있는 심리적 문제 두 가지를 쓰시오.

05 자기효능감(self-efficacy)에 대한 설명으로 가장 적절한 것은?

① 자신에 대한 전반적인 감정적 평가로 감정 반응이 포함된다.
② 다양한 생활 영역에서의 자신에 대한 인식으로 위계적 구조를 가진다.
③ 특정 과제를 성공적으로 수행할 수 있다는 자신의 판단이다.
④ 특정 영역에서 자신이 있다는 일반적 확신으로 포괄적인 개념이다.

06 Shavelson 등이 제안한 자기개념의 구조적 특성으로 가장 적절한 것은?

① 단일 차원으로 구성된다.
② 외적 평가에 의해서만 결정된다.
③ 일시적이고 상황에 따라 변동이 크다.
④ 다차원적이고 위계적인 구조를 가진다.

07 Sonstroem과 Morgan(1989)의 자기 존중감 모형에 따르면, 자기존중감 향상을 위해 먼저 변화가 나타나야 하는 하위 수준은 무엇인가?

① 총체적 자기개념
② 정서적 안정감
③ 신체적 유능감
④ 대인관계 자기개념

08 운동을 통한 자기존중감 향상 과정에서 자기효능감의 역할로 가장 적절한 것은?

① 운동수행에 대한 외적 보상 기대를 높인다.
② 운동수행에 대한 자신감을 증진시켜 신체적 유능감 형성에 기여한다.
③ 운동 중단 후에도 자기존중감을 유지시킨다.
④ 대인관계 만족도를 직접 향상시킨다.

09 Rosenberg 자기존중감 척도에 대한 설명으로 옳은 것은?

① 다차원적 자기존중감 구조를 바탕으로 개발되었다.
② 10문항으로 구성된 단일차원 자기존중감 도구이다.
③ 아동용으로만 사용되는 도구이다.
④ 재검사 신뢰도가 낮다.

10 PSPP(Physical Self-Perception Profile)의 주요 특징으로 옳지 않은 것은?

① 신체적 자기개념을 다차원적, 위계적으로 측정한다.
② 스포츠 유능감, 외모, 근력 등 4개 요인을 포함한다.
③ 리커르트 5점 척도를 사용한다.
④ 신체적 자기존중감은 4개 하위 요인의 상위 개념이다.

11 PSDQ와 PSPP의 공통적으로 포함된 신체적 자기개념 요인을 모두 고르시오.

㉠ 외모	㉣ 근력
㉡ 스포츠 유능감	㉤ 지구력
㉢ 유연성	

12 시각적 측정법의 대표적인 예로, 전신사진을 조정하면서 신체이미지를 측정하는 방법은 무엇인가?

① 행동측정법
② 자기보고식 질문지법
③ 실루엣 비교법
④ 모핑 사진 기법

13 운동이 아동의 자기존중감에 미치는 영향에 대한 설명으로 옳은 것은?

① 운동기간이 길수록 자기존중감 향상 효과가 크다.
② 장애 아동이 일반 아동보다 자기존중감 향상 효과가 더 작다.
③ 스포츠 활동이 유산소 운동보다 자기존중감 향상 효과가 높았다.
④ 전체 효과크기는 0.89로 매우 크다.

14 운동과 자기존중감의 관계에 관한 설명으로 옳지 않은 것은?

① 자기존중감이 낮은 사람은 운동 후 자기존중감 향상 효과가 더 크다
② 운동은 항상 자기존중감을 향상시킨다.
③ 웨이트트레이닝이 단기적으로 유산소 운동보다 자기존중감 향상에 더 효과적이다.
④ 남녀 모두에게 긍정적 효과가 나타났다.

15 운동과 신체적 자기개념 및 자기 존중감에 관한 설명으로 옳은 것은?

① 신체적 자기개념은 총체적 자기존중감에 비해 운동에 의해 변화하기 어렵다.
② 운동과 신체적 자기개념은 순환적 관계다.
③ 운동은 사회적 체형불안을 증가시킨다.
④ 비만 아동이나 신체 이미지가 매우 나쁜 사람들에게 운동의 효과가 작다.

16 신체 이미지 향상설에 대한 설명으로 옳지 않은 것은?

① 신체 이미지 만족은 자기에 대한 전반적인 만족감과 밀접한 관련이 있다.
② 체중이 줄지 않아도 신체 이미지가 개선될 수 있다.
③ 체력 향상은 신체 이미지 개선에 큰 영향을 준다.
④ 신체적 자기개념 향상은 신체 이미지에 긍정적인 영향을 줄 수 있다.

17 다음 중 자기존중감 향상 가설에 모두 포함되지 않는 설명은?

① 운동을 통해 자신을 운동실천자로 인식한다.
② 체중 감소는 반드시 신체 이미지 개선으로 이어진다.
③ 운동을 통해 과제 수행에 자신감이 생긴다.
④ 운동 목표의 성취는 통제감을 높이는 데 기여한다.

모 / 범 / 답 / 안

9장 평가문항 모범 답안

01 ② 02 자신감은 일반적인 상황에서의 수행 기대이고, 자기효능감은 구체적인 과제 수준에서의 수행 기대이다.
03 ② 04 우울증, 불안 05 ③ 06 ④ 07 ③ 08 ② 09 ① 10 ③ 11 ㉠ ㉡ ㉣ 12 ②
13 ① 14 ② 15 ② 16 ③ 17 ②

운동심리학의 정석

10장

운동과 스트레스

Key terms

항상성	스트레스원	유스트레스	디스트레스	범적응 증후군	도전-회피 반응	각성과 경보
저항 단계	소진 단계	피로기	인지평가 이론	1차평가	2차평가	교감신경계 활성화
HPA 축	인지된 스트레스 척도(PSS)	생리적 강인함 모델	반응성	회복	면역기능	타임아웃

10장 운동과 스트레스

1 스트레스의 이해

1) 스트레스의 개념

스트레스(stress)는 현대 사회에서 가장 중요한 문제 중 하나로 여겨진다. 학문적인 의미에서 스트레스는 '예측 또는 통제가 불가능한 어떠한 자극과 환경적 요구가 인간의 자연스러운 조절 능력을 초과하는 상황'을 의미한다(Koolhaas et al., 2011). 이러한 능력 초과 현상 때문에 우리의 몸과 정신이 '불균형한 상태 혹은 항상성(homeostasis)이 무너진 상태'가 되면 스트레스라고 말한다(Chrousos & Gold, 1992). 더 간단히 말하면, 스트레스는 우리가 살면서 경험하는 사건과 난관을 마주할 때 나타나는 반응 과정이다.

이러한 난관은 스트레스원(stressors)이라고 부르며, 외재적 요인(예: 신체적인 위협 등)과 내재적 요인(예: 중요한 면접의 압박 등)으로 구분할 수 있다. 나아가 스트레스원은 흔히 부정적인 것(distress)으로 여겨지지만(예: 시험, 이혼, 마감일 등), 긍정적인 경우(eustress)도 있을 수 있다(예: 결혼, 졸업, 승진 등). 즉, 스트레스원은 좋은 것과 좋지 않은 것 두 가지의 특성을 모두 지닐 수 있다.

Click

좋은 스트레스와 나쁜 스트레스

스트레스는 유스트레스(eustress)와 디스트레스(distress)로 구분한다. 유스트레스는 긍정적 스트레스로 익사이팅한 체험과 도전감을 주는 활동을 할 때 경험한다. 디스트레스는 부정적인 스트레스로 스트레스가 아주 없거나 지나치게 많을 때에 발생한다. 우리가 흔히 말하는 스트레스는 보통 디스트레스를 의미한다. 유스트레스는 생활의 활력소가 되며 성취 활동의 에너지가 될 수 있다. 스트레스 지각에는 개인차가 크기 때문에 암벽 등반과 같은 모험 활동은 사람에 따라 유스트레스가 되기도 하고 디스트레스가 될 수도 있다.

2) 스트레스의 배경

1930년대, Hans Selye는 주로 공학 분야에서 사용되던 '스트레스'라는 용어를 빌려와 생리학적 개념으로 도입하였다. 그의 초기 연구 결과들은 이 개념과 밀접하게 연관되어 있었다. Sapolsky(2003)에 따르면, Selye는 실험을 위해 매일 토끼들에게 주사를 놓으려 했으나, 이 과정에서 예상치 못한 어려움을 겪었다. 그는 주사를 놓다가 실험동물을 떨어뜨리기도 하고, 방 안에서 토끼들을 쫓아다니며 상당한 시간을 보냈다. 때로는 싱크대 뒤에 숨은 쥐들을 빗자루로 몰아내려고 시도하는 등, 실험 과정 자체가 동물들에게 상당한 스트레스 요인이 되었다.

이러한 실험을 통해 Selye는 동물들이 여러 불편한 조건(스트레스)에 노출되었을 때 위궤양, 확장된 부신, 위축된 면역 조직과 같은 생리학적 변화를 보인다는 사실을 발견했다. 특히, 동물들이 서로 다른 스트레스 요인에 노출되더라도 그들의 생리적 반응은 유사하게 나타났으며, 장기간 스트레스에 노출된 경우 결국 질병에 걸릴 가능성이 높아졌다. 이러한 초기 관찰을 바탕으로 Selye(1936)는 세 가지 단계로 구성된 범적응 증후군(General Adaptation Syndrome; GAS) 개념을 제안하였다.

(1) 각성과 경보 단계: 급성 또는 단기간의 스트레스원(예: 부상의 위협, 어려운 상황, 잠재적인 손실 등)에 직면했을 때, 신체는 초기 단계에서 각성 및 경고 반응을 나타낸다. 이는 도전-회피 반응(fight-or-flight response)으로 이어지며, 단기적인 생리적 적응을 통해 신체가 위기에 대처하도록 돕는다. 이 초기 반응은 불안, 과민성, 취약성과 같은 심리적 반응을 동반하며, 일반적으로 스트레스의 원인이 해소되면 신체는 다시 안정적인 상태로 회복된다.

(2) 저항 단계: 스트레스가 지속되면 신체는 저항기(resistance stage)에 접어들며, 이 단계에서는 압박감, 걱정, 냉소주의, 수면 장애 등의 증상이 나타날 수 있다.

(3) 소진 단계: 만약 스트레스 요인이 장기간 지속되거나 만성화되면, 신체는 소진기(exhaustion stage)에 도달하게 되며, 이로 인해 신체적·정신적 과부하가 발생한다. Selye는 이를 '피로기(fatigue stage)'로 설명하며, 지속적인 압박감이 결국 신체적 피로 및 심리적 장애(예: 불안과 우울증) 등으로 이어질 수 있다.

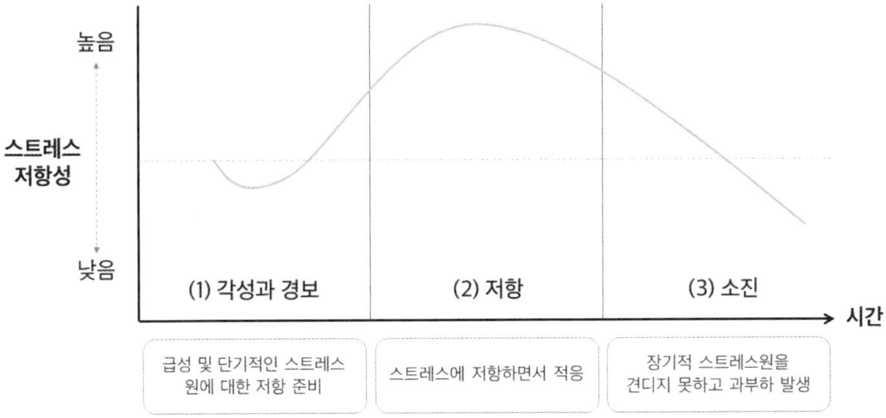

❙그림 10-1❙ 범적응 증후군의 세 단계(Cunanan et al., 2018)

3) 스트레스를 유발하는 요인

급격히 변화하는 세상 속에서 현대 사회는 과거보다 훨씬 더 많은 스트레스에 직면해 있다. 이에 따라 신체적 질병(예: 암, 심혈관 질환, 감기 등), 불안 및 불안장애, 우울증이 사회적으로 증가하며 일반화되고 있다. 주목할 점은 스트레스가 다양한 요인에 의해 유발될 수 있다는 것이며, 대표적인 요인은 다음과 같다.

- 생물학적 원인: 약물 과다 사용(예: 알코올, 약 등), 영양적 과다(예: 카페인, 음식, 설탕 등) 등
- 심리학적 원인: 완벽주의, 강박관념, 충동성, 통제 욕구, 노이로제(신경증) 등
- 대인관계의 원인: 사회성 부족, 수줍음, 불안감, 외로움, 환경적 압박 등

Click

현대인의 최대 관심사, 스트레스

스트레스는 세계보건기구(WHO)에 의해 “21세기의 건강 전염병”으로 불리며, 미국 기업에 연간 최대 3,000억 달러의 손실을 초래하는 것으로 추정된다. 스트레스가 정서적·신체적 건강에 미치는 영향은 매우 파괴적일 수 있다. 최근 미국의 한 조사에 따르면, 50% 이상의 사람들이 스트레스로 인해 업무 생산성이 부정적인 영향을 받는다고 느꼈다. 1983년부터 2009년 사이, 미국 전 인구집단에서 스트레스 수준은 10~30% 증가했다(Fink, 2016).

2 스트레스와 심리 및 생리적 반응의 관계

스트레스는 단순히 일시적인 감정 상태를 넘어, 인간의 생존과 적응에 밀접한 연관을 지닌 심리적·생리적 반응의 총체로 이해된다. 인간은 진화과정에서 다양한 스트레스 요인에 대처할 수 있도록 복합적인 신체 시스템을 발달시켜 왔으며, 이는 오늘날의 일상적인 스트레스 상황에서도 여전히 작동하고 있다(Sapolsky, 2003).

1) 스트레스와 심리적 반응

심리적 스트레스 반응은 스트레스 요인을 인지하는 순간부터 시작된다. Lazarus와 Folkman(1984)의 스트레스에 대한 인지평가 이론(cognitive appraisal theory)에 따르면, 개인은 어떤 자극이나 상황을 1차 평가(primary appraisal)에서 위협(threat), 손실(loss), 혹은 도전(challenge)으로 해석한다. 그리고 이어지는 2차 평가(secondary appraisal)를 통해 자신이 그 상황에 적절히 대처할 수 있는 능력이나 자원을 갖추고 있는지를 판단한다.

이러한 인지적 과정은 각 개인이 타고난 성격이나 회복탄력성(resilience), 과거의 경험, 사회적 지지에 따라 크게 달라지며, 결과적으로 스트레스에 대한 심리적, 인지적, 행동적 반응으로 이어진다. 스트레스로 인해 발생하는 심리, 인지, 행동적 반응은 다음과 같다.

- 정서적 반응: 불안, 분노, 슬픔, 무력감, 초조함 등 다양한 감정이 나타날 수 있다. 예를 들어, 대학 입시를 앞둔 고등학생은 성적 부담으로 인해 긴장감과 두려움을 동시에 경험할 수 있다.
- 인지적 반응: 집중력 저하, 부정적 사고, 미래에 대한 비관적 기대 등이 포함된다. 이는 문제 해결 능력의 저하로 이어지며, 중요한 결정 상황에서 회피 행동을 유발할 수 있다.
- 행동적 반응: 스트레스에 대한 행동 반응은 개인차가 크다. 일부는 과도한 식사나 음주, 흡연 등의 회피적 대처 행동을 보이는 반면, 어떤 이들은 운동, 명상, 대화와 같은 적극적 대처 전략을 사용하기도 한다.

이러한 반응은 짧은 기간에는 적응적일 수 있지만, 장기간 지속되면 정서적 탈진이나 심리적 장애로 발전할 위험이 있다. 앞서 언급한 것처럼 WHO는 전 세계적인 불안장애와 우울증의 주요 원인 중 하나로 스트레스를 주목하고 있다.

2) 스트레스와 생리적 반응

스트레스라는 개념 자체는 비교적 최근에 등장했지만, 스트레스원에 의해 발생하는 신체 변화는 진화적으로 매우 오래된 것이다(Chrousos & Gold, 1992). 예를 들어, 중간고사 시험을 풀다가 어려운 문제를 마주했을 때와 조선시대 선비가 산속에서 호랑이를 마주쳤을 때 보이는 신체적 반응은 유사하다.

수천 년에 걸쳐 우리 몸(특히 뇌 포함)은 이러한 스트레스원에 성공적으로 대응할 수 있는 방식으로 진화해 왔다. 이러한 진화적 적응은 건강을 증진시키고, 더 중요하게는 생존을 가능하게 만든다. 그러나 이러한 성공적인 적응은 스트레스 요인이 일정하게 반복되어야만 가능한 일이다. 생존과 건강이라는 기준에 따라 특정한 적응 반응이 성공적으로 이루어지면, 그 반응은 유지되며 시간이 지나 새로운 도전에 따라 수정되기도 한다.

하지만 안타깝게도 스트레스에 대한 적응 경험이 항상 성공적인 결과로 이어지는 것은 아니다. 스트레스가 인지되면, 인간의 생리 시스템은 외부 자극에 맞서 신체를 준비시키기 위해 즉각적으로 작동한다. 이때 주요하게 활성화되는 경로는 두 가지를 살펴볼 수 있다.

(1) 교감신경계 활성화

스트레스 자극이 감지되면 뇌의 편도체(amygdala)가 반응하고, 이는 시상하부(hypothalamus)를 통해 교감신경계를 자극하게 된다. 그리고 교감신경계는 아드레날린(epinephrine)과 노르아드레날린(norepinephrine)을 분비시킨다. 이 호르몬들은 심박수 증가, 혈압 상승, 호흡 증가, 동공 확대, 근육 긴장 등 생존에 필요한 '도전-회피' 반응을 유발한다. 예를 들어 갑작스럽게 위협적인 상황(예: 야간 골목에서 낯선 사람을 마주친 경우)에 직면했을 때 즉각적으로 나타난다.

(2) HPA 축 활성화

HPA 축(Hypothalamic-Pituitary-Adrenocortical Axis)은 스트레스에 반응하여 시상하부, 뇌하수체, 부신이 순차적으로 활성화되며 코르티솔과 같은 스트레스 호르몬을 분비하는 신경내분비 체계를 말한다.

스트레스 요인에 대처하는 일련의 과정에서 결과적으로 코르티솔(cortisol)이 방출된다. 코르티솔은 포도당을 생성하고 면역 반응을 조절하는 등 에너지 재분배를 통해 장기적인 생리적 적응을 가능하게 하지만, 지속적인 분비는 면역 억제, 체중 증가, 기억력 저하, 우울 증상과 같은 부작용을 유발할 수 있다(McEwen, 1998).

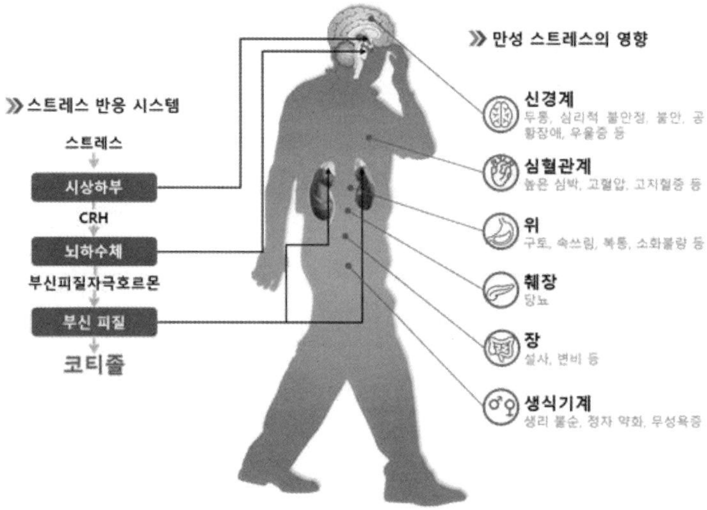

┃그림 10-2┃ 스트레스에 대한 신체 반응 시스템과 영향
(자료: 머니투데이, https://news.mt.co.kr/mtview.php?no=2019010806072091002)

3) 스트레스 해석과 신체·심리적 반응의 상호작용

앞에서 스트레스에 대한 심리적 반응과 신체적 반응을 각각 살펴보았다. 그러나 사실 심리적 반응과 신체적 반응은 상호작용한다. 다수의 연구는 스트레스에 대한 개인의 인지적 평가가 신체적 반응을 주도한다고 보고한다. 그 중 Keller 교수와 동료들(2012)의 연구가 대표적이다.

Keller 교수와 연구진은 미국 성인 약 3만 명을 대상으로 한 대규모 추적 조사 연구를 통해, 스트레스에 대한 인식이 실제 건강과 사망률에 어떻게 영향을 미치는지를 밝혀냈다. 이들은 참가자들에게 지난 1년간의 스트레스 수준과 함께, 스트레스가 건강에 영향을 미친다고 믿는 정도를 물었고, 이후 8년에 걸쳐 이들의 건강 상태와 사망 여부를 추적하였다.

- 질문 1: 과거 1년 동안 얼마나 많은 스트레스를 경험했나요?
  (① 없음 / ② 적음 / ③ 보통 / ④ 많음)
- 질문 2: 스트레스가 건강에 나쁘다고 생각하나요?
  (① 비동의 / ② 약간 / ③ 매우 동의)

그 결과, 스트레스를 자주 경험하면서 동시에 "스트레스가 내 건강을 해칠 것이다"라고 믿는 사람들은 그렇지 않은 사람들보다 조기 사망 위험이 약 43% 더 높았다. 특히 이들 집단은 건강 자가평가에서도 '건강하지 않다'고 응답할 확률이 높았으며, 불안이나 우울 같은 심리적 고통 지표에서도 현저히 높은 점수를 보였다. 반면, 스트레스 수준이 높더라도 그것이 자신의 건강에 크게 해롭지 않다고 인식한 사람들은 상대적으로 더 나은 건강 상태를 유지하고 있었고, 사망률에서도 유의한 차이를 보이지 않았다.

이 연구는 스트레스의 절대적인 양보다 개인의 해석 방식이 건강에 더 큰 영향을 줄 수 있다는 사실을 실증적으로 보여준다. 즉, 동일한 스트레스 상황이라 하더라도 이를 위협(threat)으로 인식하고 부정적인 결과를 예측하는 사람은, 보다 큰 심리적 고통과 생리적 부담을 경험할 가능성이 높다. 이는 반복적이고 지속적인 생리적 각성 상태를 유발하여 결국 면역 기능 저하, 심혈관계 질환, 그리고 정신건강 악화로 이어질 수 있다.

반대로, 스트레스를 삶의 도전으로 해석하거나, 자신이 충분히 대처할 수 있다고 믿는 사람들은 스트레스 요인에 더 유연하게 대응할 수 있으며, 실제로 건강과 관련된 부정적 결과를 경험할 가능성이 낮다. 이러한 해석 차이는 개인의 자기효능감, 회복탄력성, 사회적 지지 수준 등에 의해 영향을 받을 수 있으며, 교육적·상담적 개입을 통해 개선될 수 있다.

결국, 스트레스 상황을 바라보는 개인의 인지적 틀은 단순한 심리적 태도를 넘어, 건강과 생존에 실질적인 영향을 미치는 중요한 변수로 작용한다. 따라서 스트레스 관리 교육이나 심리 개입 프로그램은 스트레스 자체를 줄이는 것뿐만 아니라, 스트레스에 대한 인식을 재구성하고, 해석의 유연성을 키우는 전략에 중점을 둘 필요가 있다.

❙표 10-1❙ Keller 교수 연구진의 스트레스 연구 요약

유형	스트레스 수준	건강 영향 인식	결과
A	많음	매우 동의	건강 악화, 심리 고통, 사망 위험 +43%
B	많음	비동의/약간	상대적으로 사망 위험 낮음
C	없음/적음	매우 동의	심리적 고통 ↑, 사망 영향 미미

4) 스트레스 반응과 항상성

스트레스 반응을 다룰 때 항상성이라는 개념은 매우 중요하다. 항상성이란, 외부 환경이 변화하더라도 신체 내부의 상태를 일정하게 유지하려는 생리적 조절 능력을 의미한다. 예를 들어, 기온이 갑자기 떨어지더라도 우리의 체온은 일정한 범위를 유지하고, 식사를 한 뒤에는 혈당이 일정 수준으로 다시 조절되는 것처럼, 인체는 스스로 균형을 되찾기 위해 끊임없이 반응하고 조정한다.

항상성이라는 용어는 1939년 미국의 생리학자 Walter Cannon에 의해 처음 제안되었으며, 이는 19세기 프랑스 생리학자 Claude Bernard가 주장한 '내부 환경의 안정성(milieu intérieur)'이라는 개념에서 발전한 것이다. Cannon은 다양한 생리 체계들이 조화를 이루며 안정적인 상태를 유지하는 과정을 '항상성'이라 정의했고, 이 개념은 이후 스트레스 연구의 중요한 기반이 되었다.

현대 생리학에서는 항상성을 체온, 혈당, 혈압, 체액의 pH 등 생존에 필수적인 생리 지표들이 일정한 범위 내에서 조절되는 능력으로 보다 구체화하고 있다(McEwen & Wingfield, 2003). 이들 지표는 일정 범위를 벗어나면 생명 유지에 위협이 되기 때문에, 신체는 이를 감지하고 빠르게 회복시키려는 반응을 나타낸다. 스트레스가 가해졌을 때 체내에서 일어나는 여러 변화들 역시, 결국은 이러한 항상성을 회복하려는 반응이라고 볼 수 있다.

즉, 스트레스는 신체의 균형을 깨뜨리는 자극이고, 항상성은 그 균형을 되찾기 위

한 인체의 생리적 노력이라고 할 수 있다. 우리가 건강을 유지하려면 스트레스 상황에서도 항상성이 잘 작동하도록 관리하는 것이 매우 중요하다.

3 스트레스 측정과 평가

1) 자기보고식 측정

스트레스 반응에 관한 연구에서는 다양한 방법을 통해 스트레스 반응을 측정해 왔으며, 그중 가장 간단하게 얻을 수 있는 자료는 자기보고 방식이다. 이 방법은 개인이 느끼는 스트레스의 강도나 빈도를 스스로 평가하는 방식으로, 연구나 실천 현장에서 널리 활용되고 있다.

대표적인 자기보고 도구 중 하나는 인지된 스트레스 척도(Perceived Stress Scale; PSS)이다. 이 척도는 Cohen, Kamarck와 Mermelstein(1983)이 개발했으며, 개인이 자신의 삶에서 경험하는 상황을 얼마나 스트레스로 인식하는지를 측정한다. 이 도구는 다양한 연구에서 널리 활용되고 있으며, 한국어로 번역 및 타당도가 검증되었다(이종하 등, 2012). 아래 〈표 10-2〉에는 한국어판 인지된 스트레스 척도가 제공되어 있다. 총 10개의 문항으로 구성되어 있고, 각 문항에 대해 '전혀 없었다'부터 '매우 자주 있었다'까지 총 5점 척도로 응답한다.

이러한 척도는 대규모 집단의 스트레스 수준을 비교하거나, 개인이 느끼는 스트레스 정도를 파악하는 데 유용하다. 실제로 운동 개입 전후의 변화나, 일상 스트레스 수준을 비교할 때 간편하게 활용할 수 있다.

하지만 자기보고 방식에만 의존할 경우 한계도 존재한다. 예를 들어, 스트레스 반응의 생리적 기전을 정확히 파악하기 어렵고, 운동이 생체적응 부담(반복적 스트레스에 대해 신체가 항상성을 유지하기 위해 생리적 시스템을 가동하며 생기는 부담)을 완화하는 데 어떤 생리학적 영향을 미쳤는지 판단하기 어렵다는 점이 있다. 따라서 자기보고 도구는 다른 생리적 측정 방법과 함께 활용될 때 보다 신뢰도 높은 자료를 제공할 수 있다.

▌표 10-2▐ 한국판 인지된 스트레스 척도(이종하 등, 2012)

다음의 문항들은 최근 1개월 동안 당신이 느끼고 생각한 것에 대한 것입니다. 각 문항에 해당하는 내용을 얼마나 자주 느꼈는지 표기해 주십시오.

번호	문항	전혀 없었다	거의 없었다	때때로 있었다	자주 있었다	매우 자주 있었다
1	최근 1개월 동안, 예상치 못했던 일 때문에 당황했던 적이 얼마나 있었습니까?	⓪	①	②	③	④
2	최근 1개월 동안, 인생에서 중요한 일들을 조절할 수 없다는 느낌을 얼마나 경험하였습니까?	⓪	①	②	③	④
3	최근 1개월 동안, 신경이 예민해지고 스트레스를 받고 있다는 느낌을 얼마나 경험하였습니까?	⓪	①	②	③	④
4	최근 1개월 동안, 당신의 개인적 문제들을 다루는 데 있어서 얼마나 자주 자신감을 느꼈습니까?	⓪	①	②	③	④
5	최근 1개월 동안, 일상의 일들이 당신의 생각대로 진행되고 있다는 느낌을 얼마나 경험하였습니까?	⓪	①	②	③	④
6	최근 1개월 동안, 당신이 꼭 해야 하는 일을 처리할 수 없다고 생각한 적이 얼마나 있었습니까?	⓪	①	②	③	④
7	최근 1개월 동안, 일상생활의 짜증을 얼마나 자주 잘 다스릴 수 있었습니까?	⓪	①	②	③	④
8	최근 1개월 동안, 최상의 컨디션이라고 얼마나 자주 느끼셨습니까?	⓪	①	②	③	④
9	최근 1개월 동안, 당신이 통제할 수 없는 일 때문에 화가 난 경험이 얼마나 있었습니까?	⓪	①	②	③	④
10	최근 1개월 동안, 어려운 일들이 너무 많이 쌓여서 극복하지 못할 것 같은 느낌을 얼마나 자주 경험하셨습니까?	⓪	①	②	③	④

□ 점수 평가 및 해석

- 4번, 5번, 7번, 8번 문항은 역채점한다. 이후 전체 점수를 합산한다.
- 30점 이상은 높은 스트레스, 20점 이상은 보통, 19점 이하는 낮은 스트레스 상태로 해석한다.

표 10-3 스트레스 점수의 해석

범위	스트레스 수준	해석
0-13점	낮은 스트레스	일상에서 큰 스트레스를 느끼지 않으며, 대부분의 상황을 잘 조절하고 있다고 인식함. 긍정적 자원이나 대처 전략이 잘 작동하고 있을 가능성이 높음.
14-26점	중간 스트레스	일상생활에서 스트레스를 느끼는 빈도나 강도가 평균 수준임. 대체로 잘 적응하고 있으나, 특정 상황에서는 스트레스가 누적될 가능성도 있음. 스트레스 관리 기법을 배우거나 일상 습관을 점검해보는 것이 도움이 될 수 있음.
27-40점	높은 스트레스	자주 스트레스를 경험하며, 삶의 다양한 영역에서 스트레스가 누적되고 있는 상태일 수 있음. 심리적 또는 생리적 건강에 영향을 미칠 수 있으며, 전문가의 상담이나 스트레스 관리 프로그램 참여가 권장됨.

2) 심혈관계 측정

스트레스 반응과 관련된 생리적 측정 중 가장 널리 사용되는 것은 심혈관계 지표이다. 특히 심박수(Heart Rate, HR)와 혈압(Blood Pressure, BP)은 운동과 스트레스 상황 모두에서 자주 활용되는 대표적인 생리 반응 지표로, 수많은 연구에서 측정되어 왔다. 예를 들어, Crews와 Landers(1987)의 메타분석에서는 34개의 연구 중 88%가 심박수와 혈압을 사용한 것으로 보고되었다.

이러한 지표는 절대적인 수치 자체뿐 아니라, 기초선 결과에서의 변화량도 함께 분석된다. 그러나 이처럼 비교적 단순한 생리 지표만으로는 스트레스 반응이 왜, 어떻게 발생했는지를 정확히 파악하기 어려운 한계가 있다. 예를 들어, 심박수 증가가 나타났다고 해도, 이것이 자율신경계의 교감신경 활성 때문인지, 부교감신경 억제 때문인지, 혹은 두 가지가 동시에 일어난 결과인지는 명확히 알기 어렵다.

Van Doornen 등(1988)은 이에 대해 명확한 구분을 제시하였다. 운동 중 발생하는 심박수 증가는 주로 부교감신경의 감소 때문이며, 사회심리적 스트레스 요인에 대한 반응에서의 심박수 증가는 주로 교감신경의 활성 증가에 기인한다고 설명하였다. 이들은 또한 교감신경의 활동만을 억제하는 약물을 투여하면, 스트레스 상황에서는 심박수 증가가 사라지지만, 운동 시 심박수 증가는 여전히 나타난다는 점을 지적하였다.

이러한 결과는 심박수나 혈압과 같은 단순한 지표만으로는 자율신경계 반응의 구체적인 메커니즘 해석하기 어렵다는 것을 보여준다. 따라서 이러한 기본적인 지표들은 유용할 수 있지만, 때로는 실제 생리 반응의 복잡한 작동 원리를 충분히 설명해주지 못할 수도 있다.

심박수의 전체적인 수치 외에도, 보다 구체적인 심박 반응의 양상은 스트레스 반응에 대해 더 많은 정보를 제공한다. 예를 들어, 시간에 따른 심박수 변화 패턴(심박변이도)은 스트레스 반응의 정도, 특히 부교감신경이 심박수에 얼마나 영향을 미치는지를 평가하는 데 유용하다. 일반적으로 심박변이도가 클수록 부교감신경의 영향력이 크다는 것을 의미하며, 이는 스트레스 반응을 조절하는 데 있어 긍정적인 신호로 해석된다.

Click

심박수와 스트레스의 관계

스트레스를 경험하면 신체는 위협에 대비하기 위해 자동으로 반응하게 되며, 그 대표적인 반응 중 하나가 심박수의 증가이다. 스트레스 상황에서는 교감신경계가 활성화되어 심장이 더 빠르게 뛰도록 만들며, 이는 생존을 위한 일종의 생리적 준비 반응이다. 예를 들어, 시험을 앞둔 학생이나 경기를 앞둔 선수는 심박수가 상승하는 반응을 보이게 되는데, 이때 심박수의 회복 속도나 변동성이 높다면 스트레스에 대한 회복 탄력성이 좋다고 볼 수 있다. 반면, 심박변이도가 낮고 심박수가 지속적으로 높게 유지된다면, 이는 신체가 스트레스를 효과적으로 조절하지 못하고 있다는 신호일 수 있다.

3) 호르몬 측정

심혈관계 지표 외에도, 카테콜아민(catecholamines)과 코르티솔과 같은 스트레스 관련 호르몬의 측정은 스트레스 반응을 이해하는 데 중요한 정보를 제공한다. 동물 실험에서는 이러한 호르몬 수치를 직접적으로 측정할 수 있으며(Dishman & Jackson, 2000), 사람을 대상으로 한 연구에서는 혈장(plasma), 소변(urine), 타액(saliva) 등을 통해 간접적으로 분석한다.

이러한 호르몬 지표는 일반적으로 일중 변동(circadian rhythmicity), 즉 하루 주기의 변화에 따라 일정한 리듬을 가지는 것이 특징이다. 예를 들어, 코르티솔은 아침

기상 직전에 최고조에 도달한 뒤, 정오 무렵과 저녁 초반에도 일시적인 증가가 나타나는 경향이 있다(Lovallo & Thomas, 2000). 이러한 생리적 리듬은 연구 설계 시 반드시 고려해야 할 요소로, 측정 시간에 따라 결과가 달라질 수 있다(Lupien et al., 2009).

4 운동과 스트레스의 메커니즘

1) 심혈관 체력과 스트레스

스트레스에 관한 운동 효과의 메커니즘을 밝힌 연구는 많은 동물 연구를 통해 밝혀졌고, 현재도 계속해서 새로운 사실들이 밝혀지고 있다(Dishman & Jackson, 2000). 과연 유산소 체력이 높은 사람이 그렇지 않은 사람보다 스트레스 내성이 더 높을까? 이 질문에 대한 답을 찾기 위해 Crews와 Landers(1987)는 메타분석 연구를 수행하였다. 이들의 연구는 다양한 스트레스 반응 지표(HR, 수축기 및 이완기 혈압, 자기보고, 그리고 노르에피네프린과 에피네프린과 같은 카테콜아민)를 사용한 여러 연구들을 종합하여 분석하였다. 분석 결과, 측정 지표에 관계없이 신체적으로 더 건강한 사람일수록 스트레스 반응이 현저히 작게 나타난다고 결론지었다.

Spalding 등(2004)은 6주간(주 3~5회) 유산소 운동, 근력 운동, 혹은 운동을 하지 않는 대조군(기존 활동 유지)에 참여한 참가자들의 심리사회적 스트레스에 대한 심혈관 반응 변화를 조사하였다. 참가자들은 세 그룹 중 하나에 무작위로 배정되어 6주간 지정된 운동 또는 비운동 기간을 보낸 후, 동일한 측정을 반복하였다. 그 결과 유산소 운동 그룹에서 스트레스 상황뿐만 아니라 안정 시와 스트레스 회복 시에도 심혈관 활동이 감소함을 보여주었으며, 이는 운동하지 않은 대조군과 비교했을 때 더욱 두드러졌다. 또한, 심박수와 수축기 혈압 역시 유산소 운동 그룹이 근력 운동 그룹과 대조군에 비해 유의하게 낮았다.

이 연구는 오랫동안 스트레스에 대한 심혈관 반응에서 체력의 긍정적인 효과를 지지하는 대표적인 근거로 인용되어 왔다. 그러나 일부 연구에서는 위와 같은 결과에 대해 다소 신중한 해석을 제시하고 있다. 대표적으로 Forcier 등(2006)의 메타분석 연구를 살펴볼 수 있다. 체력 수준이 높을수록 스트레스 반응이 작다는 점에서는 일정 부분 동의했지만, 효과크기는 Crews와 Landers가 보고한 것보다 훨씬 작았다.

심지어 일부 학자들은 유산소 체력과 스트레스의 관계가 아직 명확하지 않다고 주장하기도 한다. 예를 들어, Buckworth와 Dishman(2002)은 지금까지의 연구들이 운동이나 높은 심폐체력이 심리사회적 스트레스 반응을 줄인다는 근거를 충분히 제공하지 못하고 있다고 주장하였다. 또한. 운동 후 교감신경 반응이 감소한다는 일부 연구 결과도 존재하지만, 이는 모든 참여자가 동일한 절대강도(예: 고정된 운동량)로 운동했을 때만 나타나는 현상이며, 상대강도(예: 개인의 체력, 연령, 성별에 따라 조정된 운동강도)에 따라 운동했을 경우에는 운동 전후 교감신경 반응의 차이가 거의 없다고 지적했다.

하지만 이러한 비판에도 불구하고, 많은 연구는 유산소 체력이 심리사회적 스트레스에 대해 완충 효과를 제공할 가능성을 시사하고 있다. 예를 들어, Boutcher 등(1998)은 횡단면 연구와 종단 연구를 다수 수행하며, 심혈관 체력이 스트레스 반응과 손상을 보호할 수 있다는 증거를 제시한 바 있다.

2) 생리적 강인함 모델

운동과 스트레스에 관한 연구는 아직 많은 부분이 밝혀져야 하지만, 운동이 어떻게 스트레스 반응을 완화하고 결과적으로 질병 위험을 낮출 수 있는지에 대한 이론적 설명은 존재한다. 그중 하나가 생리적 강인함(physiological toughness) 모델이다(Dienstbier, 1989, 1991).

이 모델은 스트레스 자극에 대한 반응뿐 아니라 스트레스로부터의 회복 과정까지 설명할 수 있는 심리생리학적 틀을 제공한다. 이 모델에 따르면, 간헐적이고 반복적인 긍정적 스트레스 노출(예: 규칙적인 운동)은 특정한 신경내분비 반응의 변화를 통해 개인의 심리적 대처능력과 정서적 안정성(예: 스트레스 및 불안 감소)을 향상시킨다. 다시 말해, 규칙적인 스트레스 경험은 다음과 같은 생리적 변화를 초래할 수 있다.

- 중추신경계에서의 카테콜아민 분비 능력 증가
- 말초에서의 기저 카테콜아민 수치 감소
- 스트레스 자극에 대한 더 크고 빠른 카테콜아민 반응성, 스트레스 종료 후 빠른 회복
- HPA 축의 반응 지연 또는 감소(즉, 코르티솔 분비가 더 적게 나타남)

결과적으로, 이러한 생리적 적응은 개인이 스트레스 상황에서 보다 효과적으로 대처하고, 더 빠르게 회복할 수 있도록 돕는다. 이는 운동이 단순히 스트레스를 줄이는 데 그치지 않고, 스트레스에 강인한 생리적 기반을 형성하는 데 중요한 역할을 할 수 있음을 시사한다.

실제로 Jackson과 Dishman(2006)의 연구에서는, 심폐 체력이 높은 개인일수록 스트레스로부터 더 빠르게 회복되는 경향이 확인되었는데, 이는 생리적 강인함 모형을 지지하는 연구 결과라고 할 수 있다. 다시 말해, 신체적으로 단련된 사람일수록 스트레스 상황에 빠르게 반응하고, 그 반응을 더 신속하게 해소할 수 있는 생리적 능력을 갖춘 것으로 이해할 수 있다.

생리적 강인함 모델에서 가장 주목할 점은 이 모델이 심리적 해석(인지적 평가)과 생리적 반응 사이의 상호작용을 명확히 예측한다는 점이다. 이 모형은 개인이 스트레스 상황을 '도전'으로 인식할 경우, 코르티솔보다는 카테콜아민의 분비가 더 두드러지게 나타나며, 이에 따라 활력감이나 에너지 충만감을 느낄 가능성이 높다고 본다. 이러한 도전적 평가는 상황에 대한 통제감이나 성공에 대한 기대에서 비롯된다. 반대로 스트레스 자극을 '위협'으로 인식할 경우, 카테콜아민보다 코르티솔 분비가 증가하고, 이는 긴장감, 불안, 실패에 대한 예감 등 부정적인 정서 반응으로 이어진다고 설명한다.

Click

스트레스 해석에 따른 반응 실험 연구

Jamieson 등(2012)은 참가자들에게 스트레스 과제를 수행하도록 지시했다. 한 그룹은 스트레스가 몸에 해롭지 않다고 재해석하도록 지도하고, 다른 그룹은 스트레스 자극을 무시하게 하였으며, 통제 집단은 별다른 개입을 하지 않았다. 그 결과, 재해석을 시도한 참가자들은 심박출량(심장 효율성)이 더 높고, 말초저항(혈관 수축 정도)이 더 낮은(즉, 더 큰 혈관 확장 반응) 양상을 보였다. 반면, 스트레스를 무시하도록 한 그룹은 통제 집단과 유사한 반응을 보였다.

이 연구는 스트레스를 어떻게 해석하느냐에 따라 실제 생리적 반응이 달라진다는 점을 명확히 보여주며, 생리적 강인함 모델의 이론적 타당성을 뒷받침하는 중요한 사례로 평가할 수 있다

3) 스트레스 반응성과 회복

운동 관련 스트레스 메커니즘에서 반응성(reactivity)과 회복(recovery)의 차이는 최근 들어 점점 더 중요하게 다루어지고 있다(Forcier et al., 2006; Jackson & Dishman, 2006). 과거에는 스트레스 상황에 대한 반응의 크기나 강도에만 초점을 맞췄다면, 최근 연구들은 스트레스 이후 얼마나 빠르게 회복하는가에 주목한다. 연구자들은 스트레스 반응의 크기 못지않게 스트레스로부터 얼마나 빨리 회복하느냐가 건강과 적응에 중요한 영향을 미칠 수 있다고 주장한다(Levinsohn & Ross, 2017). 이러한 관점은 최근 심리학과 운동과학 분야에서 주목받고 있는 회복탄력성과도 밀접한 관련이 있다.

Sinyor 등(1983)은 운동이 스트레스 반응에 미치는 영향을 체계적으로 검증한 초기의 실험실 기반 연구를 수행하였다. 운동을 하는 남성과 운동을 하지 않는 남성 간의 스트레스 자극에 대한 반응성과 회복력을 비교하기 위해, 참여자들은 약 17분 동안 진행되는 스트레스 유발 과제를 수행하였다. 연구 결과, 운동을 하는 참가자들은 스트레스 직후 및 회복 초기 10분 동안 심박수 반응이 유의하게 낮았고, 주관적으로 보고한 스트레스 수준도 낮았다. 또한, 스트레스 자극 중 노르에피네프린 수치가 더 빠르게 정점에 도달한 후, 비교적 빨리 기저 수준으로 회복되는 반응을 보였다.

이러한 결과는 최근의 연구에서도 동일하게 보고된다. Panaite 등(2015)은 스트레스 관련 생리적 활성화 이후 회복까지 걸리는 시간의 길이가, 스트레스 반응의 강도보다 심혈관 질환 위험을 더 잘 예측할 수 있다고 주장하였다. 그들은 느린 회복이 향후 심혈관계 문제 및 전체 사망률 증가와 관련이 있을 수 있다고 덧붙였다. 결론적으로, 스트레스 반응성뿐만 아니라 스트레스 회복력의 구분은 향후 연구에서 더욱 집중적으로 다루어야 할 중요한 영역이며, 이는 운동과 체력이 스트레스에 미치는 영향을 이해하는 데 중요한 시사점을 제공한다(Linden et al., 1997).

4) 스트레스와 면역 그리고 운동의 효과

스트레스 반응은 면역 기능에도 강력한 영향을 미칠 수 있다. Fleshner(2005)는 스트레스 자극이 면역 조절 기능을 가진다고 주장하였다. 즉, 스트레스는 면역 기능을 억제(immunosuppression)하거나 면역 기능을 강화(immunopotentiation)할 수도 있다는 것이다.

대표적으로 LaPerriere 등(1990)의 연구가 있다. 이들은 AIDS 위험군에 해당하는 무증상 남성을 대상으로 5주간의 운동을 실시한 후, HIV-1 양성 판정을 받았을 때의 심리적·면역학적 반응을 측정하였다. 그 결과, 운동을 미리 수행한 집단은 HIV-1 양성 통보를 받은 후에도 불안과 우울 수준이 낮았고, 면역 지표 역시 거의 변화를 보이지 않았다. 반면 운동하지 않은 대조군은 면역 기능이 현저히 저하되고 불안 및 우울 반응이 크게 증가하였다. 이 연구는 실제 삶의 스트레스 상황에서 운동이 심리적·면역학적 완충 역할을 할 수 있음을 보여주는 중요한 근거로 평가된다.

최근에는 스트레스 상황에서 나타나는 염증 반응과 그에 대한 운동의 조절 효과에 대한 관심도 커지고 있다. 염증 반응은 심혈관 질환과 같은 만성 질환의 주요 기전으로 작용한다(Hamer & Steptoe, 2013). 체력 수준이 높을수록 스트레스로 인한 염증 반응이 감소하는 경향이 있다. 이는 스트레스 상황에서 부교감 신경계의 조절 기능이 더 잘 작동하고 있다는 것을 의미하며, 운동과 체력이 스트레스 반응의 생리적 측면에 긍정적 영향을 미칠 수 있음을 보여주는 중요한 결과이다.

이처럼 면역 기능과 염증 반응을 중심으로 한 연구는 신체활동, 체력 수준, 스트레스 반응 간의 관계를 보다 정밀하게 규명할 수 있는 가능성을 제공하고 있다.

5 스트레스 관리를 위한 운동실천

다행히도 스트레스 관리에 있어서 운동의 역할은 보편적으로 제공되는 건강 운동 가이드라인과 잘 부합한다(Jackson & Dishman, 2006). 스트레스에 대한 신체의 반응을 향상시키고, 스트레스를 받은 이후의 회복을 도와주는 생리학적 적응은 규칙적인 중등도에서 격렬한 유산소 운동 프로그램을 통해 나타날 수 있다. 구체적으로는 주당 150분의 중등도 유산소 운동 또는 주당 75분의 격렬한 유산소 운동이 권장된다.

만약 누군가 운동을 스트레스로부터의 일시적인 타임아웃(time-out)으로 활용하고자 한다면, 짧은 시간의 운동도 충분히 효과적일 수 있다. 특히 시간이 부족하거나 피로가 누적된 경우에는 더욱 그렇다. 예를 들어 직무 스트레스를 많이 호소하는 사람이라면, 아침 출근 전과 점심시간에 각각 10~15분 정도의 운동을 두 번 나누어 실시하는 것도 하루 동안 스트레스를 완화하는 데 도움이 될 수 있다.

1) 저항 운동

저항 운동(근력 운동)의 경우 스트레스 관리와 관련된 연구는 아직 많지 않지만, 이 역시 스트레스로부터의 회피 시간 제공이라는 측면에서 유용하게 활용될 수 있다. 비록 유산소 운동과는 신체에 미치는 생리적 효과가 다르기 때문에 스트레스에 대한 생리적 반응에는 동일한 영향을 주지 않을 수 있으나, 운동 직후의 심리적 스트레스 완화 효과는 충분히 기대할 수 있다.

또한, 저항 운동은 다양한 건강 증진 효과를 함께 제공하기 때문에 권장할 만하다. 일반적인 건강을 위한 저항 운동은 주 2~3회, 모든 주요 근육군을 대상으로, 8~12회 반복 가능한 중간 강도로 수행하는 것이 이상적이다. 이는 스트레스 관리뿐 아니라, 전반적인 신체 건강 향상에도 긍정적인 영향을 미친다(Jackson, 2013).

2) 개인 및 그룹 운동

스트레스를 받는 사람들에게 그룹 운동을 권장하거나, 운동 파트너를 찾도록 유도하는 것은 매우 좋은 전략이 될 수 있다. 이러한 방식은 사회적 지지를 형성하고, 운동지속을 위한 책임감을 높이는 데 도움이 된다. 그러나 모든 사람에게 이러한 방식이 적합한 것은 아니다. 일부 내담자들은 집단 환경을 위협적이거나 경쟁적으로 느낄 수 있으며, 이는 오히려 스트레스 관리에 역효과를 줄 수 있다.

또한 업무나 가족 문제로 인해 스트레스를 받는 사람의 경우에는 혼자 운동하는 시간이 오히려 고요한 휴식의 기회가 될 수 있다. 따라서 운동 프로그램을 설계할 때는 다양한 형태의 운동을 포함하거나 비전통적인 운동 방식(예: 게임 기반 운동, 댄스 클래스, 정원 가꾸기, 암벽등반 등)을 활용하여, 개인이 즐겁게 참여할 수 있는 활동을 제공하는 것이 중요하다. 이는 운동에 대한 지속적인 참여(운동 준수도)를 높이는 데도 효과적이다.

무엇보다도, 운동 참여를 방해하는 요인이나 현재 경험하고 있는 스트레스 요인에 대해 충분히 이해하고, 이를 고려한 맞춤형 프로그램을 설계하는 것이 중요하다. 이

렇게 할 때 운동은 단순한 신체활동을 넘어 건강 증진과 스트레스 완화에 있어 더 큰 효과를 발휘할 수 있다.

3) 그 외의 운동

최근의 연구에 따르면, 태극권(Tai Chi)과 요가(yoga)는 주 2-3회, 회당 60-90분씩 수행했을 때 스트레스 감소와 웰빙 증진에 효과적인 것으로 나타났다(Li & Goldsmith, 2012; Wang et al., 2009). 특히 직장 내 환경에서 수행된 한 연구에서는 의자에 앉아서 하는 요가 동작을 단 15분간 실시했을 때에도 스트레스가 감소된 것으로 나타났다. 이때 자기보고뿐만 아니라 호흡률, 심박수 변이도와 같은 생리적 지표를 통해서도 긍정적인 변화가 확인되었다(Melville et al., 2012). 이 결과는 짧은 시간의 요가 운동도 급성 스트레스를 완화하는 데 효과적일 수 있음을 보여준다.

참고문헌

이종하, 신철민, 고영훈, 임재형, 조숙행, 김승현, ..., 한창수(2012). 한글판 스트레스 자각척도의 신뢰도와 타당도 연구. **정신신체의학, 20**(2), 127-134.

Boutcher, S. H., Nugent, F. W., McLaren, P. F., & Weitman, A. L. (1998). Heart period variability of trained and untrained men at rest and during mental challenge. *Psychophysiology, 35*(1), 16-22.

Chrousos, G.P., & Gold, P.W. (1992). The concepts of stress and stress system disorders: Overview of physical and behavioral homeostasis. *Journal of the American Medical Association, 267*(9), 1244-1252.

Cohen, S., Kamarck, T., & Mermelstein, R. (1983). A global measure of perceived stress. *Journal of Health & Social Behavior,* 385-396.

Crews, D. J., & Landers, D.M. (1987). A meta-analytic review of aerobic fitness and reactivity to psychosocial stressors. *Medicine & Science in Sports & Exercise, 19*(5), 114-120.

Cunanan, A. J., DeWeese, B. H., Wagle, J. P., Carroll, K. M., Sausaman, R., Hornsby, W. G., ... & Stone, M. H. (2018). The general adaptation syndrome: a foundation for the concept of periodization. *Sports medicine, 48*(4), 787-797.

Dienstbier, R. A. (1989). Arousal and physiological toughness: Implications for mental and physical health. *Psychological Bulletin, 96*(1), 84-100.

Dienstbier, R. A. (1991). Behavioral correlates of sympathoadrenal reactivity: The toughness model. *Medicine & Science in Sports & Exercise, 23*(7), 846-852.

Dishman, R.K., & Jackson, E.M. (2000). Exercise, fitness, and stress. *International Journal of Sport Psychology, 31,* 175-203.

Fink, G. (2016). Stress, definitions, mechanisms, and effects outlined: Lessons from anxiety. *In Stress: Concepts, cognition, emotion, and behavior* (pp. 3-11). Academic Press.

Fleshner, F. (2005). Physical activity and stress resistance: Sympathetic nervous system adaptations prevent stress-induced immunosuppression. *Exercise & Sport Sciences Reviews, 33*(3), 120-126.

Folkman, S. (1984). Personal control and stress and coping processes: a theoretical analysis. *Journal of personality and social psychology, 46*(4), 839.

Forcier, K., Stroud, L. R., Papandonatos, G. D., Hitsman, B., Reiches, M., Krishnamoorthy,J., & Niaura, R. (2006). Links between physical fitness and cardiovascular reactivity and recovery to psychological stressors: A meta-analysis. *Health Psychology, 25*(6), 723-739.

Hamer, M., & Steptoe, A. (2007). Association between physical fitness, parasympathetic control, and proinflammatory responses to mental stress. *Psychosomatic Medicine, 69,* 660- 666.

Hamer, M., & Steptoe, A. (2013). Physical activity, stress reactivity, and stress-mediated pathophysiology. In P. Ekkekakis (Ed.), *Routledge handbook of physical activity and mental health* (pp. 303-315). Routledge.

Jackson, E. M. (2013). Stress relief: The role of exercise in stress management. *ACSM's Health &*

Fitness Journal, 17(3), 14-19.

Jackson, E. M., & Dishman, R. K. (2006). Cardiorespiratory fitness and laboratory stress: A meta-regression analysis. *Psychophysiology, 43*(1), 57-72.

Jamieson, J. P., Nock, M. K., & Mendes, W. B. (2012). Mind over matter: reappraising arousal improves cardiovascular and cognitive responses to stress. *Journal of experimental psychology: General, 141*(3), 417-422.

Keller, A., Litzelman, K., Wisk, L. E., Maddox, T., Cheng, E. R., Creswell, P. D., & Witt, W. P. (2012). Does the perception that stress affects health matter? The association with health and mortality. *Health psychology, 31*(5), 677-684.

Koolhaas, J. M., Bartolomucci, A., Buwalda, B., de Boer, S. F., Flügge, G., Korte, S. M., ... & Fuchs, E. (2011). Stress revisited: a critical evaluation of the stress concept. *Neuroscience & Biobehavioral Reviews, 35*(5), 1291-1301.

LaPerriere, A. R., Antoni, M.H., Schneiderman, N., Ironson, G., Klimas, N., Caralis, P., & Fletcher, M.A. (1990). Exercise intervention attenuates emotional distress and natural killer cell decrements following notification of positive serologic status for HIV-1. *Biofeedback & Self-Regulation, 15*(3), 229-242.

Lazarus, R. S., & Folkman, S. (1984). *Stress, appraisal, and coping.* Springer publishing company.

Levinsohn, E. A., & Ross, D. A. (2017). To bend and not break: The neurobiology of stress, resilience, and recovery. *Biological Psychiatry, 82*(12), 89-90.

Li, A. W., & Goldsmith, C. A. W. (2012). The effects of yoga on anxiety and stress. *Alternative Medicine Review, 17*(1).

Linden, W., Earle, T. L., Gerin, W., & Christenfeld, N. (1997). Physiological stress reactivity and recovery: Conceptual siblings separated at birth? *Journal of Psychosomatic Research, 42*(2), 117-135.

Lovallo, W. R., & Thomas, T.L. (2000). Stress hormones in psychophysiological research: Emotional, behavioral, and cognitive implications. InJ.T. Cacioppo, L.G. Tassinary, & G.G. Berntson (Eds.), *Handbook of psychophysiology* (2nd ed., pp. 342-367). New York: Cambridge University Press.

Lupien, S .J., McEwen, B. S., Gunnar, M. R., & Heim, C. (2009). Effects of stress throughout the lifespan on the brain, behavior and cognition. *Nature Reviews Neuroscience, 10*(6), 434-445.

McEwen, B. S., & Wingfield, J. C. (2003). The concept of allostasis in biology and biomedicine. *Hormones and behavior, 43*(1), 2-15.

McEwen, B. S. (1998). Stress, adaptation, and disease: Allostasis and allostatic load. *Annals of the New York Academy of Sciences, 840*(1), 33-44.

Melville, G. W., Chang, D., Colagiuri, B., Marshall, P. W., & Cheema, B. S. (2012). Fifteen minutes of chair-based yoga postures or guided meditation performed in the office can elicit a relaxation response. *Evidence-Based Complementary and Alternative Medicine, 2012*(1), 501986.

Panaite, V., Salomon, K., Jin, A., & Rottenberg, J. (2015). Cardiovascular recovery from psychological and physiological challenge and risk for adverse cardiovascular outcomes and all-cause mortality. *Psychosomatic Medicine, 77*(3), 215-226.

Sapolsky, R. (2003). Taming stress. *Scientific American, 289*(3), 86-95.

Selye, H. (1936). A syndrome produced by diverse noxious agents. *Nature, 138*(3479), 32.

Sinyor, D., Schwartz, S. G., Peronnet, F., Brisson, G., & Seraganian, P. (1983). Aerobic fitness level and reactivity to psychosocial stress: Physiological, biochemical, and subjective measures. *Psychosomatic Medicine, 45*(3), 205-217.

Spalding, T. W., Lyon, L. A., Steel, D. H., & Hatfield, B. D. (2004). Aerobic exercise training and cardiovascular reactivity to psychological stress in sedentary young normotensive men and women. *Psychophysiology, 41*(4), 552-562.

Van Doornen, L. J. P., De Geus, E. J. C., & Orlebeke, J. F. (1988). Aerobic fitness and the physiological stress response: A critical evaluation. *Social Science & Medicine, 26*(3), 303-307..

Wang, W. C., Zhang, A. L., Rasmussen, B., Lin, L. W., Dunning, T., Kang, S. W., ... & Lo, S. K. (2009). The effect of Tai Chi on psychosocial well-being: a systematic review of randomized controlled trials. *Journal of acupuncture and meridian studies, 2*(3), 171-181.

Review Questions

01 스트레스의 개념과 특징에 대해서 설명해보자.

02 범적응 증후군의 3단계와 각 단계의 특징에 대해서 설명해보자.

03 스트레스를 유발하는 요인(스트레스원)에 대해서 설명하고 각각의 사례에 대해서 설명해보자.

04 유스트레스와 디스트레스의 개념에 대해서 설명해보자.

05 스트레스의 심리적 반응 중에서 인지평가 이론의 개념과 특징에 대해서 설명해보자.

06 스트레스 상황에서 발생하는 생리적 반응은 무엇이 있는지 그 결과로 어떠한 변화가 나타나는지 설명해보자.

07 스트레스를 해석하는 개인의 인지적 과정과 건강의 관계에 대해서 설명해보자.

08 항상성이 무엇을 의미하는지 설명해보자.

09 스트레스를 측정하는 방식과 각 방식의 특징에 대해서 설명해보자.

10 심혈관 체력(유산소 체력)과 스트레스의 관계에 대해서 설명해보자.

11 생리적 강인함 모델의 주요 개념과 특징에 대해서 설명해보자.

12 스트레스 반응과 회복에 대해서 설명하고, 회복이 왜 중요한지 설명해보자.

13 스트레스 관리를 위한 운동실천을 고려할 때, 각 운동 특성이 어떠한 도움이 되는지 설명해보자.

Projects

운동과 스트레스 수준의 관계 분석

꾸준한 운동 참여와 그에 따른 체력은 스트레스 수준과 관련이 깊다. 이 프로젝트를 통해 운동과 스트레스 수준의 관계에 대해 간단한 실험을 해보도록 하자. 아래 절차에 따라 프로젝트를 수행한다.

1. <표 10-2>의 인지된 스트레스 검사지를 이용하여 개개인의 스트레스 수준을 평가한다.

2. 운동 참여 수준을 평가하기 위해 아래 질문에 답변한다.

번호	질문	응답
1	일주일에 며칠 운동에 참여하는가?	평균 (　　　　　)회
2	한 번 참여할 때 몇 시간 운동하는가?	약 (　　　　　)시간
3	주관적인 체력 수준은 어떠한가?	① 매우 안좋음 ② 안좋음 ③ 좋음 ④ 매우 좋음

3. 스트레스 검사 결과에 따라 '높은 스트레스 집단', '중간 스트레스 집단', 그리고 '낮은 스트레스 집단'으로 구분하여 모인다.

4. 각 집단의 주당 운동 참여 횟수, 1회 운동시간, 주관적 체력 수준의 평균 값을 구하고 전체 집단 간 차이를 비교한다.

5. 각 집단의 차이는 어떠한지 설명하고, 차이가 발생한 이유 혹은 차이가 발생하지 않은 이유 등에 대해 자유롭게 토론한다.

스트레스원 찾고 대처 전략 마련하기

최근 한 달 동안의 활동을 잠시 떠올려 보고, 주로 어떤 상황에서 어떠한 요인들이 스트레스원으로 작용하였는지 적어보자.

1. 나의 스트레스원은?

번호	스트레스원	스트레스 유발 상황
1		
2		
3		
4		
5		

2. 위에서 적은 스트레스원에 대한 대처 전략을 세워보자.

번호	대처 전략
1	
2	
3	
4	
5	

Study Questions

01 스트레스에 대한 설명으로 가장 적절하지 않은 것은?

① 외부 자극에 대한 신체적, 심리적 반응이다.
② 항상 부정적인 영향을 미치는 요인이다.
③ 개인의 해석 방식에 따라 영향이 달라질 수 있다.
④ 신체적, 심리적 상호작용을 포함한다.

02 스트레스 과정을 유발하는 가장 근본적인 원인을 의미하는 용어로 알맞은 것은?

① 스트레스원 ② 각성
③ 항상성 ④ 디스트레스

03 범적응 증후군의 3단계에 해당하지 않는 것은?

① 각성과 경보 단계 ② 회복 단계
③ 저항 단계 ④ 소진 단계

04 범적응증후군의 단계 중 아래에서 설명하는 것으로 바른 것은?

스트레스가 만성화되어 신체적·정신적 과부하가 발생하며 '피로기'라고도 부른다. 결국 신체적 피로 및 심리적 장애(예: 불안과 우울증) 등으로 이어질 수 있다.

① 각성과 경보 단계 ② 회복 단계
③ 저항 단계 ④ 소진 단계

05 다음 중 긍정적인 스트레스를 의미하는 용어는?

① 디스트레스 ② 유스트레스
③ 스트레스원 ④ 번아웃

06 스트레스에 대한 인지평가 이론의 설명으로 바르지 않은 것은?

① 스트레스 상황에 대한 개인의 해석을 중요하게 여긴다.
② 1차 평가와 2차 평가로 나뉜다.
③ 위협으로 인식할 때보다 도전으로 인식할 때 더 큰 부정적 반응이 나타난다.
④ 스트레스 상황에 대한 대처 능력을 평가하는 것이 이차 평가이다.

07 인지평가 이론 관점에서 개인의 인지적 과정에 영향을 주는 요인 세 가지를 적으시오.

08 스트레스로 인해 나타날 수 있는 정서, 인지, 행동적 반응의 예를 적으시오.

09 스트레스에 대한 생리적 반응 설명으로 바르지 않은 것은?

① 교감신경계 활성화와 관련된다.
② 심박수 증가, 혈압 상승 등이 대표적이다.
③ 스트레스 과정을 통해 코르티솔이 분비된다.
④ 진화를 거듭하며 신체적 반응은 과거와 현재가 크게 달라졌다.

10 스트레스를 해석하는 개인의 인지적 과정이 건강에 미치는 영향에 대해 연구 결과를 토대로 간략히 설명하시오.

11 항상성(homeostasis)의 개념을 가장 잘 설명하는 것은?

① 외부 자극에 대한 신체의 즉각적인 반응
② 스트레스 상황에서 신체의 균형을 유지하려는 경향
③ 스트레스에 대한 심리적 대처 방식
④ 신체적 강인함을 측정하는 지표

12 스트레스의 심혈관계 측정에 대한 설명으로 바람직하지 않은 것은?

① 심박수와 혈압을 활용한다.
② 단순한 지표로는 스트레스가 왜, 어떻게 발생했는지 정확히 파악하기 어렵다.
③ 심혈관계 측정에서 심박변이도는 활용하지 않는다.
④ 심박수 증가는 스트레스 반응과 매우 밀접하다.

13 다음 중 스트레스에 대한 개인의 주관적 판단을 측정하는 방법으로 알맞은 것은?

① 자기보고식 측정 ② 혈압 측정
③ 심박수 측정 ④ 호르몬 측정

14 심혈관 체력(유산소 체력)과 스트레스의 관계에 대한 설명으로 옳은 것은?

① 심혈관 체력이 높을수록 스트레스 반응이 더 강하게 나타난다.
② 심혈관 체력은 스트레스 회복 능력과 관련이 없다.
③ 심혈관 체력이 높은 사람은 스트레스에 대한 생리적 반응이 더 효율적이다.
④ 유산소 운동은 스트레스 호르몬 분비를 증가시킨다.

15 아래에서 설명하는 이론적 모델로 가장 적절한 것은?

> 간헐적이고 반복적인 긍정적 스트레스 노출(예: 규칙적인 운동)은 특정한 신경내분비 반응의 변화를 통해 개인의 심리적 대처능력과 정서적 안정성(예: 스트레스 및 불안 감소)을 향상시킨다.

① 인지 평가 모델
② 인지 재구성 모델
③ 자기결정성 모델
④ 생리적 강인함 모델

16 아래 빈칸에 들어갈 말로 알맞은 것은?

> 과거에는 스트레스 상황에 대한 반응의 크기나 강도에만 초점을 맞췄다면, 최근 연구들은 스트레스 이후의 (　　　　)에 주목한다.

① 각성　② 회복
③ 저항　④ 질병

17 스트레스와 면역 그리고 운동에 대한 설명 중 바르지 <u>않은</u> 것은?

① 스트레스 자극은 면역 조절 기능이 있다.
② 스트레스는 면역을 강화하지만, 반대로 억제할 수도 있다.
③ 체력 수준이 높아도 스트레스로 인한 염증 반응을 낮추기는 어렵다.
④ 운동은 실제 삶의 스트레스 상황에서 면역학적 완충 역할을 한다.

18 스트레스 관리를 위한 운동실천에 대한 설명 중 바르지 <u>않은</u> 것은?

① 일시적 운동은 도움이 되지 않는다.
② 유산소 운동은 스트레스 관리에 도움이 된다.
③ 저항 운동은 스트레스 관리에 도움이 된다.
④ 유산소와 저항 운동은 스트레스에 대한 생리적 반응에 차이가 있다.

19 스트레스를 받는 사람에게 운동 프로그램을 제공할 때 주의해야 할 사항과 거리가 먼 것은?

① 개인의 성향을 파악해야 한다.
② 현재 경험하고 있는 스트레스원에 대한 이해가 요구된다.
③ 개인이 즐겁게 할 수 있는 활동에 참여하도록 하는 것이 중요하다.
④ 가급적 전통적인 운동방식을 적용해야 한다.

20 스트레스 관리를 위한 운동 프로그램을 제공할 때 개인 또는 그룹 운동을 제공해야 하는 대상의 차이에 대해서 설명하시오.

모 / 범 / 답 / 안

10장 평가문항 모범 답안

01 ② 02 ① 03 ② 04 ④ 05 ② 06 ③ 07 성격, 회복탄력성, 과거 경험 등 08 정서: 불안, 분노 / 인지: 집중력 저하, 부정적 사고 / 행동: 과식, 흡연 09 ④ 10 스트레스를 많이 경험하더라도 그것이 건강에 해롭지 않다고 믿는 사람들은 사망 위험이 더 낮다. 11 ② 12 ③ 13 ① 14 ③ 15 ④ 16 ② 17 ③ 18 ① 19 ④ 20 일반적으로 그룹 운동은 사회적 지지를 제공하므로 스트레스 관리에 효과적이나, 업무나 가족, 대인관계 문제 등으로 스트레스를 받는 사람은 혼자 운동하는 시간이 휴식의 기회가 될 수 있다.

11장

운동과 불안

Key terms

불안	임상적 불안	비임상적 불안	급성 스트레스	도전-회피 반응	특정 공포증	불안장애
특성불안	상태불안	STAI	POMS	인지행동 치료(CBT)	치료효과	예방효과
발열가설	주의 전환/ 타임아웃 가설	핵심 정서 가설	불안 민감성	내부감각 노출		

운동심리학의 정석

11장 운동과 불안

1 불안의 이해

불안(anxiety)에 대해 이해하기 위해서는 먼저 정신건강(mental health), 정신질환(mental illness), 그리고 정신장애(mental disorder)라는 용어에 대해 짚고 넘어갈 필요가 있다(U.S.DHHS, 1999). 첫째, 정신건강은 정신적 활동이 원활하고, 생산적인 활동으로 이어지게 하며, 다른 사람들과 원만한 관계를 갖고, 변화에 적응하거나 역경에 대처할 수 있는 상태이다. 둘째, 정신질환은 진단 가능한 모든 정신질환을 통칭하는 용어다. 셋째, 정신장애는 사고, 기분, 행동(또는 이들의 조합)에 변화가 나타나며, 이로 인해 고통이나 기능 저하가 동반되는 건강 상태를 의미한다.

여기서 정신질환은 '정신건강 문제(mental health problem)'와 구별해야 한다. 정신건강 문제란 특정 정신장애의 진단 기준을 충족할 정도로 강도나 지속성이 크지는 않지만, 건강 증진, 예방, 치료를 위해 적극적인 노력이 필요한 상태를 의미한다. 즉, 정신건강 문제가 있는 사람은 불안이나 우울과 같은 정신질환의 일부 징후나 증상을 보일 수 있지만, 특정 정신장애로 진단될 만큼 심각하지는 않은 경우를 의미한다. 정신건강과 정신질환의 관계를 하나의 연속선(continuum)으로 개념화하는 것이 이해를 도울 수 있다(그림 11-1 참조). 이러한 개념에서 보면, 정신건강 문제는 정신건강과 정신질환의 중간 지점에 위치하지만, 정신질환에 더 가까운 영역에 해당한다(Leith, 1994).

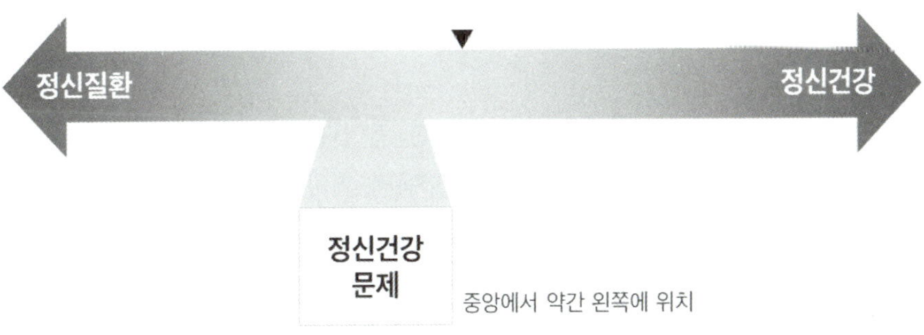

그림 11-1 정신질환-정신건강 스펙트럼에서 정신건강 문제의 위치

1) 불안의 개념

불안(anxiety)은 미래의 위협이나 불확실한 상황에 대한 반응으로 신체적, 인지적, 감정적 요소를 포함하는 복합적인 상태이다. 이는 인간이 경험할 수 있는 정상적인 심리·정서이며, 경미한 긴장감에서부터 극심한 공포에 이르기까지 다양한 형태로 나타난다. 일반적으로 스트레스 요인에 직면하면 불안이 유발되고 이는 도전-회피 반응으로 인해 나타난다(Gaudlitz et al., 2012). 이러한 반응은 위협에 효과적으로 대응하는 등 적응적인 역할을 할 수 있지만, 부적응적으로 작용할 수도 있다.

예를 들어, 시험을 앞두고 느끼는 불안은 집중력을 높이고 준비를 촉진하는 긍정적인 역할을 할 수 있다. 그러나 불안이 과도하게 지속되거나 특정 상황과 무관하게 나타날 경우, 일상생활에 부정적인 영향을 미치며 정신건강 문제로 발전할 가능성이 있다. 특히, 신체적 증상(심박수 증가, 호흡 곤란, 근육 긴장 등)과 인지적 왜곡(과도한 걱정, 부정적 사고 패턴)이 함께 나타나면 임상적 불안(clinical anxiety)으로 진단될 수 있다(American Psychiatric Association, 2013).

비임상적 불안(non-clinical anxiety)은 임상적 불안과 비교할 때 기간, 강도, 증상 등의 측면에서 낮은 수준일 때 해당한다. 평상시에 흔히 말하는 불안은 비임상적 수준의 불안을 의미한다. 〈표 11-1〉에는 임상적 불안과 비임상적 불안의 차이가 나타나 있다. 그러나 임상과 비임상의 차이가 절대적인 기준은 아니라는 점을 참고해야 한다.

스트레스는 불안과 밀접하다. 그리고 현대사회는 인간에게 점점 더 많은 스트레스 요인을 제공하고 있다. 이 때문에 인간의 불안과 관련된 문제는 전 세계적으로 점점 더 만연해지고 있다(Remes et al., 2016). 전통적인 관점에서 보면, 개인이 위협으로 인식하는 자극은 급성 스트레스 반응을 유발한다. 하지만 이러한 스트레스 반응이 반드시 불안을 의미하는 것은 아니다. 스트레스와 불안은 종종 동의어처럼 사용되지만, 불안은 단순한 스트레스 이상의 개념을 포함한다. 그 이유는 다음과 같다.

- 불안은 실제 위협의 수준보다 위협에 대한 인식과 걱정이 과도하게 크다.
- 불안 발작 증상을 피하기 위해 인지적, 행동적 회피 행동이 나타난다.
- 일반적으로 각성이 지속되는 시간보다 불안은 훨씬 더 오랫동안 경험된다.
- 실제 위협이 없는 상황에서도 불안이 발생할 수 있으며, 단순히 인식된 위협만으로도 불안이 생길 수 있다(U.S.DHHS, 1999).

| 표 11-1 | 임상적 불안과 비임상 불안의 비교

구분	임상적 불안	비임상적 불안
정의	• 일상생활에 지장을 초래할 정도로 심각한 불안	• 일상적인 스트레스나 긴장으로 인한 일시적 불안
지속성	• 장기간 지속되며 쉽게 사라지지 않음.	• 비교적 단기간 지속되며 상황이 변하면 해소됨.
강도	• 심각하고 압도적인 불안감	• 가벼운 불안이나 걱정 수준
기능적 영향	• 일, 학업, 사회적 관계 등에 부정적인 영향을 미침	• 기능적 장애 없이 적응 가능
신체 증상	• 심장 두근거림, 호흡곤란, 어지러움, 과민 반응 등 심한 신체적 증상 동반	• 경미한 긴장감이나 불편감 정도
치료 필요성	• 전문가의 상담, 치료, 약물 등이 필요할 수 있음.	• 특별한 치료 없이 자연적으로 해소 가능
예시	• 범불안장애(GAD), 공황장애, 사회불안장애 등	• 발표 전 긴장, 시험 전 불안, 경기 전 긴장

Click

도전-회피 반응이란?

급박한 위협 상황이나 스트레스에 직면했을 때 신체가 자동적으로 보이는 반응이다. 20세기 초 Walter Cannon에 의해 개념화되었다. 이 반응은 주로 생리적 변화와 관련되며, 신체가 위험에 대응하기 위해 에너지를 빠르게 동원하는 과정이다(McCarty, 2016).

이때 인간은 생존을 위해 본능적인 두 가지 선택에 직면하게 된다. 첫째는 도전(혹은 싸움, fight) 반응으로 위협에 맞서 공격적이거나 방어적인 행동을 취하는 것이다. 둘째는 회피(또는 도주, flight) 반응으로 위험을 피하기 위해 신속하게 그 상황에서 벗어나려는 행동을 취하는 것이다. 이 반응은 진화 과정에서 생존에 유리하게 작용했으며, 위급한 상황에서 빠른 결정을 내리고 실행할 수 있도록 돕는다.

2) 불안의 종류

「정신건강에 관한 보건 총감 보고서」에 따르면, 불안장애(즉, 임상적 불안)는 정신장애 중에서 가장 흔하게 나타난다(Kessler et al., 2012). 불안장애에는 특정 공포증(specific phobia), 사회불안장애(social anxiety disorder), 외상 후 스트레스

장애(Post-Traumatic Stress Disorder; PTSD), 범불안장애(Generalized Anxiety Disorder; GAD), 공황장애(panic disorder), 광장 공포증(agoraphobia), 강박장애(obsessive-compulsive disorder) 등이 포함된다. 이러한 장애들은 기분 장애(예: 우울증)와 마찬가지로 국가 및 전 세계적으로 질병 및 장애 부담에 상당한 영향을 미친다. 실제로 불안장애는 성공적으로 치료되지 않으면 우울증으로 이어질 수도 있으며, 두 장애가 함께 발생하는 경우도 흔하다(즉, 동반 질환 비율이 최대 40%에 달한다). 〈표 11-2〉에는 주요 불안장애의 종류와 특징이 나타나 있다.

❙표 11-2❙ 주요 불안장애의 종류

주요 불안장애	특징
공황장애	· 특별한 원인이나 예고 없이 갑자기 공포를 느끼고, 가슴 통증, 땀, 심박수 증가, 어지럼증, 숨 가쁨, 복부 불쾌감, 죽음 공포, 감정과 행동의 조절 실패 공포 등의 증상 발현
광장 공포증	· 탈출이 어렵다고 생각되는 장소에 있을 때 두려움을 느끼는 증상과 더불어 집 밖으로 혼자 나가기, 자동차나 비행기로 여행하기, 혼잡한 곳에 가기 등을 회피
특정 공포증	· 거미를 두려워하거나 높은 장소에 가는 것을 피하는 것처럼 특별한 것을 두려워하거나 피하는 증상이다. 가족의 영향, 관찰 경험 등이 원인
사회불안장애	· 사회적 공포(social phobia)라고 불리는 것으로 타인의 평가를 지나치게 두려워하는 증상 · 사람들 앞에서 자신이 평가받는 것에 대해 지나치게 걱정하고 불안감을 느낀다.
강박장애	· 원하지 않은 생각, 충동, 이미지, 행동이 반복적으로 일어나며 이로 인한 불안감을 줄이기 위해 특정한 행동을 반복하는 증상 · 강박적으로 기도를 하거나 손을 자주 씻는 행동을 예로 들 수 있다.
범불안장애	· 근 긴장, 집중력 감소, 불면, 초조 등의 증상과 함께 6개월 이상 불안이 지속되는 증상
외상 후 스트레스 장애	· 전투, 사고, 폭행, 강력사건 목격과 같은 심각한 외상을 당한 후에 불안과 행동의 문제가 1개월 이상 지속되는 증상 · 일반화된 불안, 과도한 각성, 기억 유발 상황 피하기, 반복적인 생각 등의 증상이 나타난다.

3) 발병률과 현황

한국에서 불안은 심각한 사회적 문제로 대두되고 있다. 건강보험심사평가원이 조사한 자료에 따르면, 2021년 기준으로 우리나라 불안장애 환자 수는 86만 5,108명으로 지난 2017년(65만 3,694명)과 비교했을 때, 32.3%가 증가하였다. 이를 연령대별로 살펴보면, 20대가 86.8%(연평균 16.9%)로 5년 사이에 가장 크게 증가했고, 10대 78.5%(연평균 15.6%), 10대 미만 57.8%(연평균 12.1%) 순으로 증가했음을 알 수 있다. 이는 우리나라의 젊은 연령대에서 불안장애가 급속도로 증가했다는 것을 의미한다. 또한 2021년 기준 불안장애를 경험한 여성은 53만 3,436명으로 남성(33만 1,672명)보다 1.6배 더 많은 것으로 조사되었다.

보건복지부 산하의 국립정신건강센터(2024) 정신건강연구소에서 발행한 「국가 정신건강현황 보고서 2023」에서는 더 구체적인 자료를 제공한다. 〈그림 11-2〉를 보면, 우리나라의 정신장애 평생 유병률(평생 동안 특정 질환을 경험한 적이 있는 사람의 비율)은 27.8%로 나타났고, 불안장애의 평생 유병률은 9.3%인 것으로 조사되었다. 이 중에서 남성(5.4%)보다 여성(13.4%)의 불안장애 유병률이 월등히 높은 것을 알 수 있다.

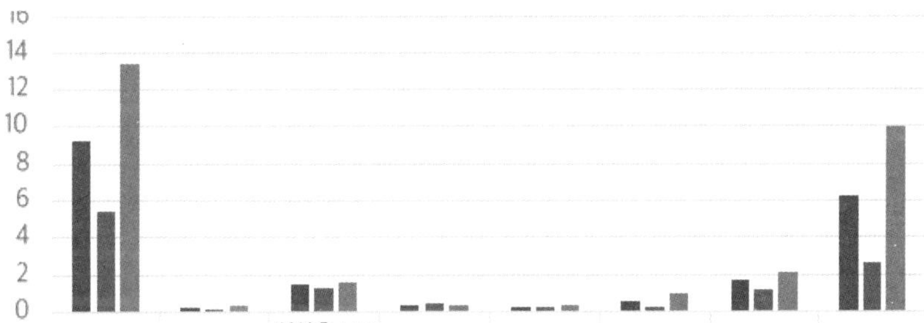

	불안장애	강박장애	외상후스트레스장애	공황장애	광장공포증	사회공포증	범불안장애	특정공포증
전체 유병률	9.3	0.2	1.5	0.4	0.3	0.6	1.7	6.3
남자 유병률	5.4	0.1	1.3	0.5	0.2	0.2	1.2	2.6
여자 유병률	13.4	0.4	1.6	0.4	0.4	1.0	2.1	10.0

그림 11-2 2021년 불안장애 평생 유병률(단위: %)

끝으로 〈표 11-3〉에는 우리나라의 국립정신건강센터가 2024년에 실시한 국민 정신건강 지식 및 태도 조사 결과가 나타나 있다. 이 조사에서는 2024년을 기준으로 1년간 경험한 정신건강 관련 문제의 유형이 성별과 연령대별로 나타나 있다. 이 중에서 '수일간 지속되는 불안'은 34.1%로 조사되었고, 20대(20-29세)의 비중이 44.7%로 매우 높은 것을 알 수 있다.

❙표 11-3❙ 2024년 기준 1년간 경험한 정신건강 관련 문제의 유형(단위: %)

정신건강 문제 유형	전체	남자	여자	15-19세	20-29세	30-39세	40-49세	50-59세	60-69세
심각한 스트레스	46.3	43.0	49.7	46.6	53.6	55.6	50.5	41.2	33.7
수일간 지속되는 우울감	40.2	33.4	47.2	48.9	50.0	47.2	43.4	32.8	28.7
원인을 알 수 없는 신체불편감	38.1	32.6	43.8	34.5	38.8	42.2	45.7	33.7	32.3
수일간 지속되는 불안	34.1	30.1	38.3	37.9	44.7	38.8	33.9	29.5	25.8
수일간 지속되는 불면	32.2	27.0	37.6	24.1	36.9	34.9	35.3	31.7	25.8
생활에 불편을 줄 정도의 기분 변화	30.5	26.2	34.9	37.4	37.1	39.2	32.8	24.5	20.0
건망증으로 인한 일상생활 장애	28.3	22.9	33.9	25.3	23.6	25.5	28.0	30.8	32.6
기타 중독 문제(게임중독 등)	18.4	19.4	17.4	33.9	24.7	24.3	19.5	11.6	10.4
자제할 수 없는 분노표출(폭력 행위 등)	16.7	17.9	15.3	21.3	19.6	17.3	21.7	13.1	11.3
조절되지 않는 강박사고 및 강박행동	16.5	15.3	17.7	20.1	22.4	21.1	18.4	10.1	12.0
자살생각	14.6	14.3	14.9	22.4	18.4	15.1	16.7	9.9	12.0
알코올 문제	10.9	15.3	6.3	1.7	10.5	12.7	12.6	10.4	11.3

자료: 국립정신건강센터(2024). 국민 정신건강 지식 및 태도 조사 자료를 일부 발췌함.

2 불안의 증상, 측정, 그리고 치료

1) 증상

불안증상은 심리적으로나 생리적으로 나타날 수 있으며 다음 중 하나 이상을 특징으로 한다.

- 불쾌한 감정(예: 불확실함, 압도감)
- 자율신경계 활성화로 인한 신체 증상(예: 근육 신장, 자율신경 과활성)
- 인지의 변화(예: 반복적인 강박 관념 또는 행동, 사물·활동·상황에 대한 비합리적인 두려움)
- 행동의 변화(예: 특정 상황을 회피)
- 경계 상태(예: 위험이나 문제를 경계하는 상태)

임상적 불안을 가진 환자는 보통의 불안을 경험하는 사람들과 증상의 수와 강도, 고통의 정도, 기능 장애의 정도를 기준으로 구별된다. 따라서 정신장애 진단 및 통계 편람(DSM; American Psychiatric Association [APA], 2013)이나 국제질병분류(ICD-10; World Health Organization [WHO], 2009)와 같은 여러 진단 기준에 따라, 특별한 촉발 사건이 없는 상태에서 불안 반응이 발생하거나(특정 공포증을 제외), 그 반응이 지나치게 과장되어 조절할 수 없는 경우 진단된다(APA, 2013).

그러나 앞서 언급했듯이 불안이 반드시 임상적 수준으로 나타나는 것은 아니다. 우리가 어떤 상황을 마주했을 때 이를 효과적으로 대처할 수 없다고 인식하거나 그 상황을 통제할 수 있을지 확신이 서지 않으면 스트레스를 경험하게 된다. 이러한 평가가 부정적으로 이루어질 경우, 그 결과로써 불안이 나타날 수 있다. 불안은 걱정, 자기 의심, 긴장 등의 특징을 가지며, 사고 과정과 행동을 방해하고 생리적 기능을 변화시킨다. 만약 불안이 이러한 과정에 영향을 미쳐 정상적인 행동이 방해받을 정도가 된다면 이는 임상적 불안으로 간주될 수 있다.

2) 측정

불안을 측정하는 방식에 대한 배경 지식으로 상태불안(state anxiety)과 특성불안(trait anxiety)의 차이를 이해하는 것이 필요하다. 상태불안은 일시적으로 나타나는 감정 상태로 불안감과 함께 자율신경계의 활성 증가(예: 심박수 증가, 손바닥 땀, 호흡 속도 증가, 근육 긴장 증가)가 특징적이다. 따라서 상태불안은 개인이 '지금, 이 순간' 어떻게 느끼는지를 기반으로 측정된다.

반면, 특성불안은 상황에 국한되지 않고 지속적으로 불안감, 걱정, 긴장을 경험하는 성향을 의미한다. 특성불안 수준이 높은 사람들은 대부분의 상황에서 불안감, 자신감

부족, 의사 결정의 어려움, 무력감을 경험하는 경향이 있다. 따라서 특성불안은 개인이 '일반적으로' 어떻게 느끼는지를 기준으로 측정된다. 특성불안은 일반적인 불안 경향을 반영하기 때문에 장기간 운동 프로그램 전후의 변화를 평가할 때 적합하다. 단일 운동 세션의 전후 변화를 연구하는 경우에는 현재 경험하는 불안 수준을 평가하는 것이 목적이므로 상태불안 측정 도구가 주로 사용된다.

한편, 불안을 측정하는 방법은 심리적 측정(psychological measures)과 생리적 측정(physiological measures)으로도 구분할 수 있다. 심리적 측정은 검사지를 이용하여 평가한다. 생리적 측정은 혈압이나 심박수 등과 같은 지표들을 이용해 측정한다.

(1) 심리적 측정

운동심리학 분야에서 비임상적인 불안을 심리적으로 평가하는 가장 일반적인 방법은 자기보고식 설문(self-report inventory)을 사용하는 것이다. 그중에서도 가장 널리 사용되는 척도는 Spielberger(1983)의 상태-특성불안 척도(State-Trait Anxiety Inventory; STAI)로 총 40문항으로 구성되어 있다. 이 외에도 기분 상태 프로파일(Profile of Mood States; POMS)의 긴장 하위척도(tension subscale; McNair, Droppleman, & Lorr, 1981)와 같은 검사지도 널리 사용되고 있다. 한편, 임상적 불안을 진단하거나 그 증상을 평가하기 위한 다양한 도구들도 존재한다. 〈표 11-4〉에는 한국판 STAI의 일부 문항이 제시되어 있다.

(2) 생리적 측정

불안을 평가하기 위한 심리적 측정 외에도 생리적 활성화 또는 각성(예: 증가한 심박수, 근육 긴장, 초조하거나 떨리는 느낌)을 평가하기 위해 다양한 생리적 측정이 사용되고 있다. 불안은 종종 골격근의 활동 증가와 함께 발생하기 때문에 근전도법(Electromyography, EMG)을 이용한 근육 긴장 측정은 불안의 지표로 활용된다. 이 외에도 불안은 심혈관계에 반영될 수 있으며, 혈압과 심박수를 통해 측정할 수 있다. 또한 손바닥 땀 또는 피부 온도 등을 통해 피부의 전기적 반응(electrodermal responses)을 측정할 수 있다. 중추 신경계에서도 불안이 반영될 수 있는데. 이는 뇌파 검사를 통해 뇌의 전기 활동을 측정할 수 있다.

불안의 생리적 측정을 위해 신경화학적 요소(예: 카테콜아민과 코르티솔 증가)를 포함할 수도 있지만, 운동심리학 분야에서는 많이 사용되지 않는다. 그 이유는 이러한 변수를 측정하고 분석하는 데 드는 비용이 크기 때문이다. 그럼에도 불구하고 인간과 동물 모델을 사용한 연구에서는 불안의 신경화학적 경로와 운동이 이러한 경로에 미치는 영향을 연구하는 데 상당한 진전을 이루었다(Greenwood & Fleshner, 2013; O'Connor et al., 2000).

표 11-4 한국판 상태-특성불안 척도의 예(한덕웅 등, 1996)

아래에는 자신을 표현하는 문장들이 나열되어 있습니다. 현재 바로 이 순간 당신이 느끼는 상태를 가장 잘 나타내는 숫자를 선택해 주세요.

	문항	전혀 아니다	다소 그렇다	보통이다	매우 그렇다
1	나는 마음이 차분하다.	1	2	3	4
2	나는 긴장되어 있다.	1	2	3	4
3	나는 편안하다.	1	2	3	4
4	나는 앞으로 불행이 있을까 걱정하고 있다.	1	2	3	4
5	나는 불안하다.	1	2	3	4
6	나는 짜증스럽다.	1	2	3	4
7	나는 마음이 조마조마하다.	1	2	3	4
8	내 마음은 긴장이 풀려 푸근하다.	1	2	3	4
9	나는 걱정하고 있다.	1	2	3	4
10	나는 기분이 좋다.	1	2	3	4

□ **점수 산출 방법**
- 문항 1, 3, 8, 10은 점수를 반대로 계산(역채점)한 후, 모든 문항의 점수를 합산한다.
- 점수가 높을수록 상태불안 수준이 높은 것을 의미한다.

3) 처치와 치료

불안의 처치와 치료는 약물치료와 심리치료로 접근할 수 있고 대부분 효과적인 것으로 알려져 있다. 그러나 비용이 많이 들고 시간이 오래 걸린다는 단점도 있다. 또한 잠재적으로 도움을 필요로 하는 사람들 중 실제 치료를 받는 사람은 상대적으로 적다(Herring et al., 2014).

(1) 약물치료

불안을 치료하기 위해 자주 사용되는 약물은 진정제와 항우울제다. 진정제는 신경전달물질 시스템을 억제하여 불안을 진정시키는 작용을 한다. 항우울제도 불안을 치료하는 데 사용되며, 항불안(불안을 감소시키는) 성질을 갖고 있다. 이 두 종류의 약물은 4-6개월 간 장기적으로 복용해야 하며, 복용을 중단하면 환자에게 추가적인 문제가 생길 수 있다. 약물치료는 대표적으로 아래와 같은 부작용을 초래한다(Lader, 2015).

- 진정제: 졸림, 인지기능 저하, 기억력 장애, 조정력 저하 등의 부작용
- 항우울제: 소화불량, 두통, 불면증, 성기능 장애, 체중 변화 등의 부작용

(2) 심리치료

인지행동치료(Cognitive-Behavioral Therapies; CBT)는 불안의 심리치료 접근에 대한 기준이라고 볼만큼 대표적이다. 일반적으로 이완 훈련, 인지재구성, 심리교육, 불안 유발 상황에 대한 행동 반응의 변화 등을 포함한다(Gaudlitz et al., 2012). CBT는 (1) 개인의 사고, 감정, 행동 간의 인과 관계를 파악하고, (2) 증상을 완화하고 회피 행동을 줄이기 위한 전략을 개발하는 데 도움을 준다(Otte, 2011).

Click

불안장애와 신경화학물질의 관계

불안장애는 뇌 내 신경전달물질의 불균형과 밀접한 관련이 있다. 주요 신경화학물질들은 다음과 같이 불안 조절에 영향을 미친다.

- 감마-아미노뷰티르산(GABA): 뇌의 주요 억제성 신경전달물질로, 과도한 신경 흥분을 억제하여 불안을 완화하는 역할을 한다(Nuss, 2015). 불안장애 환자들은 GABA 기능이 저하되거나 부족한 경우가 많다.
- 세로토닌: 기분과 감정 조절에 관여하며, 세로토닌 시스템의 불균형은 불안뿐만 아니라 우울증과도 관련이 있다(Stein & Stahl, 2000). 세로토닌 수치의 저하는 불안 증상을 악화시킬 수 있다.
- 노르에피네프린: 스트레스 반응과 관련된 신경전달물질로, 과도한 활성화는 불안과 긴장을 유발할 수 있다(Aston-Jones & Cohen, 2005). 스트레스 상황에서 노르에피네프린이 과다하게 분비되면 불안 증상이 증가할 수 있다.

이처럼 불안장애는 이러한 신경화학물질들의 상호작용과 균형 이상으로 인해 발생할 수 있으며, 항불안 약물들은 주로 GABA, 세로토닌, 노르에피네프린 시스템을 조절하는 방식으로 치료에 활용된다.

하지만 이러한 심리 혹은 상담치료가 최근 들어 그 효과에 대한 의문을 제기받기도 했다. Mojtabai와 Olfson(2008)은 1987년에서 2007년까지 20년 동안 심리치료를 받은 사람들의 비율에 변화가 거의 없었으며, 심리치료사가 제공하는 치료는 오히려 감소했다고(44% → 29%로) 설명하였다. 심리치료는 확실히 도움이 될 수 있지만, 치료 기간이 길어지는 것과 그로 인한 금전적 비용이 문제로 지적된다.

(3) 운동

오랜 기간 연구자들은 신체활동(즉, 운동)이 불안을 예방하고 치료하는 도구로서의 가능성을 가지고 있다는 것을 규명하였다. 실제로 1984년 미국의 정신건강연구소(National Institute of Mental Health)는 운동의 항불안 효과를 중요한 주제로 선정했다(Morgan & Goldston, 1987). 일부 불안장애(예: 공포증)는 특정 상황이나 대상과 관련이 있기 때문에 운동과 크게 상관이 없는 것으로 여겨지기도 하지만(Dunn et al., 2001), 이러한 견해는 그다지 일관되지 않는다(Johnsgard, 2004). 지난 50년 가까이 운동과 불안 사이의 관계를 조사한 방대한 연구가 발전해 왔으며, 현재는 운동이 불안과 관련이 있는 것으로 여기고 있다. 다음 장에서는 운동과 불안의 관계에 대해 더 자세히 알아본다.

Click

인지행동치료란?

인지행동치료는 개인의 부정적인 사고와 행동 패턴을 인식하고 수정하여 정서적 어려움을 극복하고 문제 해결 능력을 향상시키는 단기적이며 구조화된 심리치료 방법이다. 이 치료법은 왜곡된 사고가 부정적 감정과 부적응적 행동으로 이어진다는 점을 강조한다. 1960~1970년대 행동주의와 인지 심리학의 연구 성과를 토대로 발전되었다. 이후 우울증, 불안, 공황장애 등 다양한 정신건강 문제에 효과적으로 적용되어 왔다.

치료 과정은 일반적으로 12~20회의 단기 세션으로 진행되며, 각 세션은 목표설정, 자기 모니터링, 인지 재구성 등 체계적인 기법을 통해 진행된다. 환자는 치료를 통해 스스로 자신의 사고와 행동을 관찰하고 수정할 수 있는 기술을 습득하며, 이는 단기적인 증상 완화뿐만 아니라 장기적인 자기 관리 능력 향상에도 기여한다. 인지행동치료의 효과와 응용 범위는 다양한 연구와 저서를 통해 뒷받침되고 있으며, 이로 인해 현대 심리치료의 핵심 기법 중 하나로 자리매김하고 있다(최서영, 송영숙, 2021; Beck, 2011).

3 운동과 불안

1) 운동의 효과

운동과 불안의 관계를 다룬 연구는 일반적으로 일회성 운동과 장기간 운동을 모두 포함하며, 최소 100편 이상의 연구가 수행되었다. 대부분의 연구가 신체활동·운동이 불안과 불안장애 완화에 효과적이라는 점을 지지한다(deMoor et al., 2006). 이 연구들은 불안 증상이나 장애와 관련된 신체활동 및 운동의 예방 효과, 비임상적 불안 증상이 있는 개인을 대상으로 한 연구, 그리고 임상적으로 진단된 불안장애가 있는 사람들을 위한 치료법으로서 운동의 효과에 대한 증거를 제시하고 있다. 그동안 축적된 연구 성과를 바탕으로 불안에 대한 운동의 예방 효과와 치료 효과에 대해 살펴본다.

(1) 운동의 예방 효과

운동이 불안 증상 및 장애를 예방하는 데 도움이 될 수 있다는 증거는 쉽게 찾아볼 수 있다. Stephens(1988)의 횡단연구에서는 성인 3,025명에서 23,791명에 이르는 대규모 연구를 실시하였다. 그 결과, 신체활동을 많이 할수록 더 나은 정신건강, 특히 불안 증상(및 우울증 증상 감소)과 관련 있음이 밝혀졌다. 네덜란드에서 실시된 19,000명 이상의 청소년 및 성인 쌍둥이와 그 가족을 대상으로 한 연구에서도 운동하는 사람들이 운동하지 않는 사람들보다 특성불안 점수가 낮다는 결과가 나타났다(deMoor et al., 2006).

Goodwin(2003)은 규칙적인 신체활동과 다양한 불안장애(예: 범불안장애, 공황 발작, 광장 공포증)와의 관계를 조사했다. 성인들 중 63%는 규칙적으로 운동한다고 응답했으며, 규칙적인 신체활동은 범불안장애, 광장 공포증, 공황 발작, 특정 공포증 및 사회 공포증의 발생 확률을 낮추는 것과 관련이 있었다. 무엇보다 이 연구는 운동 수준이 낮을수록 불안장애의 빈도가 증가한다는 것을 보여주었다. 예를 들어, 규칙적으로 운동한다고 보고한 사람 중 3.32%가 공황 발작을 겪었고, 가끔 운동하는 사람은 4.85%, 드물게 운동하는 사람은 7.33%, 전혀 운동하지 않는 사람은 8.52%였다. 범불안장애에서도 규칙적으로 운동한 사람의 2.26%, 가끔 운동한 사람의 2.97%, 드물게 운동한 사람의 5.93%, 전혀 운동하지 않는 사람의 6.49%에서 발생했다. Goodwin(2003)은 이 결과가 규칙적인 운동과 다양한 불안장애의 발생 가능성 감소 간의 잠재적인 연관성을 증명한다고 결론지었다.

한국 청소년 42,294명을 대상으로 한 연구(이건희 등, 2024)는 근력 운동과 범불안장애의 관계를 보여준다. 연구의 결과에 따르면, 규칙적으로 근력 운동에 참여하는 학생들은 그렇지 않은 학생들보다 범불안장애 발병 위험이 1.14배 더 낮은 것으로 나타났다. 그리고 이 차이는 남학생들에게서 더 두드러지는 것으로 확인되었다. 남학생들의 경우 규칙적인 근력 운동에 참여할 경우 범불안장애 발병 위험은 1.24배 더 적었다. 이 연구는 규칙적인 운동이 불안장애 예방에 효과가 있을 뿐 아니라, 운동의 종류(즉, 근력 운동)와 성별을 고려해야 한다는 것을 보여준다.

(2) 운동의 치료 효과

운동은 예방뿐만 아니라 치료적 측면에서도 효과가 입증되었다. 여러 연구자들은 관련된 증거를 제시하면서 운동이 불안장애 치료에 유용할 수 있음을 주장하였다(Aylett et al., 2018; Callahan, 2004). 대표적으로 Johnsgard(1989)는 운동이 불안장애의 치료에 어떻게 유용할 수 있는지에 대한 수많은 사례를 제시한 바 있다. 예를 들어, 그는 광장 공포증을 앓고 있는 한 여성의 사례를 토대로 운동의 지속 시간을 점차 증가시키는 것이 그녀의 공포증을 치료하는 데 어떻게 도움을 줄 수 있었는지 구체적으로 설명하였다. 이러한 설명과 사례는 불안에 대한 운동처방(exercise prescription)의 유용성을 강조한다.

불안장애의 종류 중 하나인 외상 후 스트레스 장애를 가진 사람들에 대한 운동의 치료적 효과를 검증한 연구들이 있다. 이 연구들은 청소년(Diaz & Motta, 2008), 성인(Whitworth et al., 2017), 전역한 군인(Whitworth & Ciccolo, 2016) 등을 대상으로 수행되었다. 이 연구들의 결과를 종합해 보면 운동은 외상 후 스트레스 장애의 감소에 효과가 있다. 예를 들어, Rosenbaum 등(2014)은 외상 후 스트레스를 겪는 성인을 대상으로 12주 동안 일반적인 치료와 일반적 치료에 저항운동을 추가한 프로그램을 적용했다. 그 결과 일반 치료와 저항운동을 함께한 그룹은 외상 후 스트레스 증상에서 유의미한 개선을 보였다. 뿐만 아니라, 우울 증상, 허리둘레, 수면 질 개선 등의 부수적인 효과도 나타났다. 또한 Whitworth와 Ciccolo(2016)의 문헌 연구는 운동강도가 높고 규칙적으로 참여하는 사람들이 외상 후 스트레스 발병 위험이 적다고 보고하였다.

Click

운동과 약물치료의 비교

운동이 항불안 약물보다 더 효과적일 수 있다는 증거는 꾸준히 제시되고 있다. 초기 연구 중 하나인 deVries와 Adams(1972)의 연구에서는 불안・긴장 문제(예: 집중 어려움, 과도한 근육 긴장)를 겪고 있는 52-70세의 성인 10명을 모집했다. 이들은 각각 다섯 가지 다른 조건을 적용했다.

(1) 일반적으로 사용되던 진정제(항불안 약물) 1개
(2) 위약 1개
(3) 심박수 100bpm(최대심박수의 약 67%) 강도로 15분간 걷기
(4) 심박수 120bpm(최대심박수의 약 80%) 강도로 15분간 걷기
(5) 통제: 조용히 앉아 책 읽기

이때 조건 (1)과 (2)는 참가자와 실험자 모두 참가자가 약물 또는 위약을 받았는지 알지 못했다. 근육 긴장도를 평가하기 위해 근전도 측정을 사용하여 각 조건 전후의 불안 수준을 측정했다. 다섯 가지 조건 중에서 유의미한 개선 효과를 보인 것은 (3) 저강도 운동(즉, 100bpm)이었다. 이외 조건인 통제조건, 약물, 그리고 위약 조건에서는 유의미한 개선 효과가 나타나지 않았다. 이 결과는 운동이 항불안 약물보다 더 효과적일 수 있음을 시사했다.

2) 운동 종류와 불안

지금까지 운동의 예방 효과와 치료 효과를 살펴보았다. 이제는 운동의 구체적인 종류와 분류 즉, 유산소(aerobic) 운동과 무산소(anaerobic) 운동 그리고 일회성 운동과 장기간 운동이 불안과 어떠한 관계가 있는지 알아볼 필요가 있다. 이에 관해서는 그동안 많은 연구가 수행되었다. 특히, 비임상적인 수준의 불안과 운동의 관계를 다룬 연구 100편 이상을 메타분석한 Petruzzello 등(1991)의 연구는 운동의 종류와 불안의 관계에 대한 포괄적인 정보를 제공한다.

(1) 유산소 운동

관련 연구들 대부분은 유산소 운동이 불안의 감소와 관계가 있다고 밝혔다. Broman-Fulks와 Storey(2008)는 불안에 대한 민감성(anxiety sensitivity)이 높은 사람 24명을 두 집단으로 나누고 실험했다. 운동집단은 20분의 유산소 운동을 6회 참여하였고,

다른 집단은 운동을 하지 않았다. 그 결과, 운동집단에서만 불안 민감성의 유의미한 감소가 발견되었다. 또한 Petruzzello 등(1991)은 운동이 불안을 감소시키지만, 이는 유산소 운동에서만 일어난다는 것을 발견하였다. 중요한 점은 유산소 운동의 종류(예: 걷기, 조깅, 달리기, 수영, 자전거 타기, 에어로빅)에 따른 큰 차이가 나타나지 않았다는 것이다. 게다가, 불안 감소 효과는 일회성 운동 후의 상태불안뿐만 아니라 장기간 운동 후 특성불안에서도 관찰되었다. 한국의 청소년들을 대상으로 한 연구(류호상 등, 2002)에서도 유산소 운동의 참여가 상태불안을 감소시키는 것으로 나타났다.

또한 Aylett 등(2018)은 불안장애를 겪고 있거나 높은 수준의 비임상적 불안을 겪는 환자들을 대상으로 유산소 운동을 처방한 연구 15편(총 675명)을 분석하였다. 그 결과, 유산소 운동은 불안 수준을 낮추는 데 효과적이었다. 특히, 고강도의 유산소 운동은 저강도의 유산소 운동보다 더 큰 효과를 보였다. 따라서 유산소 운동은 종류와 상관없이 일회성이나 장기간으로 적용되고 저강도보다는 고강도일 때 불안 감소 효과가 뛰어나다.

(2) 무산소 운동

무산소 및 저항운동은 불안 감소에 효과가 없거나 강도에 따라 다른 효과를 보인다. 오히려 초기의 몇몇 연구들(류호상 등, 2002; Petruzzello et al., 1991)은 무산소 운동이나 저항운동(웨이트 트레이닝)이 불안을 약간 높인다는 결론을 내리기도 했다. 운동이 불안을 낮추는 데 도움이 된다는 앞의 근거들과 비교하면 특이한 결과다. 이후의 연구들은 저항운동이 장기간에 걸쳐 실시될 경우 불안을 감소시킬 수 있다고 보고하였다. 예를 들어, Gordon 등(2017)은 2주에서 36주 동안 저항운동을 시행하면 장기적으로 특성불안이 감소하는 효과가 나타난다는 것을 발견했다. 따라서 장기적인 관점에서는 무산소 운동이 특성불안을 감소시킬 수 있다.

한편, 일시적인 불안 변화 혹은 증가에 대한 이유로 운동강도 및 운동 경험 부족 여부가 영향을 미칠 가능성이 있다고 논의되었다(Raglin et al., 1993). 고강도의 저항운동은 불안 감소에 효과적이지 않거나 일시적으로 불안을 증가시킬 수 있다. 반면, 저강도 및 중강도 운동은 불안을 감소시키는 효과가 있는 것으로 나타난다. 〈표 11-5〉에는 여러 연구에서 제시된 운동강도와 불안의 관계가 정리되어 있다. 이와 같은 연구 결과는 불안 감소를 목적으로 운동 프로그램을 설계할 때, 특히 초보자나 불안 증상이 심한 사람들에게는 고강도보다 중·저강도 운동을 권장하는 것이 효과적임을 보여준다.

| 표 11-5 | 무산소(저항) 운동의 강도와 불안 변화의 관계

연구자 (연도)	운동강도	운동 후 불안 측정 결과
Raglin, Turner, & Eksten (1993	고강도 (1RM의 70-80%)	불안 증가
Bartholomew & Linder (1998)	저강도 (1RM의 40-50%)	불안 감소
	고강도 (1RM의 75-85%)	불안 증가
Arent et al. (2005)	저강도 (10RM의 40%)	변화 없음
	중강도 (10RM의 70%)	불안 감소
	고강도 (10RM의 100%)	불안 증가
Cavarretta, Hall, & Bixby(2019)	저-중강도 (1RM의 50-70%)	불안 감소

(3) 일회성 및 장기간 운동

일회성 운동이 가진 불안 감소 효과는 매우 일시적이다. 이 효과는 대략 운동 후 2~4시간 정도 지속되는 것으로 보고 있다. 즉, 일회성 운동으로 인한 불안의 감소는 장시간 지속되기는 어려우며, 일정 시간이 지나면 다시 운동 전의 불안 수준으로 돌아가게 된다(Petruzzello et al., 1991). 이러한 일시적 변화는 불안에 대한 심리적 지표뿐만 아니라 생리적 지표(예: 혈압 감소)에서도 동일하게 관찰된다. 한편, 장기간 운동 프로그램에 참여한 사람들은 특성불안이 감소하는 경향을 보이며, 운동 전 불안의 기준선(baseline)이 낮아질 가능성이 있다. 즉, 일정기간 동안 꾸준한 운동을 하면 새로운 불안 기준선이 형성될 수 있다.

예를 들어, 어떤 사람의 평소 불안 수준이 35점(20~80점 범위)이라고 가정해보자. 만약 이 사람이 일회성 운동에 참여하면, 운동 후 불안 수준은 28점으로 감소할 수 있다. 그러나 이는 일시적이기 때문에 그날 밤 또는 다음 날 아침에 불안 수준은 35점으로 다시 돌아갈 것이다. 반대로 이번에는 16주로 구성된 운동 프로그램에 장기간 참여했다고 생각해보자. 꾸준한 운동 결과로 불안 수준은 30점으로 낮아질 수 있으며, 매회기 운동 후에는 일시적으로 25점까지 감소하고 다시 30점으로 돌아가는 하향 곡선을 그릴 것이다.

정리해 보면, 일회성 운동은 불안 감소에 효과가 있지만 이는 일시적이고 일정한 시간이 지나면 불안은 다시 원래의 수준으로 돌아간다. 장기간 운동은 일회성 운동의 효과가 반복되면서 불안의 기준선을 낮출 수 있다. 따라서 일회성 운동과 장기간 운동 모두 불안 감소에 효과가 있으며, 불안의 지속적인 예방과 치료를 위해서는 장기적인 운동 참여가 필요하다.

Click

저항운동이 불안을 높이는 이유는?

적지 않은 연구들이 고강도의 저항운동은 참여자들의 불안 감소에 효과가 없거나 오히려 불안을 높인다고 보고한다. 이는 고강도 저항운동을 측정하는 방식과 관련되어 있을 수 있다. 일반적으로 1RM 또는 10RM으로 측정하는 방식은 초보자에게 비현실적이며, 오류 발생 가능성이 높고, 정확도가 떨어지는 문제가 있다.

무엇보다 이러한 최대 강도 테스트는 참가자들을 고강도 운동에 노출함으로써 불쾌감과 불안을 증가시킬 수 있다(Cavarretta et al., 2019). 따라서 초보 운동자나 불안 증상이 심한 사람들은 초기 훈련 시 고강도 대신 중·저강도 운동을 선택하는 것이 불안을 줄이고 긍정적인 정서적 반응을 이끌어내는 데 도움이 될 수 있다.

4 불안 개선을 위한 운동 메커니즘

운동이 어떠한 메커니즘으로 불안을 감소시키는지에 관해서는 아직 명확하게 밝혀지지 않았다. 일반적으로는 우울증 감소에 대한 운동의 메커니즘(12장 참고)과 동일하다고 여겨진다. 이 장에서는 불안과 관련된 세 가지 가설에 대해서만 살펴보도록 한다.

1) 발열 가설

발열 가설(thermogenic hypothesis)은 체온을 높이는 것이 몸의 이완을 돕는 것처럼, 운동이 체온을 상승시켜 불안을 감소하게 만드는 심리적 효과가 있다고 설명한다(Koltyn, 2013). 즉, 이 가설에서는 체온을 높이는 것이 불안에 중요하게 작용한다고 본다. 운동으로 체온이 높아졌다는 정보가 뇌에 도달하면 뇌에서는 근육을 이완시키는 반응을 유발하게 된다. 근육 이완에 대한 정보가 다시 뇌로 전달되면 이완 또는 불안 감소로 인식된다. 이 가설은 여러 학자에 의해 검증이 시도되었다. 하지만 체온이 심리적 변화를 일으키는 직접적인 원인은 아니라는 결과가 주를 이룬다. 체온보다는 오히려 뇌 온도가 정서 반응을 유발하고 불안을 감소시킬 가능성이 크다는 주장도 있다.

2) 주의 전환/타임 아웃 가설

주의 전환/타임 아웃 가설(distraction/time-out hypothesis)은 운동으로 인한 불안 감소 효과가 스트레스 요인에 대한 주의를 분산시키는 데 기인한다고 설명한다(Bahrke & Morgan, 1978). 스트레스를 받고 불안하거나 우울한 사람은 운동을 통해 걱정과 근심에서 벗어나 잠시나마 휴식을 취할 수 있다. 이러한 주의 전환 효과는 운동이 단순히 신체적 건강을 증진시키는 것을 넘어 심리적인 휴식과 회복의 기회를 제공함을 의미한다. 나아가 주의 전환/타임 아웃 가설은 단순히 운동에만 해당하는 것이 아니라, 주의를 전환하거나 환기할 수 있는 몇 가지 활동들(예: 명상, 책 읽기, 조용한 휴식)에서도 동일한 효과가 발생할 수 있다.

3) 핵심 정서 가설

핵심 정서 가설(core affect hypothesis)은 비교적 최근에 제시되었다. 이 가설은 운동의 불안 감소 효과가 신체활동을 통한 정서적 변화와 관계가 있다고 설명한다(Ekkekakis et al., 2011). 여기서 핵심 정서란, 정서 상태(유쾌 또는 불쾌)와 각성 수준(높은 각성 또는 낮은 각성) 두 차원이 결합하여 나타나는 신경생리학적 개념을 의미한다. 네 가지 요소를 포함하는 두 차원에 따라 핵심 정서는 다음과 같이 구분할 수 있다(그림 11-3 참조).

- 유쾌-높은 각성: 흥분, 열광, 신남, 행복
- 불쾌-높은 각성: 긴장, 속상함, 스트레스, 분노, 공포, 불안
- 유쾌-낮은 각성: 차분한, 침착함, 편안함, 만족
- 불쾌-낮은 각성: 슬픔, 피로, 무기력, 울적함, 우울

위에 제시된 핵심 정서에 따라 해석해 보면, 불쾌-낮은 각성(예: 피로, 무기력, 우울) 상태는 우울증으로 나타날 수 있다. 그리고 불쾌-높은 각성(예: 긴장, 불안, 초조) 상태는 불안과 관련된 문제로 나타난다(APA, 2013). 우울과 불안은 정서 상태보다 각성 수준 차이에 기인한다는 점을 알 수 있다.

여러 연구에 따르면 운동은 유쾌-높은 각성 상태(예: 흥분, 신남)를 증가시키는 효과

가 있다(Reed & Buck, 2009). 일부 연구에서는 운동이 유쾌-낮은 각성 상태(예: 평온, 이완)를 증가시키는 효과도 보고되었다(Kanning & Schlicht, 2010). 지속적인 운동은 정서적 유쾌함을 증가시키고 각성 수준을 높이는 방식으로 핵심 정서를 변화시킬 가능성이 높다. 이러한 효과는 불안 증상이나 불안장애를 가진 사람들의 정서 변화를 도모함으로써 불안 극복에 도움이 될 수 있다.

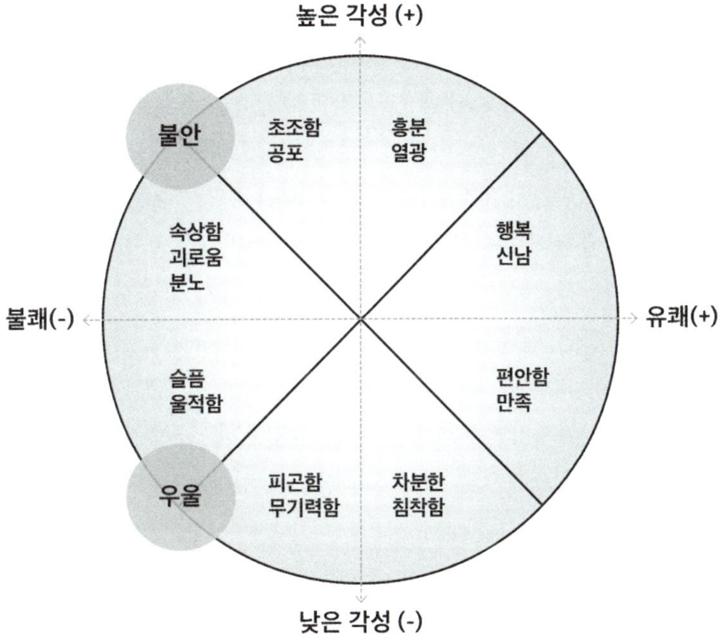

| 그림 11-3 | 핵심 정서 가설과 불안 및 우울의 위치

5 불안 민감성

1) 개념

불안 민감성(anxiety sensitivity)은 불안을 예측할 수 있는 핵심 변수다. 이는 불안과 관련된 신체적·심리적 증상에 대해 과도하게 반응하고 두려워하는 경향을 의미

한다. 이는 불안 상태에서 나타나는 심장 박동 증가, 호흡 곤란, 어지러움 등과 같은 신체 감각들이 건강에 해롭거나 통제할 수 없는 상황으로 이어질 것이라는 신념에서 비롯된다. 불안 민감성이 높은 사람들은 이러한 증상을 단순한 불편함이 아니라, 심각한 위험 신호로 받아들이기 때문에 불안이 더욱 증폭되고 공황 반응으로 이어지는 악순환에 빠질 수 있다.

앞서 설명한 것과 유사한 측면에서, 운동이 불안 감소에 도움이 되는 기전 중 하나는 운동을 통한 신체 감각의 변화(예: 심박수 증가, 근육의 긴장)들이 불안과 두려움을 유발하는 신체 감각의 노출을 돕고 이를 유쾌한 정서로 해석하도록 만든다는 것이다. 이를 내부감각 노출(interoceptive exposure)이라고 하는데(Sabourin et al., 2015), 운동을 통해 불안과 관련된 신체 감각을 반복적으로 경험함으로써 해당 감각에 대한 두려움을 감소시키는 원리를 기반으로 한다. 즉, 운동은 불안 민감성을 감소시킬 수 있다.

여러 연구에서는 운동이 불안 민감성의 다양한 측면(예: 인지적 통제 부족, 신체 감각에 대한 두려움)을 감소시킨다고 보고하였다. 지금까지 알려진 바에 의하면, 신체활동 및 운동 참여는 불안 민감성의 감소와 관련이 있고(Sabourin et al., 2011), 이 관계는 고강도 운동에서 더 뚜렷하게 나타난다(Moshier et al., 2013). Williams 등(2016)은 심폐 지구력이 높은 사람일수록 불안 수준이 낮으며, 급성 스트레스 상황에서 경험하는 불안 증상을 더 긍정적으로 지각하는 경향이 있다고 보고하기도 했다.

2) 측정과 평가

〈표 11-6〉에는 한국판 불안 민감성 척도가 나타나 있다(Lim & Kim, 2012). 이 검사지는 불안 증상과 결과에 대한 염려 정도를 신체적 염려, 인지적 염려, 사회적 염려 요인으로 측정한다. 각 요인은 6문항씩 총 18문항으로 구성되어 있다. 각 문항을 읽고 해당 내용이 평소 얼마나 생각나거나 떠오르는지의 빈도(전혀, 약간, 보통, 많이, 매우 많이)에 따라 해당하는 곳에 체크한다. 이후 아래에 제시된 평가 방법에 따라 결과를 해석한다.

| 표 11-6 | 한국판 불안 민감성 척도(Lim & Kim, 2012)

아래의 문항들은 일반적으로 사람들이 "불안을 느낄 때 드는 생각들"을 적은 것입니다. 불안을 느낄 때, 이와 같은 생각이 얼마나 드는지를 '0(전혀 그렇지 않다)'에서부터 '4(매우 많이 그렇다)'까지의 숫자에 "○" 표시해 주시기 바랍니다.

	문항	전혀 그렇지 않다	약간 그렇다	보통 그렇다	많이 그렇다	매우 많이 그렇다
1	남에게 불안하게 보이지 않아야 한다.	0	1	2	3	4
2	일에 집중할 수 없게 되면 미쳐버리지 않을까 걱정이 된다.	0	1	2	3	4
3	심장이 빨리 뛰어서 겁이 난다.	0	1	2	3	4
4	뱃속이 불편할 때, 심각한 병에 걸리지 않았나 걱정이 된다.	0	1	2	3	4
5	일에 집중할 수 없어서 겁이 난다.	0	1	2	3	4
6	목구멍이 조여오면, 질식해서 죽을 것 같아 두렵다.	0	1	2	3	4
7	가슴이 조여오면, 제대로 숨을 쉴 수 없을 것 같아 두려워진다.	0	1	2	3	4
8	가슴에 통증이 느껴지면, 심장마비가 올까 봐 걱정이 된다.	0	1	2	3	4
9	다른 사람들이 내가 불안하다는 것을 알아차릴까 봐 걱정이 된다.	0	1	2	3	4
10	정신이 몽롱해지면, 정신병이 있을까 봐 걱정이 된다.	0	1	2	3	4
11	사람들 앞에서 얼굴이 붉어지면 두렵다.	0	1	2	3	4
12	심장이 빨리 뛰는 것을 느끼면, 심장마비가 올까 봐 걱정이 된다.	0	1	2	3	4
13	사회적 상황에서 땀을 흘리면, 사람들이 나를 좋지 않게 생각할까 두렵다.	0	1	2	3	4
14	여러 생각이 물밀듯 떠오르면, 혹시 내가 미쳐가는 건 아닌지 걱정이 된다.	0	1	2	3	4
15	사람들 앞에서 내가 떨고 있으면, 사람들이 나를 어떻게 생각할까 두렵다.	0	1	2	3	4
16	명료하게 생각할 수 없을 때, 나에게 무슨 문제가 있을까 봐 걱정이 된다.	0	1	2	3	4
17	공공장소에서 기절하는 것은 끔찍한 일이라고 생각한다.	0	1	2	3	4
18	머리가 텅 빈 것 같을 때, 내가 뭔가 크게 잘못된 것은 아닌지 걱정이 된다.	0	1	2	3	4

□ 채점

요인별로 점수를 합산하여 평가한다.

- 신체적 염려: 3, 4, 6, 7, 8, 12번 문항
- 인지적 염려: 2, 5, 10, 14, 16, 18번 문항
- 사회적 염려: 1, 9, 11, 13, 15, 17번 문항

신체적 염려 (________점)

인지적 염려 (________점)

사회적 염려 (________점)

□ 결과 해석

- 점수가 높을수록 각 요인의 점수가 높은 것으로 평가한다.
- 또한 세 요인의 총점이 높을수록 불안 민감성이 높은 것으로 평가한다.

참고문헌

국립정신건강센터(2024). **국가 정신건강현황 보고서 2023**. 서울: 국립정신건강센터.

류호상, 염민선, 변재철, 박승한(2002). 운동형태가 청소년의 상태불안 감소에 미치는 영향. **한국스포츠심리학회지, 13**(2), 15-23.

이건희, 정승원, 김경미, 남진영(2024). 한국 청소년의 규칙적인 근력 운동과 범불안장애의 연관성. **대한보건연구, 50**(2), 1-11.

최서영, 송영숙(2021). 명상을 적용한 인지행동치료: 우울과 불안을 호소하는 중년 여성을 대상으로 한 단일사례연구. **학습자중심교과교육연구, 21**(22), 777-794.

한덕웅, 이장호, 전겸구(1996). Spielberger의 상태-특성불안검사 Y형의 개발. **한국심리학회지: 건강, 1**(1), 1-14.

American Psychiatric Association. (2013). *Diagnostic and statistical manual of mental disorders* (5th ed.). Author.

Arent, S. M., Landers, D. M., Matt, K. S., & Etnier, J. L. (2005). Dose-response and mechanistic issues in the resistance training and affect relationship. *Journal of Sport & Exercise Psychology, 27*(1), 92-110.

Aston-Jones, G., & Cohen, J. D. (2005). An integrative theory of locus coeruleus-norepinephrine function: adaptive gain and optimal performance. *Annual Review of Neuroscience, 28*(1), 403-450.

Aylett, E., Small, N., & Bower, P. (2018). Exercise in the treatment of clinical anxiety in general practice–a systematic review and meta-analysis. *BMC health services research, 18*(1), 1-18.

Bahrke, M. S., & Morgan, W. P. (1978). Anxiety reduction following exercise and meditation. *Cognitive Therapy and Research, 2*(4), 323-333.

Bartholomew, J. B., & Linder, D. E. (1998). State anxiety following resistance exercise: The role of gender and exercise intensity. *Journal of Behavioral Medicine, 21*(2), 205-219.

Beck, J. S. (2011). *Cognitive behavior therapy: Basics and beyond* (2nd ed.). Guilford Press.

Broman-Fulks, J. J., & Storey, K. M. (2008). Evaluation of a brief aerobic exercise intervention for high anxiety sensitivity. *Anxiety, stress, & coping, 21*(2), 117-128.

Callahan, P. (2004). Exercise: A neglected intervention in mental health care? *Journal of Psychiatric & Mental Health Nursing, 11*(4), 476-483.

Cavarretta, D. J., Hall, E. E., & Bixby, W. R. (2019). The acute effects of resistance exercise on affect, anxiety, and mood–practical implications for designing resistance training programs. *International Review of Sport and Exercise Psychology, 12*(1), 295-324.

deMoor, M. H. M., Beem, A. L., Stubbe, J. H., Boomsma, D. I., & deGeus, E. J. C. (2006). Regular exercise, anxiety, depression and personality: A population-based study. *Preventive Medicine, 42(4)*, 273-279.

deVries, H. A., & Adams, G. M. (1972). Electromyographic comparison of single doses of exercise and meprobamate as to effects on muscular relaxation. *American Journal of Physical Medicine & Rehabilitation, 51*(3), 130-141.

Diaz, A. B., & Motta, R. (2008). The effects of an aerobic exercise program on posttraumatic stress disorder severity in adolescents. *International Journal of Mental Health, 10*(1), 49-59.

Dunn, A. L., Trivedi, M. H., & O'Neal, H. A. (2001). Physical activity dose-response effects on outcomes of depression and anxiety. *Medicine & Science in Sports & Exercise, 33*, S587-S597.

Ekkekakis, P., Parfitt, G., & Petruzzello, S. J. (2011). The pleasure and displeasure people feel when they exercise at different intensities: Decennial update and progress towards a tripartite rationale for exercise intensity prescription. *Sports Medicine, 41*(8), 641-671.

Gaudlitz, K., von Lindenberger, .B. L, & Strohle, A. (2012). Physical activity and anxiety. In J.M. Rippe (Ed.), *Lifestyle medicine* (2nd ed., pp. 1397-1408). CRC Press.

Goodwin, R. D. (2003). Association between physical activity and mental disorders among adults in the United States. *Preventive Medicine, 36*(6), 698-703.

Gordon, B. R., McDowell, C. P., Lyons, M., & Herring, M. P. (2017). The effects of resistance exercise training on anxiety: A meta-analysis and meta-regression analysis of randomized controlled trials. *Sports Medicine, 47(*12), 2521-2532.

Greenwood, B. N., & Fleshner, M. (2013). Mechanisms underlying the relationship between physical activity and anxiety: Animal data. In P. Ekkekakis (Ed.), *Routledge handbook of physical activity and mental health* (pp. 130-142).Routledge.

Herring, M. P., Lindheimer, J. B., & O'Connor, PJ . (2014). The effects of exercise training on anxiety. *American Journal of Lifestyle Medicine, 8(6)*, 388-403.

Johnsgard, K. (2004). *Conquering depression and anxiety through exercise.* Prometheus Books.

Johnsgard, K. W. (1989). *The exercise prescription for depression and anxiety.* Plenum.

Kanning, M., & Schlicht, W. (2010). Be active and become happy: an ecological momentary assessment of physical activity and mood. *Journal of Sport and Exercise Psychology, 32*(2), 253-261.

Kessler, R. C., Petukhova, M., Sampson, M. A., Zaslavsky, A. M., & Wittchen, H. U. (2012). Twelve-month and lifetime prevalence and lifetime morbid risk of anxiety and mood disorders in the United States. *International Journal of Medicine in Psychiatric Research, 21*(3), 169-184.

Koltyn, K. F. (2013). The thermogenic hypothesis. In *Physical activity and mental health* (pp. 213-226). Taylor & Francis.

Lader, M. (2015). Generalized anxiety disorder. In Encyclopedia of psychopharmacology (pp. 699-702). Springer

Leith, L. M. (1994). *Foundations of exercise and mental health.* Morgantown, WV: Fitness Information Technology.

Lim, Y. J., & Kim, J. H. (2012). Korean Anxiety Sensitivity Index-3: its factor structure, reliability, and validity in non-clinical samples. *Psychiatry Investigation, 9*(1), 45-53.

McCarty, R. (2016). The fight-or-flight response: A cornerstone of stress research. In *Stress: Concepts, cognition, emotion, and behavior* (pp. 33-37). Academic Press.

McNair, D. M., Droppleman, L. F., & Lorr, M. (1981). *Manual for the profile of mood states.* Educational and Industrial Testing Service.

Mojtabai, R., & Olfson, M. (2008). National trends in psychotherapy by office-based psychiatrists.

Archives of General Psychiatry, 65(8), 962-970.

Morgan, W. P., & Goldston, S. E. (Eds.). (1987). *Exercise and mental health.* Hemisphere.

Moshier, S. J., Hearon, B. A., Calkins, A. W., Szuhany, K. L., Utschig, A. C., Smits, J. A., & Otto, M. W. (2013). Clarifying the link between distress intolerance and exercise: Elevated anxiety sensitivity predicts less vigorous exercise. *Cognitive Therapy and Research, 37*(3), 476-482.

Nuss, P. (2015). Anxiety disorders and GABA neurotransmission: a disturbance of modulation. *Neuropsychiatri Disease and Treatment,* 165-175.

O'Connor, P. J., Raglin, J. S., & Martinsen, E. W. (2000). Physical activity, anxiety and anxiety disorders. *International Journal of Sport Psychology, 31*(2), 136-155.

Otte, C. (2011). Cognitive behavioral therapy in anxiety disorders: current state of the evidence. *Dialogues in Clinical Neuroscience, 13*(4), 413-421.

Petruzzello, S. J., Landers, D. M., Hatfield, B. D., Kubitz, K. A., & Salazar, W. (1991). A metaanalysis on the anxiety-reducing effects of acute and chronic exercise: Outcomes and mechanisms. *Sports Medicine, 11*(3), 143-182.

Raglin, J. S., Turner, P. E., & Eksten, F. (1993). State anxiety and blood pressure following 30 min of leg ergometry or weight training. *Medicine & Science in Sports & Exercise, 25*(9), 1044-1048.

Reed, J., & Buck, S. (2009). The effect of regular aerobic exercise on positive-activated affect: A meta-analysis. *Psychology of Sport and Exercise, 10*(6), 581-594.

Remes, 0., Brayne, C., van der Linde, R., & Lafortune, L. (2016). A systematic review of reviews on the prevalence of anxiety disorders in adult populations. *Brain & Behavior, 6*(7), e00497.

Rosenbaum, S., Sherrington, C., & Tiedemann, A. (2014). Exercise augmentation compared with usual care for post-traumatic stress disorder: A randomized controlled trial. *Acta Psychiatrica Scandinavica, 131*(5), 350-359.

Sabourin, B. C., Hilchey, C. A., Lefaivre, M. J., Watt, M. C., & Stewart, S. H. (2011). Why do they exercise less? Barriers to exercise in high-anxiety-sensitivity women. *Cognitive Behaviour Therapy, 40*(3), 206-215.

Sabourin, B. C., Stewart, S. H., Watt, M. C., & Krigolson, O. E. (2015). Running as interoceptive exposure for decreasing anxiety sensitivity: Replication and extension. *Cognitive Behaviour Therapy, 44*(4), 264-274.

Spielberger, C. D. (1983). *Manual for the State-Trait Anxiety Inventory* (Form Y). Consulting Psychologists Press.

Stein, D. J., & Stahl, S. (2000). Serotonin and anxiety: current models. *International Clinical Psychopharmacology, 15*, S1-S6.

Stephens, T. (1988). Physical activity and mental health in the United States and Canada: Evidence from four population surveys. *Preventive Medicine, 17*(1), 35-47.

U.S. Department of Health and Human Services. (1999). *Mental health: A report of the surgeon general.* National Institute of Mental Health.

Whitworth, J. W., & Ciccolo, J. T. (2016). Exercise and post-traumatic stress disorder in military veterans: A systematic review. *Military Medicine, 181*(9), 953-960.

Whitworth, J. W., Craft, L. L., Dunsiger, S. I., & Ciccolo, J. T. (2017). Direct and indirect effects of exercise on posttraumatic stress disorder symptoms: A longitudinal study. *General Hospital Psychiatry, 49*, 56-62.

Williams, S. E., Carroll, D., Veldhuijzen van Zanten, J. J. C. S., & Ginty, A. T. (2016). Anxiety symptom interpretation: A potential mechanism explaining the cardiorespiratory fitnessanxiety relationship. *Journal of Affective Disorders, 193,* 151-156.

World Health Organization. (2009). *The International Statistical Classification of Diseases and Related Health Problems* (10th rev., 2008 Eds.). World Health Organization.

Review Questions

01 정신건강, 정신질환, 그리고 정신장애의 용어를 정의하고 그 차이를 설명해보자.

02 불안으로 인해 나타나는 도전-회피 반응의 개념과 사례를 설명해보자.

03 임상적 불안과 비임상적 불안은 어떻게 다른지 설명해보자.

04 스트레스와 불안을 구분하는 특징에 대해서 설명해보자.

05 불안으로 인해 나타나는 증상과 예시를 설명해보자.

06 불안을 측정하기 위한 상태불안과 특성불안의 개념을 정의하고 각각의 사례를 설명해보자.

07 불안을 치료하기 위한 약물치료와 심리치료의 특징(장단점)을 설명해보자.

08 인지행동치료의 주요 목적과 방법에 대해 설명해보자.

09 유산소 운동과 무산소 운동의 기간, 강도 등의 특징은 불안과 어떠한 관계가 있는지 요약하여 설명해보자.

10 일회성 운동보다 장기간 운동이 불안 감소에 더 효과적인 이유를 설명해보자.

11 운동이 불안 감소에 영향을 미치는 세 가지 메커니즘을 요약 정리하여 설명해보자.

Projects

일회성 운동의 불안 감소 효과 검증

1. 목적

유산소 운동은 불안 감소에 효과가 높다는 사실이 일관성 있게 밝혀졌다. 하지만 웨이트 트레이닝과 같은 무산소 운동은 불안 감소에 효과가 제한적일 수 있다. 특히 고강도의 웨이트 트레이닝은 불안 해소에 도움이 안 될 가능성이 매우 높다. 이러한 선행연구의 결과를 실제 운동 실험으로 검증해 본다.

2. 방법

- 가족, 친구 3인 이상으로부터 실험 참가 동의를 구한다.
- ACSM(2000)의 가이드라인에 따라 일회성 유산소 운동과 웨이트 트레이닝을 한다.
- 운동 전과 후에 POMS의 불안 요인 9개 문항으로 불안 수준을 측정한다. 9개 문항의 합을 구한다(5번 '이완된'은 역으로 채점).
- 유산소 운동 전후, 웨이트 트레이닝 전후의 불안 점수 변화를 개인별, 전체로 구분해서 표와 그래프로 제시한다.

문항	전혀 아니다	아니다	보통이다	그렇다	매우 그렇다
1) 긴장한	0	1	2	3	4
2) 동요되는	0	1	2	3	4
3) 안절부절한	0	1	2	3	4
4) 허겁지겁한	0	1	2	3	4
5) 이완된*	0	1	2	3	4
6) 불편한	0	1	2	3	4
7) 들떠있는	0	1	2	3	4
8) 신경질적인	0	1	2	3	4
9) 불안한	0	1	2	3	4

3. 보고서 작성

제목, 목적, 가설, 방법, 결과, 시사점과 소감, 참고문헌의 순으로 보고서를 작성한다. 실험 장면을 보여주는 사진을 방법에 포함시킨다.

불안 민감성에 영향을 미치는 요인 탐색(인터뷰)

1. 목적

불안 민감성의 수준은 불안의 발생과 관련이 깊다. 이러한 불안 민감성은 다양한 요인에 의해 달라질 수 있다. 예를 들어, 개인의 성격, 학습 또는 업무의 양, 진로에 대한 고민, 전공 혹은 전문 분야 등이 있다. 앞서 측정한 불안 민감성 점수를 토대로 개인 변수와의 관계를 탐구해 본다.

2. 방법

- 앞장에 제공된 불안 민감성 척도의 점수를 이용하여 주변에서 불안 민감성 점수가 비교적 높은 사람과 낮은 사람을 찾아 인터뷰 동의를 구한다.
- 인터뷰를 통해 그의 성격, 직업, 고민, 스트레스 정도 등을 심층적으로 파악한다(미리 인터뷰 질문지를 마련하는 것이 도움이 될 수 있음).
- 인터뷰한 내용을 정리하여 불안 민감성이 높은 사람과 낮은 사람의 특징을 정리한다.
- 다른 사람들이 조사한 내용을 모두 취합하여 통합적으로 정리한다(브레인스토밍).

3. 보고서 작성

내가 조사한 내용과 동료들이 조사한 내용을 모두 합쳐 통합적인 결론을 도출한다. 도출된 결론을 토대로 불안 민감성이 개인의 어떠한 변수들과 관련이 있는지 또는 관련이 없는지 정리한다.

Study Questions

01 불안에 대한 설명으로 옳지 않은 것은?

① 인간이 경험하는 정상적인 감정이다.
② 스트레스 요인에 직면하면 발생한다.
③ 임상적인 측면에서만 다룬다.
④ 도전-회피 반응의 결과로 나타난다.

02 아래에서 설명하는 불안장애로 알맞은 것은?

전투, 사고, 폭행, 강력사건 목격과 같은 심각한 외상을 당한 후에 불안과 행동의 문제가 1개월 이상 지속하는 증상

① 공황장애 ② 사회 불안장애
③ 범불안장애 ④ 외상후 스트레스 장애

03 아래에서 설명하는 불안장애로 알맞은 것은?

특별한 원인이나 예고 없이 갑자기 공포를 느끼는 일엔 가슴 통증, 땀, 심박수 증가, 어지럼증, 숨 가쁨, 복부 불쾌감, 죽음 공포, 감정과 행동의 조절 실패 공포 등의 증상 발현

① 공황장애 ② 사회 불안장애
③ 범불안장애 ④ 외상후 스트레스 장애

04 우리나라의 불안 발병률과 현황에 대한 설명으로 옳지 않은 것은?

① 남성이 여성보다 더 많이 경험한다.
② 2017년보다 2021년 환자 수가 증가했다.
③ 젊은 세대에서 급속도로 증가했다.
④ 심각한 사회적 문제로 다루고 있다.

05 임상적 불안의 특징이 아닌 것은?

① 특정 사건 없이 불안 반응 발생
② 불안 반응을 조절할 수 없는 경우 진단
③ 정상적인 행동과 일상생활을 방해
④ 경미한 긴장감이나 불편감 증상

06 아래에서 설명하는 불안의 개념으로 알맞은 것은?

일시적으로 나타나는 것으로 개인이 '지금, 이 순간' 어떻게 느끼지는 기반으로 함

① 특성불안 ② 신체 불안
③ 상태불안 ④ 인지 불안

07 불안의 생리학적 측정을 위한 주요 지표로 보기 어려운 것은?

① 심리 검사지　② 근전도법
③ 신경 화학적 요소　④ 뇌파 검사

08 불안에 대한 약물치료의 설명으로 옳지 않은 것은?

① 진정제와 항우울제가 대표적이다.
② 4-6개월간 장기 복용 해야 한다.
③ 알려진 부작용은 없다.
④ 복용 중단 시 추가적 문제가 발생한다.

09 인지행동치료에서 다루는 핵심 요소가 아닌 것은?

① 사고　② 각성
③ 감정　④ 행동

10 불안에 대한 유산소 운동의 효과에 대한 설명으로 옳지 않은 것은?

① 전반적으로 불안 감소에 영향
② 장기간 운동은 특성불안에도 영향
③ 저강도보다 고강도가 더 효과적
④ 운동 종류에 따라 효과에 차이가 있음

11 불안을 겪고 있는 초보자에게 가장 효과적인 저항운동 프로그램은?

① 85% 1RM의 고강도 운동
② 100% 1RM으로 테스트 후 운동
③ 40-60% 1RM의 저-중강도 운동
④ 중강도와 고강도의 반복 운동

12 불안과 무산소 운동의 관계에 대한 설명으로 옳지 않은 것은?

① 불안을 높일 수도 있다.
② 장기적으로는 불안을 낮출 수 있다.
③ 운동강도에 따라 영향이 다르다.
④ 운동 경력/수준은 고려 요인이 아니다.

13 빈칸에 가장 알맞은 운동의 종류는?

____는 불안의 기준선을 낮추는 효과가 있고 이를 통해 특성 불안이 감소하게 된다.

① 무산소 운동　② 장기간 운동
③ 유산소 운동　④ 일회성 운동

14 장기간 운동이 불안의 감소에 어떠한 방식으로 영향을 주는지 간략하게 설명하시오..

15 불안에 대한 운동의 효과를 설명하는 이론 중 아래에 해당하는 것은?

> 체온을 높이는 것이 몸의 이완을 돕는 것처럼, 운동이 체온을 상승시켜 불안을 감소하게 만드는 효과

① 발열 가설
② 주의 전환/휴식 가설
③ 핵심 정서 가설
④ 정보처리이론

16 주의 전환/휴식 가설에 대한 설명으로 옳지 <u>않은</u> 것은?

① 주의조절 기술을 활용한다.
② 스트레스 요인에 대한 주의 분산에서 불안 감소 효과가 나타난다.
③ 운동을 통해 심리적 휴식을 취한다.
④ 운동 외 여러 활동에서도 나타날 수 있다.

17 핵심 정서 가설에 따라 불안이 어떠한 조건에서 나타나는지 빈칸에 알맞을 말을 쓰시오.

> 핵심 정서 가설에 따르면 불안은 ( ) - ( ) 상태일 때 발생할 수 있다.

18 아래 빈칸에 들어갈 말로 알맞은 것끼리 짝지어진 것은?

> 핵심 정서 가설에서 핵심 정서는 (㉠)와 (㉡) 두 차원이 결합하여 나타나는 신경생리학적 개념이다.

	㉠	㉡
①	무산소 운동	유산소 운동
②	정서 상태	각성 수준
③	주의 전환	주의 분산
④	높은 각성	낮은 각성

19 불안과 관련된 신체·심리적 증상에 대해 과도하게 반응하고 두려워하는 경향을 의미하는 개념은?

① 강박 장애
② 임상적 불안
③ 불안 민감성
④ 범불안 장애

20 '내부감각 노출(interoceptive exposure)'에 대한 설명으로 옳지 <u>않은</u> 것은?

① 심박수나 근육의 긴장과 같은 신체 감각을 활용한다.
② 운동이 불안과 관련된 감각을 유쾌한 정서로 해석하도록 돕는다.
③ 운동을 통한 반복된 감각 경험이 두려움을 감소시켜 불안을 완화한다.
④ 심상을 통해 주의를 전환함으로써 불안에 관한 감각을 차단한다.

모 / 범 / 답 / 안

11장 평가문항 모범 답안

01 ③ 02 ④ 03 ① 04 ① 05 ④ 06 ③ 07 ① 08 ③ 09 ② 10 ④ 11 ③ 12 ④ 13 ② 14 일회성 운동으로 인한 불안 감소와 회복이 장기간 반복되면서 불안의 기준선을 낮추고 점차 하향 곡선을 그리며 불안을 감소시킨다. 15 ① 16 ① 17 불쾌-높은 각성 18 ② 19 ③ 20 ④

12장

운동과 우울

Key terms

우울증	우울 장애	우울감	조울증	양극성 장애	기분저하증	순환기질
Beck의 우울증 검사	CES-D	인류학적 가설	모노아민 가설	뇌유래신경 영양인자	자기보고식	엔돌핀 가설
엔도카나비노이드	사회적 상호작용 가설	기분전환 가설	타임아웃	심리사회적 가설		

운동심리학의 정석

12장 운동과 우울

1 우울증의 이해

1) 우울증의 개념

미국정신의학회(APA, 2013)에서 발간한 「정신질환 진단 및 통계 매뉴얼(DSM-5)」에 따르면, 우울증(depression)은 슬픔과 행복 또는 즐거움과 같은 감정들의 무질서하거나 극심한 변화를 유발하는 우울 장애로 정신 장애 범주에 속한다. 즉, 주로 우울증은 시시각각 변하는 기분(mood)으로 인해 어려움을 겪게 되는 정신 장애로 이해한다. 우울증을 포함한 네 가지 주요 기분 장애는 20세기 말 미국 보건복지부의 최초 보고서인 「정신건강에 관한 보건 총감 보고서(Surgeon General's Report on Mental Health)」에서 제시되었다(U.S. DHHS, 1999). 해당 보고서에 제시된 네 가지 주요 기분 장애는 우울 장애 혹은 단극성 주요 우울증(unipolar major depression), 양극성 장애(bipolar disorder), 기분저하증(dysthymia), 순환기질(cyclothymia)이다(표 12-1).

우울증의 정의는 매우 다양할 수 있다. 그러나 공통된 정의를 찾아보면, '시간이 지남에 따라 대부분의 사람들에게 영향을 미치는 불행한 사건부터 지속적인 기분 저하와 쾌락을 찾지 못하는 상태(Biddle & Mutrie, 2001)'로 이해할 수 있다. 우울증은 일반적으로 다음 중 하나 이상의 증상을 가지고 특징지을 수 있다.

- 지속적인 슬픔 또는 흥분감
- 식욕의 변화
- 에너지 부족 (무기력)
- 모든 또는 대부분의 활동에 대한 흥미 상실
- 자살에 대한 생각
- 죄책감이나 자기 가치 없음의 느낌
- 수면 패턴의 이상
- 집중력의 문제
- 기억력 문제
- 환각(hallucinations)

다음은 우울증의 주요 특징을 기반으로 DSM에서 제시하는 우울증의 진단 기준이다. 다음 증상 중 다섯 가지 이상이 2주 기간 동안 나타나며, 이전(과거)과 비교하여 변화를 나타냈을 때 진단할 수 있다(표 12-2 참조).

| 표 12-1 | 네 가지 주요 기분 장애의 특징

주요 기분 장애	특징
우울 장애	· 우울한 기분, 흥미 상실 혹은 압박감이 주요 증상 · 처치가 이루어지지 않을 경우 약 9개월간 증상 지속 · 이러한 증상은 사회, 직장, 혹은 기타 중요한 영역에서 상당한 장애를 유발
양극성 장애	· 조울증과 우울증 혹은 하나 이상의 혼합된 상태 · 조울증은 순수한 유쾌감과 희열부터 짜증까지 다양하게 경험 · 수면 요구량 감소, 주의산만, 유해한 결과를 초래하는 쾌락적 활동에 관여(예: 과소비 쇼핑, 약물, 음주 등) · 가족에 의한 유전 확률이 높음
기분저하증	· 우울증의 만성적인 형태 · 5가지 미만의 증상이 지속되는 상태 · 성인의 경우 약 2년, 아동의 경우 약 1년 동안 지속 · 여성의 진단 확률이 남성의 2배
순환기질	· 양극성 장애나 우울 장애로 진단하기에는 부족한 상태 · 충분한 강도나 지속시간이 부족하지만 조울증과 우울증 상태를 보임 · 양극성 장애 발병 위험이 증가

자료 : U.S.DHHS, 1999

| 표 12-2 | 우울증의 특징에 기반한 진단

N	진단
1	거의 매일, 우울한 기분이 들거나 우울해 보인다는 평가를 받는다.
2	모든 혹은 대부분의 활동에 대한 흥미와 즐거움이 감소한 나를 발견하거나 그렇다는 말을 듣는다.
3	다이어트를 하지 않아도 체중이 감소하거나 증가(한 달 동안 체중이 5% 이상 변화)하고 거의 매일 식욕이 증가 혹은 감소한다.
4	불면증 혹은 과도한 수면이 발생한다.
5	다른 사람들로부터 너무 초조하거나 반대로 너무 게으르다는 말을 듣는다.
6	신체적으로 활동하지 않아도 쉽게 피곤하거나 에너지를 잃는다.
7	무가치감 또는 과도한/부적절한 죄의식을 느낀다.
8	사고력이나 집중력이 현저하게 떨어진다.
9	죽음이나 자살에 대한 생각이 반복적으로 일어난다.

자료: APA(2013)

일시적으로 우울감을 느끼는 것과 우울증을 구분해야 한다. 예를 들어, 어떤 대학생이 중간시험을 망쳐 좋지 않은 성적을 받게 되면 잠시 우울한 기분을 느낄 수 있다. 그러나 대부분 이러한 기분은 어떤 활동으로 혹은 자연스럽게 사라지고 학생이 더 공부를 열심히 할 수 있게 동기를 부여한다. 하지만 우울증은 이보다 더 깊은 수준에서 설명할 수 없는 우울한 기분을 느끼게 한다. 예컨대, 학생은 본인이 해야 할 과제나 일에 온전히 몰두하지 못하고 어쩌면 아예 해야 할 마음이나 동기를 느끼지 못한다. 그리고 이로 인해 자신에 대한 믿음까지도 사라질 수 있다.

Click

조증, 우울증, 조울증의 차이

오늘날 기분 장애와 관련된 용어를 쉽게 접할 수 있다. 그러나 막상 조증, 우울증, 그리고 조울증의 차이를 쉽게 구분하기는 힘들다. 세 용어의 차이는 다음과 같다.

- 조증: 과도한 쾌락과 즐거움으로 인해 문제가 발생하는 기분 장애다. 즉, 비정상적일 정도로 기분이 들떠 행복감에 취한 것이다.
- 우울증: 우울한 기분으로 인해 의욕을 상실하고 불행하다는 느낌에 사로잡혀 일상생활에 문제가 발생하는 것이다.
- 조울증: 과도한 쾌락을 느끼는 조증과 불행을 느끼는 우울증이 번갈아 가면서 나타나는 상태다.

2) 정신질환의 발생률

미국에서 정신질환은 상대적으로 빈번하게 발생한다고 언급하고 있다. 미국 보건복지부의 「정신건강에 관한 보건 총감 보고서(U.S. DHHS, 1999)」에 따르면, 양극성 장애, 공황장애, 외상 후 스트레스 장애, 조현병, 강박성 장애 등 여러 정신질환은 질병과 장애의 부담을 크게 일으킨다.

정신질환 중에서도 우울증은 다른 질병 상태와 비교할 때, 허혈성 심장병에 이어 두 번째로 높은 부담을 가지고 있으며, 심혈관 질환(또한 심혈관 문제와 우울증이 관련이 있다는 증거가 지속적으로 증가하고 있다있다(Blumemnthal et al., 2012), 음주 및 교통사고보다 더 높은 부담을 가지고 있다. 미국의 경우, 매년 성인의 20-25%가 정신질환을 포함한 정신건강 문제에 시달리고 있다(Kessler et al., 2005). 또한 미국 정신건강 연구소(National Institute of Mental Health, NIMH)에 따르면,

2021년 기준 미국인 5명 중 1명에 해당하는 5,780만 명이 정신질환을 갖고 있다.

우리나라도 매년 국민들의 정신건강 문제가 대두되고 있다. 보건복지부의 국립정신건강센터에서 실시한 「국가 정신건강현황 보고서 2021」에 따르면(국립정신건강센터, 2021), 조사 참여자들의 10.2%가 1년 동안 연속적으로 2주 이상 우울감을 경험했다고 답했다. 또한 일반 인구 4명 중 1명에 해당하는 27.8%가 평생 한 번 이상 정신건강 문제를 경험하는 것으로 확인되었다. 이에 따라 자살률도 상당히 높게 나타나는데, 우리나라의 2021년 자살률은 10만 명당 23.6명으로 OECD 평균인 11.1명보다 월등히 높다. 이는 우리나라 국민들의 정신건강이 상당히 위험한 수준에 있다는 것을 간접적으로 의미한다.

건강보험심사평가원(2022)에서 실시한 우리나라 국민의 우울증에 대한 조사는 더욱 충격적이다(표 12-3). 보도자료에 따르면, 2021년 기준 우울증 환자 수는 93만 3,481명으로 지난 2017년(69만 1,164명) 대비 35.1%나 증가했다. 우울증 환자의 연간 총 진료비 역시 2017년 3,038억 원에서 2021년 5,271억 원으로 크게 증가했다. 불안장애 역시 우울증과 마찬가지로 큰 폭으로 증가했다. 또한 우울증의 경우 20대 환자가 전체의 19.0%(17만 7,166명)로 가장 큰 비중을 차지했다.

표 12-3 2017-21년 국내 우울증 진료현황

(단위: 명, 억원, 원, %)

구분		2017년	2018년	2019년	2020년	2021년	증감률	
							연평균	'17년 대비 '21년
우울증	환자수	691,164	764,861	811,862	848,430	933,481	+7.8	+35.1
	진료비	3,038	3,647	4,152	4,515	5,271	+14.8	+73.5
	1인당 진료비	439,501	476,809	511,454	532,190	564,712	+6.5	+28.5

자료: 건강보험심사평가원(2022)

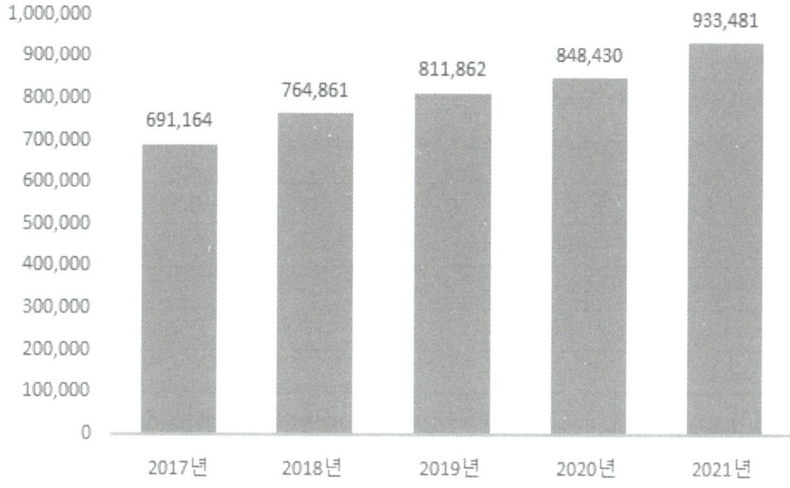

▍그림 12-1▍해마다 증가하는 우울증 및 불안장애 환자 (단위: 명)

이처럼 우리나라의 정신건강 문제가 심각한 것에 비해 국민들의 정신건강 서비스 이용률은 현저히 떨어진다. 「국가 정신건강현황 보고서 2021」에 따르면, 일생에 한 번이라도 정신건강 문제를 느낀 사람 중 병원이나 센터에 방문하여 전문가와 상담을 해본 사람은 고작 12.1%에 그쳤다(국립정신건강센터, 2021). 즉, 100명이 정신건강 문제를 경험하더라도 이 중 12명만이 정신건강 문제 해결을 위해 전문가에게 도움을 구한다는 것이다. 이는 다른 나라와 비교해도 매우 낮은 수치다. 캐나다의 경우 46.5%, 미국 43.1%, 호주 34.9%, 남아프리카공화국 25.2%였고 가까운 나라 일본의 경우에도 20.0%였다. 그만큼 우리나라는 정신건강의 위험에 빠져 있지만 그에 대한 처치나 대책도 미흡하다는 것을 알 수 있다.

3) 증상

우울증은 정신적인 문제 혹은 정신질환으로 나타날 수 있으며 비임상적이거나 임상적일 수 있다. 이는 우울증에 관한 증상의 수, 그 증상의 정도, 그리고 증상의 기간 등에 따라 결정된다.

다행히 우울증의 모든 증상이나 형태가 임상적 치료가 필요한 수준까지 도달하지는 않는다. 어떤 비극적인 상황(예: 운동 중 심각한 부상을 당하거나 더 심한 사고를 경험)

이 발생했을 때 일시적으로 슬픔과 고통을 느끼는 것은 너무나 보편적인 일이다. 그러나 이러한 일시적 슬픔과 고통은 우리가 말하는 임상적 수준의 우울증 증상만큼 오랜 시간 지속되지는 않는다.

앞서 언급한 바와 같이 우울증의 증상은 집중력 저하, 수면 장애, 식욕 변화, 피로 또는 기력 상실 등이 포함될 수 있고 경증에서 중증까지 광범위하게 나타난다. 하지만 경증에 해당하더라도 이를 간과해서는 안 된다. 경증으로 나타나는 증상들은 중증의 증상들과 관련성이 있을 수 있기 때문에 오히려 더 많은 주의를 기울여야 한다.

2 우울증의 원인

우울증의 원인은 아직 명확하게 밝혀지지 않았다. 하지만 현재까지의 정보를 토대로 살펴보면, 우울증은 생리학적 요인과 사회심리학적 요인이 복합적으로 상호작용하여 발생하는 것으로 이해할 수 있다. 또한 개인의 삶에서 발생하는 어떤 특정 사건(예: 암의 발생, 친한 사람의 죽음, 은퇴 등)이나 스트레스 상황에 대응하여 급작스럽게 발생하기도 한다. 물론 같은 사건이라도 개인마다 받아들이는 정도에는 차이가 있기에 우울증의 발생에도 개인차가 있다. 이 밖에도 현재까지 밝혀진 바에 따르면, 우울증의 발생은 유전적인 요인, 삶의 고난이나 역경을 대처하는 능력, 본인이나 가족의 건강 문제, 그리고 사회적인 지지와 격려 등과 관련성을 지니고 있다(권명진 등, 2021; Churchill et al., 2010).

1) 인류학적 가설

인간은 유전적으로 신체활동을 활발하게 하도록 만들어졌으며, 이러한 유전적 특성에 반하여 운동을 하지 않을 경우 건강상 우울증을 포함한 여러 문제가 생긴다는 가설이다(Martinsen, 2002). 인류는 원시시대부터 생존과 먹을 것을 찾기 위해 신체활동을 주로 하는 생활양식을 유지해 왔다. 20세기 초반까지도 수공업을 중심으로 하는 생활양식으로 여전히 신체활동을 강조했다. 생존을 위한 신체활동이 크게 줄어든 것은 최근 50년간에 일어난 것이며, 이 기간에 우울증도 급격하게 증가했다는 것이다. 인간은 유전적으로 신체활동을 하도록 설계되어 있기 때문에 운동을 안 하면 건강에 이상이 생긴다는 것이 인류학적 가설의 핵심이다.

2) 모노아민 가설

우울증의 원인에 대한 연구는 주로 신경과학적 관점에 초점을 맞추어 왔다. 이 중에서 가장 널리 알려진 우울증의 신경과학적 기전은 바로 모노아민 가설(monoamine hypothesis)이다. 이 가설은 주요 신경전달물질인 세로토닌(serotonin), 도파민(dopamine), 노르에피네프린(norepinephrine), 그리고 에피네프린(epinephrine)의 감소가 우울증을 유발하는 주요 원인이라고 보고 있다. 모노아민 신경전달물질의 핵심 기능은 뇌의 다양한 부위에 작용하여 운동 기능이나 동기 부여, 기분, 식욕, 주의력 등을 조절하는 것이다. 여기서 알 수 있듯이, 모노아민 신경전달물질의 기능과 우울증의 주요 증상들이 매우 비슷하다. 다시 말해, 모노아민 신경전달물질의 기능 저하는 곧 우울증 증상의 발현을 의미한다고 볼 수 있다.

그러나 오늘날 모노아민 가설은 우울증의 원인을 설명하는 데 한계가 있다고 여겨진다. 왜냐하면 앞서 설명했듯이 우울증의 원인은 단순히 신경과학만으로는 설명이 불가능하고 유전자, 환경, 경험, 성별, 사회적 지지 등 복합적인 요소를 고려해야 하기 때문이다. 게다가 항우울제를 투여했을 때 노르에피네프린 및 세로토닌이 급격하게 증가하지만, 실제 우울증 치료를 위해서는 장기간의 투약이 필요하다는 것도 모노아민 가설이 설명하지 못하는 한계로 여길 수 있다(Bear et al., 2020).

Click

모노아민 신경전달물질의 기능

- 도파민: 원활한 움직임과 실행 및 조절, 기분과 동기부여, 의욕, 기억, 정서 조절 등에 관여한다.
- 세로토닌: 기분과 감정조절, 수면, 식욕, 인지 기능(학습, 기억, 집중), 운동 능력, 통증 등에 관여한다.
- 노르에피네프린과 에피네프린: 심혈관 조절, 대사 조절, 신경 및 호르몬, 스트레스에 대한 대응, 기분 조절 등에 관여한다.

3) 뇌유래신경영양인자 가설

뇌유래신경영양인자(Brain-Derived Neurotrophic Factor; BDNF)는 신경세포에서 분비되는 일종의 단백질인데 신경의 성장과 생존 그리고 시냅스(synapse)의 기능 조절을 담당한다. 한 연구(Fair & Rethorst, 2019)에 따르면, 우울증을 겪고 있는 환자들은 정상인보다 BDNF의 수준이 낮을 뿐만 아니라, BDNF의 수준이 낮을수록 우울증의 증상도 심각한 것으로 나타났다. 또한 항우울증 약물을 사용하거나 운동할 경우 BDNF는 증가하는 것으로 나타나 BDNF가 우울증과 밀접한 관련이 있다는 사실이 밝혀졌다(Szuhany et al., 2015).

이에 관한 연구 사례 하나를 살펴볼 수 있다. He 등(2019)은 여드름 질환으로 인해 우울증을 겪는 환자들을 대상으로 BDNF와 우울증의 관계를 분석했다. 그 결과 〈그림 12-2〉에 나타난 것과 같이 우울증을 겪는 여드름 환장 그룹(N=20)의 BDNF 수치는 다른 비교 집단(건강 그룹 N=59, 우울증이 없는 단순 여드름 환자 그룹 N=98)과 비교했을 때 가장 낮은 수치를 보였다. 이러한 연구는 BDNF 수치와 우울증이 관련 있다는 것을 지지하는 것이다.

이처럼 우울증의 원인을 특정할 수 있는 다양한 가설과 증거들을 규명하려는 노력은 상당히 중요하지만, 애석하게도 아직 명확한 기전을 밝히기에는 갈 길이 멀다(이정구 등, 2012).

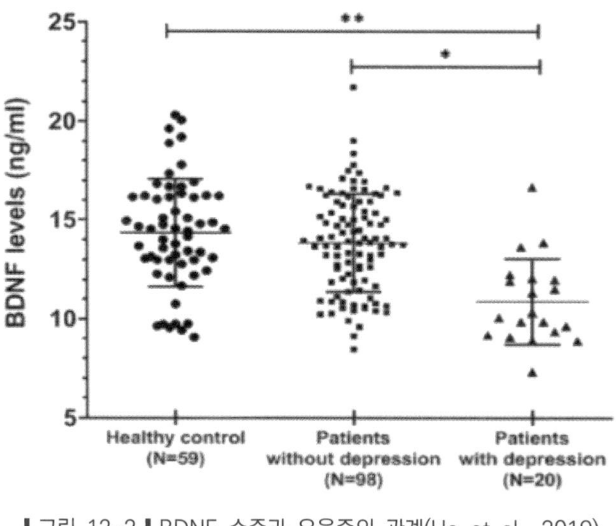

▌그림 12-2▐ BDNF 수준과 우울증의 관계(He et al., 2019)

3 우울증의 측정과 평가

우울증은 주로 두 가지 방법으로 측정할 수 있다. 첫 번째는 표준 분류 기준을 이용하여 의사 혹은 전문가와 상담하는 방법이다. 두 번째는 자기보고식 검사지를 이용하는 방법이다.

1) 표준 분류 기준

정신 장애를 진단할 때 사용하는 가장 보편적인 기준은 미국정신과협회(2013)에서 제공하는 「정신질환의 진단 및 통계 편람 5판(DSM-5)」이다. DSM-5에는 약 400가지 이상의 정신 장애를 진단하고 분류할 수 있는 포괄적인 지침과 기준이 제시되어 있다. 이러한 기준을 이용해 전문가는 환자의 상태를 자세하게 판단할 수 있고 삶의 다양한 측면(예: 정신적, 감정적, 신체적 등)을 포함하여 적절한 진단을 내릴 수 있다. DSM-5 외에도 '연구용 진단 기준(The Research Diagnostic Criteria, RDC; Spitzer, Endicott, & Robins, 1978)'과 '국제질병분류(International Classification of Diseases, ICD; World Health Organization, 2009)'에서도 다양한 정신 장애에 대한 진단 기준을 제공한다.

▌그림 12-3▐ (좌) DSM-5 영문판, (우) DSM-5 국문판

2) 자기보고식 검사지

임상 그리고 경도부터 중등도의 우울증에 관한 연구에서는 여러 가지 표준화된 자기보고 척도를 사용한다. 이 중에서도 타당도가 잘 검증되고 널리 사용되는 검사지는 Beck의 우울증 검사(Beck Depression Inventory; BDI)와 Zung의 자기 평가 우울 척도(Zung Self-Rating Depression Scale)이다. 이 밖에도 우울증 평가 척도(Hamilton, 1960), 환자 건강 설문지-9(Kroenke, Spitzer & Williams, 2001), 기분 상태 프로파일의 우울증 부분(Depression subscale of the Profile of Mood States), 노인 우울 척도, 그리고 역학 연구 센터-우울증 척도(Center for Epidemiologic Studies-Depression scale; CES-D) 등이 있다.

위와 같은 검사지들은 한국어로 번역 및 표준화되어 사용되고 있다. 예를 들어, 안제용 등(2013)은 환자 건강 설문지-9를 한국어로 번역하고 타당도를 검증하여 한국어판 우울증 선별도구를 마련하였다. 정인과 등(1997)은 한국어판 노인 우울 검사를 표준화하였고, 전겸구 등(2001)은 한국판 CES-D를, 신호철 등(2000)은 Beck의 우울증 검사에 대한 한국어판 타당도를 검증하였다. 이러한 검사 도구들은 모두 우울증을 평가하지만, 평가하는 방법과 내용에 있어서는 다소 차이가 있다. 따라서 각 검사지를 사용하기 위해서는 검사지의 특성과 평가 방법을 충분히 숙지해야 한다.

| 표 12-4 | 한국판 CES-D

아래에 제시된 검사지는 한국판 CES-D다. 피검사자는 지난 일주일 동안 자신의 상태가 어떠했는지 떠올려보고 문항에 답변한다. 이때 문항에 대한 답변이 일주일 동안 1일 이하라면 '극히 드물었다', 1~2일이라면 '가끔 있었다', 3~4일이라면 '종종 있었다', 5일 이상이라면 '대부분 그랬다'에 체크한다.

지난 일주일간 나는…		극히 드물었다	가끔 있었다	종종 있었다	대부분 그랬다
1	평소에는 아무렇지도 않던 일들이 괴롭고 귀찮게 느껴졌다.				
2	먹고 싶지 않고, 식욕이 없었다.				
3	어느 누가 도와준다 하더라도, 나의 울적한 기분을 떨쳐버릴 수 없을 것 같았다.				
4	무슨 일을 하든 정신을 집중하기가 힘들었다.				
5*	비교적 잘 지냈다.				
6	상당히 우울했다.				
7	모든 일들이 힘들게 느껴졌다.				
8	앞일이 암담하게 느껴졌다.				
9	지금까지의 내 인생은 실패작이라는 생각이 들었다.				
10*	적어도 보통 사람들만큼의 능력은 있었다고 생각한다.				
11	잠을 설쳤다 (잠을 잘 이루지 못 했다).				
12	두려움을 느꼈다.				
13	평소에 비해 말수가 적었다.				
14	세상에 홀로 있는 듯한 외로움을 느꼈다.				
15*	큰불만 없이 생활했다.				
16	사람들이 나에게 차갑게 대하는 것 같았다.				
17	갑자기 울음이 나왔다.				
18	마음이 슬펐다.				
19	사람들이 나를 싫어하는 것 같았다.				
20	도무지 뭘 해 나갈 엄두가 나지 않았다.				
합계 점수		(　　)	(　　)	(　　)	(　　)
총점		(　　　　　)점/60점			

□ 채점

전체 문항에 답변한 뒤에는 극히 드물었다 = 1점, 가끔 있었다 = 2점, 종종 있었다 = 3점, 대부분 그랬다 = 4점으로 채점한다. 단, 5번, 10번, 15번 문항은 반대로 채점하고(예: 4점으로 적었다면 1점으로, 3점으로 적었다면 2점으로) 전체 점수를 합산한다.

□ 결과 해석

합산 점수가 0~20점 사이라면 정상에 해당하고 21~40점이면 우울증 위험군, 41~60점이면 우울증 고위험군으로 진단된다.

4 우울증 개선을 위한 운동 메커니즘

앞서 우울증이 유발되는 원인이 무엇인지 살펴보았다. 이번에는 운동이 우울증을 완화하는 데 효과적이라는 주장의 근거를 살펴보자.

1) 엔돌핀 가설

운동이 우울증에 효과가 있는 이유로 엔돌핀(endorphin) 가설이 언론에 자주 소개되었다. 이 가설에 따르면 스트레스(운동도 스트레스의 일종임)를 받으면 엔돌핀 분비가 촉진된다. 엔돌핀은 뉴런에서 정보전달을 가능하게 만드는 물질로 모르핀과 유사한 역할을 한다. 엔돌핀이란 용어도 자연적(endogenous) 모르핀(morphine)이란 뜻에서 왔다. 엔돌핀은 통증을 감소시켜주는 체내 물질이며, 운동으로 엔돌핀이 분비되면 좋은 기분이 느껴진다. 운동으로 우울증이 감소되었다면 기분을 좋게 하는 엔돌핀의 분비 때문으로 본다. 지금까지 이 가설을 지지하는 연구와 반박하는 연구가 비슷한 수준으로 보고되고 있어 분명한 결론을 내리기 어려운 상황이다.

2) 엔도카나비노이드

엔도카나비노이드(endocannabinoid; eCB) 시스템은 시냅스의 흥분성과 신경전달물질의 분비를 조절하는 신경조절 네트워크다(Brellenthin et al., 2017). eCB는 운동강도에 따라 분비되는 방식(intensity-dependent)을 가지며, 불안 및 우울 감소, 에너지 또는 활력 증가와 같은 운동과 관련된 심리적 변화에 영향을 미치는 것으로 제안되고 있다. 실제로, 임상적으로 우울증을 앓고 있는 사람들은 eCB 수치가 낮은 경향이 있으며, 이 수치는 현재 우울증이 얼마나 오래 지속되고 있는지와도 관련이 있다고 보고되었다(Hill et al., 2008).

Raichlen 등(2013)에 따르면, eCB 시스템은 유산소 운동과 관련된 보상(reward)과도 연결되어 있는 증거가 존재한다. 따라서, eCB는 운동에 참여하게 하는 신경생물학적 동기 요인으로 작용할 수 있다. 현재 일부 연구는 eCB 시스템이 운동을 통한 우울증 완화에 작용하는 잠재적 메커니즘일 수 있다는 가능성을 제시하고 있다. 그러나 현재로서는 제한적인 초기 연구 결과만이 이를 뒷받침하고 있는 상황이다.

3) 사회적 상호작용 가설

운동이 우울증에 효과가 있는 이유는 운동을 통해 다른 사람과 상호작용을 할 수 있는 기회가 생기기 때문이라는 가설이다. 우울증을 겪으면 사회적으로 고립되지만 운동 프로그램에 참여하면 대체로 대인접촉의 기회가 많아진다. 다른 사람과의 접촉으로 고립감이 줄어들어 우울증이 개선된다는 것이다. 하지만 혼자서 운동을 해도 우울증이 개선되는 것으로 나타나 이 가설로 설명하기 어렵다는 한계가 있다. 사회적 지지 가설과도 밀접한 관계가 있다.

4) 기분전환 가설

기분전환 가설은 운동을 하는 동안에는 일상생활과 일에 대한 스트레스로부터 벗어날 수 있으며, 이러한 기분의 전환 때문에 우울증이 개선된다고 설명한다. 운동을 할 때마다 스트레스에서 벗어나 기분이 좋아지고, 이런 기분 개선이 운동할 때마다 반복 강화되기 때문에 우울증이 개선된다는 것이다. 운동뿐만 아니라 명상, 이완, 조용한 휴식 등도 운동과 마찬가지로 타임아웃(time-out) 효과가 있다.

5) 심리사회적 가설

- 기대 가설: 사람들은 운동을 하면 기분이 좋아진다는 기대를 갖고 있다. 운동 후에 우울증이 감소하는 이유는 운동이 주는 실제적 효과 때문이라기보다는 기분이 좋아질 것이라는 기대가 작용했기 때문이라는 설명이다. 이 가설에 따르면 운동은 실제로 효과가 있기보다는 효과가 있다는 믿음 때문에 효과가 나타나는 위약 효과(placebo effect)로 본다.
- 주의효과 가설: 운동 프로그램을 시작하면 운동지도자나 트레이너와 일대일 접촉을 유지한다. 다른 사람으로부터 받는 긍정적인 주의로 자신의 가치가 강화되고 자신이 중요한 인물이다는 생각을 갖게 되기 때문에 우울증이 개선된다는 설명이다.
- 자아상 개선 가설: 운동을 지속하면 근육이 발달하고, 외모에 대한 생각이 좋아진다. 신체적 자기개념이 좋아지고 자아존중감이 개선되므로 정신건강이 좋아진다는 설명이다.
- 자신감(통제감) 가설: 우울증이 있는 사람은 무력감을 느낀다. 운동을 실천하면 자신

의 삶의 일부 활동인 운동에 대해서 통제감을 느끼게 된다. 운동에 대해 통제력을 느끼면 삶의 다른 영역으로 확대되고 궁극적으로 희망이 생기게 된다는 설명이다.

5 우울증에 대한 처치

세계적으로 우울증은 사망률이나 질병률과 명백한 관련성을 보이지만(Alonso et al., 2004; Lawlor & Hopker, 2001), 제대로 된 처치가 이루어지지 않는 경우가 빈번하다. 우울증을 앓고 있는 사람들이 의사나 전문가에게 도움을 요청하기는 하지만, 실질적으로 그들이 도움을 요청하는 이유는 우울증 때문이 아니다. 그 이유는 우울증과 같은 정신질환에 대한 편견과 오해 때문이다.

우울증의 가장 보편적인 처치는 약물(예: 항우울제 약물)을 처방하는 것인데, 종종 약물 처방에 대한 법적 규정을 준수하지 않는 경우가 발생하기도 하고(Lawlor & Hopker, 2001) 약물 치료가 모두에게 효과적이지 않을 수도 있다. 실제로 우울증 치료를 위해 약물을 복용하는 사람들 중 30%만이 증상 완화를 경험한다는 추정치가 존재한다(Rethorst & Trivedi, 2012). 게다가 우울증 치료에 드는 비용도 주요 방해 요인 중 하나다. 우울증을 치료하는 데 드는 직접적인 비용도 문제지만 치료과정에서 발생하는 간접적인 비용도 부담이 된다. 예컨대, 우울증 치료는 원치 않는 부작용(예: 체중 증가, 졸음, 성적 문제)을 초래하는데, 이에 따라 집중력이나 생산성 혹은 삶의 질이 저하되어 이차적인 금전적 손실을 일으킬 수 있다(박정애, 최상은, 2010).

상당히 오랜 시간 동안 운동과학 분야에는 신체활동이 우울증의 예방과 처치에 있어 효과적인 수단이 될 수 있다는 믿음이 존재해 왔다. 이러한 믿음이 가능했던 이유는 지난 50년 동안 선구적인 노력을 해왔던 윌리엄 모건(William Morgan)의 업적 덕분이다. 초기 그의 연구(Morgan, 1968, 1969, 1970)는 우울증 환자의 신체적 건강 수준이 정상인에 비해 현저히 낮다는 것을 주목하였다. 이러한 연구 성과는 오늘날 운동이 기분 장애를 대처하는 데 잠재적으로 유용한 수단이 될 수 있다는 가능성을 보여주는 최초의 연구 사례로 이해할 수 있다. 그의 노력을 바탕으로 미국정신의학회(APA)는 우울증 처치 가이드라인을 다음과 같이 언급한다(Gelenberg et al., 2010).

"거의 모든 사람들의 건강에 운동은 많은 도움이 된다. 수많은 데이터와 지표들은 주요 우울증 장애를 겪는 사람들이 유산소 운동이나 저항 운동에 참여할 경우 기분이나 증상이 개선될 수 있음을 가리킨다. 또한 정기적인 운동은 우울증의 증상 발생률을 낮출 수 있고, 특히 노인이나 합병증을 가지고 있는 사람들에게 큰 도움이 될 수 있다."

6 운동과 우울증의 관계

1960년대 후반 이후, 운동과 정신건강 간의 관계를 조사하기 위한 체계적인 연구가 진행되기 시작했다. 경도 또는 중증도 수준의 우울증에서 장애와 같은 임상적 수준까지의 우울증에 대한 운동의 긍정적 효과와 그에 대한 증거를 살펴보자.

운동(신체활동을 포함)은 경도와 중등도, 또는 심각한 기분 장애의 치료를 위한 유용한 수단이라고 보고되고 있다. 특히 운동은 심각한 정신적 문제로 고통받는 사람들이 더 생산적이고 주체적인 삶을 살아가도록 도와주는 데 유용한 치료적 전략으로도 사용될 수 있다(Physical Activity Guidelines Advisory Committee, 2008, 2018). 그러나 이러한 운동의 치료적 효과는 완전히 보편화된 견해는 아니다(deGeus & deMoor, 2008; Lawlor & Hopker, 2001; Salmon, 2001). 왜냐하면 아직 일부 사람들은 운동보다 약물 치료가 더 효과적이고 운동이 필수적인 치료 방법은 아니라고 믿기 때문이다.

이는 의사들도 마찬가지다. 의사들은 우울증 치료의 일부 정도로만 운동을 사용한다. 이 때문에 일부 가정의(general practitioner)들은 의사들이 우울증 치료를 위해 운동을 처방하는 것이 내키지 않더라도, 우울증 증상이 있는 환자에게는 신체활동 프로그램을 제공해야 한다고 주장한다(Mental Health Foundation, 2009; Searle et al., 2012).

여전히 경미하거나 중등도의 우울증 환자에게는 항우울제가 운동 프로그램보다 더 효과적이라는 믿음이 존재한다. 운동은 선택사항이거나 보조적 수단이기 때문에 약물, 심리상담 치료 및 인지행동치료보다 효과가 떨어진다고 여기는 경향이 있다(Mental Health Foundation, 2009). 그러나 역학적(epidemiology) 자료들과 연구는 정기적인 신체활동이 심각한 기분 장애가 발생하는 것을 예방하거나 적어도 그러한 장애의 위험을 줄이는 데 효과적일 수 있다는 증거를 꾸준히 그리고 일관적으로 보고하고 있다.

1) 운동의 예방적 효과

역학적 조사 연구가 양적으로 증가하면서 정신건강의 개선과 유지(예: 우울증 예방)에 대한 운동의 효과가 규명되고 있다. 이러한 연구들은 우울증에 대한 운동의 예방적 효과에 대해 언급하고 있다. 첫째, 운동은 더 자주 할수록 불안과 우울증의 증상이 줄어든다(강지훈, 2011). 둘째, 매주 1시간의 활동을 하는 것만으로도 우울증을 예방하는 데 도움이 된다(Harvey et al., 2017). 셋째, 50세 이상을 기준으로 유산소 운동의 감소는 남성과 여성 각각 2~9%까지 우울증의 위험을 증가시킨다(Dishman et al., 2012). 넷째, TV 시청과 같은 정적 활동에 더 많은 시간을 할애하는 것은 우울증과 관련이 있다(Andrade-Gomez et al., 2018). 종합해 보면, 인간의 활동량과 우울은 밀접한 관계가 있음을 알 수 있다(Stubbs et al., 2016).

운동의 예방적 효과는 해부학적으로도 설명 가능하다. Ylikoski 등(2000)의 연구에 따르면, 인간의 뇌에 존재하는 해마(hippocampus)는 55세 이상일 때 매년 1~2% 정도 부피가 감소하기 시작한다. 해마의 부피는 도파민과 노르에피네프린 시스템에 작용하는 뇌 기관들과 밀접한 관련이 있는데, 이 기관들은 인지 및 정서 기능을 담당하므로 우울증과도 관련된다.

규칙적으로 운동에 참여하는 사람들은 노화에 따른 해마 부피의 감소율이 현저히 낮은 것으로 나타났다(Chieffi et al., 2017). 반대로 운동을 꾸준히 하는 사람들의 해마는 오히려 점차 증가한다는 연구 결과가 보고된 바 있다(Erickson et al., 2011; 그림 12-4 참조). 규칙적인 운동은 해마의 부피를 유지하거나 증가시키고, 이는 인지 및 정서 관련 기관들과 관련되면서 우울증을 예방할 수 있다.

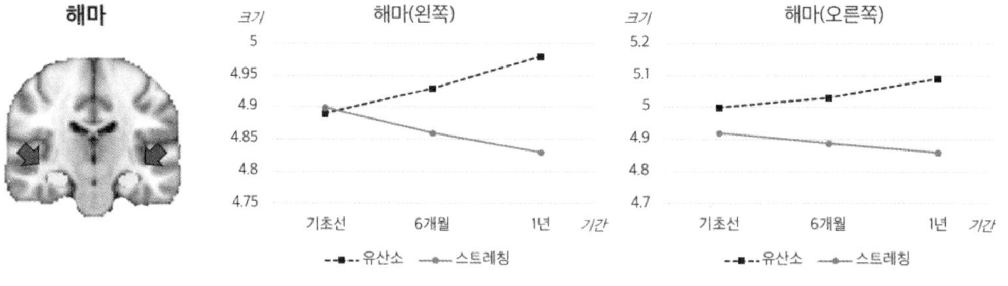

| 그림 12-4 | 해마의 크기와 운동(Erickson et al., 2011)

몇 가지 역학적 조사 연구를 살펴보자. 15~54세까지의 미국인 약 6,000명을 대상으로 한 Goodwin(2003)의 연구에 따르면, 신체활동은 우울증, 기분저하증, 양극성 장애와 관련이 있다. 즉, 주요 우울증은 신체활동의 빈도가 적을수록 증가하는 것으로 나타났다(그림 12-5 참조).

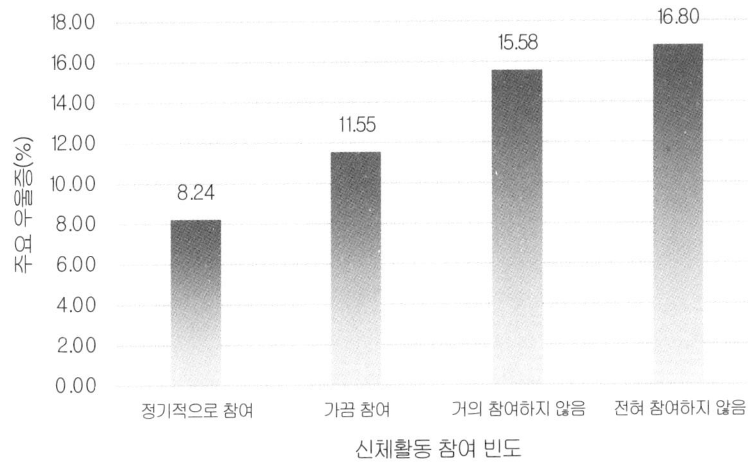

▮그림 12-5▮ 신체활동 참여 빈도와 주요 우울증의 관계(Goodwin, 2003)

Galper 등(2006)은 6,700명을 대상으로 유산소 운동과 습관적인 신체활동이 우울증과 어떠한 관련이 있는지 연구했다. 그 결과 고강도의 유산소 운동은 가장 낮은 우울증과 관련이 있었고, 낮은 수준의 운동은 가장 높은 우울증과 관련이 있었다. 습관적 신체활동 또한 우울증과 단계별로 상관이 있었다. 예컨대, 걷기나 달리기가 '1주일에 1마일(1.61km) 미만', '1주일에 1-10마일(1.61~16.10km)', '1주일에 10마일(16.10km) 이상'으로 증가할수록 우울증 증상이 크게 감소하였다.

국내에서도 남일성 등(2014)은 한국 노인들의 규칙적인 운동참여가 우울증 예방에 어떤 도움이 되는지를 밝히고자 했다. 60세 이상 노인 6,210명의 자료를 분석한 결과, 규칙적으로 운동에 참여하는 노인의 우울증이 유의미하게 낮은 것으로 나타났다. 나아가 규칙적 운동은 일상생활 활동 능력, 악력, 주관적 건강상태와 같은 신체능력과 참여 사회활동 개수, 친한 사람과의 만남과 같은 사회 활동 관련 변수들을 매개하여 우울증을 예방해주는 것으로 확인되었다(그림 12-6 참조).

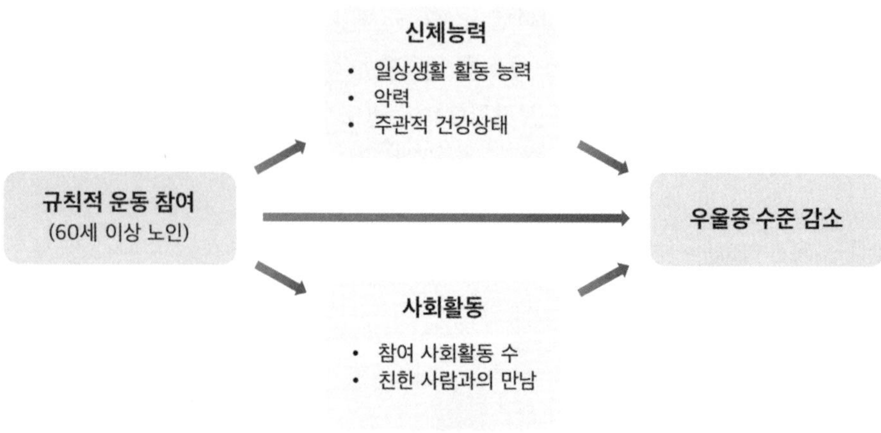

▎그림 12-6▎ 규칙적 운동 참여와 우울증 예방 (남일성 등, 2014)

2) 운동의 치료적 효과

앞서 운동이 우울증 예방에 어떠한 효과가 있는지 다양한 역학적 조사 연구를 살펴보았다. 이들이 제시한 증거는 괄목할 만한 성과라고 할 수 있다. 그러나 기분장애나 우울증과 같은 증상이 이미 발생한 후에 운동이 유용한 치료법이 될 수 있는지에 관한 연구는 여전히 진행 중이다. 이 때문에 운동의 치료적 효과를 규명하기 위한 연구는 크게 증가하는 추세에 있다. 이러한 연구들은 전통적인 우울증 치료법(예: 약물)과 운동이 병행될 때, 혹은 운동이 단독적으로 적용될 때 임상적 우울증 치료에 대한 효과성을 규명하려는 노력을 포함한다. 예컨대, 경미하거나 중증도의 우울증을 가진 사람들과 심각한 우울증을 가진 사람들에 대한 운동의 효과를 규명하는 것이다. 분명 일부 자료들은 운동 처치가 임상적이거나 비임상적인 우울증을 치료하는 데 유용하다는 것의 증거를 제시한다.

임상 심리학자인 Keith Johnsgard(1989)는 자신의 책 「The Exercise Prescription for Depression and Anxiety」에서 운동이 그의 환자들의 불안 및 기분장애 치료에 어떻게 유용한지에 대한 다양한 사례를 제시하였다.

2018년에 발표된 Physical Activity Guidelines Advisory Committee (PAGAC) 보고서는 신체적인 활동이 임상적 우울증이 있는 사람뿐만 아니라 그렇지 않은 사람들에게도 우울증 증상을 감소시키는 데 강력한 효과가 있다는 증거를 제공한다. 또한 North, Mccullagh와 Tran이 1990년 운동과 우울증에 관한 메타분석을 최초로 실시하였고, 그 이후에 실시된 다양한 연구들이 위 주장을 지지한다(Kvam et al., 2016; Schuch et al., 2016). 수행된 연구들의 주요 결과는 다음과 같다.

- 감소된 우울증: 아마도 연구에서 발견된 가장 중요한 사실은 운동이 우울증의 감소에 매우 큰 효과가 있다는 것이다. 특히 운동의 종류와 무관하게 어떠한 운동이든 우울증을 감소하는 데 유효하다는 것이다.
- 조절 요인: 운동 상황에서 마주하는 몇 가지 요인들은 운동의 치료적 효과에 영향을 미치거나 이를 조절하기도 한다. 연구들에서 제시하는 조절 요인들은 크게 '운동 관련 변수'와 '참여자 관련 변수'로 구분한다. 이러한 요인들에 대한 설명은 〈표 12-5〉와 같다.
- 운동과 전통적 치료 비교: 운동은 처치를 전혀 하지 않는 것, 일부 통제적인 처치를 하는 것, 그리고 다른 즐거운 활동(예: 비운동적 선택활동)에 참여하는 것보다 우울증 감소에 효과적이다. 특히 운동은 전통적 치료법인 이완, 심리치료, 약물 등과 동등한 효과가 있거나 어쩌면 그것들보다 더 뛰어난 효과가 있다는 것이 밝혀졌다. 가장 뛰어난 효과는 심리치료와 운동을 병행하는 것이다. 주로 비임상적 우울(우울감)이나 경도의 우울증을 앓는 참여자들을 대상으로 한 연구에서 얻은 결론은 운동이 비용적인 차원에서도 가장 효율적인 처치라는 것이다.

❙표 12-5❙ 우울증에 대한 운동의 치료적 효과를 조절하는 요인

구분		요인	설명
조절 요인	운동 관련	운동 종류	· 종류와 무관하게 모든 운동은 우울증 감소에 효과가 있음. · 즉, 유산소와 무산소 운동 모두 유사한 효과
		운동 기간	· 운동 기간이 길어질수록 우울증 감소 수준은 더 커짐. · 그러나 이에 대한 연구는 소수이므로 더 많은 조사가 필요함.
		운동강도	· 모든 강도의 운동에서 우울증 감소 효과 · 운동강도의 명확한 기준에 대해서는 지속적인 연구 필요
		운동시간/빈도	· 시간과 빈도 모두 우울증 감소에 효과 · 그러나 명확한 기준에 대한 연구는 부족
		일회/장기	· 일회(acute) 운동과 장기(chronic) 운동 모두에서 우울증 감소 효과
	참여자 관련	나이	· 운동은 모든 연령대에서 우울증을 감소
		성별	· 남성과 여성 모두에게 운동은 우울증 감소에 효과적

Click

Johnsgard(1989)의 우울증 환자 치료 사례

한 남성 환자는 아내가 자살로 사망했고, 이후 그는 심각한 우울증과 죄책감에 힘들어했다. Johnsgard는 환자의 치료를 위해 증상처방(symptom prescription)과 운동치료 두 가지 접근법을 사용했다. 증상처방은 환자에게 매일 1시간 동안 자신의 죄책감에 대해 곰곰이 생각하도록 하는 것이었다. 운동치료는 매일 같은 시간 동안 걷기와 달리기를 하는 것이었다. Johnsgard는 두 가지 치료가 본질적으로 상호작용 효과가 있음을 확인하였다. 환자는 비교적 빨리 회복했으며, 자신이 죄책감을 통제할 수 있다는 것을 깨달았다. 운동은 그 자체로도 효과가 있었다. 운동이 환자의 뇌에서 항우울 신경전달물질의 활성화를 증가시켰고, 운동의 진정 효과로 더 잘 자고 더 많은 활력을 가지게 되었다.

Babyak 등(2000)의 연구는 운동과 전통적 치료의 효과성을 잘 보여준다. 그들에 따르면 초기에는 운동보다 약물치료가 우울증 감소에 더 효과적이지만 후기에는 약물과 운동이 비슷한 효과를 보인다. 놀라운 것은 더 많은 시간이 지난 후다. 6개월 후에는 운동집단의 완치 비율이 약물치료 집단보다 월등히 높았고 우울증의 재발률 또한 훨씬 낮은 것으로 나타났다. 이 연구는 장기적인 측면에서 운동이 우울증 감소에 훨씬 많은 이점을 준다는 것을 시사한다.

국내에서도 우울증에 대한 운동의 치료적 효과를 규명하기 위한 연구가 수행되어 왔다. 예를 들어, 육영숙(2012)은 여성 우울증 환자 16명을 모집하고 두 개의 집단으로 구분하였다. 이때 실험 집단에는 동적인 운동(댄스)과 정적인 운동(요가)으로 구성된 프로그램을 주 2회 8주간(총 16회기) 적용했다. 그 결과 운동에 참여한 집단에서 우울증뿐만 아니라 불안도 유의하게 감소하였고 삶의 질은 증가한 것으로 나타났다.

또한 홍성균 등(2018)은 뇌졸중으로 인해 우울증과 감정조절 장애를 앓고 있는 환자 10명을 대상으로 저강도 근력 운동을 적용하고 효과를 검증하였다. 저강도 근력 운동은 회당 50분, 주 5회 총 10주 동안 적용했고 대부분 가벼운 아령 운동과 튜브(고무줄) 운동이었다. 연구자들은 10주간의 운동 적용 전과 후의 신경전달물질의 농도를 비교했다. 그 결과 세로토닌, 노르에피네프린, 에피네프린 세 가지 신경전달물질의 농도가 모두 증가한 것으로 나타났다. 이러한 신경전달물질은 우울증 개선에 도움이 되는 것으로 이해할 수 있다.

3) 예방 및 치료를 위한 운동 가이드라인

앞서 운동의 치료적 효과를 조절하는 요인들에서 살펴본 바와 같이 운동의 종류, 기간, 강도, 시간/빈도, 단기적/장기적 참여 등의 조절 요인들은 모두 우울증 개선에 유효하다. 그러나 각 조절 요인들의 수준과 우울증 감소의 관계는 명확하지 않으므로 지속적인 연구가 필요하다. 이 때문에 우울증 예방이나 감소를 위한 운동의 치료적 개입이 어떻게, 얼마나, 어느 수준으로 필요한지에 대한 기준을 명확하게 제시하는 것은 어려운 일이다. 비록 완벽하게 합의된 기준은 아니지만 선행연구를 종합해 볼 때 일부 기준을 살펴볼 수는 있다.

- 운동 기간: 9주 이상의 꾸준한 운동 참여(기간이 길수록 유리)
- 운동 종류: 유산소 및 무산소 운동 동일한 효과
- 최소 기준: 하루에 약 20분 걷기 운동 (체중 1kg 당 1kcal 소비)
  *운동량 증가 = 우울증 감소 (dose-response 효과)
- 가이드라인: 주당 3시간 이상 2,500kcal 소모하는 운동
- ACSM 권고: 주당 3-5회, 회당 20-60분, 최대심박수 55-90% 강도

위와 같은 운동 기준과 함께 우울증 환자들에게 운동을 지도할 때 유의해야 하는 몇 가지 사항들이 있다.

- 우울증의 증상과 치료법에 대한 지식
- 우울증 환자와의 관계에 대한 분명한 경계선(의존 경향 발생)
- 우울증 환자의 운동 습관 및 체력(체력 현저히 낮음)
- 흥미를 일으키는 운동 프로그램(동기 수준 낮음)
- 쉽게 즐길 수 있는 운동
- 우울증 환자를 운동 설계과정에 참여시켜 책임감 부여
- 중도 포기와 변명에 대한 대비와 극복 방안

참고문헌

강지훈(2011). 운동참여수준이 우울과 불안에 미치는 영향. **한국체육과학회지, 20**(3), 645-652.

건강보험심사평가원(2022). **보도자료: 최근 5년(2017~2021년) 우울증과 불안장애 진료현황 분석.** http://www.hira.or.kr

국립정신건강센터(2022). **국가 정신건강현황 보고서 2021.** 서울: 국립정신건강센터.

권명진, 송영신, 김선애(2021). 성인의 스트레스 원인별 우울에 영향을 미치는 요인. **한국융합학회논문지, 12**(12), 453-465.

남일성, 윤현숙, 현다운, 최아영, 염소림(2014). 노인의 규칙적 운동이 우울에 미치는 효과 분석과 이론 검증. **한국사회복지학, 66**(4), 5-23.

박정애, 최상은(2010). 우울증 치료 시 항우울제 선택에 관한 비용-효과 분석. **보건경제와 정책연구(구 보건경제연구), 16**(2), 57-77.

신호철, 김철환, 박용우, 조비룡, 송상욱, 윤영호, 오상우(2000). 우울증 선별 검사 도구로서 Beck Depression Inventory (BDI)의 타당성. **가정의학회지, 21**(11), 1451-1465.

안제용, 서은란, 임경희, 신재현, 김정범(2013). 한국어판 우울증 선별도구 (Patient Health Questionnaire-9, PHQ-9)의 표준화 연구. **생물치료정신의학, 19**(1), 47-56.

육영숙(2012). 치유복합 운동프로그램이 우울환자의 불안, 우울 및 삶의 질에 미치는 영향. **한국스포츠심리학회지, 23**(4), 253-273.

이정구, 서미경, 박성우, 백준형, 김영훈(2012). 우울증의 분자생물학적 원인. **대한정신약물학회지, 23**(4), 147-154.

전겸구, 최상진, 양병창(2001). 통합적 한국판 CES-D 개발. **한국심리학회지: 건강, 6**(1), 59-76.

정인과, 곽동일, 조숙행, 이현수(1997). 한국형 노인우울검사 (Korean form of geriatric depression Scale; KGDS) 표준화 연구. **노인정신의학, 1**(1), 61-72.

홍성균, 이동건, 이규창(2018). 저강도 근력 운동이 우울증 및 감정 조절 장애가 있는 뇌졸중 환자의 노르에피네피린, 에피네피린, 그리고 세로토닌에 미치는 영향. **대한통합의학회지, 6**(2), 69-76.

Alonso, J., Angermeyer, M.C., Bernert, S., Bruffaerts, R., Brugha, T.S., Bryson, H., ... ESEMeD/MHEDEA 2000 Investigators, European Study of the Epidemiology of Mental Disorders (ESEMeD) Project. (2004). 12-month comorbidity patterns and associated factors in Europe: Results from the European Study of Epidemiology of Mental Disorders (ESEMeD) project. *Acta Psychiatrica Scandinavica, Suppl. 420*, 28-37.

American Psychiatric Association. (2013). *Diagnostic and Statistical Manual of Mental Disorders (DSM-5)*. Washington, DC.

Andrade-Gomez, E., Martinez-Gomez, D., Rodriguez-Artalejo, F., & Garda-Esquinas, E. (2018). Sedentary behaviors, physical activity, and changes in depression and psychological distress symptoms in older adults. *Depression & Anxiety, 35*(9), 884-897.

Babyak, M. A., Blumenthal, J. A., Herman, S., Khatri, P., Doraiswamy, M., Moore, K., Craighead, W. E., Baldewicz, T. T., & Krishnan, K. R. (2000). Exercise treatment for major depression: Maintenance of therapeutic benefit at 10 months. Psychosomatic Medicine, *62*(5), 633-638.

Bear, M., Connors, B., & Paradiso, M. A. (2020). *Neuroscience: Exploring the brain, enhanced edition: exploring the brain.* Jones & Bartlett Learning.

Beck, A. T., Steer, R.A., & Brown, G.K. (1996). *Manual for the Beck Depression Inventory-II.* San Antonio, TX: Psychological Corporation.

Biddle, S. J. H., & Mutrie, N. (2001). Depression and other mental illnesses. In SJ.H. Biddle & N.

Mutrie (Eds.), *Psychology of physical activity: Determinants, well-being and interventions* (pp. 202-235). London: Routledge.

Blumenthal, J.A., Babyak, M.A., O'Connor, C., Keteyian, S., Landzberg, J., Howlett, J., ... Whellan, DJ. (2012). Effects of exercise training on depressive symptoms in patients with chronic heart failure: The HF-ACTION randomized trial. *Journal of the American Medical Association, 308*(5), 465-474.

Chieffi, S., Messina, G., Villano, I., Messina, A., Valenzano, A., Moscatelli, F., ... & Monda, M. (2017). Neuroprotective effects of physical activity: evidence from human and animal studies. *Frontiers in neurology, 8*, 188.

Churchill, S. S., Villareale, N. L., Monaghan, T. A., Sharp, V. L., & Kieckhefer, G. M. (2010). Parents of children with special health care needs who have better coping skills have fewer depressive symptoms. *Maternal and child health journal, 14*(1), 47-57.

deGeus, E.J.C., & deMoor, M.H.M. (2008). A genetic perspective on the association between exercise and mental health. *Mental Health & Physical Activity, 1*, 53-61.

Dishman, R. K., Sui, X., Church, T. S., Hand, G. A., Trivedi, M. H., & Blair, S. N. (2012). Decline in cardiorespiratory fitness and odds of incident depression. *American Journal of Preventive Medicine, 43*(4), 361-368.

Erickson, K. I., Voss, M. W., Prakash, R. S., Basak, C., Szabo, A., Chaddock, L., ... & Kramer, A. F. (2011). Exercise training increases size of hippocampus and improves memory. *Proceedings of the national academy of sciences, 108*(7), 3017-3022.

Fair, K.N., & Rethorst, C.D. (2019). Physical activity and depression. In J.M. Rippe (Eds.), *Lifestyle medicine* (3rd ed.) (pp. 1281-1290). Boca Raton, FL: CRC Press.

Galper, D.I., Trivedi, M.H., Barlow, C.E., Dunn, A.L., & Kampert, J.B. (2006). Inverse association between physical inactivity and mental health in men and women. *Medicine & Science in Sports & Exercise, 38*, 173-178.

Gelenberg, A.J., Freeman, M.P., Markowitz,J.C., Rosenbaum,J.F., Thase, M.E., Trivedi, M.H., & Van Rhoads, R.S. (2010). *Practice guidelines for the treatment of patients with major depressive disorder* (3rd ed.). *Am J Psychiatry,167*(10), 9-118.

Goodwin, R.D. (2003). *Association between physical activity and mental disorders among adults in the United States.* Preventive Medicine, 36, 698-703.

Hamilton, M. (1960). A rating scale for depression. *Journal of Neurology, Neurosurgery and Psychiatry, 23*(1), 56-62.

Harvey, S. B., 0verland, S., Hatch, S. L., Wessely, S., Mykletun, A., & Hotopf, M. (2018). Exercise and the prevention of depression: Results of the HUNT cohort study. *American Journal of Psychiatry, 175*(1), 28-36.

He, H. Y., Tian, J. L., Deng, Y. Q., Xiong, X., Xu, Y., Liao, Y. M., ... & Li, C. Q. (2019). Association of brain-derived neurotrophic factor levels and depressive symptoms in young adults with acne vulgaris. *BMC psychiatry, 19*(1), 193.

Johnsgard, K.W. (1989). The exercise prescription for depression and anxiety. Plenum.

Kellner, R., & Sheffield, B. F. (1973). A self-rating scale of distress. *Psychological Medicine, 3*(1), 88-100.

Kessler, R. C., Chiu, W. T., Demler, 0., Merikangas, K. R., & Walters, E. E. (2005). Prevalence, severity, and comorbidity of 12-month DSM-IV disorders in the National Comorbidity Survey Replication. *Archives of General Psychiatry, 62*, 590-592.

Kvam, S., Kleppe, C. L., Nordhus, I. H., & Hovland, A. (2016). Exercise as a treatment for depression: a meta-analysis. *Journal of affective disorders, 202*, 67-86.

Lawlor, D. A., & Hopker, S. W. (2001). The effectiveness of exercise as an intervention in the management of depression: Systematic review and meta-regression analysis of randomized controlled trials. *British Medical Journal 322*, 1-8.

Martinsen, E. W. (2002). The role of exercise in the management of depression. In D. L. Mostofsky & L. D. Zaichowsky (Eds.), *Medical and psychological aspects of sport and exercise* (pp. 205-214). Morgantown, WV: Fitness Information Technology.

Mental Health Foundation. (2009). *Moving on up.* Retrieved from www.mentalhealth.org.uk.

Morgan, W.P. (1970). Physical working capacity in depressed and non-depressed psychiatric females: A preliminary study. *American Corrective Therapy Journal, 24*, 14-16.

North, T. C., Mccullagh, P., & Tran, Z. V. (1990). Effect of exercise on depression. *Exercise & Sport Sciences Reviews, 18*, 379-415.

Physical Activity Guidelines Advisory Committee. (2018). *Physical activity guidelines advisory committee scientific report, 2018.* Washington, U.S. Department of Health and Human Services.

Rethorst, C. D., & Trivedi, M. H. (2012). Physical activity and depression. In J. M. Rippe (Ed.), *Lifestyle medicine* (2nd ed., pp. 1409-1420). Boca Raton, FL: CRC Press.

Salmon, P. (2001). Effects of physical exercise on anxiety, depression, and sensitivity to stress: A unifying theory. *Clinical Psychology Review, 21*(1), 33-61.

Schuch, F. B., Vancampfort, D., Richards, J., Rosenbaum, S., Ward, P. B., & Stubbs, B. (2016). Exercise as a treatment for depression: a meta-analysis adjusting for publication bias. *Journal of psychiatric research, 77*, 42-51.

Searle, A., Calnan, M., Turner, K.M., Lawlor, D.A., Campbell, J., Chalder, M., & Lewis, G. (2012). General practitioners' beliefs about physical activity for managing depression in primary care. *Mental Health & Physical Activity, 5*(1), 13-19.

Spitzer, R. L., Endicott, J., & Robins, E. (1978). Research diagnostic criteria: Rationale and reliability. *Archives of General Psychiatry, 35*(6), 773-782.

Stubbs, B., Koyanagi, A., Schuch, F.B., Firth,]., Rosenbaum, S., Veronese, N., ... Vancampfort, D. (2016). Physical activity and depression: A large cross-sectional, population-based study across 36 low- and middle-income countries. *Acta Psychiatrica Scandinavica, 134*(6), 546-556.

Szuhany, K. L., Bugatti, M., & Otto, M. W. (2015). A meta-analytic review of the effects of exercise on brain-derived neurotrophic factor. *Journal of psychiatric research, 60*, 56-64.

U.S. Department of Health and Human Services. (1999). *Mental health: A report of the surgeon general.* Rockville, MD: National Institute of Mental Health.

World Health Organization. (2009). *The international statistical classification of diseases and related health problems, 10th revision, 2008 edition* (ICD-10). Geneva: World Health Organization.

Ylikoski, R., Salonen, O., Mäntylä, R., Ylikoski, A., Keskivaara, P., Leskelä, M., & Erkinjuntti, T. (2000). Hippocampal and temporal lobe atrophy and age-related decline in memory. *Acta Neurologica Scandinavica, 101*(4), 273-278.

Review Questions

01 최근 우리나라의 우울증 관련 통계자료를 조사하고 논의해보자.

02 우리나라 국민들의 우울증이 개인과 사회 전반에 어떠한 영향을 주는지 다양한 자료를 찾아보고 논의해보자.

03 2017-21년 국내 우울증과 불안장애 진료현황 자료를 토대로, 우리나라 우울증 환자가 증가하는 원인이 무엇인지 설명해보자.

04 기분 장애와 관련된 세 가지 용어(조증, 우울증, 조울증)의 차이와 특징을 설명해보자.

05 우울증이 발생하는 원인을 논리적으로 설명해보자.

06 우울증의 다양한 처치 방법의 장단점을 조사하고 발표해보자.

07 우울증에 대한 운동의 효과를 규명한 연구를 찾아보고 요약하여 발표해보자.

08 우울증에 가장 적합하다고 생각되는 운동 형태, 빈도, 강도, 지속시간을 제시하고 근거를 설명해보자.

09 우울증 개선에 운동이 왜 효과적인지 이론적 근거를 토대로 설명해보자.

10 우울증 환자를 위한 운동 프로그램 설계를 부탁받았다고 가정해보자. 우울증 예방 및 치료를 위한 운동 가이드라인을 참고하여 운동프로그램을 만들어 보자.

Projects

운동을 통한 우울증의 개선 효과 탐색

실습으로 우울증에 대한 운동의 효과를 체험해보자. 아래 절차에 따라 수행해 보길 바란다.

1. 사전 측정하기

가장 먼저 "한국판 CES-D"를 이용하여 자신의 현재 상태를 측정해 본다. 측정 후에는 아래 제시된 그래프에 그려보자.

- 사전 측정 점수: (   )점

2. 운동유형 선택하기

첫 번째로 어떤 운동을 할 것인지 선택한다. 앞서 살펴보았듯이, 우울증에는 무산소 운동과 유산소 운동 모두 효과가 있다. 따라서 어떤 운동을 할 것인지는 본인의 선택이다. 아래 예시를 토대로 운동의 유형을 선택해보자.

1) 유산소 운동: 조깅 20분(트레드밀 최대심박수 70-80%)
2) 무산소 운동: 웨이트 트레이닝 20분(10RM X 2세트 X 6종목)
3) 복합 운동: 조깅 10분 + 웨이트 트레이닝 10분
4) 기타:

운동의 종류, 방법, 횟수, 시간 등을 기술

3. 사후 측정하기

운동을 수행한 후에는 곧바로 "한국판 CES-D"를 이용해 다시 한 번 검사한다. 점수를 계산한 뒤, 사전 측정 점수와 비교하기 위해 사후 그래프를 그린다.

- 사후 측정 점수: (   )점

실습 그래프

4. 생각해 보기

1) 운동 전과 후를 비교해 볼 때 어떤 기분 변화가 있었는가?
2) 만약 변화가 없었다면 그 이유는 무엇이라고 생각하는가?
3) 우울증 환자의 운동 참여를 촉진하기 위해 어떠한 전략이 필요한가?

Study Questions

01 미국 보건복지부가 제시한 주요 기분 장애 유형 중 다음에 해당하는 것은?

- 우울한 기분, 흥미 상실 혹은 압박감이 주요 증상
- 처치가 이루어지지 않으면 약 9개월간 증상 지속
- 사회, 직장, 혹은 기타 중요한 영역에서 상당한 장애를 유발

① 우울 장애 ② 기분저하증
③ 양극성 장애 ④ 순환기질

02 조증, 우울증, 조울증에 대한 설명으로 바르지 않은 것은?

① 조증은 과도한 쾌락과 즐거움에 관련된다.
② 우울증은 의욕상실과 불행감에 관련된다.
③ 조울증은 조증과 우울증 중 하나가 강하게 나타나는 현상을 의미한다.
④ 세 가지 모두 기분 장애에 속한다.

03 우울감과 우울증의 차이를 쓰시오.

04 우리나라 정신질환 발생률에 대한 설명으로 바르지 않은 것은?

① 2021년 우리나라 자살률은 OECD 평균보다는 낮은 수준이었다.
② 우울증 환자수는 2017년보다 2021년에 더 크게 증가하였다.
③ 우울증 진료비는 과거보다 크게 증가하였다.
④ 20대 환자가 가장 큰 비중을 차지한다.

05 아래에서 설명하는 우울증의 원인으로 알맞은 것은?

신경세포에서 분비되는 일종의 단백질로, 신경의 성장과 생존 그리고 시냅스의 기능 조절을 담당하는 인자가 우울증과 관련이 있다는 가설

① 인류학적 가설 ② 모노아민 가설
③ BDNF 가설 ④ 유전

06 우울증의 원인 중 인류학적 가설에 대한 설명으로 바르지 않은 것은?

① 인간의 유전적 특성으로 우울증의 원인을 설명한다.
② 인류의 신체활동 감소가 우울증과 관련이 있다고 본다.
③ 신경물질의 과다 분비를 우울증의 원인으로 설명한다.
④ 인류의 생활 양식 변화와 관련된다.

07 우울증의 원인 중 모노아민 가설에서 언급하는 신경전달물질이 아닌 것은?

① 코티졸　② 세로토닌
③ 도파민　④ 에피네프린

08 우울증 개선을 위한 운동 메커니즘과 거리가 먼 것은?

① 엔돌핀 가설　② 심리사회적 가설
③ 기분전환 가설　④ 건강신념 가설

09 우울증 개선에 대한 운동 메커니즘에 대한 아래의 설명 중 괄호에 들어갈 용어는?

> 통증을 감소시켜주는 체내 물질이며, 운동으로 (　　)이 분비되면 좋은 기분이 느껴진다. 운동으로 우울증이 감소되었다면 기분을 좋게 하는 (　　)의 분비 때문으로 본다.

10 아래에서 설명하는 심리사회적 가설로 바른 것은?

> 운동이 실제로 효과가 있기 보다, 효과가 있을 것이라는 믿음 때문에 효과가 나타나는 위약 효과(placebo effect)로 본다.

① 주의효과 가설　② 기대 가설
③ 자신감 가설　④ 자아상 개선 가설

11 우울증 처치에 대한 설명으로 바르지 않은 것은?

① 약물치료는 금전적 손실을 일으킬 수 있다.
② 약물치료는 90% 이상 효과가 뚜렷하다.
③ 약물치료는 부작용 위험이 있다.
④ 정기적 신체활동은 우울증 증상을 낮출 수 있다.

12 우울증에 대한 운동의 예방적 효과로 바르지 않은 것은?

① 활동량과 우울증은 관련이 깊다.
② 매주 1시간의 활동을 하는 것만으로도 우울증을 예방할 수 있다.
③ 유산소 운동 감소는 우울증 위험을 증가시킨다.
④ TV 시청과 같은 정적 활동은 우울증과 관련성이 적다.

13 해마의 부피와 운동의 관계가 우울증과 어떠한 관계가 있는지 간략하게 설명하시오.

14 운동의 치료적 효과에 대한 설명으로 바르지 않은 것은?

① 운동은 우울증 감소(치료)에 뚜렷한 효과가 있다.
② 운동의 종류는 무관하다.
③ 우울증에 대한 운동의 치료적 효과 연구는 감소 추세에 있다.
④ 운동 환경에서 발생하는 몇몇 요인은 치료 효과를 조절한다.

15 우울증 치료를 위한 운동과 조절요인 간의 관계에 대한 설명으로 바르지 않은 것은?

① 운동 기간이 길수록 유리하다.
② 모든 연령대에 효과가 있다.
③ 남성에게 더 뚜렷한 효과가 있다.
④ 모든 운동강도에서 효과가 있다.

16 우울증 예방 및 치료를 위한 운동 가이드라인으로 바르지 않은 것은?

① 9주 이상 꾸준한 운동 참여
② 유/무산소 운동을 적절히 구성
③ 최소 기준은 하루 약 3분 걷기
④ 주당 3시간 이상 2,500kcal 소모 운동

17 우울증 환자들에게 운동을 지도할 때 유의해야 하는 사항으로 바르지 않은 것은?

① 동기 유발을 위한 고난이도 도전 과제
② 우울증 증상과 치료에 대한 지식
③ 환자의 운동 습관과 체력 수준
④ 운동 설계 과정에 대한 환자의 책임 부여

모 / 범 / 답 / 안

12장 평가문항 모범 답안

01 ① 02 ③ 03 우울감은 일시적인 현상으로 활동에 방해되지 않는 수준, 우울증은 빈도나 강도 측면에서 훨씬 크며 일상생활에 지장을 준다. 04 ① 05 ③ 06 ③ 07 ① 08 ④ 09 엔돌핀 10 ② 11 ② 12 ④ 13 해마의 크기는 우울증과 관련이 있으며, 규칙적 운동을 해마 크기를 유지하거나 증가시킴으로써 우울증을 예방한다. 14 ③ 15 ③ 16 ③ 17 ①

운동심리학의 정석

13장

운동과 정서

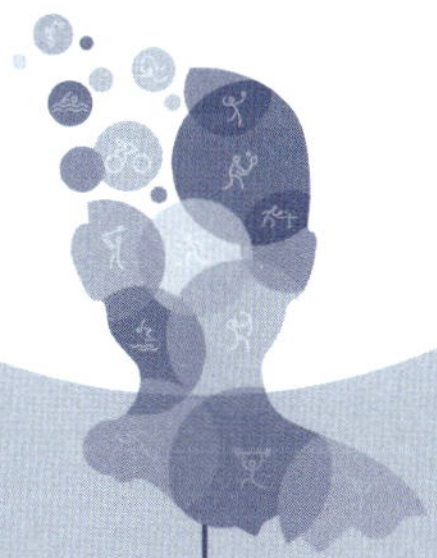

Key terms

기분상태검사지(POMS)	빙산형 프로파일	PANAS	활성 비활성 체크리스트(AD ACL)	2차원 원형모형	엔돌핀 가설	모노아민 가설
심폐계체력 가설	뇌 변화 가설	사회적 상호작용 가설	기분전환 가설	숙달 가설	기대 가설	러너스 하이
운동중독	운동의존성	일차 운동의존성	이차 운동의존성	운동 박탈감	성격특성 가설	정서조절 가설

운동심리학의 정석

13장 운동과 정서

1 개념 구분

앞장에서, 운동은 우울증, 불안, 스트레스 반응 등 부정적 심리상태를 개선할 수 있음을 설명했다. 대부분의 사람들은 우울증과 같은 부정적 심리상태에 있지 않더라도, 기분전환의 목적으로 운동에 참여한다. 특히, 신체활동은 삶에 대한 참여동기와 자신감, 성취감 등의 긍정적 심리요인들을 증가시키는 것으로 알려져 있다(Biddle & Mutrie, 2007). 이러한 이점으로 인해, 운동과 정서의 관계는 운동심리학 관점에서 중요하게 다뤄져왔다.

하지만 학자마다 정서와 관련된 용어로 느낌(feeling), 기분(mood), 감정(affect) 등을 혼용하여 사용하여, 독자들에게 혼란을 야기했다. 하지만 여러 학자들을 통해 정서의 개념과는 강도 지속시간, 인과관계의 유무에 따른 차이점이 밝혀지며(Buckworth & Dishman, 2002; Lox et al, 2003), 운동과 정서의 관계에 대한 연구의 기반이 마련되었다(표 13-1 참조).

이번 장에서는 정서와 관련된 개념의 차이와 측정도구의 이해를 통해 현장에서의 활용법을 탐색한다. 이어서, 운동이 정서 변화에 미치는 영향과 메커니즘을 알아본다. 또한, 운동이 주는 긍정적 변화에 이끌려 겪는 운동중독을 이해하기 위하여 성격특성 가설, 정서조절 가설, 엔돌핀 가설, 교감신경계 각성 등 다양한 가설을 살펴본다.

1) 정서 관련 용어와 개념

정서, 기분, 감정 개념에 차이를 두는 것이 바람직하지만 우리말 개념은 영어 번역 개념과 의미상 미묘한 차이가 있다. 국내 심리학계는 emotion을 정서로, 의학 분야는 감정으로 표현하는 등 개념에 대한 명확한 의견일치가 이루어지지 않았다.

이들 세 개념은 유사 개념으로 취급하기도 하는데 Berger 등(2002)은 기분

(mood)을, Lox 등(2003)은 정서(emotion)를 대표개념으로 보고 있다. 하지만 세 개념을 구분하지 않고 정서를 대표 개념으로 사용할 때도 있다. 이 장에서 정서는 emotion, 기분은 mood, 감정은 affect을 의미한다.

(1) 정서

정서(emotion)란 어떤 사건에 의미를 부여하는 인지과정을 거친 후에 발생하는 심리상태이다. 인지평가이론(Lazarus, 1991)에서는 정서를 자극에 대한 반응으로 보았다. 특정 단서(생각, 사건)에 대해서 즉각적인 반응으로 나타나는 상태이기에 인과관계가 명확하며, 일관성이 높고, 유지 시간이 짧다. 정서는 긍정적 정서와 부정적 정서로 나뉜다. 중요한 발표 전의 불안, 패배시의 분노 등은 부정적 정서에 해당되며, 게임에서 승리한 후 느끼는 행복, 자부심 등은 긍정적 정서에 속한다.

Click

긍정정서와 부정정서: 정신건강에 미치는 영향

정서를 긍정정서(positive affect, PA)와 부정정서(negative affect, NA)로 구분된다(Watson, Clark, & Tellegen, 1988). 긍정정서는 즐거움, 활기참, 기분 좋음 등을 포함하며, 부정정서는 분노, 짜증, 우울함 등의 감정을 포함한다. 일반적으로 긍정정서를 자주 경험하는 사람들은 심리적 안녕감이 높고, 스트레스 상황에서도 효과적으로 대처할 가능성이 크다(Seligman, 2002). 반면, 부정정서를 지속적으로 경험하는 경우 우울, 불안 등의 정신건강 문제와 연관되며(최지연, 김봉환, 2016), 신현정 등(2016)은 부정정서가 높은 경우 자살, 폭행 및 비자살적 자해와 같은 부적응적인 대처 방식이 나타날 가능성이 높다고 보았다.

정은지와 이승연(2021)의 연구에 따르면, *부정 긴급성이 높은 사람들은 강한 부정정서를 경험할 경우 비자살적 자해(Non-Suicidal Self-Injury, NSSI)와 같은 행동을 보일 가능성이 높다고 하였다. 비자살적 자해는 자살 의도 없이 반복적이고 고의적으로 신체를 손상하는 행위를 의미하며, DSM-5에서 추가 연구가 필요한 진단적 상태로 제시되었다. Ecological Momentary Assessment(EMA) 연구에서도 부정정서의 증가가 비자살적 자해의 발생과 관련이 있음을 보여주었다(Rodriguez-Blanco et al., 2018).

반면, 긍정정서를 자주 경험하는 사람들은 인지적 유연성이 높아져 삶의 의미를 발견할 가능성이 높고(조은진, 2023), 우울증과 자살시도를 완화하는 데 효과적인 것으로 알려져 있으며, 긍정심리 치료에서 이를 강화하는 전략이 사용되고 있다(Huffman et al., 2014; Seligman, 2002).

*부정 긴급성 : 강한 부정 정서를 경험할 때 충동적으로 행동하는 경향성

(2) 느낌

느낌(feeling)은 사전적으로 '몸의 감각이나 마음으로 깨달아 아는 기운이나 감정'으로 정의된다. 감정과 감각의 개념이 분리되지 않았던 20세기 이전에 두 개념을 통칭하여 사용하던 용어로, 우리가 주관적으로 경험하는 감정과 몸의 감각을 통한 경험(sensation)을 포함한다(최현석, 2011). 예를 들어, 몸의 감각(통증, 피로의 느낌), 인지적 평가(장거리를 뛴 후의 긍정적인 느낌), 실제 또는 가상의 반응(공을 쥐고 있는 느낌, 물에 떠 있는 듯한 느낌)까지 포함하는 개념이다. 개인에 따라 좋고 싫음이 뚜렷하게 구분되며, 겉으로 드러나거나 속으로 감출 수 있는 주관적 체험이다.

(3) 기분

기분(mood)은 대상·환경 따위에 따라 마음에 저절로 생기며 한동안 지속되는 유쾌함이나 불쾌함 따위의 감정이다. 정서와 마찬가지로 인지적 과정이 있으며 주관적 느낌이다. 하지만 기분은 정서보다는 유지되는 시간이 길다(그림 13-1). 정서를 유발하는 원인은 확인이 가능하지만 기분은 분명한 이유가 없어도 생길 수 있다.

따라서 우리말 기분은 영어의 무드(mood)의 개념과 일치하기보다는 대상과 환경에 의해 생기는 것이라는 측면에서 정서의 속성을 지니며, 지속성이 있기 때문에 기분의 속성도 띠고 있다. 기분은 특정 순간의 느낌으로 간주되어 상태(state)로 측정하는 것이 일반적이다. 그러나 지난 1개월 또는 1년간 어떻게 느꼈는지를 묻는 것처럼 특성(trait)으로 간주하고 측정할 수도 있다(Berger et al., 2002).

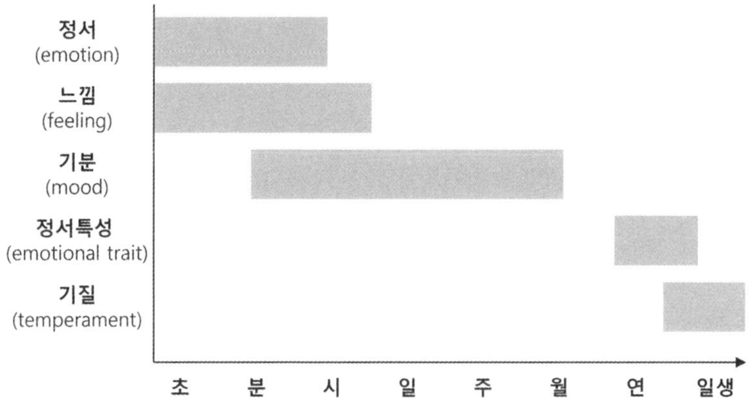

▍그림 13-1 ▍정서 관련 용어의 시간 특성(Oatley & Jenkins, 1996)

(4) 감정

감정(affect)는 좋음-나쁨, 유쾌-불쾌의 방향을 가진 개념으로 정서와 기분을 모두 포함한다(Lox et al., 2019). 인지과정의 개입이 없이, 즉 생각을 하지 않고도 생길 수 있어 정서에 비해 본능적, 원초적인 속성을 지니고 있다. 감정은 긍정적인 것과 부정적인 것으로 나누는 것이 일반적이다. 긍정적 감정에는 활력, 에너지, 고양감, 이완, 열의가 있고 부정적 감정에는 우울감, 긴장, 분노, 피로가 있다.

Parrot(2001)은 감정을 인지적, 신체적, 행동적 증상으로 뚜렷하게 표현되는 지속적인 마음의 상태로 보았으며, 미국심리학회(APA)는 얼굴, 음성, 몸짓 등의 표현에 영향을 주는 것이라 정의하였다. 예컨대 통증이 있으면 생각(인지적 평가)을 하지 않아도 불쾌한 느낌이 드는데 이것이 감정이다. 마찬가지로 유아가 울고 있으면 불쾌한 감정이 표현되는 것이지 슬픔이라는 인지적 평가가 반영된 정서의 표현은 아니다(Ekkekakis & Petruzzello, 2000).

| 표 13-1 | 정서, 느낌, 기분, 감정의 개념

개념	유지기간	특징
정서	짧다	• 정서를 일으키는 특정 생각, 사건이 있다. • 유지 기간이 짧고, 초점이 좁다. • 기쁨, 슬픔, 놀람, 화, 사랑, 공포
느낌	짧다	• 드러나거나 감출 수 있는 주관적 체험 • 몸의 감각, 인지적 평가, 실제, 가상 반응 • 통증, 피로·성취의 느낌, 공을 만지는 느낌
기분	다소 길다	• 정서보다 유지 기간이 길다. • 특별한 원인이 없이 유발될 수 있다. • 긴장, 활력, 화, 피로
감정	-	• 좋음-나쁨, 유쾌-불쾌 등 가치가 개입된다. • 인지과정이 없이 유발된다(원초적이다). • 활력, 에너지, 이완, 열의(이상 긍정), 우울, 긴장, 분노, 피로(이상 부정)

2 정서의 측정

1) 일반적 측정도구

일반적으로 사용할 수 있는 정서·기분·감정 측정도구로는 기분상태검사지(POMS), 긍정적 부정적 정서 질문지(PANAS), 활성 비활성 체크리스트(AD ACL), 감정 척도(FS), 각성상태 척도(FAS)가 있다. 운동 상황에도 사용가능하다.

- 기분상태검사지(POMS): POMS(McNair, Lorr, & Droppleman, 1971)는 자기 보고식 측정도구로 스포츠심리학 분야에서 널리 사용되었다. 심리치료 환자를 위해 개발된 것이지만 운동 상황에도 적용되어 왔다. 총 65문항 5점 척도(0:거의 그렇지 않다~4:매우그렇다)로 구성되어 있으며 긴장, 우울, 분노, 활력, 피로, 혼동의 6개 요인을 측정한다. 지시문을 "지금 현재", "오늘", "지난 주", "지난 달" 등으로 바꿔서 사용할 수 있어, 유지기간이 긴 기분을 측정하기에 용이하다. 점수는 전체에서 활력 요인의 점수를 제외하고 계산하며, 점수가 높을수록 기분이 좋지 않은 것으로 해석한다. POMS는 오랜 기간 운동 시 기분변화를 측정하기 위해 사용되어 왔으나, 다양한 기분을 측정할 수 없고 문항수가 많다는 지적이 제시되었다. 이를 보완하기 위하여 37문항으로 구성된 간편형 POMS-SF도 개발되었다(Shacham, 1983)

- 긍정적 부정적 정서 질문지(PANAS): Watson, Clark와 Tellegen(1988)이 개발한 20문항 질문지로 정서의 긍정과 부정 두 가지 요인을 측정한다. 문항은 간단한 형용사로 구성되어 있고 5점 척도에 응답한다. 지금 현재의 상태를 측정할 수도 있고 일반적인 느낌을 묻기도 한다. PANAS-X라는 수정판이 나왔으며(Watson & Clark, 1994), 국내에서 정용각(2000)이 사용한 바 있다. PANAS는 2003년 번역본의 타당화 연구가 진행되었으나(이현희 등, 2003), 한국문화와 맞지 않는 단어의 사용으로 정적정서가 부적정서로 분류되는 등의 문제점이 발생되었다. 이에 한국의 문화를 반영한 재타당화 연구가 진행되었다(박홍석, 이정미, 2016)

· 활성 비활성 체크리스트(AD ACL): AD ACL은 에너지 각성(energetic arousal, EA)과 긴장 각성(tense arousal, TA) 차원을 측정하는 20문항으로 구성되어 있다(Thayer, 1989). 에너지 각성은 에너지가 높고 낮은 정도를 나타낸다. 에너지, 활력, 생동감 등은 에너지가 높은 것을 의미하고 피곤, 피로는 낮은 것을 말한다. 긴장 각성 차원은 긴장이 높고 낮은 정도를 의미하는데 높은 긴장부터 평온, 침착, 안정 등의 느낌을 말한다. AD ACL은 운동강도에 따른 심리·생리적 변화를 관찰하기 위한 도구로 사용된다. 측정도구를 개발한 Thayer(1989)는 저강도 운동에서는 에너지 각성(EA)과 긴장 각성(TA)이 모두 높아지지만, 중강도 이상의 운동을 한 후에는 에너지 각성(EA)이 증가하고 긴장 각성(TA)이 감소한다고 하였다. 이는 중강도 이상의 운동이 정서 변화에 긍정적 영향을 미침을 AD ACL을 통해 밝힌 연구 결과이다.

· 감정 척도(FS): 유쾌와 불쾌의 차원을 알아볼 수 있도록 개발된 단일 문항의 도구이다(Hardy & Rejeski, 1989). 문항이 단 하나로 간단하기 때문에 운동 중의 느낌을 측정하는데 좋다. 문항은 최하 –5점(매우 나쁨), 최고 +5점(매우 좋음)이며 중간에 0점으로 구성된 11점 척도이다.

· 각성상태 척도(FAS): 활성 상태를 알아보기 위해 개발된 단일문항 도구이다(Svebak & Murgatroyd, 1985). 11점 척도로 -5점은 '힘이 전혀 안든다(이완)', +5점은 '힘이 많이 든다(활성)'을 의미한다.

FS와 FAS

1) [기분] 현재의 기분은 어떻습니까?

아주 나쁘다									매우 좋다	
−5	−4	−3	−2	−1	0	+1	+2	+3	+4	+5

2) [활성] 현재의 활성(힘든 정도) 수준은 어떻습니까?

힘이 전혀 안든다(이완)									힘이 많이 든다(활성)	
−5	−4	−3	−2	−1	0	+1	+2	+3	+4	+5

Click

한국판 PANAS의 타당화

기존 한국판 PANAS는 번역과정에서 한국 문화를 반영하지 못해, 긍정정서가 부정정서로 분류되는 등의 한계가 지적되어 왔다. 예를 들어 'alert(기민한)'은 원척도에서는 긍정정서로 번역되었지만, 번안된 척도에서는 부정정서로 분류되었다. 이에 박홍석와 이정미(2016)는 재타당화 연구를 진행되었다. 기존 '기민함' 외 7가지 단어가 수정되었으며, 기존 형용사형으로 제시된 문항의 어미를 변경하여 동사형으로 제시하였다.

〈초기 한국판 PANAS와 재타당화 연구 문항 비교〉

원척도	K-PANAS	PANAS 재타당화
	번역과 어미 모두 수정된 문항	
irritable*	과민한	짜증스러웠다.
alert	기민한	맑은 정신이었다.
excited	흥분된	신이 났다.
upset*	마음이 상한	화가 났다.
inpired	고무된	영감을 받았다.
nervous*	신경질적인	긴장했다.
determined	단호한	확고했다.
jittery*	조바심 나는	초조했다.
	어미만 수정된 문항	
interested	흥미진진한	흥미로웠다.
distressed*	괴로운	괴로웠다.
ashamed*	부끄러운	부끄러웠다.
guilty*	죄책감이 드는	죄책감이 들었다.
scared*	겁에 질린	겁이 났다.
attentive	주의 깊은	주의 깊었다.
hostile*	적대적인	적대적이었다.
enthusiastic	열정적인	열정적이었다.
active	활기찬	활기찼다.
proud	자랑스러운	자랑스러웠다.
afraid*	두려운	두려웠다.

*가 붙은 단어는 부정정서 문항을 의미한다.

2) 운동전문 측정도구

인간은 운동을 통해 재미, 희열, 흥분 등 다양한 정서를 경험하며, 이를 운동정서라 한다. 운동 중 고통과 같은 부정적 정서를 경험함에도 불구하고, 대부분의 운동참여자의 운동을 하면 기분이 좋아진다고 말한다. 운동 중 긍정적인 정서인 기쁨, 행복을 느낀다면 운동만족을 높여 운동을 지속하는데 도움을 준다. 반면 부정적인 정서인 고통, 분노 등을 경험한다면 중도에 포기할 가능성이 높아진다(김병준, 2006).

일반적인 도구가 이러한 운동정서를 측정하는데 한계(운동의 정서를 민감하게 반영하지 못함)를 갖고 있다는 문제가 제기되면서 운동 전문 측정도구가 개발되었다. 운동정서 질문지(EFI), 주관적 운동체험 척도(SEES), 신체활동감정척도(PAAS) 그리고 국내에서 개발된 한국형 운동정서 척도에 대해 알아본다.

- 운동정서 질문지(EFI): 운동에 의해 유발된 정서를 측정하도록 제작된 12문항의 도구이다(Gauvin & Rejeski, 1993). 기존의 도구에서 측정할 수 없으면서 운동에 의해 독특하게 유발되는 정서를 4개 요인(긍정적 성취, 원기회복, 신체적 피로, 평온감)으로 구분해서 측정한다. 요인의 명칭을 열정, 에너지, 피로, 침착으로 바꿔 부르기도 한다. 운동 후의 기분이나 느낌을 측정하기에 적합하다.

- 주관적 운동체험 척도(SEES): 운동에 따른 정서를 측정하는 12문항 척도이다(McAuley & Courneya, 1994). 긍정적 웰빙, 심리적 스트레스, 피로의 3요인을 측정한다. 긍정적 웰빙과 심리적 스트레스 요인은 정서의 긍정적 상태와 부정적 상태를 측정하기에 적합하다. EFI에 있는 피로 요인은 여기에도 있다.

- 신체활동 감정 척도(PAAS): EFI는 부정정서를 측정할 수 없으며, SEES 역시 평온과 활력을 측정할 수 없기에 정서 측정을 위해서는 두 가지 도구를 모두 활용해야 한다는 불편함이 있다. 이에 Lox 등(2000)는 EFI와 SEES를 합쳐 새로운 척도를 제시하였으며, 4요인(긍정정서, 부정정서, 피로, 평온) 측정할 수 있도록 12문항으로 구성되었다.

· 한국형 운동정서 척도: 한국어 정서 용어 리스트(한덕웅, 강혜자, 2000)에서 운동으로 유발된 정서와 밀접한 관련이 있는 용어만을 선정해서 개발되었다(유진, 김종오, 2002). 문항은 '즐거운'과 같이 간단한 형용사 형태로 되어 있고 4점 척도에 응답한다. 재미, 긍지, 활력, 정화, 성취의 5개 요인을 측정한다. 주로 긍정적 정서만을 다룬다는 특징이 있다.

운동정서 질문지(EFI)

운동 상황에서 독특하게 체험하는 정서를 측정한다. 긍정적 성취(4, 7, 12번), 원기회복(1, 6, 9번), 신체적 피로(3, 8, 11번), 평온감(2, 5, 10번)의 4개 요인으로 구성된다. 지금 현재 어떤 느낌인지 5점 척도에 응답한다(0점: 느낌 없음, 4점: 매우 강하게 느낌).

1. 상쾌한	2. 침착한	3. 피로한
4. 열의에 찬	5. 이완된	6. 원기 왕성한
7. 행복한	8. 피곤한	9. 기운 나는
10. 평온한	11. 지친	12. 명랑한

자료: Gauvin & Rejeski(1993)

3 운동과 정서의 관계

1) 운동 전후의 정서변화

운동과 정서의 관계에 관한 초창기의 연구는 POMS를 사용하였다. 대체로 운동을 하면 긍정적 기분상태가 높아지고, 부정적 기분상태는 감소하는 경향이 발견된다. POMS를 사용한 연구를 종합한 리뷰에서도 운동과 활력 사이에는 긍정적인 관계, 운동과 긴장, 분노, 혼동, 피로 요인 사이에는 부정적인 관계가 있다는 결론이 내려졌다(Biddle & Mutrie, 2001). 이러한 결론은 Morgan(1984)이 제안한 빙산형 프로파일과도 유사성이 높다.

운동을 한 후에 에너지가 생겨나는 느낌(원기회복, 활력감)을 체험했다는 것을 입증한 연구가 많다. 운동 그 자체는 에너지를 소모하는 것임에도 불구하고 운동이 끝나면 오히려 에너지가 생겨나는 느낌이 든다는 것이다. Lox 등(2003)은 이러한 현상에 대해 운동의 "역설적 효과(paradoxical effect)"라는 표현을 사용하였다.

예를 들어, 수면이 부족해 피곤할 때 생활 속 간단한 운동이 에너지 수준을 높일 때가 있다. 실제로, 수면 부족 상태에서 실시한 10분간의 계단 오르기 운동이 카페인보다 더 효과적으로 활력을 증진시킨 것으로 밝혀졌다(Randolph & O'connor, 2017). 이러한 현상은 운동이 단순히 체력적 소모에 그치지 않고, 활력을 불어넣는 역할을 할 수 있음을 시사한다.

Click

빙산형 프로파일

Morgan(1984)은 POMS를 활용하여 엘리트 선수의 심리 프로파일을 설명하였다. 엘리트 선수의 POMS 결과를 분석하여 긍정적 요인은 일반인 평균보다 높으며, 부정적 요인은 평균 이하인 상태를 정신건강 모형으로 제시하였다. 그림을 보면 활력이 평균(T점수로 50점)보다 높고 나머지 긴장, 우울, 분노, 활력, 피로, 혼동 등 부정적 기분은 평균 이하에 위치한다. 점 5개를 선으로 연결하면 빙산과 닮은 모습을 띠기 때문에 빙산형 프로파일이라고 부른다. 운동선수의 심리상태가 건강함을 나타내는 지표이다.

운동선수의 훈련 기간이 길어지고 훈련 강도가 높아지면 빙산형 프로파일은 모습이 바뀐다. 과도한 훈련으로 인하여 활력 점수가 줄고 나머지 5개 부정적 기분이 상승하게 된다. 꼭대기가 편평해지거나 심하면 역빙산형 프로파일이 될 수도 있다(Lox et al., 2003).

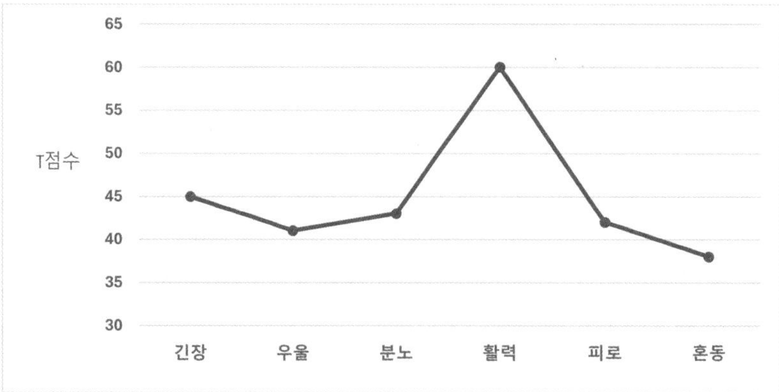

▎그림 13-2 ▎빙산형 프로파일

운동 전후의 정서 변화를 2차원 원형모형으로 알아본 연구(Hall, Ekkekakis, & Petruzzello, 2002)에서도 운동 전에 비하여 운동 후에 에너지 각성이 높아지고 긴장 각성은 낮아졌다(그림 13-3). 그림에서 알 수 있듯이 운동 전에는 활성 수준이 낮지만 운동 후에는 1사분면으로 이동하였다. 시간이 지나면서 활성은 낮아져 운동 전의 사분면으로 되돌아 왔지만 유쾌의 느낌은 좋아졌다. 운동이 에너지 수준을 높이고 기분을 좋게 하는 효과가 있다는 사실을 보여주는 결과이다.

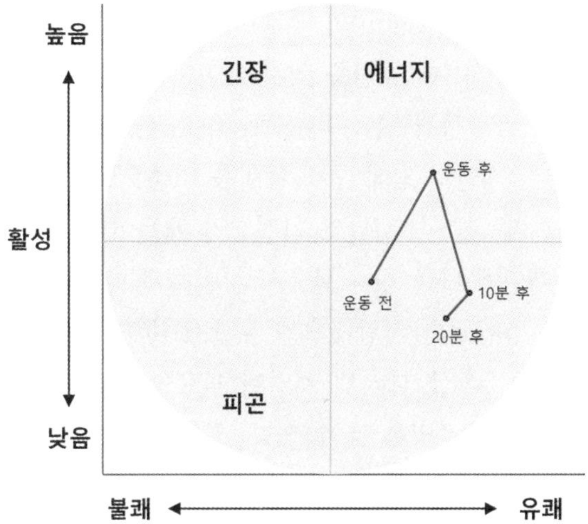

❙그림 13-3❙운동 전후의 정서 변화(Hall et al., 2002)

연구자들은 정서변화에 긍정적인 영향을 미치는 특정 운동시간과 운동강도가 있을 것이라 여기고 연구를 진행해왔지만(Berger, 1994; Dishman, 1986), 연구 방법론적 한계로 인해 정서 향상에 최적인 운동시간과 강도에 대한 명확한 기준은 확립되지 못했다.

Berger(1994)는 분류체계를 만들어 최소 20~30분, 최대산소섭취량의 70% 수준인 중강도 운동이 정서에 긍정적인 영향을 미치는 것을 확인하였지만, 관련 연구의 부족으로 긍정적 정서 변화를 유도하는 운동강도에 대한 명확한 기준은 마련되지 못했다. 또한, Tate와 Petruzzello(1995)의 연구를 포함한 다른 연구에서도 중강도 운동은 대체로 긍정정서를 높이고, 부정정서에는 영향을 주지 않거나 감소시키는 경향이 보고되었다(Tate & Petruzzello, 1995). 이처럼 기존의 연구들은 긍정적인 정서

변화를 이끌어내는 특정 운동시간과 강도에 집중해왔지만, 연구방법적 측면에서 다음과 같은 한계점들이 제기되고 있다.

- 대부분의 연구가 집단 평균(nomothetic approach)을 기준으로 진행되어, 개인별로 다양하게 나타나는 정서반응의 차이는 고려하지 못했다. 동일한 조건(강도, 시간 등)에서도 개인의 과거 운동경험과 체력 등의 조건에 따라 다양한 정서 반응이 나타날 수 있기에, 개인별 정서 반응의 차이를 확인하기 위해서는 개인 수준(ideographic approach)의 분석이 필요하다(Ekkekakis, 2004).
- 운동강도 기준의 변화: 대사 반응 역시 개인의 생리적 특성에 따라 다양하게 나타난다. 전통적으로 운동강도는 최대심박수(HRmax)와 최대산소섭취량(VO_2max)을 통해 측정되었다. 개인의 최대 수행 능력을 기준으로 운동강도를 설정하면 동일한 운동 부하를 제공할 수 있다고 가정했기 때문이다. 하지만, 동일한 강도에서 운동하더라도 개인에 따라 대사 반응이 상이하게 나타날 수 있다. 예를 들어, 같은 중강도 운동이라도 한 사람에게는 유산소 대사가 주로 이루어지는 반면, 다른 사람은 상당한 무산소 대사의 개입이 필요할 수 있다. 즉, 개인 대사의 차이를 반영하지 못하는 기준임을 알 수 있다. 최근에는 개인의 대사 기준점(metaboli c landmarks)을 활용한 접근이 제안되고 있다. 특히, 젖산 역치(lactate thr eshold, LT)와 호흡 역치(ventilatory threshold, VT)는 무산소 대사 전환 시점을 나타내는 지표로, 운동강도 설정 및 정서 반응 분석에 유용한 도구로 주목받고 있다(Ekkekakisl & Petruzzello, 2011).

이러한 차이는 반려견과의 산책과 같은 일상적 수준의 저강도 운동에서도 살펴볼 수 있다(박선하, 2022). 반려견과 함께한 산책 전·중·후의 정서를 2차원 원형모형(활성과 감정유인가)으로 분석한 결과, 산책 집단은 운동 종료 후까지 유쾌한 감정을 높은 점수로 유지한 반면, 휴식 집단은 유쾌 감정 수준이 산책 집단에 비해 낮은 것으로 나타났다(그림 13-4).

이는 운동이 수행되는 환경적 맥락이 정서 변화에 미치는 영향을 보여주며, 운동의 효과 및 효과적인 운동중재 방법을 확인하기 위해서는 개인차를 고려한 맞춤형 접근이 필요함을 알 수 있다.

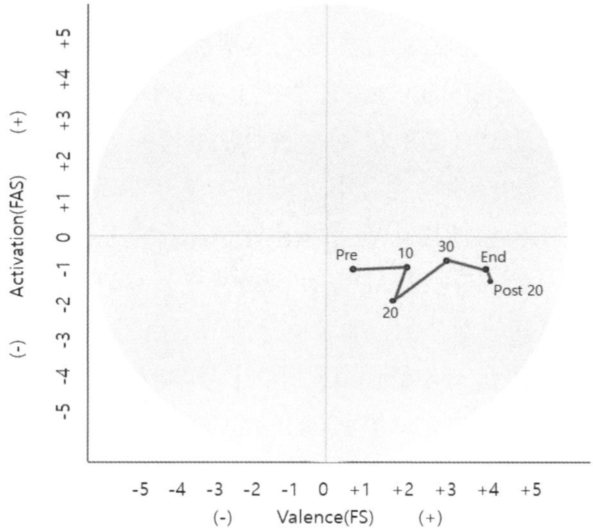

❙그림 13-4❙ 반려견 산책 전, 중, 후 정서변화(박선하, 2022)

2) 운동 중의 정서변화

운동이 끝나면 활력수준이 높아지고 긍정적 정서를 체험한다는 것은 여러 연구에서 나온 공통적인 결과이다. 운동 중에 체험하는 정서가 어떨 것인가에 대해서도 최근에 관심을 기울이기 시작했다. 운동 중에 긍정적인 정서를 체험한다면 운동을 규칙적으로 실천하는데 도움이 되겠지만 부정적 정서를 체험한다면 중도포기의 가능성도 예상해 볼 수 있다.

단일 문항 또는 간편한 형식으로 제작된 도구(Hardy & Rejeski의 감정 척도)가 개발되면서 운동 중의 감정을 반복 측정하는 것도 가능해졌다. 특히 운동강도를 달리했을 때 운동 중에 어떤 느낌을 체험하는가도 밝혀지고 있다. 대체로 운동강도가 높아지면 긍정적 정서의 체험이 줄어든다는 결과가 많았다.

최근에는 다양한 운동 유형별로 분류하여 운동 중과 후의 정서 반응을 비교하는 연구들이 활발히 이루어지고 있다. 특히 운동 중에는 일시적으로 감정이 악화될 수 있으나, 운동 후에는 오히려 긍정적인 정서 상태로의 회복 또는 향상이 나타나는 현상에 주목한 연구들이 보고되고 있다.

- 최대유산소능력(VO_2peak)의 90%/50%, 100%/40%, 110%/30%을 기준으로 고강도 인터벌 운동(HIIE)을 실시한 결과, 운동강도가 높아질수록 FS 점수는 낮아지는 것으로 나타났다(Malik et al., 2017). 주관적 운동강도(RPE)가 높아질수록 FS 점수는 낮아졌으며, 호흡 및 산소 소비량 등의 생리적 지표로 살펴본 경우에도 운동강도가 높아질수록 정서적 반응은 더 부정적으로 변화했다.
- Greene 등(2018)은 HIIE의 한 형태인 체중 인터벌 운동(BWIE)과 유산소 운동(MICE), 그리고 정적활동(READ)을 비교하여 운동 중과 운동 후의 정서 변화를 분석하였다. BWIE를 실시했을 때 운동 중에 FS 점수가 일시적으로 감소하였으나, 운동 후 20분이 지난 시점에서는 FS 점수가 유의하게 향상되었다(Greene et al., 2018). 특히 BWIE는 고강도 운동임에도 MICE와는 유사한 수준의 즐거움을 나타냈고, READ보다도 훨씬 긍정적인 정서 반응을 나타냈다.
- 최대유산소능력의 90%로 실시한 HIIE과 환기역치의 90% 수준의 중강도 인터벌 운동(MIIE)을 비교한 연구를 살펴보면, 두 조건 모두 운동 중 FS 점수는 낮아졌다(Silva et al., 2023). 특히 HIIE에서 감소폭이 컸다. 하지만, 운동 후 즐거움은 HIIE이 MIIE보다 유의하게 높았다. 전반적으로 HIIE은 운동 중 FS 점수에 부정적인 영향을 미치지만, 운동 후에는 긍정적인 정서 변화를 보였다.

운동강도가 높으면 운동 중의 정서가 나빠지며, 회복 시점이 지난 후 다시 좋아지는 현상을 시각적으로 제시한 연구가 있다(Hall et al., 2002). 2차원 원형모형을 사용했으며, 단일 문항인 FS로 정서를 측정하였다. 〈그림 13-5〉를 보면 환기역치가 발생한 시점부터 정서가 부정적인 방향으로 바뀌기 시작하였다. 하지만 회복 시점을 거치면서 개선되어 운동 후에는 운동 전의 상태로 완전히 되돌아 왔다. 운동강도가 높으면 운동 중 일시적으로 부정적 정서체험을 한다는 사실을 알려주는 결과이다.

종합하면 운동강도가 높아짐에 따라 운동 중의 정서는 부정적으로 변하는 것을 알 수 있다. 중강도 운동과 고강도 운동은 운동 '후'의 감정 상태는 유사할지 모르지만 운동 '중'에는 큰 차이가 생길 수 있다. 운동 후에 좋은 기분이 들더라도 운동 중에 느꼈던 나쁜 기분은 운동 동기 측면에서 나쁜 영향을 줄 수 있다. 트레이너가 고객의 운동 지속실천을 목표로 한다면, 운동강도와 유형에 따라 운동 중 정서가 달라질 수 있다는 점에 주의를 기울여야 한다.

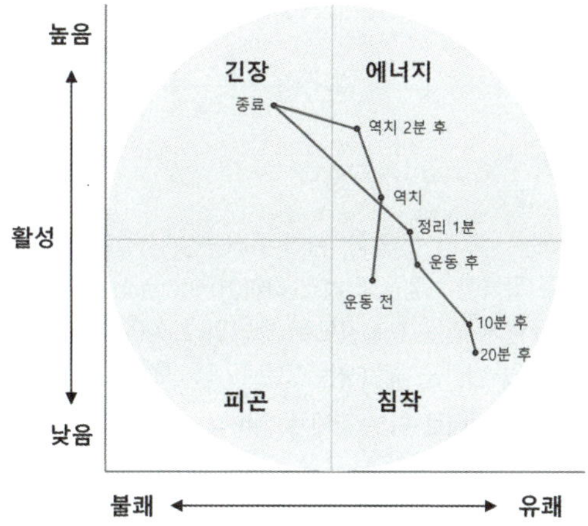

❙그림 13-5❙운동 전, 중, 후의 정서 변화(Hall et al., 2002)

4 운동과 정서변화 메커니즘

1) 메커니즘

운동에 따른 정서변화를 설명하는 가설로 엔돌핀 가설, 모노아민 가설, 심폐계 체력 가설, 뇌변화 가설(생리적 메커니즘), 사회적 상호작용 가설(사회적 메커니즘), 기분전환(타임아웃) 가설, 숙달 가설, 기대 가설(심리적 메커니즘)이 제안되었다. 다양한 가설이 제안된 만큼 운동과 정서의 관계를 검증하고 설명하기가 쉽지 않음을 알 수 있다.

(1) 엔돌핀 가설

운동 중과 후에 베타 엔돌핀의 분비가 증가하며 정서가 개선된다는 가설이다. 엔돌핀은 뇌와 뇌하수체 등에서 분비되는데 통증을 낮추고 행복감을 유발하는 효과가 있다. 엔돌핀 때문에 러너스 하이(runner's high) 현상을 경험한다는 주장도 있다. 최근 리뷰에서는 엔돌핀 가설을 전적으로 지지하기 힘들다는 결론이 나와 더 많은 연구가 필요하다.

Click

러너스 하이(runner's high)

운동 중에 예상치 않게 체험하는 행복감, 편안함, 완벽한 리듬감, 저절로 되는 듯한 느낌, 시간과 공간 감각의 초월, 희열감과 같은 아주 독특한 느낌을 러너스 하이(runner's high)라 부른다. Sachs(1984)는 러너스 하이란 달리기를 하는 동안에 겪는 행복감으로 웰빙의 느낌이 높아지고, 자연에 대한 감상이 높아지며, 시간과 공간 감각의 초월 현상을 체험하는 것으로 정의했다.

러너스 하이는 매우 긍정적인 심리상태로 이 순간에는 행복감, 이완감, 저절로 되는 듯한 느낌이 든다. 개념적으로 최고수행(peak performance), 몰입(flow)과도 관련성이 높다. 달리기를 즐기는 사람들이 자주 체험하기 때문에 러너스 하이라고 부르지만 다른 운동에서도 느낄 수 있는 현상이다.

러너스 하이 현상이 언제 일어날 것인가를 예상하기는 어렵지만 도움이 되는 조건이 있다. 주변에 방해요인이 적어야 하고, 습도가 낮고 날씨가 쾌적해야 하며, 최소 30분 정도 편안하게 달릴 수 있어야 한다. 러너스 하이는 기분 좋은 체험이기 때문에 운동의 내적동기를 높이는 역할을 한다고 볼 수 있다.

(2) 모노아민 가설

운동을 하면 세로토닌(serotonin), 노에피네프린(norepinephrine), 도파민과 같은 신경전달물질에 변화가 생겨 정서(특히 우울증)가 개선된다는 설명이다. 우울증과 불안 치료 약물에도 이들 신경전달물질에 영향을 주는 것이 많다. 세 가지 신경전달물질은 감정, 정서, 기분의 조절과 밀접한 관계가 있다고 본다. 하지만 인간의 뇌 속의 신경전달물질을 측정하기에 어려움이 있어, 운동 효과에 대한 정확한 기전을 규명하는데 한계가 있다.

(3) 심폐계 체력 가설

운동을 하면 심폐계 체력이 좋아지며, 이로 인해 심리적 혜택이 생긴다는 설명이다. 심폐계 체력의 향상이 많이 이루어지는 운동프로그램일수록 정서적 혜택도 크다는 연구 결과도 있다. 하지만 심폐계 체력 향상과 직접적인 관련이 적은 웨이트트레이닝도 정서에 도움이 되는 것으로 나타나 완벽한 설명력을 가지지는 못했다.

(4) 뇌 변화 가설

운동이 대뇌피질에 있는 혈관의 밀도를 높이고 뇌혈관의 확산거리를 향상시켜 전반적인 뇌 구조의 변화를 가져온다고 본다. 운동 중에 뇌의 혈류량이 큰 폭으로 향상되는 것도 심리적, 인지적 혜택의 원인으로 설명한다. 최근에는 운동이 우울증을 완화시키는 기전으로 신경세포생성(neurogenesis)이 제안되었다. 운동이 뇌유래신경영양인자(BDNF)의 성장 인자를 증가시켜, 우울증으로 인해 부피가 감소한 뇌 영역에서의 신경세포를 생성한다는 것이다. 하지만 직접적인 증거는 부족하여, 향후 추가 연구가 필요하다.

(5) 사회적 상호작용 가설

운동을 하면서 타인과의 상호작용이 많아지기 때문에 정서적 효과가 발생한다는 가설이다. 사회적 상호작용은 운동 참가 이유이기도 하지만 소속감과 즐거움을 높여주는 요소이기도 하다. 사회적 상호작용은 경력 운동자보다는 초보 운동자에게 중요한 역할을 한다.

(6) 기분전환 가설

운동 중에는 운동에 집중하여 일상생활에서의 번잡함을 잊는 타임아웃 효과가 있어서 정서적 건강에 도움이 된다는 가설이다. 운동의 신체적, 생리적 변화보다는 일상의 걱정으로부터 벗어나 자신만의 집중과 휴식 시간을 가지는 기회가 중요하다는 설명이다. 운동은 독서, 조용한 휴식과 같은 기분 전환 활동에 비해 정서적 효과가 오래 지속되는 특징이 있다.

(7) 숙달 가설

운동을 수행했을 때 느끼는 성취감이 자기효능감(self-efficacy)을 높이고, 긍정적인 정서변화를 촉진한다고 본다. 운동을 통해 얻어진 자신감과 환경에 대한 통제감은 삶의 다른 영역으로 일반화된다고 본다. 일회성 운동으로 자신감과 성공 경험이 누적되면 장기적으로 행복감도 높아진다. 운동 후 자기효능감 및 긍정정서의 증가와 함께 우울감이 유의하게 감소했다는 연구결과들이 있지만(White & Kendrick, 2009), 아직 타당성을 입증하기엔 추가적인 연구가 필요하다.

(8) 기대 가설

운동을 하면 기분이 좋아질 것이라는 기대 때문에 운동 후에 기분이 좋아진다는 가설이다. 운동의 실체적 효과라기보다는 위약효과(placebo effect)를 강조한다.

▌그림 13-6▐ 운동은 일상의 스트레스를 잊을 수 있는 좋은 방법이다.

2) 5가지 고려사항

운동과 정서 간의 관계를 설명하기 위해 다양한 생리적, 심리적, 사회적 메커니즘이 제시되고 있지만, 일관된 결과는 제시되지 않았다. 효과적인 운동처방 및 운동지속을 높이기 위해서는, 운동이 정서에 영향을 미치는 과정을 명확하게 설명할 수 있는 이론적 기반이 필요하다. 이에 대해 Ekkekakis 등(2013)은 연구 수행 시 고려해야 할 다섯 가지 사항을 제시하였다.

- 인지적 요인: 자기효능감, 자율성, 주의전환 등은 운동 중 정서반응에 영향을 미치는 요인으로 주목받고 있다. 특히, 주의전환을 통해 운동 중 긍정적인 정서를 유지할 수 있음이 밝혀졌다. 무산소 역치(VT)보다 10% 높은 강도로 달리는 중에도, 음악과 뮤직비디오 함께 제공하면 긍정적인 정서가 유지된다는 결과가 보고되었다(Hutchinson et al., 2015). 이는 운동강도에 따라 인지전략의 효과가 달라진다고 설명하는 Dual-Mode 이론의 핵심 개념과도 일치한다.

· 생리학적 요인 탐색: 앞서 운동을 통한 정서변화 메커니즘에서 살펴본 엔돌핀 수용체 활성화 등을 예로 들 수 있다. 카페인 섭취가 운동 중 긍정적인 정서를 유지하는데 도움이 된다는 연구결과가 제시되었다(Backhouse et al., 2011). 운동 중 카페인 섭취는 운동의 즐거움을 높이고, 통증을 줄이며, 운동에 대한 노력의 정도를 낮게 인식하는 것으로 나타났다(Glaister & Gissane, 2018; Schubert et al., 2014).

· 운동강도에 따른 신체 내부 감각과 인지요인 간의 상호작용: Dual-Mode 이론에 따르면, 저강도 운동에서는 인지요인이 정서반응에 상대적으로 큰 영향을 미치지만, 운동강도가 증가함에 따라 신체 내부 감각(예: 체온, 호흡, 근육 피로 등)의 영향이 더 커진다. 예를 들어, 무산소 역치 근처에서는 시각·청각 자극이 정서에 긍정적인 영향을 미쳤지만, 고강도에서는 그 효과가 점차 감소하였다(Hutchinson et al., 2015).

· 개인차 요인: 동일한 운동 자극이라도 개인의 성격, 유전적 특성, 운동 선호 등에 따라 정서반응은 달라질 수 있다. 특히 유전적 요인의 역할은 아직 충분히 밝혀지지 않았으나, 일부 연구에서는 운동강도에 대한 선호 및 인내가 유전적으로 결정될 수 있으며, 이러한 유전적 특성이 고강도 운동에 대한 내성을 높이는데 기여할 수 있다고 보았다(de Geus & de Moor, 2008). 운동 강도선호 및 인내 질문지(PRETIE-Q)에서 강도인내 점수가 높은 사람은 고강도 운동의 불쾌함을 더 잘 견딜 수 있으며, 이는 개인의 유전적 특성이 반영된 결과일 수 있다.

· 운동경험: 초기 운동 경험의 기억이 긍정적이냐 부정적이냐에 따라 장기적인 운동행동이 달라질 수 있다는 연구결과가 있다(Ladwig et al., 2018). 특히 '운동 후 느낀 감정을 어떻게 기억하느냐' 또는 '운동 중 가장 좋았던/나빴던 순간을 어떻게 기억하느냐'에 대한 연구가 주목받고 있다. Zenko 등(2016)의 연구에서는 운동강도를 점진적으로 높이거나 낮출 때 정서 반응과 정서 기억이 달라졌으며, 점진적으로 낮추는 조건에서 더 긍정적인 기억과 향후 운동을 예측할 수 있는 정서가 확인되었다 .

Click

Dual-mode 이론

Dual-mode 이론은 운동강도에 따라 운동 중 정서반응이 달라지는 이유를 설명하는 이론이다. Ekkekakis(2004)가 제안하였으며, 운동 중 인지적 요인과 신체 내부감각이 상호작용하여 정서반응을 나타난다고 보았다. 인지적 요인에는 동기나 자기효능감 등이 포함되며, 저강도 또는 중강도 운동 시 주로 작용한다. 신체 내부 감각은 심박수, 피로감, 젖산 증가 등으로 고강도 운동 시 정서반응에 영향을 미친다.

이 이론에 따르면 저강도 운동 시에는 인지적 요인이 관여하며 운동 중 긍정적인 정서 반응이 나타난다. 중강도 운동시에는 개인차가 있으며, 고강도 운동시에는 신체 내부 감각이 관여하여 부정적인 정서반응이 나타날 가능성이 높다고 보았다. 여러 연구를 통해 검증이 이루어졌다(Acevedo et al., 2003; Welch et al., 2007). 운동 중 긍정적인 정서의 경험은 운동지속을 높일 수 있다. 따라서 개인별로 운동강도를 고려하여 제시해야 할 필요성이 있다.

5 운동중독

1) 정의

운동중독(exercise addiction)이란 통제하기 어려울 정도로 과도한 운동을 반복하며, 운동의 욕구가 충족되지 않았을 때 신체적·심리적 금단증상이 나타나는 것을 말한다. 유사 용어로 운동의존성(exercise dependence), 과도한 운동(excessive exercise), 강박적 운동(compulsive exercise), 부정적 운동(negative exercise), 의무적 운동(obligatory exercise) 등이 있다.

운동중독이 약물이나 마약 중독처럼 부정적인 것인가에 관해서는 아직도 논란이 해결되지 않았다. 일부 학자는 운동중독이 건강증진, 기분과 불안 개선 등 건강상 혜택이 많기 때문에 긍정적 중독(positive addiction)의 대표적 사례로 봐야 한다고 주장한다. 반면 부상과 사회적·직업적 문제를 초래할 수 있다는 점에서 부정적 중독(negative addiction)이라고 보기도 한다.

최근에는 운동중독보다 운동의존성(exercise dependence)이라는 용어를 더 선호한다. 특히 운동을 하지 못할 때 나타나는 금단 증상, 심리적 갈망, 강박적 행동 등 의존적 특성이 강조된다. 운동 의존성은 일차와 이차로 구분된다. 일차 운동의존성(primary exercise dependence)은 운동 그 자체에 중독되는 것을 말한다. 이차 운동의존성(secondary exercise dependence)은 체성분 조절을 목적으로 운동을 강제적으로 하는 것이다. 일차 운동의존성에서는 운동에 지나치게 몰두한 결과 체성분이 변화되고 다이어트 습관이 달라진다. 반면 이차 운동의존성은 체성분 변화와 다이어트가 주목적이고 운동은 수단으로 이용된다는 차이가 있다.

운동중독의 진단은 미국정신의학회(APA)에서 제시한 『정신장애 진단 및 통계 매뉴얼(DSM-5)』의 '물질 사용 및 중독 장애' 기준을 받아들이고 있다. 구체적으로 11가지 중독 항목 중 2-3개의 증상이 나타나면 경도장애, 4-5개는 중등도 장애, 6개 이상은 고도 장애로 분류된다. 이는 운동중독 상황에 맞춰 7가지 항목으로 요약된다(표 13-2).

| 표 13-2 | 운동중독의 기준

항목	내용
내성(tolerance)	· 원하는 효과를 달성하기 위해 운동량을 높이려한다. · 동일한 운동량으로 계속 운동을 하면 운동 효과가 줄어든다.
금단(withdrawal)	· 운동을 못하면 불안, 피로 등 금단증상이 생긴다. · 운동을 하면 금단증상이 해소된다.
의도 효과(intention effect)	· 의도한 것 이상으로 운동을 오래한다.
통제 상실(loss of control)	· 운동을 줄이려고 계속 노력하지만 안 된다.
시간(time)	· 운동에 지나치게 많은 시간을 소비한다.
갈등(conflict)	· 운동 때문에 다른 일(사회생활, 가족, 직장 일)을 포기한다.
지속(continuance)	· 신체적, 심리적 문제(부상 등)를 알고도 운동을 계속한다.

2) 금단증상

운동의존성의 중요한 특징 중의 하나는 금단증상이다. 운동 금단증상은 운동 박탈감(exercise deprivation sensation)이라고도 하는데 운동을 하지 못하는 기간에 체험하는 심리적, 생리적 증상을 의미한다. 계획했던 운동을 못하게 되면 죄책감, 우울, 짜증, 초조, 스트레스, 불안, 활력감 저하 등의 정서 체험을 하는데 운동 의존자가 비의존자에 비해 그 증상이 심하다. 운동 의존자가 경험하는 증상은 정서적, 인지적, 신체적 측면으로 구분한다.

- 정서적 증상: 불안, 우울, 짜증, 분노, 적대감, 긴장, 죄책감, 좌절, 자기존중감 감소
- 인지적 증상: 혼란, 집중력 감소
- 신체적 증상: 무기력감, 수면장애, 근육통, 피로, 위장 장애, 전신의 활력 저하

운동 의존 성향 집단으로 구분된 사람들을 대상으로 5일간 운동을 중단시킨 후 감정과 기분상태를 관찰한 결과, 대부분 긍정정서와 활력은 감소하고 불안, 우울, 피로 등은 증가하였다. 심리적 변화뿐만 아니라 뻐근함과 신체기능 저하 등의 신체적 변화도 경험하였다. 이러한 결과는 운동박탈이 정서에 어떤 영향을 주는지 잘 보여준다(전윤창, 김병준, 김윤희, 2017).

Click

운동중독은 질환인가?

운동중독은 행동중독(behavioral addiction)의 일종으로 간주된다. 행동중독이란 약물과 관계없이 특정행동을 과도하게 반복하는 증상으로, 약물이나 알코올 중독과는 구분된다. 과거 중독은 약물, 알코올 등 물질사용만 한정적으로 다루었으나, 현대사회의 발전에 따라 사회문화적 배경을 고려하여 특정 행동에 대한 중독을 다루기까지 범위가 확장되었다. 이에 따라 현재는 도박장애, 인터넷 중독, 강박적 소비 등도 중독의 한 형태로 간주되며, 비물질 중독 장애(Non-Substance Addiction Disorder)이나 행동중독으로 불린다.

미국정신의학회(APA)에서 발간하는 '정신장애 진단 및 통계매뉴얼 5판(DSM-5)*'에서도, 기존 충동조절장애로 분류되던 도박중독(gambling disorder)을 '물질 관련 및 중독 장애'의 범주로 포함시켰다. 이는 행동중독을 중독 장애로 인정하는 것을 의미한다.

운동중독은 중독의 심리적·신체적 증상은 포함하고 있으나 긍정적인 점도 존재한다는 점, 명확한 진단기준이 없다는 점을 고려하여 DSM-5에서는 중독 장애에 포함되지 않았다. 하지만, 중독 장애로 포함해야 하는가에 대한 논의는 지속적으로 이어지고 있다.

*DSM-5 : 미국정식의학회(APA)는 정신질환의 분류 및 진단을 위한 기준을 제시한다. 세계적으로 사용되는 정신장애 진단 분류 체계이며, 국내 의학계도 이를 따른다.

3) 측정

- 운동중독 검사(Exercise Addiction Inventory; EAI): Terry, Szabo와 Griffiths(2004)에 의해 개발된 질문지로, 행동중독의 6요인(현저성, 내성, 기분변화, 금단, 갈등, 재발)을 근거로 하여 제작되었다(Griffiths, 1996, 1997). 요인당 1문항씩 총 6문항으로 구성되어 24점을 만점으로 한다. 0-12점 사이는 정상군, 13-23점은 증상군, 24점 이상은 위험군으로 구분된다(Terry et al., 2004).
- 운동 의존 척도(Exerise Dependence Scale Revised; EDS-R): Downs, Hausenblas와 Nigg(2004)가 개발한 척도로, 정신장애의 진단 및 통계편람 4판(DSM-IV)의 물질중독 기준에 기반하여 제작되었다. 7요인(내성, 금단증상, 연속성, 조절의 부족, 다른 활동의 감소, 시간, 의도)을 측정하며 총 21문항으로 이루어져있다.
- 한국형 운동중독 척도: 강신욱(2009)이 개발한 한국형 운동중독 척도로 금단증세, 갈등, 애착, 내성, 강박증 등 5요인을 측정한다. 총 18개 문항으로 구성되어 있다.
- 운동중독 검사(Exercise Addiction Questionnaire; EAQ): 총 5요인(사회적문제, 운동의존, 금단증세, 운동동기, 운동욕구) 24문항으로 구성되었으며, 6점 리커르트로 측정한다. Adam(2001)이 개발한 운동중독질문지 EBS와, Ogden 등(1997)이 개발한 EDQ를 토대로 개발되었다.

4) 설명하는 가설

운동중독을 설명하는 가설에는 성격특성 가설, 정서조절 가설, 엔돌핀 가설, 교감신경계 각성 가설 등이 있다.

- 성격특성 가설: 운동중독에 쉽게 걸리는 성격 특성이 존재한다는 가설이다. 운동중독과 관련이 있는 성격특성으로 완벽주의, 강박증, 특성불안, 외향성이 알려져 있다. 이러한 성격특성과 운동중독은 긍정적인 상관관계가 존재한다. 완벽주의, 강박증 등을 가진 사람은 운동중독에 쉽게 걸린다는 설명이다.
- 정서조절 가설: 운동은 긍정적 정서상태를 가져오지만 운동을 중단하면 부정적 정서상태가 야기된다는 사실에 근거한 가설이다. 운동은 기분상태를 개선하고 불안과 우울을 낮추는 효과가 있어서, 부정적 정서를 개선하기 위하여 운동에 빠져든다는

설명이다. 운동박탈과 관련된 정서 변화를 설명하기에 적합하다.

- 엔돌핀 가설: 운동중독을 생리적 요인으로 설명하는 가설이다. 우리 몸은 운동을 스트레스로 받아들여, 이때 스트레스 상황에서 분비되는 엔돌핀이 분비된다. 운동에 중독되는 것은 우리의 몸이 엔돌핀 분비를 반복적으로 원하게 되기 때문이다. 이에 따라 점점 운동강도를 높여서 엔돌핀 분비를 높이는 악순환이 반복된다는 것이다.
- 교감신경계 각성 가설: 운동을 꾸준히 하면 교감신경계가 적응하는 효과가 나타난다. 즉, 같은 운동강도에 대해서 교감신경계의 반응이 낮아져(카테콜라민의 반응이 약해짐) 동일한 운동강도에 대해 낮은 수준의 각성을 경험한다. 운동 자극이 줄어 운동을 한 느낌이 약해진다는 뜻이다. 이로 인해 운동량을 높이려는 욕구가 생기며, 훈련의 효과로 다시 교감신경계가 적응하게 된다. 부정적인 정서를 체험하면 다시 운동강도를 높이는 과정이 반복되면서 운동에 중독된다는 설명이다.

Click

운동중독자의 정서 변화

하단의 그림은 마라톤 클럽의 운동중독자의 운동 전, 중, 후 정서변화 양상을 2차원 원형모형으로 제시한 것이다. 운동중독자는 운동 중에 힘이 들어도 유쾌함을 느끼는 반면, 일반 운동자는 불쾌함을 많이 경험하였다. 이는 운동중독의 메커니즘인 '정서조절(감정조절)' 가설을 지지하는 결과이다.

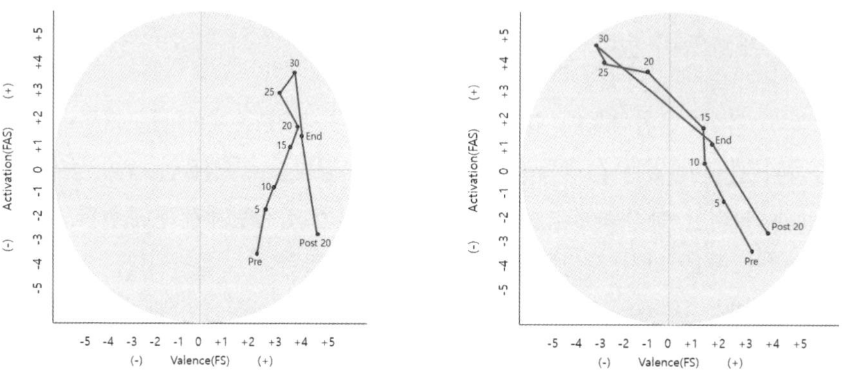

❙그림 13-7❙ 운동중독자(좌)와 일반운동자(우)의 정서변화 2차원 원형모형(안상환, 김병준, 2011)

참고문헌

강신욱(2009). 한국형 운동중독 척도 개발. **한국체육학회지, 48**(3), 131-145.

박선화(2022) **반려견 동반 산책 전중후 감정변화 양상.** [미간행 석사학위논문] 인하대학교 교육대학원.

박홍석, 이정미(2016). 정적정서 부적정서 척도 (PANAS)의 타당화. **한국심리학회지: 일반, 35**(4), 617-641

안상환, 김병준(2011). 운동중독자의 운동 전중후 감정변화 양상. **체육과학연구, 22**(1), 1725-1738.

유진, 김종오(2002). 한국형 운동 정서 척도의 개발과 타당화 검증. **한국스포츠심리학회지, 13**(2), 103-117.

이현희, 김은정, 이민규(2003). 한국판 정적 정서 및 부적 정서 척도 (Positive Affect and Negative Affect Schedule; PANAS)의 타당화 연구. **한국심리학회지: 임상, 22**(4), 935-946.

정용각(2000). 여가운동 참가자 성격의 Big-5 요인과 정서의 관계 분석. 한국체육학회지, 39(4), 265-275.

정은지, 이승연. (2021). 대학생의 스트레스, 부정정서, 비자살적 자해의 관계: 부정 긴급성과 긍정정서의 조절된-조절된 매개효과. **한국심리학회지: 발달, 34**(1), 81-100.

조은진(2023). 대학생의 삶의 의미추구와 의미발견의 관계에서 긍정정서, 인지적 유연성의 매개효과 검증. **한국웰니스학회지, 1**8(4), 175-181. 10.21097/ksw.2023.11.18.4.175

최지연, 김봉환(2016). 대학생의 부정정서가 심리적 안녕감에 미치는 영향에서 자아탄력성의 매개효과. **인간이해, 37**(2), 67-86.

최현석(2011). **인간의 모든 감정: 우리는 왜 슬프고 기쁘고 사랑하고 분노하는가.** 서해문집.

한덕웅, 강혜자(2000). 한국어 정서 용어들의 적절성과 경험 빈도. 한국심리학회지, 19(2), 63-99.

Acevedo, E. O., Kraemer, R. R., Haltom, R. W., & Tryniecki, J. L. (2003). Perceptual responses proximal to the onset of blood lactate accumulation. *Journal of Sports Medicine & Physical Fitness, 43,* 267-273.

Backhouse, S. H., Biddle, S. J. H., Bishop, N. C., & Williams, C. (2011). Caffeine ingestion, affect and perceived exertion during prolonged cycling. *Appetite, 57*(1), 247-252.

Berger, B. G., Pargman, D., & Weinberg, R. S. (2002). *Foundations of exercise psychology.* Fitness Information Technology.

Biddle, S., & Mutrie, N. (2007). P*sychology of physical activity: Determinants, well-being and interventions.* Routledge.

Buckworth, J., & Dishman, R. K. (2002). Exercise psychology. Champaign, IL: Human Kinetics.

Carron, A. V., Hausenblas, H. A., & Eastabrooks, P. A. (2003). *The psychology of physical activity.* McGraw-Hill.

De Geus, EJ. C., & de Moor, M. H. M. (2008). A genetic perspective on the association between exercise and mental health. *Mental Health & Physical Activity, 1*, 53-61.

Ekkekakis, P. (2003). Pleasure and displeasure from the body: Perspectives from exercise. *Cognition and emotion, 17*(2), 213-239.

Ekkekakis, P. (2004). Exercise and affect–the study of affective responses to acute exercise: The dual mode model. *New Approaches to Sport and Exercise Psychology,* 119-146.

Ekkekakis, P., Hargreaves, E. A., & Parfitt, G. (2013). Invited Guest Editorial: Envisioning the next fifty years of research on the exercise–affect relationship. *Psychology of Sport and Exercise, 14*(5), 751-758.

Ekkekakis, P., & Petruzzello, S. J. (2000). Analysis of the affect measurement conundrum in exercise psychology: I. Fundamental issues. *Psychology of Sport and Exercise, 1*(2), 71-88.

Ekkekakis, P., Parfitt, G., & Petruzzello, S. J. (2011). The pleasure and displeasure people feel when they exercise at different intensities: decennial update and progress towards a tripartite rationa le for exercise intensity prescription. *Sports medicine, 41*(8), 641-671.

Feldman, L. A. (1995). Variations in the circumplex structure of mood. *Personality and Social Psycho logy Bulletin, 21*(8), 806-817.

Gauvin, L., & Rejeski, W. J. (1993). The Exercise-Induced Feeling Inventory: Development and initial validation. *Journal of Sport and Exercise Psychology, 15*(4), 403-423.

Glaister, M., & Gissane, C. (2018). Caffeine and physiological responses to submaximal exercis e: A meta-analysis. *International Journal of Sports Physiology & Performance, 13*(4), 402- 41 1.

Greene, D. R., Greenlee, T. A., & Petruzzello, S. J. (2018). That feeling I get: Examination of the exercise intensity-affect-enjoyment relationship. *Psychology of Sport and Exercise, 35,* 39-46.

Hall, E. E., Ekkekakis, P., & Petruzzello, S. J. (2002). The affective beneficence of vigorous exercise revisited. *British Journal of Health Psychology, 7,* 47-66.

Hardy, C. J., & Rejeski, W. J. (1989). Not what, but how one feels: The measurement of affect durin g exercise. *Journal of Sport and Exercise Psychology, 11,* 304-317.

Huffman, J. C., Mastromauro, C. A., Beach, S. R., Celano, C. M., DuBois, C. M., Healy, B. C., ... & Januzzi, J. L. (2014). Collaborative care for depression and anxiety disorders in patients wi th recent cardiac events: the Management of Sadness and Anxiety in Cardiology (MOSAIC) randomized clinical trial. *JAMA Internal Medicine, 174*(6), 927-935.

Hutchinson, J. C., Karageorghis, C. I., & Jones, L. (2015). See hear: Psychological effects of music and music-video during treadmill running. *Annals of Behavioral Medicine, 49*(2), 199-211.

Ladwig, M. A., Vazou, S., & Ekkekakis, P. (2018). "My best memory is when I was done with it": PE memories are associated with adult sedentary behavior. *Translational Journal of the Amer ican College of Sports Medicine, 3*(16), 119-129.

Lox, C. L., Ginis, K. A. M., Gainforth, H. L., & Petruzzello, S. J. (2019). *The psychology of exercis e: Integrating theory and practice.* Routledge.

Malik, A. A., Williams, C., Weston, K., & Barker, A. R. (2017). Perceptual responses to high-and mo derate-intensity interval exercise in adolescents. *Medicine and Science in Sports and Exercise, 50*(5), 1021-1030.

McAuley, E., & Courneya, K. S. (1994). The Subjective Exercise Experi- ences Scale (SEES): Develo pment and preliminary validation. *Journal of Sport and Exercise Psychology, 16*(2), 163-177.

McNair, D. M., Lorr, M., & Droppleman, L. F. (1971). *Manual for the profile of mood states.* Educat ional and Industrial Testing Service.

Morgan, W. P. (1984). Selected psychological factors limiting perfor- mance: A mental health model. *American Academy of Physical Education Papers, 18,* 70-80.

Oatley, K., & Jenkins, J. M. (1996). *Understanding emotions.* Balckwell.

Randolph, D. D., & O'Connor, P. J. (2017). Stair walking is more energizing than low dose caffeine in sleep deprived young women. *Physiology & behavior, 174,* 128-135.

Rodriguez-Blanco, L., Carballo, J. J., & Baca-Garcia, E. (2018). Use of ecological momentary assessm ent (EMA) in non-suicidal self-injury (NSSI): A systematic review. *Psychiatry research, 263,* 212-219.

Sachs, M.L. (1984). The runner's high. In M.L. Sachs & G.W. Buffone (Eds.), *Running as therapy: An integrated approac*h (pp. 231-253). University of Nebraska Press.

Schubert, M. M., Hall, S., Leveritt, M., Grant, G., Sabapathy, S., & Desbrow, B. (2014). Caffeine consumption around an exercise bout: effects on energy expenditure, energy intake, and exercise enjoyment. *Journal of Applied Physiology, 117,* 745-754.

Schuch, F. B., Vancampfort, D., Richards, J., Rosenbaum, S., Ward, P. B., & Stubbs, B. (2016). Exercise as a treatment for depression: a meta-analysis adjusting for publication bias. *Journal of psychiatric research, 77*, 42-51.

Shacham, S.(1983). A shortened version of the Profile of Mood States. *Journal of Personality Assessment, 47*(3), 305-306

Silva, M. O., Santos, T. M., Inoue, A., Santos, L. E. R., de Lima do Nascimento Anastácio, W., Lattari, E., & Oliveira, B. R. R. (2023). Is there a dose–response relationship between high-intensity interval exercise (HIIE) intensity and affective valence? Analysis of three HIIE sessions performed with different amplitudes. *International Journal of Environmental Research and Public Health, 20*(3), 2698.

Svebak, S., & Murgatroyd, S. (1985). Metamotivational dominance: a multimethod validation of reversal theory constructs. *Journal of personality and social psychology, 48*(1), 107.

Tate A. K., & Petruzzello, S. J. (1995). Varying the intensity of acute exercise: Implications for changes in affect. *Journal of Sports Medicine and Physical Fitness, 35,* 295-302.

Thayler, R. E. (1987). Activation-deactivation adjective check list: Current review and structural analysis. *Psychological Reports, 58,* 607-614.

Thayer, R. E. (1989). *The biopsychology of mood and arousal.* New York: Oxford University Press.

Parrot, W. G. (2001). *Emotions in social psychology: Essential readings.* Psychology Press

Watson, D., & Clark, L. A. (1994). *The PANAS-X manual for the positive and negative affect schedule-expended term.* The University of Iowa.

Watson, D., Clark, L. A., & Tellegen A. (1988). Development and valida- tion of brief measures of positive and negative affect: The PANAS scales. *Journal of Personality and Social Psychology, 54*(6), 1063-1070.

Welch, A. S., Hulley, A., Ferguson, C., & Beauchamp, M. R. (2007). Affective responses of inactive women to a maximal incremental exercise test: A test of the dual-mode model. *Psychology of Sport & Exercise, 8*(4), 401-423.

White, K., Kendrick, T., & Yardley, L. (2009). Change in self-esteem, self-efficacy and the mood dimensions of depression as potential mediators of the physical activity and depression relationship: Exploring the temporal relation of change. *Mental Health and Physical Activity, 2*(1), 44-52.

Zenko, Z., Ekkekakis, P., & Ariely, D. (2016). Can you have your vigorous exercise and enjoy it too? Ramping intensity down increases postexercise, remembered, and forecasted pleasure. *Journal of Sport and Exercise Psychology, 38*(2), 149-159.

Review Questions

01 정서, 기분, 감정의 개념을 구분해보자. 지속 시간, 유발 대상, 강도의 측면에서 세 개념이 어떤 관계가 있는가?

02 정서의 2차원 원형 모형은 어떻게 구성되는가? 이 모형이 운동과 정서의 관계를 연구하는데 어떤 장점이 있는가?

03 일회성 운동 전후에 정서가 어떻게 변하는지 설명해보자.

04 운동강도에 따라 운동 중에 정서가 어떻게 변하는지 설명해보자.

05 운동이 정서에 도움이 되는 이유를 설명하는 가설을 생리적 가설, 심리적 가설, 사회적 가설로 분류하고 각 가설을 어떻게 검증할 수 있을 것인지 설명해보자.

06 정서적 혜택을 극대화하기 위해 운동을 어떻게 해야 할 것인지 운동형태, 강도, 빈도, 지속시간의 가이드라인을 제시해보자.

07 엘리트 선수의 심리적 특성을 설명하는 빙산형 프로파일이란 무엇인가?

08 러너스 하이란 무엇이며 어떤 조건에서 체험이 촉진되는가?

09 운동중독의 기준(표 13-2 참조)을 면담 목적으로 사용할 수 있도록 질문 형식으로 작성해보자.

10 일차 운동의존성과 이차 운동의존성이란 무엇인가?

11 운동박탈에 의해 어떤 증상이 나타나는지 설명해보자.

12 운동중독은 긍정적 중독인지 부정적 중독인지 자신이 지지하는 입장을 제시하고 이유를 설명해보자.

Projects

운동 정서 2차원 원형 모형 만들기

1. 목적

운동이 정서에 미치는 영향을 2차원 원형 모형으로 알아본다. 가로축은 불쾌와 유쾌 정도, 세로축은 활성(각성)의 정도를 나타낸다. 중간 강도와 고강도의 운동에 따라 운동 중과 후에 정서가 어떻게 변화되는지를 알아본다.

2. 절차

- 20분간 중간 강도의 유산소 운동을 한다. 본인이 직접 하거나 다른 사람 1인을 대상으로 실시한다.
- 운동 직전, 운동 5분후, 15분후, 운동 직후, 종료 20분후 총 5차례에 걸쳐 아래 문항을 이용하여 유인가(유쾌와 불쾌 차원)와 활성(각성의 높고 낮음 차원)을 측정한다. 활성은 2문항의 평균 점수를 구한다.

1) [기분] 현재의 기분은 어떻습니까?
아주 나쁘다 매우 좋다
-5 -4 -3 -2 -1 0 +1 +2 +3 +4 +5

2) [활성] 현재의 활성(활력, 각성) 수준은 어떻습니까?
아주 평온하다 원기 왕성하다
-5 -4 -3 -2 -1 0 +1 +2 +3 +4 +5

힘이 안 든다 긴장되어 있다
-5 -4 -3 -2 -1 0 +1 +2 +3 +4 +5

	기분	활성
운동직전		
운동 5분 후		
운동 15분 후		
운동종료 직후		
운동종료 20분후		

Projects

운동 정서 2차원 원형 모형 만들기(계속)

- 원형모형에 유인가와 활성의 점수가 만나는 곳에 점을 표시하고 선으로 연결한다.
- 20분간의 고강도 유산소 운동도 같은 방법으로 5회 측정을 하고 선으로 연결한다. 두 선이 쉽게 구별되도록 색이나 선 모양을 다르게 한다.

3. 논의

- 그래프에서 중간 강도와 고강도를 의미하는 선의 패턴에 어떤 차이가 있는가? 만약 차이가 있다면 이유는 무엇인가?
- 그래프의 결과와 선행 연구의 결과를 비교해보자. 유사점과 차이점은 무엇인가? 이유는 무엇이라고 생각하는가?
- 2차원 원형 모형의 장점과 단점에 대해 생각해보자.

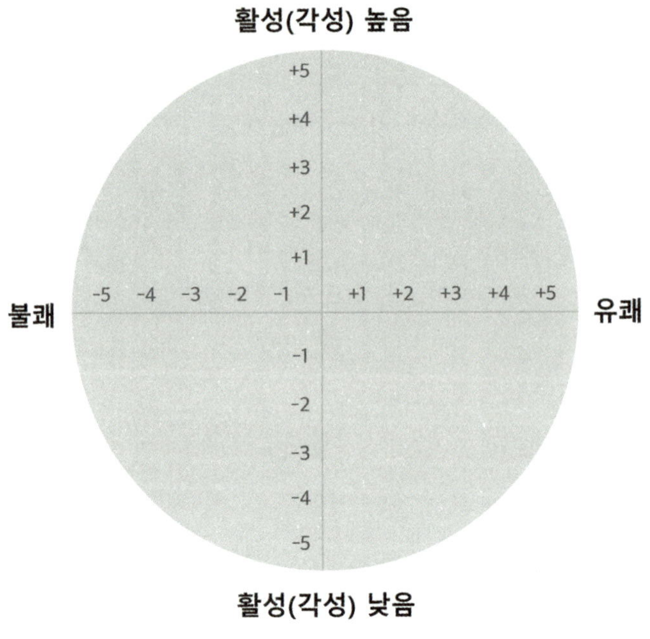

Projects

운동과 정서 문헌 지도 만들기

1. 목적

운동과 정서 분야의 국내 선행 연구를 찾아 포괄적인 리뷰를 하고, 그 결과를 문헌 지도(literature map)로 제작한다. 문헌 지도는 선행 연구를 그림이나 도표 형식으로 한 눈에 알아보도록 요약한 것이다. 선행 연구의 주제, 방법, 대상, 이론 등에 따라 몇 가지 유형으로 분류하고 연구 문제를 설명하는 핵심어를 제시한다. 위계형, 흐름도형 등 여러 형식이 가능하며 선행 연구가 어떻게 이루어졌는가를 쉽게 알아볼 수 있도록 만든다. 문헌 지도는 논문을 쓸 때 이론적 배경을 작성하는데 도움이 된다.

2. 절차

- 운동과 정서 관련 국내 선행 연구를 운동 전후 정서 변화, 운동 중의 정서 변화, 운동 정서의 측정, 운동중독, 메커니즘 등 몇 가지 주제로 구분할 준비를 한다.
- 국내 연구의 원문을 수집하고 분석한다. 가까운 도서관이나 한국학술정보(www.papersearch.net)의 원문 제공 서비스를 이용한다.
- 검색어로 운동, 정서, 기분, 감정, 중독, 측정 등을 사용한다.
- 저자, 연도, 제목, 학술지명, 권호, 페이지 등과 함께 연구 주제를 간략히 정리한다.
- 2-5가지의 주제로 분류를 하고 문헌 지도를 만든다.

3. 논의

- 문헌 지도를 제시하고 국내 선행 연구의 동향을 설명해보자.
- 이론적 배경을 작성할 때 문헌 지도가 어떤 도움을 줄 것이라고 생각하는가?
- 자신이 연구를 한다면 어떤 주제와 방법으로 할 것인지 문헌 지도를 근거로 설명해보자.

Study Questions

01 정서(emotion)의 특징을 모두 고른 것은?

> ㉠ 특정 사건에 따라 유발되어 인과관계가 명확하다.
> ㉡ 일관성이 높고 유지기간이 짧다.
> ㉢ 좋음-나쁨, 유쾌-불쾌 등 가치가 개입된다.
> ㉣ 특성(trait)로 간주하여 1개월 또는 1년간 어땠는지 측정할 수 있다.
> ㉤ 기쁨, 슬픔, 놀람, 화 등이 해당된다.

① ㉠ ㉡ ㉢
② ㉠ ㉡ ㉣
③ ㉡ ㉢ ㉣
④ ㉠ ㉡ ㉤

02 운동정서에 관한 설명이 아닌 것은?

① 운동을 통해 경험하는 정서이다.
② 운동을 하며 기쁨, 행복을 느끼면 운동지속에 도움이 된다.
③ 부정적인 정서를 경험하는 경우가 더 많다.
④ 부정정서를 경험하면 중도포기 가능성이 높다.

03 운동중독의 설명을 위해 사용되는 가설이 아닌 것은?

① 성격특성 가설 ② 인지평가 가설
③ 정서조절 가설 ④ 교감신경계 각성 가설

04 운동 중 경험하는 정서와 관련된 설명으로 옳지 않은 것은?

① 운동 중 기쁨, 희열은 긍정적 정서에 해당한다.
② 부정적 정서를 느끼면 운동지속 가능성이 높아진다.
③ 정서는 운동 만족에 영향을 미칠 수 있다.
④ 운동은 스트레스, 우울증과 같은 심리 상태를 개선할 수 있다.

05 선수와 지도자의 대화 내용에서 ㉠과 ㉡에 해당하는 정서 관련 용어는?

> 선수 A : ㉠ 대진표 보니까 그 선수 또 나오던데. 너무 불안해요
> 지도자 : 불안해할 때 습관이 나오길래 물어보려 했어. 오늘뿐만 아니라 최근에 계속 표정이 안 좋던데 무슨 일 있어?
> 선수 A : ㉡ 모르겠어요. 2주 동안 괜히 우울하고, 기운이 없어요.

답 : ㉠ ___________
㉡ ___________

06 POMS는 기분 변화를 측정하기 위해 제작되었으며, 긴장, 우울, 분노, . ___, 피로, 혼동 6개 요인을 측정한다.

07 Morgan은 POMS를 활용하여 제시한 건강한 운동선수의 심리 프로파일의 이름은 무엇인가?

08 과도한 훈련을 진행할 경우에는 5번에서 답한 프로파일이 어떻게 변화하는지 간략히 설명하시오.

09 활성-비활성 체크리스트(AD ACL)과 관련된 설명이 아닌 것은?

① 에너지 각성(energetic arousal, EA)과 긴장 각성(tense arousal, TA) 2개 차원으로 구성된다.
② 운동강도에 따른 심리·생리적 변화를 관찰하기 위한 도구이다.
③ 중강도 이상의 운동을 하면, 에너지 각성은 감소하고 긴장각성은 증가한다.
④ 저강도 운동에서는 에너지 각성과 긴장각성 모두 높아진다.

10 2차원 원형모형에서 '불쾌- 비활성' 영역에 해당하는 정서로 올바르게 묶인 것은?

① 열정, 행복　② 불안, 긴장
③ 침착, 이완　④ 피로, 우울

11 운동 정서 측정도구 중 부정정서 측정이 불가능한 것으로 옳은 것은?

① PANAS　② SEES
③ PAAS　④ EFI

12 감정 척도(Feeling Scale, FS)의 특징과 장점에 대한 설명으로 가장 적절한 것은?

① 다양한 감정 요인을 동시에 측정할 수 있으며, 문항 수가 많아 정밀하다.
② 주로 운동 전후의 장기적인 정서 상태 변화를 평가하는 데 사용된다.
③ 단일 문항으로 운동 중 유쾌-불쾌 감정을 간편하게 측정할 수 있어 실시간 평가에 유리하다.
④ 성격 특성과 같은 고정된 정서 경향을 평가하는 데 적합한 도구이다.

13 감정 척도(Feeling Scale, FS)의 사용에 가장 적합한 상황은?

① 운동선수의 스트레스 반응을 6개월간 추적 조사할 때
② 경기 전 선수들의 성격 유형을 파악할 때
③ 러닝 중 참가자의 주관적 정서 상태를 매 5분 간격으로 측정할 때
④ 운동 후 자아존중감의 변화를 비교할 때

14 감정 척도(Feeling Scale, FS)와 함께 각성(activation) 수준을 측정하는 도구는?

① 기분 상태 검사지(POMS)
② 운동 정서 질문지(EFI)
③ 각성상태 척도(FAS)
④ 긍정적 부정적 정서 질문지(PANAS)

15 운동중독(exercise addiction)에 대한 설명으로 옳은 것은?

① 운동을 중단했을 때 금단 증상이 나타나지 않는다.
② 운동중독은 항상 건강에 긍정적인 영향을 준다.
③ 운동 욕구가 충족되지 않으면 신체적, 심리적 금단 증상이 발생할 수 있다.
④ 운동의존과 완전히 다른 개념이다

16 운동중독의 진단 기준 항목에 포함되지 않는 것은?

① 내성 ② 금단
③ 운동강도 조절 ④ 갈등

17 운동중독과 관련된 성격 특성으로 알려지지 않은 것은?

① 완벽주의 ② 강박증
③ 특성불안 ④ 내향성

18 운동의존성에서 일차 운동의존성과 이차 운동의존성의 차이점으로 옳은 것은?

① 일차 운동의존성은 체성분 조절이 주목적이고, 이차 운동의존성은 운동 그 자체에 중독되는 것이다
② 일차 운동의존성은 운동 그 자체에 중독되는 것이고, 이차 운동의존성은 체성분 조절이 주목적이다.
③ 두 가지 모두 운동 그 자체에만 중독된다.
④ 두 가지 모두 체성분 조절이 주목적이다.

19 운동중독을 설명하는 가설 중, 운동을 중단하면 부정적 정서가 증가한다는 것에 근거한 가설은?

① 성격특성 가설 ② 정서조절 가설
③ 엔돌핀 가설 ④ 교감신경계 각성 가설

20 운동중독자의 운동 중 정서 변화로 옳은 설명은?

① 운동 중에 불쾌함을 더 많이 경험한다.
② 운동 중에 유쾌함을 느끼는 경향이 있다.
③ 운동 전후 정서 변화가 일반 운동자와 동일하다
④ 운동 중에는 감정 변화를 느끼지 못한다.

모 / 범 / 답 / 안

13장 평가문항 모범 답안

01 ④ 02 ③ 03 ② 04 ② 05 정서. 기분 06 활력 07 빙산형 프로파일 08 부정정서 점수가 높아지는 반면, 긍정정서인 활력 점수는 낮아지면서 역빙산형 프로파일이 된다. 09 ③ 10 ④ 11 ④ 12 ③ 13 ③ 14 ③ 15 ③ 16 ③ 17 ④ 18 ② 19 ② 20 ②

운동심리학의 정석

색인

운동심리학의 정석

색인

ㅅ

ㅇ

ㅈ

ㅊ

ㅋ

ㅌ

ㅍ

ㅎ

1~Z

운동심리학의 정석

2025년 9월 10일 초판 인쇄
2025년 9월 15일 초판 발행

지은이 | 김병준, 장창용, 배준수, 천성민, 우영임
펴낸곳 | 레인보우북스
주 소 | 서울특별시 관악구 신림로 75 레인보우 B/D
전 화 | 02-2032-8800
팩 스 | 02-871-0935
이메일 | min8728151@rainbowbook.co.kr

값 26,000원
ISBN 978-89-6206-580-0 93690
*잘못된 책은 구입하신 곳에서 바꿔드립니다.
*이 책은 인하대학교의 지원을 받아 연구되었습니다.
*이 책에 실린 저작물은 저자와 레인보우북스의 서면 허락 없이는 무단 복제, 전재할 수 없습니다.